DIREITO TRIBUTÁRIO AVANÇADO

Teoria, Processo e Prática Tributária

LUCIANO DALVI

Advogado militante. Palestrante. Ex-professor do curso via satélite LFG. Especialista em Direito Público e Processual Público pela CONSULTIME. Membro da Academia Brasileira de Direitos Humanos. Autor de inúmeras obras jurídicas.

DIREITO TRIBUTÁRIO AVANÇADO

Teoria, Processo e Prática Tributária

Dados Internacionais de Catalogação na Publicação (CIP)
(Câmara Brasileira do Livro, SP, Brasil)

Dalvi, Luciano

Direito tributário avançado : teoria, processo e prática tributária / Luciano Dalvi. — São Paulo : LTr, 2009.

Bibliografia

ISBN 978-85-361-1426-2

1. Direito tributário 2. Direito tributário — Brasil I. Título.

09-09513   CDU-34:336.2(81)

Índice para catálogo sistemático:
1. Brasil : Direito tributário   34:336.2(81)

Produção Gráfica e Editoração Eletrônica: **R. P. TIEZZI**

Capa: **ELIANA C. COSTA**

Impressão: **PAULUS**

© Todos os direitos reservados

EDITORA LTDA.

Rua Jaguaribe, 571 — CEP 01224-001— Fone (11) 2167-1101

São Paulo, SP — Brasil — www.ltr.com.br

Porque realizou em mim maravilhas aquele que é poderoso e cujo nome é santo.
(Lc 1, 49).

Sumário

Capítulo 1 — Introdução ao direito tributário

1.1. Considerações iniciais 17
1.2. Conceito de tributo 19
1.3. Tipos de tributo 20
    1.3.1. Imposto 20
    1.3.2. Taxas 25
        1.3.2.1. Diferenças entre taxa e tarifa 29
    1.3.3. Contribuição de melhoria 30
    1.3.4. Empréstimos compulsórios 32
    1.3.5. Contribuições sociais 33
        1.3.5.1. Espécies de contribuições 34
            1.3.5.1.1. Contribuição sindical 34
            1.3.5.1.2. Contribuição-anuidade 38
            1.3.5.1.3. Contribuição de intervenção no domínio econômico ... 38
            1.3.5.1.4. Cofins 42
            1.3.5.1.5. Contribuições das microempresas e empresas de pequeno porte — o novo Simples 47
1.4. Aspectos destacados da reforma tributária — PEC n. 233/08 49
    1.4.1. Considerações iniciais 49
    1.4.2. Linhas gerais da proposta 50
        1.4.2.1. Modificações nas finanças da União 50
        1.4.2.2. Detalhamento dos principais pontos da proposta 55
1.5. Análise da dívida fiscal e suas características na Justiça Federal 61

Capítulo 2 — Limitações constitucionais ao poder de tributar

2.1. Considerações iniciais 63
2.2. Princípios constitucionais tributários 64
    2.2.1. Princípio da legalidade tributária 64
    2.2.2. Princípio da anterioridade tributária 66

2.2.3. Princípio da irretroatividade tributária 67
2.2.4. Princípio da igualdade ou isonomia tributária 68
2.2.5. Princípio do não confisco 71
2.2.6. Princípio da não limitação ao tráfego de pessoas e bens 72
2.2.7. Princípio da uniformidade tributária geográfica 72
2.2.8. Princípio da não cumulatividade 73
2.3. Imunidades tributárias 74
    2.3.1. Considerações iniciais 74
    2.3.2. Espécies de imunidades 77
        2.3.2.1. Imunidade recíproca 77
        2.3.2.2. Imunidades para templos de qualquer culto 80
        2.3.2.3. Imunidades para partidos políticos, entidades sindicais de trabalhadores, instituições de educação e entidades de assistência social 82
        2.3.2.4. Imunidades para livros, jornais, periódicos e o papel destinado à sua impressão 99
2.4. Competência tributária 101
    2.4.1. Competência tributária privativa 102
    2.4.2. Competência tributária comum 102
    2.4.3. Competência tributária especial 103
    2.4.4. Competência tributária residual 103
2.5. Repartição tributária das receitas 104

Capítulo 3 — Fontes e aplicação do direito tributário

3.1. Considerações iniciais 112
3.2. Fontes do direito tributário 112
    3.2.1. Fontes primárias 112
        3.2.1.1. Constituição 112
        3.2.1.2. Emenda à Constituição 112
        3.2.1.3. Lei Complementar 114
        3.2.1.4. Lei Ordinária 115
        3.2.1.5. Lei Delegada 116
        3.2.1.6. Medidas Provisórias 117
        3.2.1.7. Decreto Legislativo 123
        3.2.1.8. Resoluções 123
        3.2.1.9. Tratados e Convenções Internacionais 124
    3.2.2. Fontes secundárias 124
        3.2.2.1. Atos normativos 124

3.2.2.2. Costumes 124
3.2.2.3. Convênios 125
3.2.3. Fontes especiais 127
3.3. Vigência da legislação tributária 127
3.4. Aplicação da legislação tributária 129
3.5. Interpretação da legislação tributária 131

Capítulo 4 — Relação jurídico-tributária e responsabilidade tributária

4.1. Considerações iniciais 134
4.2. Hipótese de incidência tributária 134
4.3. Fato gerador 136
4.4. Obrigação tributária 137
4.5. Domicílio tributário 138
4.6. Responsabilidade tributária 139
    4.6.1. Considerações sobre a responsabilidade tributária 139
    4.6.2. Tipos de responsabilidade tributária 139
        4.6.2.1. Responsabilidade por substituição 140
        4.6.2.2. Responsabilidade por transferência 140

Capítulo 5 — Crédito tributário

5.1. Considerações iniciais 146
5.2. Constituição do crédito tributário 147
5.3. Decadência e prescrição do direito tributário 150
    5.3.1. Decadência do crédito tributário 150
    5.3.2. Prescrição do crédito tributário 155
        5.3.2.1. Considerações gerais sobre a prescrição 155
        5.3.2.2. Prescrição intercorrente 157
    5.3.3. Dívida Ativa 161
5.4. Suspensão do crédito tributário 162
    5.4.1. Moratória 162
    5.4.2. Depósito do montante integral 163
    5.4.3. Concessão de liminar em mandado de segurança 164
    5.4.4. Concessão de tutela antecipada em outras ações judiciais 165

5.4.5. Parcelamento 165

5.4.6. Reclamações e recursos administrativos 166

5.5. Exclusão do crédito tributário 167

5.6. Causas de extinção do crédito tributário 169

5.6.1. Pagamento 169

5.6.2. Compensação 172

5.6.3. Transação 174

5.6.4. Remissão 174

5.6.5. Prescrição e decadência 175

5.6.6. Conversão do depósito em renda 175

5.6.7. Pagamento antecipado e a homologação do lançamento 175

5.6.8. Consignação em pagamento 176

5.6.9. Decisão administrativa irretratável 176

5.6.10. Decisão judicial passada em julgado 176

5.6.11. Dação em pagamento 176

5.7. Garantias e privilégios do crédito tributário 176

5.8. Quitação de tributos 181

Capítulo 6 — Espécies tributárias aplicadas

6.1. Imposto de Importação 182

6.1.1. Conceito 182

6.1.2. Fato gerador 182

6.1.3. Base de cálculo 185

6.1.4. Sujeito passivo 186

6.1.4.1. Lançamento por homologação 186

6.1.4.2. Contribuintes 188

6.1.4.3. Responsabilidade comum 188

6.1.4.4. Responsabilidade solidária 189

6.1.5. Regimes aduaneiros 189

6.1.5.1. Regime aduaneiro simplificado 189

6.1.5.2. Regime aduaneiro especial 190

6.1.6. Isenção de Imposto de Importação 190

6.1.7. Restituição de Imposto de Importação 194

6.1.8. Critérios para realizar a importação 194
    6.1.8.1. Registro 194
    6.1.8.2. Identificação do produto 196
    6.1.8.3. Localização de fornecedores internacionais 196
    6.1.8.4. Cotação de preços 196
    6.1.8.5. Análise das características da importação 197
    6.1.8.6. Custos incidentes na importação 199
        6.1.8.6.1. Custo de mercadoria 199
        6.1.8.6.2. Frete internacional 199
        6.1.8.6.3. Seguro de transporte internacional 199
        6.1.8.6.4. Despesas aduaneiras 200
    6.1.8.7. Negociação final 200
    6.1.8.8. Emissão de licenciamento de importação 201
6.2. IE — Imposto de Exportação 201
    6.2.1. Conceito 201
    6.2.2. Fato gerador 202
    6.2.3. Base de cálculo 202
    6.2.4. Sujeito passivo 204
        6.2.4.1. Lançamento por homologação 204
        6.2.4.2. Contribuintes 204
    6.2.5. Regimes aduaneiros 204
        6.2.5.1. Regime aduaneiro especial 204
            6.2.5.1.1. Exportação temporária 205
            6.2.5.1.2. Entreposto aduaneiro de exportação 205
            6.2.5.1.3. Depósito Alfandegado Certificado — DAC 205
            6.2.5.1.4. Comparação entre os regimes especiais de exportação 206
        6.2.5.2. Regime aduaneiro simplificado 208
            6.2.5.2.1. Regime aduaneiro simplificado com registro no Siscomex 208
            6.2.5.2.2. Regime aduaneiro simplificado sem registro no Siscomex 209
    6.2.6. Isenção de Imposto de Importação 210
        6.2.6.1. Café 210
        6.2.6.2. Setor sucroalcooleiro 210
        6.2.6.3. Bagagem 210
        6.2.6.4. Comércio de subsistência em fronteira 211

6.2.7. Restituição de Imposto de Exportação 211
6.2.8. Critérios para realizar a exportação 211
    6.2.8.1. Início da operação de exportação 211
    6.2.8.2. Seleção parametrizada 212
    6.2.8.3. Conferência aduaneira 213
    6.2.8.4. Despacho de exportação 213
    6.2.8.5. Desembaraço aduaneiro 213
6.3. IPTU — Imposto sobre a Propriedade Predial e Territorial Urbana 214
    6.3.1. Conceito 214
    6.3.2. Fato gerador 214
    6.3.3. Base de cálculo 214
    6.3.4. Sujeito passivo 216
        6.3.4.1. Lançamento de ofício 216
        6.3.4.2. Contribuintes 217
        6.3.4.3. Prazo de prescrição 217
    6.3.5. Plano diretor urbano 218
    6.3.6. Isenção de IPTU 222
    6.3.7. Obrigações acessórias 223
        6.3.7.1. Segunda via de IPTU 223
        6.3.7.2. Restituição de IPTU 223
        6.3.7.3. Revisão de lançamento 224
        6.3.7.4. Declaração de integração ao cadastro 224
        6.3.7.5. Atualização dos dados cadastrais 224
            6.3.7.5.1. Alteração de nome do proprietário 225
            6.3.7.5.2. Preenchimento do CPF ou CNPJ 225
            6.3.7.5.3. Alteração do endereço de correspondência 225
            6.3.7.5.4. Cadastramento de imóvel 225
            6.3.7.5.5. Desmembramento ou unificação de imóveis 225
            6.3.7.5.6. Edificação de casa ou muro 226
            6.3.7.5.7. Utilização do imóvel 226
            6.3.7.5.8. Transferência de pagamento 226
6.4. ITR — Imposto sobre a Propriedade Territorial Rural 226
    6.4.1. Conceito 226
    6.4.2. Fato gerador 226
    6.4.3. Base de cálculo 227

6.4.4. Imunidade do ITR 228
6.4.5. Isenção do ITR 229
6.4.6. Sujeito passivo 230
 6.4.6.1. Lançamento por homologação 230
 6.4.6.2. Contribuintes 230
 6.4.6.3. Responsabilidade comum 231
 6.4.6.4. Responsabilidade solidária 231
6.4.7. Regimes de tributação 232
 6.4.7.1. Área não tributável 232
 6.4.7.2. Área tributável 232
6.4.8. Obrigações acessórias 232
 6.4.8.1. Declaração do Imposto sobre a Propriedade Territorial Rural — DITR 232
6.5. ITBI — Imposto sobre a Transmissão de Bens Imóveis 236
 6.5.1. Conceito 236
 6.5.2. Fato gerador 237
 6.5.3. Base de cálculo 239
 6.5.4. Imunidade do ITBI 241
 6.5.5. Isenção do ITBI 241
 6.5.6. Sujeito passivo 241
  6.5.6.1. Lançamento por declaração 241
  6.5.6.2. Contribuintes 242
 6.5.7. Obrigações acessórias 242
  6.5.7.1. Documento de Arrecadação Municipal — DAM 242
6.6. IPI — Imposto sobre Produtos Industrializados 243
 6.6.1. Conceito 243
 6.6.2. Fato gerador 245
 6.6.3. Base de cálculo 247
 6.6.4. Sujeito passivo 248
  6.6.4.1. Lançamento por homologação 248
  6.6.4.2. Contribuintes 249
  6.6.4.3. Responsabilidade comum 250
  6.6.4.4. Responsabilidade de substituição tributária 251
  6.6.4.5. Responsabilidade solidária 253
 6.6.5. Classificação dos produtos 253

6.7. ICMS — Imposto sobre a Circulação de Mercadorias e Serviços 254
    6.7.1. Conceito 254
    6.7.2. Fato gerador 255
    6.7.3. Base de cálculo 257
    6.7.4. Sujeito passivo 260
        6.7.4.1. Lançamento por homologação 260
        6.7.4.2. Contribuintes 261
        6.7.4.3. Responsabilidade comum 261
        6.7.4.4. Responsabilidade de substituição tributária 262
    6.7.5. Imunidade do ICMS 265
    6.7.6. Isenção do ICMS 266
    6.7.7. Obrigações acessórias 268
        6.7.7.1. Documentos básicos 268
        6.7.7.2. Livros fiscais 273
6.8. ISS — Imposto Sobre Serviços 276
    6.8.1. Conceito 276
    6.8.2. Fato gerador 277
    6.8.3. Base de cálculo 278
    6.8.4. Imunidade do ISS 290
    6.8.5. Isenção do ISS 291
    6.8.6. Sujeito passivo 292
        6.8.6.1. Lançamento por homologação 292
        6.8.6.2. Contribuintes 292
        6.8.6.3. Responsabilidade de substituição tributária 292
    6.8.7. Obrigações acessórias 293
6.9. IR — Imposto de Renda 294
    6.9.1. Conceito 294
    6.9.2. Fato gerador 294
    6.9.3. Base de cálculo 294
    6.9.4. Sujeito passivo 296
        6.9.4.1. Lançamento por homologação 296
        6.9.4.2. Contribuintes 297

Capítulo 7 — Administração tributária e processo administrativo

7.1. Elementos da administração tributária 299

7.2. Princípios da administração tributária 301
    7.2.1. Princípio da eficiência arrecadatória 301
    7.2.2. Princípio da fiscalização social 301
    7.2.3. Princípio da administração favorável ao contribuinte 301
    7.2.4. Princípio da administração tributária ética 301
    7.2.5. Princípio da tributação mínima 301
7.3. Características da administração tributária 302
7.4. Dívida ativa e certidões negativas 303
7.5. Processo administrativo federal 304
    7.5.1. Considerações iniciais 304
    7.5.2. Princípios gerais dos processos administrativos 305
        7.5.2.1. Princípio da oficialidade 305
        7.5.2.2. Princípio da obediência mitigada à forma (informalismo) 305
        7.5.2.3. Princípio da gratuidade 306
        7.5.2.4. Princípio da atipicidade 306
        7.5.2.5. Princípio da pluralidade de instâncias 306
        7.5.2.6. Princípio da participação popular 307
        7.5.2.7. Princípio da economia processual 307
        7.5.2.8. Princípio da legalidade objetiva 308
        7.5.2.9. Verdade material 308
    7.5.3. Etapas do processo administrativo 308
        7.5.3.1. Legitimação ativa 308
        7.5.3.2. Início do processo administrativo 308
        7.5.3.3. Impedimento e suspeição 309
        7.5.3.4. Intimação 310
        7.5.3.5. Instrução 310
        7.5.3.6. Motivação 312
        7.5.3.7. Desistência 313
        7.5.3.8. Prazos 313
        7.5.3.9. Do recurso administrativo e revisão 313

Capítulo 8 — Processo tributário I — Procedimentos tributários

8.1. Processo administrativo tributário 315

8.2. Súmulas do Conselho de Contribuintes 321
8.3. Impossibilidade de concomitância do processo administrativo e judicial 325
8.4. Controle de constitucionalidade pelo tribunal administrativo 325
8.5. Processo judicial tributário 325

Capítulo 9 — Processo tributário II — Ações tributárias

9.1. A Fazenda Pública em juízo 330
    9.1.1. Considerações iniciais 330
    9.1.2. Privilégios e garantias da Fazenda Pública 331
    9.1.3. Suspensão de segurança 336
9.2. Ação declaratória e anulatória 339
9.3. Mandado de segurança 340
    9.3.1. Conceito 340
    9.3.2. Natureza jurídica 342
    9.3.3. Legitimidade ativa 342
    9.3.4. Legitimidade passiva 343
    9.3.5. Espécies 345
    9.3.6. Competência 346
9.4. Mandado de segurança coletivo 346
    9.4.1. Conceito 346
    9.4.2. Legitimação ativa 347
9.5. Ação de repetição de indébito tributário 350
9.6. Ação de execução fiscal 352
    9.6.1. Considerações iniciais 352
    9.6.2. Petição inicial e procedimentos na execução fiscal 353

Referências bibliográficas 357

Capítulo 1

Introdução ao Direito Tributário

1.1. Considerações iniciais

O Estado como tem como sucedâneo estrutural a necessidade de se autossustentar e propiciar o exercício da cidadania na sociedade. Isto porque, o governo só pode construir escolas, hospitais e realizar a finalidade pública se trouxer consigo uma arrecadação de tributos que possam gerir e operacionalizar a máquina administrativa. O Informativo n. 464 do STF esclarece que seria declarada a inconstitucionalidade da Lei Distrital n. 1.624/97, que dispõe sobre o pagamento de débitos das microempresas, das empresas de pequeno porte e das médias empresas, mediante dação em pagamento de materiais destinados a atender a programas de Governo do Distrito Federal. O STF entendeu que, a norma impugnada viola o art. 37, XXI, da CF, porquanto afasta a incidência do processo licitatório, por ele exigido, para aquisição de materiais pela Administração Pública, bem como o art. 146, III, da CF, que prevê caber à lei complementar o estabelecimento de normas gerais em matéria de legislação tributária, eis que cria nova causa de extinção de crédito tributário. Vejamos a jurisprudência do STF sobre o tema:

> O Tribunal julgou procedente pedido formulado em ação direta ajuizada pelo Governador do Distrito Federal para declarar a inconstitucionalidade da Lei Distrital n. 1.624/97, que dispõe sobre o pagamento de débitos das microempresas, das empresas de pequeno porte e das médias empresas, mediante dação em pagamento de materiais destinados a atender a programas de Governo do Distrito Federal. Entendeu-se que a norma impugnada viola o art. 37, XXI, da CF, porquanto afasta a incidência do processo licitatório, por ele exigido, para aquisição de materiais pela Administração Pública, bem como o art. 146, III, da CF, que prevê caber à lei complementar o estabelecimento de normas gerais em matéria de legislação tributária, eis que cria nova causa de extinção de crédito tributário. ADI n. 1.917/DF, rel. Min. Ricardo Lewandowski, 26.4.2007. (ADI n. 1917)

José Marcos Domingues de Oliveira[1] leciona que, "parece-nos hoje que o princípio jurídico da proporcionalidade condiciona, sim, aquele momento juspolítico de elaboração da lei tributária e é ele que permite verificar a sua adequação aos interesses e fins constitucionalmente legítimos e suscetíveis de serem considerados no momento da criação do tributo, meio que dê financiamento da despesa pública".

O que o Soberano, o Príncipe, o Estado, enfim, faz ou deixa de fazer com o dinheiro arrecadado dos particulares é, para o Direito Tributário, *res inter allios*

---

[1] OLIVEIRA, José Marcos Domingues de. As contribuições parafiscais no sistema tributário nacional e a moralidade fiscal. In: REZENDE, Condorcet (coord.). *Estudos tributários*. Rio de Janeiro: Renovar, 1999. p. 310/311.

e, realmente não interessa. O destino do tributo, sua aplicação é mera providência de tesouraria, como diria o inesquecível justributarista baiano *Amilcar de Araújo Falcão*. Importante é o momento da imposição; o motivo jurídico da percepção do gravame pelo Estado. Tributo é prestação pecuniária imposta aos particulares, e isso é sério, seriíssimo."[2]

Importante reconhecer que a criação do tributo é uma competência estabelecida pela Constituição. De acordo com *Roque Antônio Carrazza*,[3] "não cria tributo quem quer, mas quem pode, de acordo com a Constituição".

Segundo *Paulo de Barros Carvalho*[4], "o sistema do direito oferece uma particularidade digna de registro: suas normas estão dispostas numa estrutura hierarquizada, regida pela fundamentação ou derivação, que se opera tanto no aspecto material quanto no formal ou processual, o que lhe imprime possibilidade dinâmica, regulando, ele próprio, sua criação e suas transformações. Examinando o sistema de baixo para cima, cada unidade normativa se encontra fundada, material e formalmente, em normas superiores. Invertendo-se o prisma de observação, verifica-se que das regras superiores derivam, material e formalmente, regras de menor hierarquia".

O direito tributário pode ser definido como "o direito que disciplina o processo de retirada compulsória, pelo Estado, da parcela de riqueza de seus súditos, mediante a observância dos princípios reveladores do Estado de Direito. É a disciplina jurídica que estuda as relações entre Fisco e Contribuinte".[5]

Ruy Barbosa Nogueira[6] acrescenta que o direito tributário "é a disciplina da relação entre Fisco e Contribuinte, resultante da imposição, arrecadação e fiscalização dos impostos, taxas e contribuições".

Já *Paulo de Barros Carvalho*[7] sustenta que, "é o ramo didaticamente autônomo do direito, integrado pelo conjunto das proposições jurídico-normativas que correspondam, direta ou indiretamente, à instituição, arrecadação e fiscalização de tributos".

Segundo *Cassone*[8], o Direito Tributário é "parte do direito financeiro que estuda as relações jurídicas entre o Estado (fisco) e os particulares (contribuintes), no que concerne à instituição, arrecadação, fiscalização e extinção de tributos. É direito autônomo, pois rege por princípios e normas próprias".

No nosso entendimento, a ciência tributária se destina a esclarecer e aprofundar as regras de instituição, modificação, competência, arrecadação e fiscalização do tributo, mas mais do que isso, parte da relação binária Estado-Contribuinte.

---

(2) COELHO, Sacha Calmon Navarro. *Comentários à Constituição de 1988* — sistema tributário. 2. ed. Rio de Janeiro: Forense, 1990. p. 15.
(3) CARRAZZA, Roque Antônio. *Curso de direito constitucional tributário*. 17. ed. São Paulo: Malheiros, 2006. p. 145.
(4) CARVALHO, Paulo de Barros. *Curso de direito tributário*. 20. ed. São Paulo: Saraiva, 2008. p. 235.
(5) HARADA, Kiyoshi. *Direito financeiro e tributário*. 9. ed. São Paulo: Atlas, 2002. p. 291.
(6) NOGUEIRA, Ruy Barbosa. *Curso de direito tributário*. 9. ed. São Paulo: Saraiva, 1989. p. 30.
(7) CARVALHO, Paulo de Barros. *Curso de direito tributário*. 14. ed. São Paulo: Saraiva, 2002. p. 15.
(8) CASSONE, Vitório. *Direito tributário*. 15. ed. São Paulo: Atlas, 2003. p. 21.

Faz-se necessário esclarecer que a Constituição delega a certos entes a competência para exercer o tratamento legal dos tributos. Ressalta-se que, por meio das leis ordinárias os tributos são instituídos tornando obrigatório o seu recolhimento se ocorrido o fato que gera esta obrigação (fato gerador). Exemplo: no imposto de renda o fato gerador da obrigação é a aquisição da disponibilidade econômica ou jurídica de renda. A renda pode ser definida como todo produto do capital, do trabalho ou da combinação de ambos ou de proventos de qualquer natureza, como também, os acréscimos patrimoniais.

Importante registrar que a Constituição é a norma que autoriza a instituição e a cobrança de certo tributo na sociedade. Já a lei ordinária é a que institui a tributo e suas características no campo social. Entretanto, ainda existe a norma complementar (geral) que tem sua função estipulada no art. 146 da Constituição e consigna: cabe à lei complementar: I — dispor sobre conflitos de competência, em matéria tributária, entre a União, os Estados, o Distrito Federal e os Municípios; II — regular as limitações constitucionais ao poder de tributar; III — estabelecer normas gerais em matéria de legislação tributária, especialmente sobre: a) definição de tributos e de suas espécies, bem como, em relação aos impostos discriminados nesta Constituição, a dos respectivos fatos geradores, bases de cálculo e contribuintes; b) obrigação, lançamento, crédito, prescrição e decadência tributários; c) adequado tratamento tributário ao ato cooperativo praticado pelas sociedades cooperativas.

Registra-se que o Código Tributário Nacional (Lei n. 5.172/66) tinha natureza de lei ordinária, mas ao ser recepcionada pela Constituição ganhou a natureza jurídica de Lei Complementar.

1.2. Conceito de tributo

O conceito de tributo está consignado no art. 3º do Código Tributário Nacional, que dispõe, "tributo é toda prestação pecuniária compulsória, em moeda ou cujo valor nela se possa exprimir, que não constitua sanção de ato ilícito, instituída em lei e cobrada mediante atividade administrativa plenamente vinculada".

Como prestação pecuniária podemos entender que a quota de pagamento do tributo será efetuada medida de valor real, isto é deve ser paga pela moeda corrente brasileira (real). Note que, de acordo com a Lei n. 8.880, de 1994 (art. 2º), e a Lei n. 9.069, de 1995 (art. 1º), o real é a unidade do Sistema Monetário Nacional, tendo curso legal e poder liberatório em todo território nacional. Assim, a lei pode fixar, em caráter excepcional, que determinados bens possuem poder liberatório para o pagamento de tributos, a exemplo da Lei n. 10.179, de 2001 (art. 6º), quanto aos títulos da dívida pública federal vencidos e expressamente enumerados.

Ressalta-se que, na ADInMC n. 2.405, o Supremo Tribunal Federal entendeu que os entes da Federação podem estabelecer, em leis específicas, regras de quitação de seus próprios créditos tributários. Admitiu-se como válida lei estadual que instituía doação em pagamento de créditos tributários. Já, no julgamento da ADIn n. 1.917, o STF reconheceu a inconstitucionalidade de lei distrital que previa a quitação de débitos tributários mediante dação em pagamento de materiais destinados a atender a programas governamentais. Houve ofensa, segundo o STF, a exigência: a) de processo licitatório (art. 37, inciso XXI, da Constituição).

Vale destacar que a multa não é considerada como tributo, pois constitui, em sua essência, uma sanção de caráter ilícito.

No art. 9º da Lei n. 4.320, de 1964, temos outra definição de tributo, como sendo: "a receita derivada, instituída pelas entidades de direito público, compreendendo os impostos, as taxas e contribuições, nos termos da Constituição e das leis vigentes em matéria financeira, destinando-se o seu produto ao custeio de atividades gerais ou específicas exercidas por essas entidades". Note que, o Supremo Tribunal Federal não incluiu o FGTS na seara tributária justamente por não ser receita pública (RE n. 100.249).

1.3. Tipos de tributo

No nosso sistema tributário a teoria quinquipartite é a predominante de acordo com os juristas *Aliomar Baleeiro*[9], *Ives Gandra Martins da Silva*, *Hugo de Brito Machado* e o Supremo Tribunal Federal. O STF entendeu, num acórdão sobre a CSLL (RE 146.733-9/SP), que contribuições parafiscais são diferentes de impostos e taxas. Todavia, não estabeleceu fato gerador próprio, já que a contribuição parafiscal e o empréstimo compulsório não se identificam pelo fato gerador, e, sim, pela destinação legal do produto da arrecadação.

1.3.1. Imposto

A definição de imposto é encontrada no artigo: é o tributo cuja obrigação tem por fato gerador uma situação independente de qualquer atividade estatal específica, relativa ao contribuinte. Importante consignar que, os impostos, em regra serão instituídos por lei ordinária. Entretanto, existem duas exceções importantes: o imposto sobre grandes fortunas (art. 153, VII, CF) e o imposto residual (art. 154, I, CF).

Rafael Calvo Ortega[10] destaca a questão conceitual do imposto afirmando que, "el impuesto como figura tributaria básica ha seguido tres líneas de evolución. Primera, su perfeccionamiento técnico-jurídico ha sido paralelo a la modernización del Estado y esencialmente de las Administraciones Públicas. Segunda, el desarollo económico ha permitido la expansión de los impuestos desde figuras rudimentarias y

---

(9) BALEEIRO, Aliomar. *Direito tributário brasileiro*. 11 ed. Rio de Janeiro: Forense, 2001. p. 71/72.
(10) ORTEGA, Rafael Calvo. *Derecho tributário*: parte general. 2. ed. Madrid: Civitas, 1998.

aisladas a la creación de un verdadero sistema que permite el juego de un principialismo fiscal cada día más importante. Tercera, de la contemplación sectorizada y no integrada de la renta (imposición de producto) se ha pasado al tratamiento globalizado y homogéneo de la misma a través de la cohesión que significa su adscripción a un sujeto (contribuyente). Ha sido esta personalización la que ha hecho posible la consideración de todos los matices individuales, económicos y sociales y, en consecuencia, una mejor justicia tributaria".

Gabriel Ardant[11] faz uma equiparação entre diversas espécies tributárias ao afirmar que, "imposto, taxa e contribuição de melhoria não são, em suma, do ponto de vista financeiro, senão diferentes modalidades duma técnica fundamental (a tributária), de que o Estado se serve para repartir, entre os membros da comunidade, o custo do funcionamento dos 'serviços públicos'; por outras palavras, consistem eles em procedimentos especiais da mesma técnica essencialmente ordenada a legitimar e a operar racionalmente, por via de autoridade, e segundo específicos critérios políticos, econômicos e jurídicos, a partilha do ônus das despesas públicas".

Importante reconhecer que no art. 167, IV da Constituição está consignado uma vedação constitucional para a afetação da receita oriunda de impostos, sob pena de desvio de finalidade de sua instituição, como reconhece o jurista *Sacha Calmon Navarro Coelho*[12] ao afirmar que, "a razão de ser deste artigo é simples e singela. Baseia-se no princípio da separação dos Poderes, tão caro aos ideais republicanos. (...) Para administrar, o Executivo precisa de meios para atingir os seus fins. Na medida que o Legislativo, em matéria tributária, pudesse vincular os recursos advindos da cobrança dos impostos a órgãos, fundos, programas e despesas, com isso retiraria do Executivo o manejo dos recursos, segundo as necessidades e prioridades fixadas pelo mesmo. (...) Todavia, como a proibição se refere a impostos, que são espécie por demais conhecida do gênero tributo, ficaram livres da vedação as denominadas contribuições (sociais, previdenciárias, interventivas e corporativas) e também as taxas. (...) A escolha de fins determinados para afetar a receita de impostos, entre nós, necessita de licença na Lei Maior e é uma opção exclusiva do legislador da Constituição".

O art. 150, VI da Constituição assegura que é vedado à União, aos Estados, ao Distrito Federal e aos Municípios instituir impostos sobre:

    a) patrimônio, renda ou serviços, uns dos outros;

    b) templos de qualquer culto;

    c) patrimônio, renda ou serviços dos partidos políticos, inclusive suas fundações, das entidades sindicais dos trabalhadores, das instituições de educação e de assistência social, sem fins lucrativos, atendidos os requisitos da lei;

    d) livros, jornais, periódicos e o papel destinado a sua impressão.

---

(11) ARDANT, Gabriel. Histoire de l'Impôt. Livro I (De l'Antiquité au XVIIème siècle). Paris: Fayard, p. 9 *apud* NOVELLI, Flavio Bauer. Apontamentos sobre o conceito jurídico de taxa. *Revista de Direito Administrativo*, Rio de Janeiro, v. 189, p. 6, jul./set. 1992.
(12) COELHO, Sacha Calmon Navarro. *Comentários à Constituição de 1988* — sistema tributário. 2. ed. Rio de Janeiro: Forense, 1990. p. 15.

O art. 62, § 2º destaca que a medida provisória que implique instituição ou majoração de impostos, só produzirá efeitos no exercício financeiro seguinte se houver sido convertida em lei até o último dia daquele em que foi editada. Contudo, esta regra tem exceções em relação aos seguintes impostos:

a) Imposto de Importação de produtos estrangeiros; (II)

b) Imposto de Exportação, para o exterior, de produtos nacionais ou nacionalizados; (IE)

c) Imposto de Renda e proventos de qualquer natureza; (IR)

d) Imposto sobre Produtos Industrializados; (IPI)

e) Imposto sobre operações de crédito, câmbio e seguro, ou relativas a títulos ou valores mobiliários; (IOF)

f) os Impostos extraordinários, na iminência ou no caso de guerra externa, impostos extraordinários, compreendidos ou não em sua competência tributária, os quais serão suprimidos, gradativamente, cessadas as causas de sua criação.

Segundo professor *Ricardo Lobo Torres*, "imposto é o dever fundamental consistente em prestação pecuniária, que, sob a diretiva do princípio constitucional da capacidade contributiva e com a finalidade principal ou acessória de obtenção de receitas para as necessidades públicas gerais, é exigido de quem tenha realizado, independentemente de qualquer atividade estatal em seu benefício, o fato descrito em lei elaborada de acordo com a competência especificamente outorgada pela Constituição"[13].

Note que, sempre que possível, os impostos terão caráter pessoal e serão graduados segundo a capacidade econômica do contribuinte, facultado à administração tributária, especialmente para conferir efetividade a esses objetivos, identificar, respeitados os direitos individuais e nos termos da lei, o patrimônio, os rendimentos e as atividades econômicas do contribuinte. Vejamos os arts. 155 e seguintes da Constituição que tratam dos impostos estaduais e municipais:

Art. 155. Compete aos Estados e ao Distrito Federal instituir impostos sobre:

I — transmissão *causa mortis* e doação, de quaisquer bens ou direitos;

II — operações relativas à circulação de mercadorias e sobre prestações de serviços de transporte interestadual e intermunicipal e de comunicação, ainda que as operações e as prestações se iniciem no exterior;

III — propriedade de veículos automotores.

Art. 156. Compete aos Municípios instituir impostos sobre:

I — propriedade predial e territorial urbana;

II — transmissão *inter vivos*, a qualquer título, por ato oneroso, de bens imóveis, por natureza ou acessão física, e de direitos reais sobre imóveis, exceto os de garantia, bem como cessão de direitos a sua aquisição;

---

(13) TORRES, Ricardo Lobo. *Curso de direito financeiro e tributário*. 6. ed. Rio de Janeiro: Renovar, 1999. p. 322.

III — serviços de qualquer natureza, não compreendidos no art. 155, II, definidos em lei complementar.

§ 1º Sem prejuízo da progressividade no tempo a que se refere o art. 182, § 4º, inciso II, o imposto previsto no inciso I poderá:

I — ser progressivo em razão do valor do imóvel; e

II — ter alíquotas diferentes de acordo com a localização e o uso do imóvel.

§ 2º O imposto previsto no inciso II:

I — não incide sobre a transmissão de bens ou direitos incorporados ao patrimônio de pessoa jurídica em realização de capital, nem sobre a transmissão de bens ou direitos decorrente de fusão, incorporação, cisão ou extinção de pessoa jurídica, salvo se, nesses casos, a atividade preponderante do adquirente for a compra e venda desses bens ou direitos, locação de bens imóveis ou arrendamento mercantil;

II — compete ao Município da situação do bem.

§ 3º Em relação ao imposto previsto no inciso III do *caput* deste artigo, cabe à lei complementar:

I — fixar as suas alíquotas máximas e mínimas;

II — excluir da sua incidência exportações de serviços para o exterior;

III — regular a forma e as condições como isenções, incentivos e benefícios fiscais serão concedidos e revogados.

Importante consignar que o imposto é um tributo não vinculado a uma atividade estatal conforme dispõe o art. 16 do CTN:

Art. 16. Imposto é o tributo cuja obrigação tem por fato gerador uma situação independente de qualquer atividade específica, relativa ao contribuinte.

Cabe a nós, entretanto, uma crítica a esta norma editada em 1966 (CTN). No nosso entendimento (ainda minoritário)[14], o imposto deveria ser vinculado a uma atividade estatal, pois o contribuinte necessita de uma contrapartida social para que seja estimulado a pagar o tributo de forma pura, isto é, sem sonegação ou qualquer subterfúgio contábil. Ora, se uma empresa paga o ISS ao município, com certeza deveria ter como contrapartida que as ruas próximas à sua empresa fossem asfaltadas para melhorar o potencial de clientes e tornar o acesso à empresa mais fácil. Todavia, quando vai reclamar na prefeitura não tem o poder suficiente de exigir o asfaltamento de sua rua. O dono da empresa vai dizer: "Eu pago imposto para que a prefeitura asfalte as ruas próximas à minha empresa e não para gastar com programações culturais ou publicidade". Contudo, o procurador municipal da área tributária vai lhe responder: "Desculpe, meu amigo, mas você não entende nada da lei. Se for estudar um pouco o direito tributário vai perceber que o imposto é um tributo não vinculado a uma atividade estatal e, por isso, gastamos o erário público com as prioridades que definirmos no orçamento público municipal. Agora dá o fora daqui!"

---

(14) A favor desta doutrina temos o grande tributarista Fernando Dalvi (meu irmão gêmeo). Ver sua obra: *Inovadora sobre cálculos tributários*.

Infelizmente a situação acima elencada é bastante comum. Entretanto, não podemos deixar os empresários e a população sem uma resposta a todo pagamento de impostos. Neste sentido, recomendamos que na proposta de Reforma Tributária seja incluída uma regra que beneficie as empresas com descontos no ISS e outros impostos, caso não tenha sido empregado o erário público em seu benefício.

Temos, contudo, enquanto a situação não muda que caracterizar o imposto como tributo unilateral, pois para sua realização só é exigida a ocorrência do fato gerador. Assim, se compro um apartamento acabo por ser incluído no fato gerador do IPTU, qual seja, ser proprietário de bem imóvel localizado na zona urbana e, por conseguinte, sou obrigado a pagar o tributo exigido por lei.

De acordo com *Eduardo de Moraes Sabbag*[15] assevera que:

Ademais, insta mencionar que o imposto é, concomitantemente exação não vinculada e gravame da arrecadação não afetada. Com efeito, a receita dos impostos visa custear as despesas públicas gerais ou universais, v. g., educação, segurança pública, limpeza pública etc., não se atrelando a qualquer órgão, fundo, ou despesa, consoante proibição derivada do Princípio da não afetação dos impostos (ver art. 167, IV, CF).

A Constituição Federal prevê nos arts. 153 e seguintes os impostos federais, estaduais e municipais. Vejamos cada um deles a seguir:

a) Impostos de Competência da União:

1. II — Imposto sobre Importação de produtos estrangeiros (inciso I do art. 153 da CF).

2. IE — Imposto sobre Exportação, para o exterior, de produtos nacionais ou nacionalizados (inciso II do art. 153 da CF).

3. IR — Imposto de Renda e proventos de qualquer natureza (inciso III do art. 153 da CF).

4. IPI — Imposto sobre Produtos Industrializados (inciso IV do art. 153 da Constituição).

5. IOF — Imposto sobre Operações Financeiras (inciso V do art. 153 da CF).

6. ITR — Imposto sobre Propriedade Territorial (inciso VI do art. 153 da CF).

7. IGF — Imposto sobre Grandes Fortunas (inciso VII do art. 153 da CF).

8. Ires — Impostos residuais (art. 154, inciso I da CF).

9. IEG — Imposto Extraordinário de Guerra (art. 154, inciso II da CF).

---

(15) SABBAG, Eduardo de Moraes. *Elementos do direito tributário*. 9. ed. rev. e ampl. São Paulo: Premier Máxima, 2008.

b) *Impostos de Competência dos Estados:*

1. ITMCD — Imposto sobre a transmissão *causa mortis* e doação, de quaisquer bens ou direitos (inciso I do art. 155 da CF).

2. ICMS — Imposto sobre Operações relativas à Circulação de Mercadoria se sobre a Prestação de Serviços de Transporte Interestadual e Intermunicipal e de Comunicação.

3. IPVA — Imposto sobre a Propriedade de Veículos Automotores (art. 155, inciso III da CF).

c) *Impostos de Competência dos Municípios:*

1. IPTU — Imposto sobre a Propriedade Territorial Urbana (art. 156, inciso I da CF).

2. ITBI — Imposto sobre Transmissão de Bens *Inter vivos* (art. 156, inciso II da CF).

3. ISS — Imposto sobre Serviços de Qualquer Natureza (art. 156, inciso II da CF).

1.3.2. Taxas

O conceito de taxas está estipulado no art. 145, II da Constituição e no art. 77 do CTN. Podemos definir as taxas como uma forma de tributo que funciona, em razão do exercício do poder de polícia ou pela utilização, efetiva ou potencial, de serviços públicos específicos e divisíveis, prestados ao contribuinte ou postos a sua disposição.

As taxas cobradas pela União, pelos Estados, pelo Distrito Federal ou pelos Municípios, no âmbito de suas respectivas atribuições, têm como fato gerador o exercício regular do poder de polícia, ou a utilização, efetiva ou potencial, de serviço público específico e divisível, prestado ao contribuinte ou posto à sua disposição. Registra-se que a taxa é tributo vinculado ao exercício de uma atividade estatal. Assim, o fato gerador da taxa é o exercício regular do poder de polícia ou a utilização, efetiva ou potencial, de serviço público específico e divisível prestado ao contribuinte ou posto à sua disposição.

A taxa não pode ter base de cálculo ou fato gerador idênticos aos que correspondam a imposto nem ser calculada em função do capital das empresas.

As taxas estão sujeitas aos princípios constitucionais que limitam a tributação (CF, arts. 150, 151 e 152) e a outros princípios instituídos em favor do contribuinte pela norma infraconstitucional, já que os princípios constitucionais expressos são enunciados "sem prejuízo de outras garantias asseguradas ao contribuinte" (CF, art. 150). Estabelece a Constituição, ademais, que as taxas não poderão ter base de cálculo própria de impostos (CF, art. 145, § 2º). Neste sentido, temos a Súmula n. 595 do STJ que esclarece, "é inconstitucional a taxa municipal de conservação de estradas de rodagem cuja base de cálculo seja idêntica à do imposto territorial rural".

Eduardo de Moraes Sabbag[16] faz uma observação interessante:

"Há certas taxas (de coleta de lixo; de localização etc.) instituídas com base na dimensão da área construída do imóvel beneficiado. Para o STF (RE 232.393--SP), tal sistemática é válida, pois o cálculo com base na metragem do imóvel não implica, por si só, identidade com a base de cálculo de imposto, *v. g.*, do IPTU. Aquela Corte entende que os imóveis maiores estão aptos a produzir mais lixo do que os de menores dimensões, o que daria guarida legítima à exação."

Considera-se poder de polícia atividade da administração pública que, limitando ou disciplinando direito, interesse ou liberdade, regula a prática de ato ou a abstenção de fato, em razão de interesse público concernente à segurança, à higiene, à ordem, aos costumes, à disciplina da produção e do mercado, ao exercício de atividades econômicas dependentes de concessão ou autorização do Poder Público, à tranquilidade pública ou ao respeito à propriedade e aos direitos individuais ou coletivos.

Já o regular o exercício do poder de polícia quando desempenhado pelo órgão competente nos limites da lei aplicável, com observância do processo legal e, tratando--se de atividade que a lei tenha como discricionária, sem abuso ou desvio de poder. Como exemplos de taxas de polícia temos a taxa de alvará de funcionamento e a taxa de Controle e Fiscalização Ambiental.

Os serviços públicos consideram-se utilizados pelo contribuinte quando:

a) efetivamente, quando por ele usufruídos a qualquer título, isto é, quando os serviços puderem ser discricionados e faticamente forem usufruídos;

b) potencialmente, quando, sendo de utilização compulsória, sejam postos à sua disposição mediante atividade administrativa em efetivo funcionamento, isto é, não necessita de uma materialidade na fruição. Apenas imagina-se a sua fruição, sem haver uma necessidade de sua ocorrência prática.

Os serviços públicos são específicos (*ut singuli*), quando podem ser destacados em unidades autônomas de intervenção, de unidade, ou de necessidades públicas. Neste sentido, podem ser identificados a prestação e o usuário. Já os serviços divisíveis são aqueles suscetíveis de utilização, separadamente, por parte de cada um dos seus usuários. Registra-se que o STF (no AgRg-AI n. 231.132-0/99) entendeu que o serviço público específico será obrigatoriamente divisível. Ora, notoriamente se um serviço tem especificado o usuário e a prestação é porque ele foi particularizado ou singularizado e, assim, permitiu a sua divisibilidade.

No que se refere à instituição e cobrança de taxas, consideram-se compreendidas no âmbito das atribuições da União, dos Estados, do Distrito Federal ou dos Municípios, aquelas que, segundo a Constituição Federal, as Constituições dos Estados, as Leis

---

(16) SABBAG, Eduardo de Moraes. *Elementos do direito tributário*. 9. ed. rev. e ampl. São Paulo: Premier Máxima, 2008.

Orgânicas do Distrito Federal e dos Municípios e a legislação com elas compatível, competem a cada uma dessas pessoas de direito público.

José Marcos Domingues de Oliveira,[17] destaca a capacidade contributiva como elemento diferenciador da taxa e outros tributos. "Pode-se, assim, vislumbrar a existência de duas categorias de tributos: 1. Tributos fundados na capacidade contributiva (imposto e contribuição de melhoria) cujos fatos geradores consistem em situações denotadoras de capacidade contributiva; 2. tributos graduados pela capacidade contributiva (taxas), cujos fatos geradores não se consubstanciam em circunstância reveladora de capacidade contributiva." Vejamos jurisprudência do STF sobre o tema:

> O Tribunal, por maioria, negou provimento a recurso extraordinário interposto por universidade federal contra acórdão do Tribunal Regional Federal da 1ª Região que concluíra que a cobrança de taxa de matrícula dos estudantes da recorrente, cujos recursos seriam destinados a programa de assistência para alunos de baixa condição socioeconômica-cultural, estaria em confronto com o art. 206, IV, da Constituição Federal, que prevê a gratuidade do ensino público em estabelecimentos oficiais. Considerou-se não ser possível admitir que as universidades públicas, mantidas integralmente pelo Estado, criem obstáculos de natureza financeira para o acesso dos estudantes aos cursos que ministram, a pretexto de subsidiar alunos carentes. Reconheceu-se que o legislador constituinte, ciente do fato de que o ensino público superior é acessível predominantemente pelas classes sociais detentoras de maior poder aquisitivo, buscou produzir mecanismos que superassem essa desigualdade de acesso, dentre os quais a gratuidade do ensino público nos estabelecimentos oficiais (CF, art. 206, IV). Reputou-se, também, não ser razoável a cobrança impugnada, haja vista que tanto a Constituição Federal ("Art. 212. A União aplicará, anualmente, nunca menos de dezoito, e os Estados, o Distrito Federal e os Municípios vinte e cinco por cento, no mínimo, da receita resultante de impostos, compreendida a proveniente de transferências, na manutenção e desenvolvimento do ensino") quanto a Lei n. 9.394/96 (art. 70, V, VI e VIII), que estabelece as diretrizes e bases da educação nacional, garantem às universidades públicas os recursos necessários para a consecução de seus fins, inclusive para a eventual assistência de estudantes mais necessitados. Asseverou-se, no ponto, que se se aceitasse a tese da recorrente no sentido de que a sociedade deveria compartilhar com o Estado os ônus do ensino dado em estabelecimentos oficiais e da manutenção de seus alunos, ela teria de contribuir duplamente para a subsistência desse serviço público essencial, isto é, com o pagamento dos impostos e da aludida taxa. Vencidos a Min. Cármen Lúcia que dava provimento ao recurso, ao fundamento de que essa taxa seria consentânea com a Constituição Federal, tendo em conta, sobretudo, o princípio da solidariedade, e os Ministros Eros Grau, Celso de Mello e Gilmar Mendes, Presidente, que acompanhavam a divergência. Em seguida, o Tribunal aprovou o Enunciado da Súmula Vinculante 12 nestes termos: "A cobrança de taxa de matrícula nas universidades públicas viola o disposto no art. 206, inciso IV, da Constituição Federal". Precedente citado: ADI 2643/RN (DJU de 26.9.2003). RE 500171/GO, rel. Min. Ricardo Lewandowski, 13.8.2008. (RE-500171)

---

(17) OLIVEIRA, José Marcos Domingues de. As contribuições parafiscais no sistema tributário nacional e a moralidade fiscal. In: REZENDE, Condorcet (coord.). *Estudos tributários*. Rio de Janeiro: Renovar, 1999. p. 310/311.

A Súmula n. 670 do STF destaca que o serviço de iluminação pública não pode ser remunerado mediante taxa. Ressalta-se que, a administração tributária federal tem vários apontamentos importantes em relação à Lei n. 11.457/07. Vejamos:

> Art. 1º A Secretaria da Receita Federal passa a denominar-se Secretaria da Receita Federal do Brasil, órgão da administração direta subordinado ao Ministro de Estado da Fazenda.
>
> Art. 2º Além das competências atribuídas pela legislação vigente à Secretaria da Receita Federal, cabe à Secretaria da Receita Federal do Brasil planejar, executar, acompanhar e avaliar as atividades relativas a tributação, fiscalização, arrecadação, cobrança e recolhimento das contribuições sociais previstas nas alíneas *a, b* e *c* do parágrafo único do art. 11 da Lei n. 8.212, de 24 de julho de 1991, e das contribuições instituídas a título de substituição. (*Vide* Decreto n. 6.103, de 2007)
>
> § 1º O produto da arrecadação das contribuições especificadas no *caput* deste artigo e acréscimos legais incidentes serão destinados, em caráter exclusivo, ao pagamento de benefícios do Regime Geral de Previdência Social e creditados diretamente ao Fundo do Regime Geral de Previdência Social, de que trata o *art. 68 da Lei Complementar n. 101, de 4 de maio de 2000*.
>
> § 2º Nos termos do *art. 58 da Lei Complementar n. 101, de 4 de maio de 2000*, a Secretaria da Receita Federal do Brasil prestará contas anualmente ao Conselho Nacional de Previdência Social dos resultados da arrecadação das contribuições sociais destinadas ao financiamento do Regime Geral de Previdência Social e das compensações a elas referentes.
>
> § 3º As obrigações previstas na Lei n. 8.212/91, relativas às contribuições sociais de que trata o *caput* deste artigo serão cumpridas perante a Secretaria da Receita Federal do Brasil.
>
> § 4º Fica extinta a Secretaria da Receita Previdenciária do Ministério da Previdência Social.

Importante esclarecer alguns pontos determinantes para prosseguir nosso estudo, quais sejam, as regras especiais jurisprudenciais relativas às taxas. Vejamos a seguir:

a) **Taxa de Iluminação Pública**: Não pode existir a taxa de iluminação pública, pois não tem como se averiguar a singularidade da prestação do serviço. A Súmula n. 670 do STF acrescenta que "o serviço de iluminação pública não pode ser remunerado mediante taxa".

b) **Taxa de Limpeza Pública**: a taxa de limpeza pública está eivada de inconstitucionalidade de acordo com o REsp n. 102.404/SP-1997 e RE n. 361.437/MG-2002. Neste sentido, temos as lições de *Eduardo de Moraes Sabbag*[18] que ensina:

> há inconstitucionalidade, para o STJ, na intitulada Taxa de Limpeza dos Logradouros Públicos, atrelada a atividades como varrição, lavagem, capinação, desentupimento de bueiros e bocas de lobo. O STF endossa o mesmo entendimento. Vale destacar que esta não se confunde com a costumeira taxa municipal de "coleta domiciliar de lixo", que tem, sido considerada válida

---

(18) SABBAG, Eduardo de Moraes. *Elementos do direito tributário*. 9. ed. rev. e ampl. São Paulo: Premier Máxima, 2008.

pelo STJ, uma vez tendente a beneficiar unidades imobiliárias autônomas, de propriedade de diferentes lindeiros das vias públicas servidas (ver, no STJ: REsp n. 137013/99-RS e REsp n. 115.262/97-SP). Curiosamente, esta taxa de coleta de lixo adapta-se, com fidelidade, ao caso de taxa de utilização potencial, uma vez que todos os proprietários das unidades imobiliárias — habitando ou não o imóvel — serão considerados sujeitos passivos da exação, independentemente da fruição do serviço de coleta.

c) Taxa de Segurança Pública: O STF (ADinMC n. 1.942-DF e a ADInMC n. 2.424--CE) já decidiu que a taxa de segurança pública goza de inconstitucionalidade pelo motivo de que, a segurança é dever prioritário do Estado e direito do cidadão. *Eduardo de Moraes Sabbag*[19] acrescenta que, a segurança pública "trata-se de serviço público — ou, se preferir, de dever do Estado — ao qual todos têm direito, conforme se depreende do art. 144, *caput*, V e § 5º, CF. Nessa medida, uma taxa de segurança pública dota-se, indelevelmente, de inconstitucionalidade."

1.3.2.1. Diferenças entre taxa e tarifa

A taxa é tributo vinculado ao exercício obrigatório de uma atividade estatal. Já a tarifa ou preço público é atividade desenvolvida por delegação estatal a outro ente por meio de contrato administrativo que regula um serviço estatal facultativo.

Trazemos à luz as lições de *Eduardo de Moraes Sabbag*[20] que ensina as principais diferenças entre estes tributos:

I. A taxa é tributo, nasce por meio de lei, é exação compulsória, remunerando serviços públicos obrigatórios (e essenciais). A tarifa, por sua vez, não é tributo, independendo de lei, mas de contrato administrativo, é voluntária e remunera serviços públicos facultativos (essenciais ou inessenciais, dependendo do caso). II. Quanto ao regime jurídico adotado, no campo das taxas, prevalecem as normas de Direito Público, uma vez que o fenômeno tributacional é corolário do poder de império estatal, avocando os regramentos afetos ao próprio Direito Público. Ao contrário, sabe-se que as tarifas ou preços públicos têm o manto das regras do Direito Privado, por não serem tributos. III. As tarifas são prestações pecuniárias não compulsórias,uma vez que permitem a voluntariedade ao interessado, não lhe impondo consequências fiscais, caso não opte pelo contrato que lhe faria pagar tal gravame. Assim, evidencia-se o caráter da voluntariedade ou facultatividade nas tarifas ou nos preços públicos, o que os distingue das taxas, que são espécies tributárias inexoravelmente compulsórias. IV. Nas tarifas ou preços, há a autonomia da vontade ou a liberdade de contratar; nas taxas, a compulsoriedade e a submissão aos efeitos tributários, quando houver a realização do fato gerador do tributo. V. Os serviços públicos, se específicos e divisíveis,

---

(19) SABBAG, Eduardo de Moraes. *Elementos do direito tributário*. 9. ed. rev. e ampl. São Paulo: Premier Máxima, 2008.
(20) *Idem*.

podem ensejar a cobrança de taxas, pois são *res extra commercium*, o que não ocorre com as tarifas, que são aptas a remunerar serviços, mas não públicos, uma vez que abrangidas pelas regras do direito privado. Caso o Estado pretenda desempenhar atividades econômicas com o fito de lucro, assemelhando-se à empresa integrante da iniciativa privada, o que nada obsta a que o faça poderá ver-se remunerado por prestações pecuniárias que chamaremos de preços públicos. VI. Os serviços essenciais do Estado, como saúde pública, justiça e vias de comunicação, devem ser remunerados por taxas, restando às tarifas a contraprestação dos serviços públicos inessenciais do Estado.

1.3.3. Contribuição de melhoria

A contribuição de melhoria cobrada pela União, pelos Estados, pelo Distrito Federal ou pelos Municípios, no âmbito de suas respectivas atribuições, é instituída para fazer face ao custo de obras públicas de que decorra valorização imobiliária, tendo como limite total a despesa realizada e como limite individual o acréscimo de valor que da obra resultar para cada imóvel beneficiado. Note que o art. 82, do CTN, prescreve que a lei relativa à contribuição de melhoria observará os seguintes requisitos mínimos:

a) publicação prévia dos seguintes elementos do memorial descritivo do projeto, do orçamento do custo da obra, determinação da parcela do custo da obra a ser financiada pela contribuição, delimitação da zona beneficiada e determinação do fator de absorção do benefício da valorização para toda a zona ou para cada uma das áreas diferenciadas, nela contidas;

b) fixação de prazo não inferior a 30 (trinta) dias, para impugnação pelos interessados, de qualquer dos elementos referidos no inciso anterior;

c) regulamentação do processo administrativo de instrução e julgamento da impugnação a que se refere o inciso anterior, sem prejuízo da sua apreciação judicial.

A contribuição relativa a cada imóvel será determinada pelo rateio da parcela do custo da obra a que se refere a alínea *c*, do inciso I, pelos imóveis situados na zona beneficiada em função dos respectivos fatores individuais de valorização. Por ocasião do respectivo lançamento, cada contribuinte deverá ser notificado do montante da contribuição, da forma e dos prazos de seu pagamento e dos elementos que integram o respectivo cálculo. Vejamos jurisprudência sobre o tema:

> A cobrança feita a particulares pelo Poder Público para recuperar os custos de execução de obra pública, sendo esta realizada sem o prévio consentimento dos beneficiários, tem natureza de prestação pecuniária compulsória, devendo, assim, ser feita mediante contribuição de melhoria. Entretanto, uma vez constatado que, na espécie, o recorrente firmou contrato com empresa de economia mista do município para a realização de obra pública de pavimentação asfáltica e colocação de guias, a Turma confirmou acórdão do

Primeiro Tribunal de Alçada Civil do Estado de São Paulo que julgara improcedente ação de repetição de indébito de quantia representada por duplicatas emitidas pela recorrida, em que se questionava a legitimidade da emissão de título cambial ao argumento de que a cobrança somente poderia ter sido realizada mediante contribuição de melhoria. RE n. 236.310-SP, rel. Min. Sepúlveda Pertence, 14.12.98.

O fato gerador da contribuição de melhoria é o acréscimo patrimonial, isto é, só se verificará se o contribuinte tiver um acréscimo no valor do seu imóvel em razão da obra realizada. Entretanto, se não houver valorização, este tributo não poderá ser cobrado. Importante consignar que, o art. 6º do Decreto-lei n. 195/67 e o art. 82, I do CTN destaca a possibilidade do proprietário impugnar a cobrança do tributo se houver prejuízo advindo da obra. Ressalta-se, que o STJ (REsp n. 169.131/SP-1998 e REsp n. 35.133/SC-1995) decidiu que a prova de valorização (ou não) do imóvel cabe ao Poder Público.

No que concerne aos limites observados na contribuição de melhoria, temos o limite individual e o limite global. *Eduardo de Moraes Sabbag*[21] trata do tema a seguir:

O limite individual indica uma proteção a cada um em montante superior ao da valorização obtida. Assim, caberá à Administração analisar, discriminadamente, a valorização imobiliária experimentada pelos proprietários. Em outras palavras, a obra pública não pode exceder o benefício imobiliário por ela provocado. O cálculo desse limite individual está previsto no art. 3º do Decreto-lei n. 195/67. Diga-se que, até mesmo na vigência da EC n. 23/83, quando só se fez menção textual ao limite total, com a omissão do legislador ao limite individual, o STF acompanhado pela doutrina — decidiu que este limite subsistia (RE 116.148-5/SP), defendendo-se desse modo, o sistemado duplo limite. (...) No limite global a arrecadação não pode exceder ao gasto realizado na obra. Caso o excesso fosse possível, o Estado é quem estaria se enriquecendo de forma injusta. *Ipso facto*, nada obsta a que a contribuição seja instituída e cobrada para custear ou recuperar apenas parte do gasto, *v. g.*, metade da obra (ver art. 4º, § 2º do DL n. 195/67).O que não se pode admitir é a arrecadação acima do montante do custo. Frise-se que, na doutrina, paira a controvérsia a respeito da necessidade de obediência ao limite total: alguns eminentes autores entendem que na atual Carta Magna só persistiu o limite individual, não subsistindo o limite total. Discordando desse particular de ver, *Aliomar Baleeiro* destaca que "não faz sentido o poder público arrecadar valor que seja superior ao custo da obra. O poder tributante agiria ultrapassando os limites da razoabilidade".

A contribuição de melhoria tem como finalidade retirar do contribuinte uma parcela de sua renda em virtude do acréscimo patrimonial obtido por obra realizada pelo Poder Público. Entretanto, no nosso entendimento, este tributo não guarda consonância com os basilares princípios da razoabilidade e da proporcionalidade.

---

(21) SABBAG, Eduardo de Moraes. *Elementos do direito tributário*. 9. ed. rev. e ampl. São Paulo: Premier Máxima, 2008. p. 107.

Explico: se o poder público pode cobrar tributo pela valorização obtida por um particular também deveria haver a reciprocidade, isto é, o contribuinte ficar isento de um tributo (ou obter desconto) por causa da desvalorização obtida por uma obra realizada pelo Poder Público, como, por exemplo, a construção de um presídio perto da casa de um contribuinte.

1.3.4. Empréstimos compulsórios

Os empréstimos compulsórios têm previsão constitucional no art. 148 da Constituição ao estabelecer que, a União, mediante lei complementar, poderá instituir empréstimos compulsórios:

a) para atender a despesas extraordinárias, decorrentes de calamidade pública, de guerra externa ou sua iminência;

b) no caso de investimento público de caráter urgente e de relevante interesse nacional.

Note que, a aplicação dos recursos provenientes de empréstimo compulsório será vinculada à despesa que fundamentou sua instituição. Registra-se que, o art. 15 do CTN descreve como hipótese autorizativa do empréstimo compulsório a "conjuntura que exija a absorção temporária de poder aquisitivo". Entretanto, esta hipótese não foi recepcionada pela Constituição de 1988 que e, por conseguinte o aludido artigo não tem aplicação. *Eduardo de Moraes Sabbag*[22] destaca que, "em 1990, com o Plano Collor (Lei n. 8.024/90), cogitou-se da existência de um disfarçado empréstimo compulsório quando se retiveram as quantias depositada sem caderneta de poupança, a pretexto de conter a inflação. O detalhe é que tal contexto, respaldado no inciso III do art. 15 do CTN, já não encontrava guarida no texto constitucional de 1988. Hodiernamente, o pressuposto fático constante do inciso III é bem suprimido com as contribuições sociais".

De acordo *Ricardo Lobo Torres*,[23] "empréstimo compulsório é o dever fundamental consistente em prestação pecuniária que, vinculada pelas liberdades fundamentais, sob a diretiva do princípio constitucional da capacidade contributiva, com a finalidade de obtenção de receita para as necessidades públicas e sob promessa de restituição, é exigida de quem tenha realizado o fato descrito em lei elaborada de acordo com a competência especificamente outorgada pela Constituição".

Antes do advento da EC n. 18/65, o empréstimo compulsório era utilizado pelos entes políticos dentro de suas esferas próprias de competência, muito embora não houvesse respaldo constitucional para tal. Nesta esteira, as entidades tributantes valiam-se de adicionais a impostos já existentes, não sem a respectiva promessa de restituição daquele acréscimo tributário. O raciocínio era o seguinte: quem pode o mais, pode o

---

(22) SABBAG, Eduardo de Moraes. *Elementos do direito tributário*. 9. ed. rev. e ampl. São Paulo: Premier Máxima, 2008. p. 107.
(23) TORRES, Ricardo Lobo. *Curso de direito financeiro e tributário*. 6. ed. Rio de Janeiro: Renovar, 1999. p. 322.

menos, de modo que se a entidade federativa podia majorar o tributo, por que não estaria a mesma autorizada a criar um adicional destinado a custear despesa específica? No entanto, com a promulgação da EC n. 18/65, o empréstimo compulsório passou à competência privativa da União, única entidade, daquele momento em diante, a dispor de competência para a instituição de empréstimo compulsório. Releva salientar que a norma que concedia apenas à União a indigitada competência fora mantida não só pela Constituição de 1967, mas também pela EC n. 1/69 e pela Constituição de 1988.

Importante consignar que, o empréstimo compulsório instituído em caso de guerra externa ou calamidade pública deve ter eficácia imediata, pois pelo contrário perderá a sua funcionalidade. Assim, este tributo só obedecerá a anterioridade anual e a anterioridade nonagesimal se for instituído para investimento público de caráter urgente. Registra-se que, o fato gerador do empréstimo compulsório é abstrato e será definido mediante a necessidade pública urgente e em relação à guerra externa.

Eduardo de Moraes Sabbag[24] traz exemplos práticos fictícios para explicar a questão dos empréstimos compulsórios:

> Exemplos práticos: a) Empréstimo compulsório Alfa, instituído em 15 de dezembro de 2007, para atender as despesas extraordinárias de calamidade pública: exigência imediata, isto é, a partir de 16 de dezembro de 2007; b) Empréstimo compulsório Beta, instituído em 15 de agosto de 2007, para atender um investimento público urgente e de relevante interesse nacional: exigência a partir de 1º de janeiro de 2008; c) Empréstimo compulsório, instituído em 15 de dezembro de 2007, para atender um investimento público urgente e de relevante interesse nacional: exigência a partir de meados de março de 2008 (90 dias a contar de 15.12.2207).

1.3.5. Contribuições sociais

As contribuições têm como finalidade financiar certas prioridades governamentais e, por conseguinte, são instituídas como amparo governamental na intervenção da economia. O art. 149 da Constituição acrescenta que, compete exclusivamente à União instituir contribuições sociais de intervenção do domínio econômico e de interesse das categorias profissionais econômicas. A educação básica pública terá como fonte adicional de financiamento a contribuição social do salário-educação, recolhida pelas empresas na forma da lei. As cotas estaduais e municipais da arrecadação da contribuição social do salário-educação serão distribuídas proporcionalmente ao número de alunos matriculados na educação básica nas respectivas redes públicas de ensino. A característica essencial deste tributo está pautada na vinculação da receita às finalidades públicas.

---

(24) SABBAG, Eduardo de Moraes. *Elementos do direito tributário*. 9. ed. rev. e ampl. São Paulo: Premier Máxima, 2008. p. 107.

Indubitavelmente, a União possui competência exclusiva para instituir contribuições sociais conforme o art. 149 da Constituição. As únicas exceções previstas no artigo são: a) na instituição de contribuições previdenciárias para custeio dos sistemas de previdência e assistência social dos servidores dos Estados, Distrito Federal e Municípios; e b) na criação da contribuição para o custeio da iluminação pública por parte dos Municípios e do Distrito Federal. Note que, o Supremo Tribunal Federal firmou o entendimento de que não existe proibição constitucional à coincidência da base de cálculo de contribuição social com a base de cálculo de imposto (RE n. 228.321). Vejamos jurisprudência do STF sobre o tema:

> Por entender ausente o *fumus boni iuris*, o Tribunal, por maioria, negou referendo à medida cautelar deferida em ação cautelar, pelo Min. Marco Aurélio, relator, na qual se pretendia a concessão de efeito suspensivo a recurso extraordinário, interposto por instituição financeira, em que discutida a constitucionalidade do § 1º do art. 22 da Lei n. 8.212/91 que fixa o acréscimo de 2,5% na contribuição social das instituições financeiras — v. Informativo n. 425. Considerou-se que a matéria de fundo é complexa, tornando-se objeto de multifária legislação, tanto no que se refere à contribuição previdenciária sobre a folha de salários, caso dos autos, quanto em relação à contribuição social sobre o lucro — CSLL, e que existe uma série de decisões conflitantes nos tribunais do país acerca do assunto, o que reclama uma orientação definitiva do Plenário. Asseverou-se que, até que isso ocorra, as instituições financeiras poderão se valer de outras formas para a suspensão da exigibilidade do crédito tributário, previstas no art. 151 do CTN. Vencidos os Ministros Marco Aurélio, relator, e Cármen Lúcia, que deferiam o pedido de liminar. O Tribunal, também por maioria, vencido o relator, julgou extinto o processo. AC 1109 MC/SP, rel. Min. Marco Aurélio, 31.5.2007. (AC 1109).

1.3.5.1. Espécies de contribuições

As contribuições podem ser: contribuição anuidade, sindical, intervenção no domínio econômico, relativas à seguridade social e CPMF. Vejamos cada uma a seguir:

1.3.5.1.1. Contribuição sindical

As contribuições devidas aos Sindicatos pelos que participem das categorias econômicas ou profissionais ou das profissões liberais representadas pelas referidas entidades são denominadas "contribuição sindical". As entidades sindicais patronais podem, ainda, instituir, nos estatutos ou assembleias gerais, outras contribuições, como a mensalidade ou contribuição estatutária, a contribuição assistencial e a contribuição confederativa.[25]

a) A *contribuição estatutária*, como se depreende de sua denominação é prevista no estatuto da entidade e decorre da filiação à mesma. Normalmente é cobrada mensalmente dos associados.

---

(25) Conforme disposto na Nota Técnica SRT/CGRT n. 50/05.

b) A *contribuição assistencial* não possui previsão legal. É aprovada pela assembleia geral da categoria e fixada em convenção ou acordo coletivo de trabalho ou sentença normativa e é devida quando da vigência de tais normas, porque sua cobrança está relacionada com o exercício do poder de representação da entidade sindical no processo de negociação coletiva.

Alexandre de Moraes[26] revela as diferenças existentes entre a contribuição assistencial e a contribuição sindical, quando explica: "É certo que ninguém será obrigado a filiar-se ou manter-se filiado a sindicato (CF, art. 8º, V) não podendo o sindicato compelir os não filiados para obrigá-los a pagar-lhe contribuição assistencial nem obrigar aos filiados a permanecerem no sindicato. Porém, não se pode confundir a chamada contribuição assistencial ou confederativa com a contribuição sindical. A primeira é prevista no início do inciso IV, art. 8º da Constituição Federal ('a assembleia geral fixará a contribuição que, em se tratando de categoria profissional será descontada em folha, para custeio do sistema confederativo da representação sindical respectiva'); enquanto a segunda é prevista no final do citado inciso independente da contribuição prevista em lei."

c) Existe, também, a *contribuição confederativa*, cujo objetivo é o custeio do sistema confederativo, do qual fazem parte os sindicatos, federações e confederações, tanto da categoria profissional como da econômica. É fixada em assembleia geral. Tem como fundamento legal o art. 8º, IV, da Constituição Federal que estabelece que "a assembleia geral fixará a contribuição que, em se tratando de categoria profissional, será descontada em folha, para custeio do sistema confederativo da representação sindical respectiva, independentemente da contribuição prevista em lei".

O professor *Arnaldo Süssekind*[27] afirma que: "A contribuição confederativa, fixada pela assembleia geral do sindicato, não pode obrigar o empregado que não é filiado. A Constituição Federal, ao estabelecer a livre associação profissional ou sindical, vedando qualquer interferência do Poder Público, e estabelecendo que ninguém será obrigado a filiar-se ou manter-se filiado a sindicato, não permite a imposição de uma contribuição fixada por um órgão sindical alcance a generalidade da categoria profissional, eis que só a lei poderá impor tal dever, daí explicar-se a manutenção do próprio texto constitucional da contribuição prevista em lei. Não é razoável uma interpretação que torna compulsória a generalidade dos integrantes da categoria uma contribuição criada por um órgão sindical, quando todo o sistema é o da livre associação profissional ou sindical assegurada a liberdade e filiação".

Obs.: Em relação às contribuições confederativa e assistencial, predomina nos Tribunais Superiores o entendimento de serem obrigatórias somente para os empregados associados ao sindicato. Isso porque determinar ao trabalhador a obrigação de recolhê--las implicaria na filiação obrigatória ao sindicato, em afronta ao art. 8º, inciso V, da

---

(26) MORAES, Alexandre de. *Direito constitucional*. 15. ed. São Paulo: Atlas, 2004. p. 210 e 211.
(27) SÜSSEKIND, Arnaldo. *Instituições de direito do trabalho*. 19. ed. São Paulo: LTr, 2000. v. 2, p. 1149.

Constituição Federal de 1988, que dispõe que "ninguém será obrigado a filiar-se ou manter-se filiado a sindicato". Há várias decisões nesse sentido nos Tribunais Pátrios, referindo-se não só à contribuição confederativa, como também à assistencial.

d) *Categoria diferenciada:* A contribuição sindical de trabalhadores enquadrados em categoria diferenciada destina-se unicamente às entidades que os representem, independentemente do enquadramento dos demais empregados da empresa na qual trabalhem. Um motorista, por exemplo, pode trabalhar para uma indústria da construção civil, casa comercial ou qualquer outro tipo de empresa. A respectiva contribuição sindical é recolhida separadamente da relativa aos demais empregados. A empresa retira as guias de recolhimento, por exemplo, no Sindicato dos Condutores de Veículos Rodoviários e recolhe a contribuição da categoria ao Banco do Brasil S.A., à Caixa Econômica Federal ou aos estabelecimentos bancários autorizados.

As categorias profissionais diferenciadas são:

— Aeronautas;

— Aeroviários;

— Agenciadores de publicidade;

— Artistas e técnicos em espetáculos de diversões (cenógrafos e cenotécnicos, atores teatrais, inclusive corpos de corais e bailados, atores cinematográficos e trabalhadores circenses, manequins e modelos);

— Cabineiros (ascensoristas);

— Carpinteiros navais;

— Classificadores de produtos de origem vegetal;

— Condutores de veículos rodoviários (motoristas);

— Empregados desenhistas técnicos, artísticos, industriais, copistas, projetistas técnicos e auxiliares;

— Jornalistas profissionais (redatores, repórteres, revisores, fotógrafos etc.);

— Maquinistas e foguistas (de geradores termoelétricos e congêneres, exclusive marítimos);

— Músicos profissionais;

— Oficiais gráficos;

— Operadores de mesas telefônicas (telefonistas em geral);

— Práticos de farmácia;

— Professores;

— Profissionais de enfermagem, técnicos, duchistas, massagistas e empregados em hospitais e casas de saúde;

— Profissionais de relações públicas;

— Propagandistas, propagandistas vendedores e vendedores de produtos farmacêuticos;

— Publicitários;

— Radiotelegrafistas (dissociada);

— Radiotelegrafistas da Marinha Mercante;

— Secretárias;

— Técnicos de segurança do trabalho;

— Tratoristas (exceuados os rurais);

— Trabalhadores em atividades subaquáticas e afins;

— Trabalhadores em agências de propaganda;

— Trabalhadores na movimentação de mercadorias em geral;

— Vendedores e viajantes do comércio.

e) *Profissionais liberais*:[28] Os agentes ou trabalhadores autônomos e os profissionais liberais, organizados em firmas ou empresas, com capital social registrado, recolhem a contribuição sindical segundo a tabela progressiva.

Quadro de profissionais liberais publicado pela CNPL — Confederação Nacional das Profissões Liberais

Administradores	Enfermeiros	Parteiros
Advogados	Engenheiros	Professores (privados)
Analistas de Sistemas	Escritores	Protéticos Dentários
Arquitetos	Estatísticos	Psicólogos
Assistentes Sociais	Farmacêuticos	Químicos
Atuários	Físicos	Relações Públicas
Autores Teatrais	Fisioterapeutas	Sociólogos
Bac. em Ciências da Computação e Informática	Fonoaudiólogos	Técnicos Agrícolas
Bibliotecários	Geólogos	Técnicos Industriais
Biomédicos	Geógrafos	Técnicos em Turismo

---

(28) Conforme art. 580, inciso III da CLT.

Biólogos	Jornalistas	Tecnólogos
Compositores Musicais	Médicos	Terapeutas Ocupacionais
Contabilistas	Médicos Veterinários	Tradutores e Intérpretes
Corretores de Imóvies	Nutricionistas	Zootecnistas
Economistas	Odontologistas	Economistas Domésticos

Tratando-se de empregado que mantenha, simultaneamente, vínculo empregatício com mais de uma empresa, ele estará obrigado a contribuir em relação a cada atividade exercida.

Exemplo: Supondo-se que um empregado mensalista exerça, simultaneamente, atividades nas empresas "A", "B" e "C", conforme os salários em março e contribuições sindicais calculadas segundo a tabela a seguir:

Empresas	Sal. março/2007	Contr. Sind.
A	300,00	10,00
B	600,00	20,00
C	900,00	30,00
Total	1.800,00	60,00

Observe que o total da contribuição sindical a ser paga pelo empregado, nas 3 empresas, equivale a 1/30 do seu salário final auferido nas empresas "A", "B" e "C".

1.3.5.1.2. Contribuição-anuidade

É a contribuição relativa ao órgão e conselho de classe que vincula as pessoas que exercem certas profissões. Como, por exemplo, na advocacia existe a anuidade da OAB.

1.3.5.1.3. Contribuição de intervenção no domínio econômico

A contribuição de intervenção no domínio econômico pode ser Cide-*Royalties* e Cide-Combustível.

A Lei n. 10.168/00 institui a contribuição de intervenção de domínio econômico (Cide-*Royalties*) destinada a financiar o Programa de Estímulo à Interação Universidade — Empresa para o Apoio à Inovação. Neste sentido, a contribuição é devida pela pessoa jurídica detentora de licença de uso ou adquirente de conhecimentos tecnológicos, bem como aquela signatária de contratos que impliquem transferência de tecnologia, firmados com residentes ou domiciliados no exterior.

Importante consignar que, a partir de 1º de janeiro de 2002, a contribuição acima passa a ser devida também pelas pessoas jurídicas signatárias de contratos que tenham por objeto serviços técnicos e de assistência administrativa e semelhantes a serem prestados por residentes ou domiciliados no exterior, bem assim pelas pessoas jurídicas que pagarem, creditarem, entregarem, empregarem ou remeterem *royalties*, a qualquer título, a beneficiários residentes ou domiciliados no exterior. Ressalta-se que, a contribuição incidirá sobre os valores pagos, creditados, entregues, empregados ou remetidos, a cada mês, a residentes ou domiciliados no exterior, a título de remuneração.

Destaca-se que, a alíquota da contribuição será de 10% e o pagamento poderá ser efetuado até o último dia útil da quinzena subsequente ao mês de ocorrência do fato gerador. Fica reduzida para 15% (quinze por cento), a partir de 1º de janeiro de 2002, a alíquota do imposto de renda na fonte incidente sobre as importâncias pagas, creditadas, entregues, empregadas ou remetidas ao exterior a título de remuneração de serviços de assistência administrativa e semelhantes. A Secretaria da Receita Federal é o órgão competente para a administração e fiscalização da contribuição.

A 8ª Turma do Tribunal Regional Federal da 1ª Região (TRF1) concluiu que a criação da contribuição de intervenção no domínio econômico, nos moldes do art. 149, I, da Constituição, pode ser efetivada por lei ordinária, não estando a depender da utilização de lei complementar, não havendo vícios de inconstitucionalidade ou ilegalidade das Leis ns. 10.168/00 e 10.332/01 que criaram tais contribuições.

Já a Cide-Combustível está prevista na Lei n. 10.336/01 que institui a Contribuição de Intervenção no Domínio Econômico incidente sobre a importação e a comercialização de petróleo e seus derivados, gás natural e seus derivados, e álcool etílico combustível (Cide), a que se refere os arts. 149 e 177 da Constituição Federal.

O produto da arrecadação da Cide-Combustível será destinado, na forma da lei orçamentária, ao:

a) pagamento de subsídios a preços ou transporte de álcool combustível, de gás natural e seus derivados e de derivados de petróleo;

b) financiamento de projetos ambientais relacionados com a indústria do petróleo e do gás;

c) financiamento de programas de infraestrutura de transportes.

Os recursos serão distribuídos pela União aos Estados e ao Distrito Federal, trimestralmente, até o 8º dia útil do mês subsequente ao do encerramento de cada trimestre, mediante crédito em conta vinculada aberta para essa finalidade no Banco do Brasil S.A. ou em outra instituição financeira que venha a ser indicada pelo Poder Executivo federal. A distribuição observará os seguintes critérios:

a) 40% (quarenta por cento) proporcionalmente à extensão da malha viária federal e estadual pavimentada existente em cada Estado e no Distrito Federal, conforme estatísticas elaboradas pelo Departamento Nacional de Infraestrutura de Transportes — DNIT;

b) 30% (trinta por cento) proporcionalmente ao consumo, em cada Estado e no Distrito Federal, dos combustíveis a que a Cide se aplica, conforme estatísticas elaboradas pela Agência Nacional do Petróleo — ANP;

c) 20% (vinte por cento) proporcionalmente à população, conforme apurada pela Fundação Instituto Brasileiro de Geografia e Estatística — IBGE;

d) 10% (dez por cento) distribuídos em parcelas iguais entre os Estados e o Distrito Federal.

Note que para o exercício de 2004, os percentuais de entrega aos Estados e ao Distrito Federal são os constantes a seguir:

PERCENTUAIS DE PARTICIPAÇÃO DOS ESTADOS E DO DISTRITO FEDERAL NA CIDE

ESTADO	PERCENTUAL
ACRE	0,74%
ALAGOAS	1,60%
AMAPÁ	0,57%
AMAZONAS	1,39%
BAHIA	6,39%
CEARÁ	3,55%
DISTRITO FEDERAL	1,43%
ESPÍRITO SANTO	2,13%
GOIÁS	4,69%
MARANHÃO	3,00%
MATO GROSSO	2,76%
MATO GROSSO DO SUL	2,72%
MINAS GERAIS	10,72%
PARÁ	2,85%
PARAÍBA	1,95%
PARANÁ	7,23%
PERNAMBUCO	3,67%
PIAUÍ	1,98%
RIO DE JANEIRO	5,53%

ESTADO	PERCENTUAL
RIO GRANDE DO NORTE	2,22%
RIO GRANDE DO SUL	6,50%
RONDÔNIA	1,23%
RORAIMA	0,74%
SANTA CATARINA	3,92%
SÃO PAULO	17,47%
SERGIPE	1,34%
TOCANTINS	1,68%
TOTAL	100,00%

Consigna-se que, a partir do exercício de 2005, os percentuais individuais de participação dos Estados e do Distrito Federal são calculados pelo Tribunal de Contas da União na forma do § 2º deste artigo, com base nas estatísticas referentes ao ano imediatamente anterior, observado o seguinte cronograma:

a) até o último dia útil de janeiro, os órgãos indicados nos incisos I a III do § 2º deste artigo enviarão as informações necessárias ao Tribunal de Contas da União;

b) até 15 de fevereiro, o Tribunal de Contas da União publicará os percentuais individuais de participação dos Estados e do Distrito Federal;

c) até o último dia útil de março, o Tribunal de Contas da União republicará os percentuais com as eventuais alterações decorrentes da aceitação do recurso.

A Lei n. 10.866/04 registrou que do montante dos recursos que cabe a cada Estado, 25% (vinte e cinco por cento) serão destinados aos seus Municípios para serem aplicados no financiamento de programas de infraestrutura de transportes.

A Cide-Combustível tem como fatos geradores as operações, realizadas pelos contribuintes de importação e de comercialização no mercado interno de: a) gasolinas e suas correntes; b) diesel e suas correntes; c) querosene de aviação e outros querosenes; d) óleos combustíveis (*fuel-oil*); e) gás liquefeito de petróleo, inclusive o derivado de gás natural e de nafta; f) álcool etílico combustível. Já a base de cálculo da Cide é a unidade de medida adotada para os produtos acima descritos, na importação e na comercialização no mercado interno.

Note que a empresa comercial exportadora que no prazo de 180 (cento e oitenta) dias, contado da data de aquisição, não houver efetuado a exportação dos produtos para o exterior, fica obrigada ao pagamento da Cide relativamente aos produtos adquiridos e não exportados.

1.3.5.1.4. Cofins

A Cofins — Contribuição para o Financiamento da Seguridade Social — é uma contribuição federal, de natureza tributária, incidente sobre a receita bruta das empresas em geral, destinada a financiar a seguridade social. Com a edição da Lei n. 10.833/03 ficou encerrada a cumulatividade da Cofins e aumentou a alíquota da contribuição de 3% para 7,6%. Antes, o tributo incidia sobre todas as fases da produção.

As pessoas jurídicas de direito privado e as que lhes são equiparadas pela legislação do imposto de renda, inclusive as empresas públicas, as sociedades de economia mista, suas subsidiárias e as pessoas jurídicas a que se refere o § 1º do art. 22 da Lei n. 8.212, de 1991, devem apurar a Contribuição para Financiamento da Seguridade Social — Cofins, em conformidade com a Lei Complementar n. 70, de 30 de dezembro de 1991 e alterações posteriores. Sua alíquota é de 7,6% para as empresas tributadas pelo lucro real (sistemática da não cumulatividade) e de 3,0% para as demais.

A respeito do quesito "não cumulatividade", vem explicitar com clareza, o doutrinador *José Eduardo Soares de Melo*[29]: "A não cumulatividade significa um sistema operacional objetivando minimizar a carga tributária incidente sobre as operações realizadas com produtos, mercadorias e serviços, tendo por finalidade diminuir o preço que repercute na diminuição do custo de vida, possibilitando a geração de emprego, realização de investimentos empresariais e outras medidas benéficas ao desenvolvimento econômico. O foco central da produção, circulação e prestação de serviços é o consumidor final, sendo evidente que as atividades dos produtores, industriais, comerciantes e prestadores de serviços direcionam-se à população, sendo considerados os princípios diretivos da economia, como a defesa do consumidor de modo a permitir-lhe existência digna e justiça social (art. 170 da CF). Teleologicamente, a não cumulatividade deverá ser observada em todo o ciclo operacional, que não pode sofrer supressão parcial, face aos princípios da isonomia e da capacidade contributiva de cada um dos agentes empresariais. Se em uma determinada fase operacional for estabelecida a proibição (ainda que parcial) do direito do contribuinte de abater o ônus tributário incidente nas operações e prestações anteriores, ocorrerá efeito cumulativo, implicando no aumento de preços. Esta situação ocasionará efeito confiscatório em razão de no mesmo preço do produto estar se verificando dupla incidência tributária. Qualifica-se como um princípio constitucional, balizando a estrutura econômica sobre o qual foi organizado o Estado. Não se trata de simples técnica de apuração de valores tributários ou mera proposta didática, mas diretriz constitucional imperativa, sendo obrigatória para os destinatários normativos (poderes públicos e particulares)".

A base de cálculo representa:

— o faturamento mensal (receita bruta da venda de bens e serviços); ou

— o total das receitas da pessoa jurídica.

---

(29) MELO, José Eduardo Soares de; LIPPO, Luiz Francisco. *A não cumulatividade tributária.* 2. ed. São Paulo: Dialética, 2004.

A incidência do Cofins é direta e não cumulativa, com apuração mensal. As empresas que apuram o lucro pela sistemática do Lucro Presumido, no entanto, sofrem a incidência da Cofins pela sistemática cumulativa. Algumas atividades e produtos específicos também permaneceram na sistemática cumulativa.

Existem até mesmo empresas que se sujeitam à cumulatividade sobre apenas parte de suas receitas. A outra parte sujeita-se à sistemática não cumulativa. Estas particularidades tornam este tributo, juntamente com a Contribuição para o PIS, extremamente complexo para o contribuinte e também para o fisco, além do que ele constitui-se no segundo maior tributo em termos arrecadatórios no Brasil pela Secretaria de Receita Federal, logo após o Imposto de Renda.

No entendimento de *Hugo de Brito Machado*[30], podemos perceber que: "na verdade, a lei complementar é hierarquicamente superior à lei ordinária. É certo que a Constituição estabelece que certas matérias só podem ser tratadas por lei complementar, mas isto não significa de nenhum modo que a lei complementar não possa regular outras matérias, e em se tratando de norma cuja aprovação exige *quorum* qualificado, não é razoável entender-se que pode ser alterada, ou revogada por lei ordinária. É a tese que temos sustentado, em homenagem ao princípio da segurança jurídica. (...) Necessário, portanto, se faz que uma lei complementar altere o disposto na Lei Complementar n. 70/91, para que **seja efetivamente exigível a Cofins** sobre receita diversa daquela integrada no conceito de **faturamento**."

A partir da competência **janeiro/2007**, o PIS e a Cofins serão recolhidos até o dia 20 do mês seguinte ao da competência (o último dia útil do segundo decêndio subsequente ao mês de ocorrência do fato gerador) — novo prazo fixado pelos arts. 7º e 11 da MP n. 351/07. O pagamento da Contribuição para o PIS/PASEP e da Cofins deverá ser efetuado até o último dia útil do segundo decêndio subsequente ao mês de ocorrência dos fatos geradores. O parágrafo único do art. 9º da Lei n. 9.779, de 19 de janeiro de 1999, passa a vigorar com a seguinte redação:

> **Parágrafo único.** O imposto a que se refere este artigo será recolhido até o último dia útil do primeiro decêndio do mês subsequente ao de apuração dos referidos juros e comissões.

ANTECIPA-SE o recolhimento se o dia 20 não houver expediente bancário. Como exemplo, os tributos da competência janeiro/2007 vencerão no dia 16.2.2007, pois nos dias 19 e 20 de fevereiro não haverá expediente bancário (carnaval). Até a competência dezembro/2006 (vencimento janeiro/2007), o recolhimento do PIS e da Cofins era feito até o último dia útil da primeira quinzena (dia 15 ou o último dia útil anterior, se o dia 15 não for útil) do mês seguinte ao mês de ocorrência dos fatos geradores.

Para os importadores de cigarros, o recolhimento das contribuições[31] do PIS e Cofins (tanto em relação à contribuição própria quanto da substituição tributária) deverá ser efetivada na data do registro da declaração de importação no Siscomex.

---

(30) MACHADO, Hugo de Brito. Contribuições sociais — problemas jurídicos. In: ROCHA, Valdir de Oliveira (coord.). *Revista Dialética de Direito Tributário*, São Paulo, p. 112.
(31) Conforme arts. 53 e 54 da Lei n. 9.532/97.

O ato declaratório do RFB dispõe sobre o **desconto de créditos** da Contribuição para o PIS/Pasep e da Contribuição para o Financiamento da Seguridade Social — Cofins calculados em relação às aquisições de bens e serviços de pessoa jurídica optante pelo Simples Nacional. Conforme citação[32] abaixo:

O SECRETÁRIO DA RECEITA FEDERAL DO BRASIL, no uso da atribuição que lhe confere o inciso III do art. 224 do Regimento Interno da Secretaria da Receita Federal do Brasil, aprovado pela Portaria MF n. 95, de 30 de abril de 2007, e tendo em vista o disposto no art. 23 da Lei Complementar n. 123, de 14 de dezembro de 2006, e o que consta do processo n. 10168.003407/2007-14 declara:

As pessoas jurídicas sujeitas ao regime de apuração não cumulativa da Contribuição para o PIS/Pasep e da Contribuição para o Financiamento da Seguridade Social (Cofins), observadas as vedações previstas e demais disposições da legislação aplicável, podem descontar créditos calculados em relação às aquisições de bens e serviços de pessoa jurídica optante pelo Regime Especial Unificado de Arrecadação de Tributos e Contribuições devidos pelas Microempresas e Empresas de Pequeno Porte (Simples Nacional), instituído pelo art. 12 da Lei Complementar n. 123, de 14 de dezembro de 2006.

Vejamos algumas jurisprudências sobre o tema:

a) INCIDÊNCIA. COFINS. LOCAÇÃO. LOJAS. *SHOPPING CENTER*

A Turma, mesmo com a ressalva da Min. Relatora, por unanimidade, adotou o entendimento da Primeira Seção, que assentou incidir a **Cofins** e o PIS sobre as receitas oriundas da locação de lojas em *shopping center*, mesmo quando o valor do aluguel seja em percentual sobre o faturamento do lojista locatário. Precedentes citados: EREsp 727.245-PE, DJ 6.8.2007; EREsp 662.978-PE, DJ 5.3.2007; e EREsp 712.080-PR, DJ 16.6.2008. AgRg no REsp 748.260-RS, Rel. Min. Eliana Calmon, julgado em 4.9.2008.

b) DISTRIBUIDORA. FILME. COFINS

Os valores que são recebidos pelas distribuidoras de filmes em razão da venda e prestação de serviços aos exibidores ingressam em seu caixa por direito próprio, pelo exercício de seu objeto social, o que corresponde a seu faturamento para fins de incidência da **Cofins**. Assim, a parcela que elas repassam aos produtores da película, devido à falta de previsão legal, não pode ser excluída da aplicação da referida contribuição, que, justamente, incide sobre o faturamento. REsp 1.018.177-RJ, Rel. Min. Herman Benjamin, julgado em 15.4.2008.

c) COFINS. PRESCRIÇÃO. IMPUTAÇÃO. PAGAMENTO. COMPENSAÇÃO

A Turma reiterou o entendimento de que, quando o tributo está sujeito ao "autolançamento", o Fisco pode homologá-lo expressa ou tacitamente. Não estipulado pela lei um prazo para homologação, ela será de até cinco anos, tendo como termo *a quo* a ocorrência do fato gerador (art. 150, § 4º, CTN). A extinção do crédito tributário ocorrerá não com o pagamento antecipado, mas com a homologação e, a partir daí, fluirá o prazo de cinco

---

(32) Ato Declaratório Interpretativo RFB n. 15, de 26 de setembro de 2007.

anos para a prescrição (art. 168, I, CTN). Quanto à questão da imputação de pagamento, a Min. Relatora asseverou que essa não pode ser aplicada, pois é própria do Direito Civil e só poderia ser aplicada em matéria tributária se houvesse lei especial autorizadora. Os precedentes do STJ (REsp 951.608-SC, DJ 29.8.2007, e REsp 665.871-SC, DJ 19.12.2005) que afirmam ser pertinente imputar-se o pagamento conforme as regras do Código Civil aos precatórios não servem como paradigmas, pois não se confunde a imputação de pagamento para efeito de precatório com a imputação de pagamento em matéria de compensação, como é o caso abordado. Assim, a Turma determinou que se proceda à compensação, conforme o art. 74 da Lei n. 9.430/96, com a redação dada pelas leis posteriores. Precedentes citados: REsp 206.503-SP, DJ 2.8.1999; EREsp 435.835-SC, DJ 26.10.2006; EREsp 644.736-PE, DJ 30.5.2005; REsp 905.337-SP, DJ 24.9.2007; e REsp 968.717-SP, DJ 22.10.2007. REsp 987.943-SC, Rel. Min. Eliana Calmon, julgado em 19.2.2008.

d) COFINS. SOCIEDADE CIVIL. COMPENSAÇÃO. PRESCRIÇÃO

A Turma conheceu em parte do recurso e, nessa parte, negou-lhe provimento, reiterando o entendimento segundo o qual o STF tem reconhecido que o conflito entre lei complementar e lei ordinária — como é o caso da alegada revogação da Lei Complementar n. 70/91 pela Lei n. 9.430/96 — possui natureza constitucional. Inicialmente o Min. Relator esclareceu que se extingue o direito de pleitear a restituição de tributo sujeito a lançamento por homologação, não sendo esta expressa, somente após cinco anos contados da ocorrência do fato gerador, acrescidos de mais cinco anos contados da data em que se deu a homologação tácita. A Corte Especial acolheu a arguição de inconstitucionalidade da expressão "observado quanto ao art. 3º o disposto no art. 106, I, da Lei n. 5.172/66 do CTN", constante do art. 4º, segunda parte, da LC n. 118/05. Nessa assentada, firmou-se o entendimento de que, "com o advento da LC n. 118/05, a prescrição, do ponto de vista prático, deve ser contada da seguinte forma: relativamente aos pagamentos efetuados a partir da sua vigência (que ocorreu em 9.6.2005), o prazo para a ação de repetição de indébito é de cinco anos a contar da data do pagamento; e, relativamente aos pagamentos anteriores, a prescrição obedece ao regime previsto no sistema anterior, limitada, porém, ao prazo máximo de cinco anos a contar da vigência da lei nova". Precedentes citados: EREsp 435.835-SC, DJ 4.6.2007; e EREsp 644.736-PE, DJ 27.8.2007. REsp 955.831-SP, Rel. Min. Castro Meira, julgado em 28.8.2007.

e) COFINS. ISENÇÃO. SOCIEDADES CIVIS. PRESTAÇÃO. SERVIÇOS

Trata-se de recurso contra acórdão que, em demanda visando à declaração de inexigibilidade do recolhimento da **Cofins** de sociedades civis prestadoras de serviços de profissão regulamentada, em razão da isenção prevista no art. 6º, II, da LC n. 70/91, decidiu que foi legítima a revogação da isenção operada pela Lei n. 9.430/96, inexistindo qualquer ofensa ao princípio da hierarquia entre as normas. No caso, a recorrente aponta negativa de vigência ao art. 6º, II, da LC n. 70/91 e à legislação de regência, pois a referida LC confere-lhe o direito à isenção da **Cofins,** e a Lei n. 9.430/96, por ser ordinária, não poderia derrogar prescrição legal constante de lei complementar. A Turma, ao prosseguir o julgamento, não conheceu do recurso. Entendeu que a controvérsia a respeito da incompatibilidade de lei ordinária em face de lei complementar é de natureza constitucional, já que a invasão, por lei ordinária, da esfera de competência reservada constitucionalmente à lei complementar acarreta a sua inconstitucionalidade, e não a sua ilegalidade. Assim, a discussão sobre a LC n. 70/91 ser materialmente ordinária e sobre a Lei n. 9.430/96 revogar seu art. 6º, II, tem índole constitucional, sendo vedada sua apreciação em recurso especial. Dessarte, inadequada a apreciação da matéria em sede de recurso especial, pois configuraria usurpação da competência do STF. REsp 811.576-SP, Rel. Min. Teori Albino Zavascki, julgado em 7.11.2006.

f) COFINS. LEI N. 9.718/98. BASE DE CÁLCULO. FATURAMENTO

Em preliminar, mesmo diante da notícia de que o STF estaria concedendo cautelares para destrancar recursos extraordinários a respeito do tema em questão, a Turma, por maioria, entendeu afastar a suscitação de prejudicialidade (art. 543 do CPC). No mérito, também por maioria, a Turma reafirmou que a Lei n. 9.718/98 contrariou o art. 110 do CTN ao ampliar o conceito de faturamento para o efeito de incidência da **Cofins**, de modo a alcançar a totalidade das receitas auferidas pela pessoa jurídica. Precedentes citados do STF: RE 150.755-PE, DJ 20.8.1993; ADC 1-DF, DJ 16.6.1995; do STJ: REsp 501.628--SC, DJ 24.5.2004; e REsp 297.326-RJ, DJ 16.3.2003. REsp 467.229-MG, Rel. Min. Castro Meira, julgado em 3.8.2004.

g) QUESTÃO DE ORDEM. COFINS. COOPERATIVAS. LC N. 70/91. ISENÇÃO. MP N. 1.858. REVOGAÇÃO

Em questão de ordem, a Turma resolveu submeter à apreciação da Primeira Seção vários questionamentos sobre a exação tributária com relação às cooperativas. Em princípio, impõe-se distinguir os atos cooperativos dos atos não cooperativos. Ainda deverá se esclarecer se os atos cooperativos estão ou não sujeitos à incidência da **Cofins**, ante o art. 79 da Lei n. 5.764/71 (Lei das Sociedades Cooperativas), que dispõe que o ato cooperativo não implica operação de mercado, nem contrato de compra e venda de produto ou mercadoria. E ainda: se a citada lei faz essa afirmativa e não está revogada, a revogação do inciso I do art. 6º da LC n. 70/91 em nada alteraria a não incidência da **Cofins** sobre os atos cooperativos? Como ficaria essa revogação ante o posicionamento da jurisprudência, com fulcro no princípio da hierarquia das leis, no sentido que a lei ordinária não pode revogar determinação conferida pela LC n. 70/91? REsp 616.219-MG, Rel. Min. Luiz Fux, julgado em 11.5.2004.

h) EXPORTAÇÃO. MERCADORIA. ZONA FRANCA DE MANAUS. COFINS. ISENÇÃO

Questiona-se, no caso, a existência ou não da isenção da **Cofins** sobre a venda de mercadoria destinada à Zona Franca de Manaus. A Turma deu provimento ao recurso, entendendo que na hipótese existe a referida isenção, porquanto o art. 4º do DL n. 288/67 atribuiu às operações da Zona Franca de Manaus, quanto a todos os tributos que direta ou indiretamente atingem exportações de mercadorias nacionais para essa região, regime igual ao que se aplica nos casos de exportações brasileiras para o exterior. Precedentes citados: REsp 193.172-PE, DJ 10.9.2001; REsp 74.814-SP, DJ 24.8.1998; e REsp 34.388-SP, DJ 19.5.1997. REsp 144.785-PR, Rel. Min. Paulo Medina, julgado em 21.11.2002.

i) COMPENSAÇÃO. COFINS. PIS

Enquanto o acórdão embargado não admite a compensação da **Cofins** com o PIS por serem tributos de espécies distintas, o julgado paradigma, diferentemente, admite a compensação. Se analisados os julgados sob a égide da Lei n. 8.383/91, há possibilidade de compensação apenas dos tributos da mesma espécie, o que foi profundamente alterado com a sistemática da Lei n. 9.430/96. A ementa do acórdão paradigma deixa bem claras as hipóteses, sendo certo que na ação julgada, iniciada em 27.11.1995, não poderia ser invocada lei posterior, a de 1996. Verificou-se, assim, a impertinência dos embargos que, na ausência de divergência, deixaram de ser recebidos. EREsp 295.332-BA, Rel. Min. Eliana Calmon, julgado em 8.5.2002.

j) COFINS. INCIDÊNCIA. VENDA. IMÓVEIS

A Seção, por maioria, decidiu que incide a Contribuição para o Financiamento da Seguridade Social — **Cofins** sobre o faturamento mensal da empresa que construir, alienar, comprar, alugar, vender imóveis e intermediar negócios imobiliários. EREsp 112.529-PR, Rel. Min. Garcia Vieira, julgado em 7.8.2000.

k) COFINS. VENDA DE IMÓVEIS

As operações realizadas com a venda de imóveis por empresa de construção e incorporação imobiliária estão sujeitas à incidência da **Cofins**, porquanto caracterizam compra e venda de mercadorias, no sentido amplo empregado pela legislação de regência. Precedentes citados: REsp 168.627-PR, DJ 17.8.1998; REsp 149.020-AL, DJ 25.5.1998; e EDcl no REsp 149.094-PB, DJ 27.4.1994. EDcl no REsp 162.553-PE, Rel. Min. Humberto Gomes de Barros, julgado em 17.12.1998.

Por fim, vamos destacar a Súmula n. 276 do STJ que estabelece: "As sociedades civis de prestação de serviços profissionais são isentas da **Cofins**, irrelevante o regime tributário adotado."

1.3.5.1.5. Contribuições das microempresas e empresas de pequeno porte — o novo Simples

O sistema jurídico brasileiro deixou claro no art. 170 e seguintes da Constituição que as empresas de pequeno porte e as microempresas devem receber um tratamento diferenciado para que possam crescer e desenvolver-se. Os motivos que determinaram estes benefícios se devem à necessidade de se empregarem políticas de incentivos para a geração de empregos, pois as empresas com menor estrutura (Microempresa e Empresa de Pequeno Porte) são responsáveis por uma parte considerável das carteiras assinadas no nosso país.

A microempresa (ME) ou a empresa de pequeno porte (EPP) que efetuar, em julho de 2007, a opção pelo Regime Especial Unificado de Arrecadação de Tributos e Contribuições devidos pelas Microempresas e Empresas de Pequeno Porte (Simples Nacional), de que trata a Lei Complementar n. 123, de 14 de dezembro de 2006, e que possua débitos relativos a tributos ou contribuições administrados pela Secretaria da Receita Federal do Brasil (RFB), cuja exigibilidade não esteja suspensa, poderá regularizar seus débitos na forma da Instrução Normativa n. 77 da Receita Federal Brasileira. Vejamos o art. 2º da Lei n. 9.841/99 que adverte:

Art. 2º Para os efeitos desta Lei, ressalvado o disposto no art. 3º, considera-se:

I — microempresa, a pessoa jurídica e a firma mercantil individual que tiver receita bruta anual igual ou inferior a R$ 244.000,00 (duzentos e quarenta e quatro mil reais);

II — empresa de pequeno porte, a pessoa jurídica e a firma mercantil individual que, não enquadrada como microempresa, tiver receita bruta anual superior a R$ 244.000,00 (duzentos e quarenta e quatro mil reais) e igual ou inferior a R$ 1.200.000,00 (um milhão e duzentos mil reais).

Algumas características podem ser apontadas relativas ao Simples Nacional:

a) abrange a participação de todos os entes federados (União, Estados, Distrito Federal e Municípios;

b) é administrado por um Comitê Gestor composto por oito integrantes: quatro da Secretaria da Receita Federal do Brasil (RFB), dois dos Estados e do Distrito Federal e dois dos Municípios;

c) exigibilidade de condições para o ingresso no Simples Nacional: c.1. enquadrar-se na definição de microempresa ou de empresa de pequeno porte; c.2. cumprir os requisitos previstos na legislação; c.3.formalizar a opção pelo Simples Nacional. A seguir, colocaremos um quadro apontando as características de forma estruturada:

Principais características do Simples Nacional:
— é facultativo;
— é irretratável para todo o ano-calendário;
— abrange os seguintes tributos: IRPJ, CSLL, PIS/Pasep, Cofins, IPI, ICMS, ISS e a Contribuição para a Seguridade Social destinada à Previdência Social a cargo da pessoa jurídica;
— apuração e recolhimento dos tributos abrangidos mediante documento único de arrecadação;
— disponibilização às ME e às EPP de sistema eletrônico para a realização do cálculo do valor mensal devido;
— apresentação de declaração única e simplificada de informações socioeconômicas e fiscais;
— vencimento no último dia útil da primeira quinzena do mês subsequente ao do período de apuração;
— possibilidade de os Estados adotarem sublimites de EPP em função da respectiva participação no PIB.

A Declaração Anual do Simples Nacional deve ser prestada por todas as microempresas (ME) e empresas de pequeno porte (EPP) que em algum período do ano-calendário de 2007 se encontravam como optantes pelo Simples Nacional. Também será permitida a entrega da DASN por empresas que não constam como optantes em algum período do ano-calendário de 2007, desde que possuam processo formalizado em uma das unidades das Fazendas Federal, Estadual ou Municipal.

Note: As ME e as EPP optantes pelo Simples Nacional não poderão apropriar ou transferir créditos relativos a impostos ou contribuições abrangidos por esse regime, nem tampouco poderão utilizar ou destinar qualquer valor a título de incentivo fiscal.

Os Estados, o Distrito Federal e os Municípios, porém, poderão conceder isenção ou redução do ICMS ou do ISS específicos para ME ou EPP ou ainda determinar recolhimento de valor fixo para esses tributos.

Eduardo de Moraes Sabbag[33] ensina que:

O supersimples não é um tipo de "imposto", nem um tipo de "tributo"; também não é "isenção" ou "conjunto de benefícios". Trata-se, em verdade, de um sistema de pagamento unificado de vários tributos, em regra mais benéfico do que a tributação convencional, em que a adesão é facultativa (ver art. 146, III, *d*, parágrafo único, I, CF), exceto no caso de empresas cuja opção esteja vedada (art. 17, I a XIV, da LC n. 123/06). A propósito, a inclusão é vedada, entre outros casos, para as empresas que tenham sócio domiciliado no exterior; de cujo capital participe entidade da administração pública, direta ou indireta, federal, estadual ou municipal; ou que possua débito com o Fisco, sem exigibilidade suspensa (art. 17, II, III e V, da LC n. 123/06). (...) Ressalta-se, ainda, que o Sistema utiliza uma única base de cálculo — a receita bruta da pessoa jurídica, auferida no mês —, sobre a qual incidirá um percentual de alíquota, dependendo do enquadramento da ME ou da EPP. O recolhimento é mensal, utilizando-se o documento único de arrecadação (DARF).

1.4. Aspectos destacados da reforma tributária — PEC n. 233/08

As observações abaixo são apontamentos retirados da nota técnica elaborada por *Murilo Rodrigues da Cunha Soares*[34] que é Consultor Legislativo da Área III (Tributação e Direito Tributário) da Câmara Legislativa. Desta feita, por todo o preciosismo fazemos questão de transcrever na íntegra os apontamentos feitos por este brilhante consultor.

1.4.1. Considerações iniciais

O Poder Executivo enviou para apreciação do Congresso Nacional a PEC n. 233/08 (Mensagem n. 81/08), que propõe alterações no Sistema Tributário Nacional. A referida PEC possui 13 artigos. O art. 1º altera vinte artigos da Constituição Federal (arts. 34, 36, 61, 62, 105, 114, 146, 150, 151, 153, 157, 158, 159, 160, 161, 167, 195, 198, 212 e 239) e insere um novo artigo no Texto Constitucional permanente (art.155-A); o art. 2º altera dois artigos do ADCT (arts. 60 e 76); o art. 3º trata do atual ICMS; o art. 4º, do novo ICMS; o art. 5º, do Fundo de Equalização de Receitas; o art. 6º, das destinações para educação básica e ações na área de transportes; o art. 7º, do Fundo Nacional de Desenvolvimento Regional; o art. 8º extingue o Salário-

---

(33) SABBAG, Eduardo de Moraes. *Elementos do direito tributário*. 9. ed. rev. e ampl. São Paulo: Premier Máxima, 2008. p. 146.
(34) Disponível em: <http://apache.camara.gov.br/portal/arquivos/Camara/internet/publicacoes/estnottec/tema20/2008_1676.pdf> Acesso em: 8 jan. 2009.

-Educação; o art. 9º prevê estabelecimento de limites para a carga tributária, relativamente ao IR, IVA-F e novo ICMS; o art. 10, sanções para Estados e Distrito Federal, em caso de concessão de benefícios irregulares do atual ICMS; o art. 11 trata de redução de alíquotas da contribuição do empregador à Previdência Social; o art. 12, da eficácia dos dispositivos da futura Emenda Constitucional; e o art. 13, da revogação de dispositivos constitucionais em vigor.

A presente Nota elaborada por *Murilo Rodrigues da Cunha Soares* tem como objetivo descrever os principais pontos da proposta. Dada sua complexidade, a primeira seção oferece uma visão panorâmica do conjunto das alterações sugeridas. Já a segunda seção apresenta, um pouco mais detalhadamente, os principais pontos da proposta. A terceira seção, com base na exposição de motivos e na cartilha explicativa que acompanham a iniciativa, mostra os objetivos do Governo Federal com a Reforma Tributária e as premissas sob as quais foi elaborada a proposta. Por fim, a quarta seção descreve as modificações aprovadas na Comissão de Constituição e Justiça e Cidadania da Câmara dos Deputados, na fase de apreciação da admissibilidade da PEC.

1.4.2. Linhas gerais da proposta

1.4.2.1. Modificações nas finanças da União

A. Tributos federais

A PEC n. 233/08 extingue a CSLL, a COFINS (art. 195, I, CF/88, alterado pelo art. 1º da PEC, c/c art. 13, I, *d*, da PEC)1, a CIDE-Combustíveis (art. 13, I, *c*, da PEC), a contribuição do Salário-Educação (art. 8º da PEC) e adapta o Texto Constitucional para a extinção do PIS (art. 239, CF/88).

É criado um novo imposto federal, o IVA-F (art. 153, VIII, CF/88), cujos núcleos da hipótese de incidência são as "operações com bens e prestações de serviços". Esse novo imposto deve substituir a COFINS, a CIDE-Combustíveis, o PIS e a contribuição do Salário-Educação. Além disso, lei poderá estabelecer adicional do IVA-F para substituir parcialmente a contribuição sobre folha de pagamento recolhida pelo empregador (art. 195, § 13, CF/88). Já o IRPJ deve absorver a CSLL, inclusive, mediante fixação de alíquotas diferenciadas por setor de atividade econômica (art. 153, § 2º, III, CF/88). A Lei federal definirá redução gradativa, entre o 2º e 7º ano subsequente à promulgação da Emenda, da alíquota da contribuição do empregador sobre folha de pagamento, pelo que o Poder Executivo deve remeter projeto de lei nesse sentido, no prazo de 90 dias após a referida promulgação (art. 11 da PEC).

A agroindústria, o produtor rural, os consórcios e cooperativas rurais e as associações desportivas podem ficar sujeitos a pagamento de contribuição sobre o faturamento ou resultado do negócio, em substituição à contribuição do empregador sobre folha de pagamento, caso em que as operações de exportação não estarão imunes (art. 195, § 12, CF/88).

As alterações constitucionais mencionadas nesse item produzem efeitos a partir de 1º de janeiro do 2º ano subsequente ao da promulgação da Emenda (art. 12, I, da PEC), exceção feita ao dispositivo referente à redução da alíquota da contribuição do empregador sobre folha de pagamento, que entra em vigor imediatamente, ressalvando-se, porém, que a desoneração efetiva somente ocorreria após a aprovação da respectiva lei ordinária.

A.1. Vinculações das receitas federais

Como todas as contribuições a serem extintas são vinculadas a determinadas finalidades, a PEC n. 233/08 traz uma série de modificações no Texto Constitucional com o objetivo de acomodar as respectivas perdas de receitas. Para tanto, 50,3% do produto da arrecadação do IR, IPI e IVA-F ficam vinculados aos seguintes dispêndios:

a) 38,8% para financiar a Seguridade Social (art. 159, I, *a*, CF/88);

b) 6,7% para pagar o seguro-desemprego e o abono salarial (art. 159, I, *b*, CF/88);

c) 2,5% para subsidiar combustíveis, financiar projetos ambientais a eles relacionados e financiar projetos de infraestrutura de transportes, percentual que permanecerá aplicável até que lei complementar o altere (art. 159, I, *c*, 1, CF/88, e art. 6º, I, da PEC);

O percentual de 50,3% é mantido até que lei complementar estabeleça novos percentuais em lugar dos mencionados nos itens *c* e *d*, respeitado o limite global de 4,8%.

d) 2,3% para financiar a educação básica, percentual que permanecerá aplicável até que lei complementar o altere (art. 159, I, *c*, 2, CF/88, e art. 6º, II, da PEC).

Além disso, como já mencionado, lei pode criar adicional do IVA-F para substituir parcialmente a contribuição sobre folha de pagamento, caso em que tais recursos serão integralmente destinados ao pagamento de benefícios do RGPS. Vinculação idêntica ocorrerá, em relação à contribuição da agroindústria, produtor rural, consórcios e cooperativas rurais e associações desportivas sobre o faturamento ou resultado do negócio, substitutiva à contribuição sobre folha de pagamento (art. 167, XI, CF/88).

A vinculação de receitas de impostos federais para a educação também foi alterada (art. 212, § 1º, II, CF/88). Por um lado, a base de cálculo da educação elevou-se com a inclusão do IVA-F no rol dos impostos, mas, por outro lado, a base é submetida a desconto equivalente a 50,3% das receitas do IVA-F, IR e IPI, pois são deduzidas as novas vinculações criadas pela PEC n. 233/08 (letras *a* a *d*, acima).

Ademais, a PEC n. 233/08 realiza adaptações na DRU, com o objetivo de poupar a educação da desvinculação de receitas (art. 76, §§ 1º e 2º, ADCT), e suprime do ADCT a compensação dos Estados, Distrito Federal e Municípios pela "Lei Kandir" (art. 13, I, *f*, da PEC).

As alterações constitucionais mencionadas nesse item produzem efeitos a partir de 1º de janeiro do 2º ano subsequente ao da promulgação da Emenda (art. 12, I, da PEC).

A.2. Partilha dos tributos federais

Embora os percentuais do FPE (21,5%) e do FPM (23,5%, sendo 1% pago em dezembro) sejam mantidos, a PEC n. 233/08 altera a base de cálculo da partilha dos tributos federais com Estados, Distrito Federal e Municípios (art. 159, II e § 2º, CF/88).

Além do IR e IPI, passam a compor a base o produto da arrecadação do IVA-F, IGF (caso implementado) e eventuais impostos criados mediante exercício da competência residual da União, sendo, todavia, excluídas as novas vinculações criadas pela PEC (letras a a d do item B, acima).

O IOF e o ITR também são impostos partilhados com Estados, Distrito Federal e Municípios, mas o repasse é desprezível em termos agregados.

A regra vigente prevê o repasse para os Estados e Distrito Federal de 20% dos impostos criados com base na competência residual da União (art. 154, II, CF/88). A PEC n. 233/08 suprime esse repasse e inclui os impostos residuais na base de partilha de Estados, Distrito Federal e Municípios. Por oportuno, registre-se que a União não criou nenhum imposto com base na competência residual.

Assim, a nova base da partilha com Estados, Distrito Federal e Municípios passa a ser de 49,7% do IR, IPI e IVA-F mais a totalidade do IGF e impostos residuais. Sobre essa base serão calculados o FPE, FPM, Fundo Nacional de Desenvolvimento Regional e Fundo de Equalização de Receitas, esses dois últimos criados pela PEC n. 233/08. Registre-se que a cobrança de eventual adicional do IVA-F, em substituição à contribuição sobre folha de pagamento, não será partilhada com os entes federativos.

O Fundo IPI-Exportações (10% do IPI) e a entrega de recursos para financiar o setor produtivo das Regiões Norte, Nordeste e Centro-Oeste (3% do IR e do IPI), hoje vigentes, são substituídos pelo FNDR, que receberá recursos crescentes no tempo, de 4,2% a 4,8%, e pelo FER, que receberá 1,8%, ambos os percentuais aplicados sobre a base de partilha acima descrita (art. 159, II, CF/88 c/c art. 7º da PEC). Além disso, o FER pode receber recursos adicionais determinados por lei complementar (art. 5º da PEC). Parcela do FER será entregue aos Municípios, como se verá à frente.

Os Estados e Distrito Federal, tendo em vista a extinção da CIDE Combustíveis, passam a receber o percentual de 29%6 sobre 2,5% da receita do IR, IPI e IVAF, vinculação que substitui a referida contribuição, sendo que parcela desses recursos será entregue aos Municípios, como se verá à frente (art. 159, § 4º, CF/88).

As alterações constitucionais mencionadas nesse item produzem efeitos a partir de 1º de janeiro do 2º ano subsequente ao da promulgação da Emenda (art. 12, I, da PEC).

B. Tributos estaduais

A partir de 1º de janeiro do 8º ano subsequente ao da promulgação da Emenda, o ICMS atualmente cobrado será substituído por outro imposto com a mesma hipótese de incidência — "operações relativas à circulação de mercadorias e sobre prestações de serviços de transporte interestadual, intermunicipal e de comunicação" —, mas sujeito a modificações substanciais na sua cobrança (art. 155-A, CF/88, c/c arts. 12, II, e 13, II, *a*, da PEC). O futuro ICMS será de competência conjunta dos Estados e Distrito Federal e terá legislação unificada. O Senado Federal fixará suas alíquotas, inclusive uma alíquota padrão, e aprovará ou rejeitará as propostas do "novo CONFAZ" de enquadramento.

Os Estados e Distrito Federal não poderão estabelecer normas autônomas, exceção feita às leis estaduais que reduzam ou elevem as alíquotas de determinadas mercadorias e serviços, escolhidos por lei complementar.

Nas operações interestaduais, o produto da arrecadação pertencerá ao Estado de destino da mercadoria ou serviço, mas o imposto equivalente a uma alíquota de 2% ficará com o Estado de origem, exceto se a mercadoria ou serviço for tributada por alíquota inferior a essa, hipótese em que o imposto ficará integralmente com o Estado de origem, ou se a operação envolver petróleo, lubrificantes ou combustíveis dele derivados e energia elétrica, hipótese em que o imposto ficará integralmente com o Estado de destino.

O atual ICMS sofrerá as seguintes alterações entre os 2º e 7º anos subsequentes ao da promulgação da Emenda:

a) as alíquotas interestaduais, hoje fixadas em 7% (operações que tenham como origem os Estados das Regiões Sul e Sudeste e como destino o Espírito Santo ou os Estados do Norte, Nordeste e Centro-Oeste) e 12% (demais operações interestaduais), serão reduzidas até que ambas atinjam o percentual unificado de 2%, no 7º ano subsequente à promulgação da Emenda (art. 3º, I, da PEC);

b) o prazo de aproveitamento dos créditos relativos a aquisições de bens para o ativo permanente será reduzido gradativamente, dos atuais 48 meses para 8 meses, no 7º ano subsequente à promulgação da Emenda (art. 3º, III, da PEC);

c) os Estados e Distrito Federal perderão o direito ao FPE, FER e FNDR caso estabeleçam benefício fiscal irregular do ICMS ("guerra fiscal") (art. 10 da PEC).

B.1. Vinculações dos impostos estaduais

O percentual (12%) fixado pela Emenda Constitucional n. 29/00 para a vinculação de receitas estaduais às ações e serviços públicos de saúde não foi alterado, mas, na sua base de cálculo, o atual ICMS e o Fundo IPI-Exportações serão substituídos pelo futuro ICMS e pelo FER, respectivamente (art. 198, § 2º, II e III, CF/88).

Com respeito à vinculação das receitas estaduais às despesas com ensino, o percentual não foi modificado (25%) e, graças à redação vigente da Constituição, as substituições acima são realizadas automaticamente, sem necessidade de alteração do Texto Constitucional.

As alterações constitucionais mencionadas nesse item produzem efeitos a partir de 1º de janeiro do 2º ano subsequente ao da promulgação da Emenda. Sobre a sistemática de fixação das alíquotas do novo ICMS, v. item IV-4, à frente. Sobre a tributação do petróleo, seus derivados, e energia elétrica, v. item IV-5, à frente.

B.2. Partilha das receitas estaduais

Os percentuais de transferências de receitas dos impostos estaduais para os Municípios mantiveram-se inalterados: 25% do ICMS e 50% do IPVA. Em relação às transferências da União para os Estados, os Municípios passam a contar com 25% do FER, que substitui o Fundo IPI-Exportações, e com 25% da destinação que substitui a CIDE-Combustíveis (art. 159, §§ 3º e 4º, CF/88).

As alterações constitucionais mencionadas nesse item produzem efeitos a partir de 1º de janeiro do 2º ano subsequente ao da promulgação da Emenda (art. 12, I, da PEC).

C) Municípios

A PEC n. 223/08 não propõe alterações nos tributos municipais. Em relação à vinculação às ações e serviços públicos de saúde, não há alteração no percentual (25%) fixado na Emenda Constitucional n. 29/00, mas, quanto à base de cálculo, a parcela dos Municípios no FER substitui a parcela no Fundo IPI Exportações, dada a extinção deste (art. 198, § 2º, III, CF/88).

Com respeito à vinculação das receitas municipais às despesas com ensino, o percentual não foi modificado (25%) e, por causa da redação vigente da Constituição, a substituição acima mencionada é realizada automaticamente, sem necessidade de alteração do Texto Constitucional.

As alterações constitucionais mencionadas nesse item produzem efeitos a partir de 1º de janeiro do 2º ano subsequente ao da promulgação da Emenda (art. 12, I, da PEC).

D) Partilha das receitas municipais

A distribuição da parcela (25%) do ICMS entre os Municípios será alterada. Pela sistemática vigente, 75% da distribuição deve ser feita com base no valor adicionado e 25%, com base em critérios fixados em lei estadual. A PEC n. 233/08 estabelece que 75% da distribuição sejam feitos com base em parâmetros fixados por lei complementar e os restantes 25% continuam reservados à lei estadual (art. 158, parágrafo único, I, CF/88).

A vigência e a eficácia da nova redação para o art. 158, parágrafo único, I, CF/88, serão objeto de comentário mais à frente.

1.4.2.2. Detalhamento dos principais pontos da proposta

a) O IVA-F, como já mencionado, incide sobre "operações com bens e prestações de serviços" e pretende substituir a arrecadação do COFINS, PIS e CIDE-Combustíveis (tributos sobre faturamento) e da contribuição do Salário-Educação (tributo sobre folha de pagamento). O novo imposto tem sistemática de apuração não cumulativa, incide sobre importações a qualquer título mas as operações de exportações estão imunes à sua cobrança, garantindo-se ao, exportador o integral aproveitamento do imposto pago nas operações anteriores. A alíquota é aplicada "por dentro", uma vez que o IVA-F integra sua própria base de cálculo. O IVA-F não se submete ao princípio da anterioridade anual, podendo ser instituído ou majorado no próprio exercício financeiro da publicação da respectiva lei. Além disso, se o instrumento da instituição ou majoração for a medida provisória, não há necessidade de que ela seja convertida em lei antes do último dia do ano. Contudo, o tributo fica sujeito à anterioridade nonagesimal, podendo ter sua cobrança instituída ou majorada apenas após 90 dias contados da data da publicação da lei. Para fins de incidência do novo tributo, a PEC n. 233/08 equipara a prestação de serviço toda e qualquer operação distinta da circulação ou transmissão de bens.

b) Desoneração da folha de pagamento: Caso aprovada a Emenda, a partir de 1º de janeiro do 2º ano subsequente ao da sua promulgação, fica extinta a contribuição do Salário-Educação, atualmente cobrada das empresas mediante imposição de alíquota de 2,5% sobre a folha de pagamentos. Além disso, a PEC n. 233/08 insere no Texto Constitucional alternativas à tributação sobre folha de pagamento. Nesse sentido, parcela da contribuição do empregador ao RGPS poderá ser substituída por adicional do IVA-F. Com o mesmo objetivo, lei poderá estabelecer contribuição sobre o faturamento ou resultado do negócio das agroindústrias, produtores rurais, consórcios e cooperativas rurais e associações desportivas.

Finalmente, entre os 2º e 7º anos subsequentes ao da promulgação da Emenda, prevê-se a redução gradativa da alíquota da contribuição do empregador sobre folha de pagamento, ficando o Poder Executivo obrigado a enviar o respectivo projeto de lei ao Congresso Nacional no prazo de 90 dias após a promulgação da Emenda.

c) Fundo Nacional de Desenvolvimento Regional

O FNDR é criado com o objetivo de oferecer aos Estados e Distrito Federal instrumentos de política industrial em lugar da "guerra fiscal", que se pretende acabar por meio da redução de alíquotas interestaduais do atual ICMS e da criação do futuro ICMS. O novo Fundo absorve a atual destinação de recursos para o FNE, FNO e FCO (3% do IR e IPI).

Cabe à lei complementar definir as regras de aplicação e distribuição do FNDR, que possui três destinações (art. 161, IV, *a*, *b*, *c*, CF/88): I) financiamentos ao setor produtivo das Regiões Norte, Nordeste e Centro-Oeste, que contará com, no mínimo, 80% do FNDR no 2º ano subsequente à promulgação da Emenda, piso que será reduzido anualmente até atingir 60% a partir do 8º ano subsequente à promulgação; II) programas de desenvolvimento econômico-social das áreas menos desenvolvidas do País; III) fundos de desenvolvimento estaduais e distrital para investimento em infraestrutura e concessão de incentivos ao setor produtivo, cujos recursos ficam excluídos das vinculações constitucionais impostas a Estados e Distrito Federal.

Enquanto não publicada a lei complementar acima referida, os recursos do FNDR serão distribuídos da seguinte forma (art. 7º, § 1º, I a III, da PEC): I) financiamentos ao setor produtivo das Regiões Norte, Nordeste e Centro-Oeste, por meio das instituições financeiras regionais: 72,9%; II) Fundo de Desenvolvimento do Nordeste 13: 16,2%; III) Fundo de Desenvolvimento da Amazônia 14: 10,9%. A fonte de recursos do FNDR será equivalente a 4,2%, no início da sua vigência (2º ano subsequente à promulgação da Emenda), percentual que se eleva em 0,1 p.p. ao ano, até atingir 4,8%, a partir do 8º ano subsequente à promulgação da Emenda (art. 7º, I a VII, da PEC), ambos os percentuais aplicados sobre 49,7% do IR, IPI, IVA-F e sobre 100% do IGF e impostos residuais.

No início da vigência do FNDR, fica assegurada a destinação de, no mínimo, 99% dos recursos às Regiões Norte, Nordeste e Centro-Oeste, percentual que se reduz em 1 p.p. ao ano, até atingir 95%, aplicável a partir de 6º ano da promulgação (art. 7º, § 3º, I a V, da PEC).

d) Fundo de Equalização de Receitas

O FER é criado com o objetivo de recompor eventuais perdas de receitas do ICMS com a promulgação da Emenda, bem como compensar Estados, Distrito Federal e Municípios pela desoneração do tributo sobre exportações e investimentos, substituindo o Fundo IPI-Exportações, a compensação da "Lei Kandir" e os auxílios financeiros para o fomento às exportações (art. 159, II, *d*, CF/88 e art. 13, I, *f*, da PEC).

O FER conta com recursos correspondentes a 1,8% aplicados sobre 49,7% do IR, IPI, IVA-F e sobre 100% do IGF e impostos residuais, cabendo à lei complementar estabelecer as regras de entrega e critérios de rateio. Os Estados repassam 25% dos valores recebidos aos seus Municípios, que dividem esse montante entre si de acordo com as regras de partilha do ICMS (art. 159, § 3º, CF/88). A Lei complementar, cujo projeto será enviado pelo Poder Executivo em até 180 dias após a promulgação da Emenda, definirá fontes adicionais de recursos para o FER (art. 5º da PEC).

Até o 8º ano subsequente à promulgação da Emenda (art. 5º, §§ 1º e 3º, da PEC):

- os recursos do Fundo serão distribuídos conforme critérios vinculados às exportações, aplicados decrescentemente, e critérios vinculados às perdas de receitas do ICMS decorrentes da aprovação da Emenda, aplicados crescentemente;
- os Estados (inclusive Distrito Federal) que apresentarem redução da arrecadação do ICMS em decorrência da aprovação da Emenda receberão repasse do FER no

mínimo igual ao montante recebido a título de Fundo IPI-Exportações, "Lei Kandir" e auxílios financeiros para fomento às exportações, no 1º ano subsequente à promulgação da Emenda.

Do 9º ano ao 15º ano subsequentes à promulgação da Emenda, Estados e Distrito Federal não receberão menos do que venham a receber no 8º ano subsequente à promulgação da Emenda (art. 5º, § 4º, da PEC).

Não são consideradas perdas de receitas as reduções de arrecadação que possam ser compensadas por aumentos de alíquota do futuro ICMS, mediante aprovação de lei ordinária estadual (art. 5º, § 2º, da PEC).

Até a entrada em vigor da lei complementar que defina fontes adicionais, o FER será distribuído a Estados e Distrito Federal de acordo com suas exportações de produtos industrializados, não cabendo a nenhuma unidade da Federação parcela superior a 20% do total, regra idêntica à do atual Fundo IPI-Exportações (art. 5º, § 7º, da PEC). Os Estados e Distrito Federal somente terão direito aos recursos do FER caso implementem as medidas necessárias à emissão eletrônica de documentos fiscais e à contabilidade fiscal e comercial por meio de escrituração digital (art. 5º, § 5º, da PEC).

e) Fundos e vinculações relativas à educação

Como mencionado anteriormente, a contribuição do Salário-Educação será extinta a partir de 1º de janeiro do 2º ano subsequente à promulgação da Emenda (art. 8º da PEC). Em seu lugar, estabelece-se vinculação de recursos para a educação básica equivalentes a 2,3% da arrecadação do IR, IPI e IVA-F, podendo a lei complementar alterar o referido percentual (arts. 159, I, c, 2, e 212, § 5º, CF/88, c/c art. 6º, II, da PEC).

Caso se verifique que, no último ano de cobrança do Salário-Educação, o percentual de 2,3% ficou inferior à razão entre a receita dessa contribuição e a soma das receitas da COFINS, PIS, CSLL, CIDE-Combustíveis e da própria contribuição para o Salário-Educação, tal percentual será igualado à referida razão, por lei complementar (art. 6º, § 2º, da PEC).

Em relação à vinculação dos impostos federais para manutenção e desenvolvimento do ensino, opera-se a seguinte modificação. A regra vigente é de aplicação de 18% sobre a arrecadação dos impostos cobrados pela União — IR, IPI, ITR, IOF, Importação e I-Exportação —, descontadas as transferências constitucionais a Estados, Distrito Federal e Municípios (redução de 48% do IR e 58% do IPI).

Caso aprovada a Emenda, o percentual de 18% será aplicado sobre uma base bruta maior, em virtude da inclusão do IVA-F. No entanto, além das transferências constitucionais a Estados, Distrito Federal e Municípios, serão também excluídas da base de cálculo as novas destinações criadas pela PEC n. 233/08, que, como visto, perfazem 50,3% da arrecadação do IR, IPI e IVA-F[19] (art. 212, § 1º, II, CF/88).

O FUNDEB também sofre adaptações. O percentual de 20% não é modificado, mas, na sua base de cálculo, o atual ICMS é substituído pelo novo ICMS e o Fundo IPI-Exportações, pelo FER (art. 60, ADCT).

A redação da DRU é modificada para manter os recursos da destinação que substitui o Salário-Educação integralmente aplicados nas ações de educação básica, tal como ocorre hoje com a referida contribuição (art. 76, ADCT).

f) Vinculações para a seguridade social

Como já visto, em razão da extinção da CSLL e COFINS, a PEC n. 233/08 estabelece vinculação de 38,8% das receitas do IR, IPI e IVA-F para o financiamento da Seguridade Social.

As contribuições do empregador e do empregado são mantidas, com a vinculação das receitas para pagamento dos benefícios do RGPS, na forma atualmente vigente. Parcela da contribuição do empregador sobre a folha de pagamentos poderá ser substituída por adicional do IVA-F, caso em que os respectivos recursos terão a mesma destinação finalística (art. 195, § 3º, CF/88). *Idem*, no caso de implementação da contribuição da agroindústria, produtor rural, consórcios e cooperativas rurais e associações desportivas sobre o faturamento ou resultado do negócio (art. 195, § 2º, CF/88).

Com respeito às vinculações às ações de saúde, a PEC prevê algumas alterações no Texto Constitucional. Os percentuais aplicáveis a Estados e Municípios, de 12% e 15%, respectivamente, continuam vigentes, até a regulamentação da Emenda Constitucional n. 29/00. Porém, a base de cálculo da vinculação das receitas estaduais foi alterada, com inclusão do novo ICMS e do FER e exclusão do Fundo IPI-Exportação e das parcelas em eventuais impostos residuais (art. 198, § 2º, II, CF/88). À base de cálculo da vinculação das receitas dos Municípios aos mesmos fins foram incluídas as suas parcelas (25%) no FER e excluídas as parcelas (25%) no Fundo IPI-Exportação (art. 198, § 2º, III, CF/88).

As regras vigentes para destinação de recursos à saúde por parte da União não foram alteradas, e mantêm como parâmetro básico a variação do PIB nominal, até a regulamentação da referida Emenda Constitucional n. 29/00.

O PASEP é mantido como fonte de recursos para o pagamento do seguro--desemprego e do abono salarial; mas o PIS é substituído por vinculação de 6,7% do IR, IPI e IVA-F, recursos que servirão de base para o repasse de 40% para programas de desenvolvimento a cargo do BNDES (arts. 159, I, *b*, e 239, CF/88).

A partir de 1º de janeiro do 8º ano subsequente ao da promulgação da Emenda, ficarão extintos os adicionais de até 2 p.p. do ICMS sobre produtos supérfluos, cujos recursos são destinados a Fundos de Combate à Pobreza (art. 13, II, *b*, da PEC).

g) Novo ICMS

O novo ICMS vigorará a partir de 1º de janeiro do 8º ano subsequente ao da promulgação da Emenda (art. 155-A, CF/88, e arts. 12, II, e 13, II, *a* da PEC). Ele mantém várias características do imposto atualmente cobrado: sistemática de apuração não cumulativa; incidência nas importações; imunidade nas exportações, com garantia de aproveitamento de crédito por parte do exportador; não incidência sobre rádio e televisão gratuitas; cobrança "por dentro", com o próprio imposto compondo sua base de cálculo; entre outras. Porém, a PEC n. 233/08 prevê substanciais diferenças entre o atual e o futuro ICMS. O novo imposto será de competência conjunta dos Estados e Distrito Federal, sendo implementado mediante lei complementar, cuja iniciativa será, exclusivamente: do Presidente da República; ou de 1/3 dos Senadores, desde que com representantes de todas as Regiões do País; ou de 1/3 dos Governadores ou das Assembleias Legislativas (aprovação por maioria relativa), desde que com representantes de todas as Regiões do País.

O novo ICMS possuirá legislação unificada, não podendo os Estados e Distrito Federal estabelecer normas autônomas, exceção feita à lei estadual que reduza ou eleve alíquotas de determinadas mercadorias e serviços especificados em lei complementar.

O Senado Federal fixará, por resolução, as alíquotas nacionais do futuro ICMS, estabelecendo, inclusive, uma alíquota padrão. As alíquotas podem ser diferenciadas por quantidade ou tipo de consumo da mercadoria. O novo CONFAZ deverá enviar ao Senado projetos de resolução contendo listas de mercadorias e serviços e respectivas alíquotas. O Senado aprovará ou rejeitará as sugestões do novo CONFAZ, incidindo a alíquota padrão sobre mercadorias e serviços que não constarem da lista ou cujas alíquotas tenham sido rejeitadas.

Nas operações interestaduais, o Estado de destino da mercadoria ou serviço ficará com o produto da arrecadação do imposto, permanecendo com o Estado de origem arrecadação equivalente a uma alíquota de 2%. Se a mercadoria ou serviço for tributada por alíquota inferior a esse percentual, o imposto ficará integralmente com o Estado de origem; se a operação envolver petróleo, lubrificantes ou combustíveis dele derivados e energia elétrica, o imposto ficará integralmente com o Estado de destino. Nos termos de lei complementar, a cobrança do imposto poderá ser feita no Estado de origem, mas os recursos pertencerão ao Estado de destino e serão repassados por meio de câmara de compensação entre os Estados. Caso implementada a referida câmara, um percentual do ICMS total poderá ser utilizado para liquidação das obrigações relativas às operações interestaduais.

O novo CONFAZ será responsável pela edição da legislação unificada do novo ICMS. Também poderá, conforme regras definidas em lei complementar, estabelecer incentivos fiscais, que serão uniformes em todo o território nacional. Estabelecerá, ainda, regras de controle e fiscalização extraterritorial, além de desempenhar outras atribuições que lhe sejam determinadas por lei complementar.

Além de instituir o novo ICMS, a lei complementar permanecerá sendo o instrumento legal competente para estabelecer as linhas básicas de sua cobrança, definindo fato gerador, contribuinte, base de cálculo, local da operação, regras de aproveitamento e compensação de crédito, substituição tributária, competência e forma de funcionamento do novo CONFAZ etc.

Adicionalmente, lei complementar poderá estabelecer benefícios fiscais relacionados a regimes aduaneiros especiais e incentivos a micro e pequenas empresas, além de disciplinar o processo administrativo fiscal de exigência do imposto e dispor sobre sanções a Estados e Distrito Federal (inclusive seus agentes), no caso de descumprimento das normas do novo tributo, especialmente daquelas voltadas para coibir a "guerra fiscal". Nesse particular (cumprimento da legislação do futuro ICMS), autoriza-se a intervenção da União caso o Estado ou Distrito Federal retenha parcela do ICMS pertencente a outra entidade da Federação.

Durante os dois primeiros anos de cobrança, o novo ICMS não se submete à anterioridade anual nem à nonagesimal. Nesse período, as normas que majorem sua cobrança produzem efeitos após 30 dias da sua publicação.

h) Modificações no atual ICMS

O atual ICMS vigerá até 31 de dezembro do 7º ano subsequente ao da promulgação da Emenda (art. 13, II, *a*, da PEC). A estrutura de cobrança vigente é preservada, exceto em relação aos pontos que se seguem.

As alíquotas aplicáveis às operações interestaduais serão reduzidas gradativamente nos sete primeiros anos subsequentes ao da promulgação da Emenda, como descrito no item I-2-A desta Nota (art. 3º, I, *a* a *f*, da PEC). Lei complementar poderá estabelecer a cobrança do ICMS no Estado de origem, desde que respeitada a partilha do imposto decorrente da referida queda de alíquotas interestaduais (art. 3º, II, da PEC).

O prazo para aproveitamento do crédito relativo às aquisições de bens do ativo permanente, atualmente fixado em 48 meses, sofrerá reduções anuais (de 4 ou 8 meses), até atingir 8 meses, a partir de 7º ano subsequente ao da publicação da Emenda (art. 3º, III, *a* a *f*, da PEC).

As unidades da Federação que estabeleçam incentivos fiscais irregulares ("guerra fiscal") perdem o direito às transferências de recursos do FPE, do FER e da parcela do FNDR destinada a fundos de desenvolvimento estaduais (art. 10 da PEC).

i) Outras medidas

A PEC n. 233/08 prevê, ainda: I) estabelecimento de limites e mecanismos de ajustes da carga tributária, relativamente ao IR, ao IVA-F e ao novo ICMS, a serem fixados por lei complementar (art. 9º da PEC); II) possibilidade de concessão de isenções heterônomas, ou seja, isenções concedidas pela União relativamente a tributos estaduais e municipais, por meio da aprovação de acordos internacionais (art. 151, parágrafo único, CF/88); III) alteração das atribuições do Superior Tribunal de Justiça, que será a última instância de interpretação e homogeneização da legislação do novo ICMS (art. 105, III, *d*, CF/88).

1.5. Análise da dívida fiscal e suas características na Justiça Federal

Incluem-se neste tópico os débitos do contribuinte para com a Fazenda Pública Federal, de natureza tributária ou não, mesmo aqueles que têm regras específicas, como as contribuições devidas ao INSS e obrigações diversas devidas ao FUNRURAL, ao FGTS e a outros órgãos públicos.

Os débitos da Fazenda Pública para com o contribuinte encontram-se no item 4 do Capítulo V (Repetição de Indébito Tributário). Os débitos incluídos neste capítulo podem ser cobrados e/ou discutidos mediante os seguintes procedimentos:

a) Pelo rito da execução fiscal, em caso de dívida cobrada pela Fazenda Pública: a Certidão de Dívida Ativa — CDA (§ 5º, incs. I a IV, e § 6º do art. 2º da Lei n. 6.830/80), que instrui o feito, deverá conter os elementos completos e precisos sobre a identificação do devedor, o valor originário da dívida, o termo inicial, a forma de cálculo, o fundamento legal, a origem, a natureza e o demonstrativo do valor inscrito.

b) Por outro rito: caso haja necessidade de se calcular o exato valor devido, o balizador do cálculo será o título judicial em execução (sentença e/ou acórdão), que prevalecerá sobre as orientações deste manual, caso haja divergência.

Também é possível que a lide resida justamente na forma adotada para se calcular o tributo, sendo os autos encaminhados ao setor de cálculos antes da existência de título judicial transitado em julgado, funcionando o referido setor na qualidade de perito judicial, sendo imprescindível, nesse caso, que o juiz defina as diretrizes que entenda devam ser seguidas.

Sabe-se que, o valor do principal é calculado na forma contida na legislação que rege cada um dos tributos a ser indicado na CDA, no título judicial ou nas instruções do juízo onde corre o processo, conforme a hipótese em que se enquadre a questão, nas formas descritas no item anterior.

Notadamente, deve-se registrar que a Lei n. 4.357/64: a partir de 1964, instituiu a correção monetária, desmembrada do imposto e da multa (OTN).

Na Certidão de Divida Ativa deve constar o valor da multa de mora devidamente discriminado (CTN, art. 202, inc. III). O art. 106, inc. II, alínea c, do CTN, determina a aplicação retroativa da legislação mais benéfica ao contribuinte à época do pagamento.

A multa punitiva decorre de infração à legislação tributária (ex.: entrada irregular de mercadoria no país). É diferente da multa de mora, pois esta decorre da falta de pagamento do tributo, na data do vencimento. Esta multa terá seu fundamento legal indicado na correspondente Certidão de Dívida Ativa, incidindo sobre o débito apenas correção monetária e juros. As multas punitivas, salvo norma legal em contrário, foram substituídas pelas multas de mora, pelo art. 15 da Lei n. 4.154/62.

Os encargos do Decreto-lei n. 1.025/69, no percentual de 20%, substituem a verba honorária. Encontram-se neste item alguns aspectos que dizem respeito apenas a um tributo específico, somente a ele aplicáveis.

A multa punitiva, decorrente da entrada irregular de mercadoria no país (Decreto-lei n. 1.455, de 7.4.76), incide no percentual de 20%, 50% ou 100% sobre o valor do imposto atualizado monetariamente, mais juros de 1% sobre o valor originário. A partir do Decreto-lei n. 2.323, de 26.2.1987, calculam-se os juros sobre o valor corrigido.

As multas moratórias do INSS, conhecidas como multas automáticas, geralmente são escalonadas de uma forma progressiva, com percentuais que variam de 40% a 60% do débito, corrigido monetariamente ou não, conforme a época a que se refiram. De acordo com a tabela a seguir:

a) **até ago./89**: 50% sobre o débito atualizado;

b) **de set./89 a ago./91**: 60% sobre o débito atualizado;

c) **de set./91 a dez./91** (Lei n. 8.218): 40% sobre o débito atualizado;

d) **de jan./92 a 11.4.91** (Lei n. 8.383): multa 60%;

e) **competências vencidas a partir de 1º.4.97**: 40%, após o ajuizamento da execução fiscal e 50%, após o ajuizamento da execução fiscal, se o crédito houver sido objeto de parcelamento.

Note: se o débito estiver sendo executado, a multa aplica-se pelo teto, já que decorreram os prazos anteriores previstos.

Com relação às Verbas honorárias fixadas em percentual aplicável sobre o montante do débito atualizado, acrescido de juros de mora, multa e outros consectários, o percentual em geral é de 10%. Com a assunção da cobrança dos débitos do INSS pela Fazenda Nacional, são devidos encargos de 20%, previstos no DL n. 1.025/69.

Capítulo 2

Limitações Constitucionais ao Poder de Tributar

2.1. Considerações iniciais

O poder de tributar é relativo, pois a Constituição delimita certas limitações relativas ao exercício da competência tributária. *Ricardo Lobo Torres*[1] destaca quais são as limitações constitucionais ao poder de tributar:

a) imunidade tributária, que é a intributabilidade, impossibilidade de o Estado criar tributos sobre o exercício de direitos de liberdade, incompetência absoluta para decretar impostos sobre bens ou coisas indispensáveis à manifestação da liberdade, não incidência ditada pelos direitos humanos e absolutos anteriores ao pacto constitucional. Preexiste ao Estado fiscal como qualidade essencial da pessoa humana e corresponde ao direito público subjetivo que erige a pretensão à incolumidade diante da ordem jurídica tributária objetiva. Explicita-se nos incisos IV, V e VI da Constituição Federal, mas também nela se contém implicitamente, pois é o contraposto fiscal de todos os direitos declarados no art. 5º da Constituição;

b) as proibições de desigualdade que abrangem as vedações de privilégios odiosos e de discriminações fiscais, algumas delas declaradas nos arts. 151 e 152 da Constituição. A liberdade que se abre à tributação apenas tolera a incidência governada pelo princípio da igualdade;

c) os princípios vinculados à ideia de segurança, que se explicitam em diversos dispositivos do capítulo constitucional dedicado às Limitações constitucionais do Poder de Tributar (Título VI, Capítulo I, Seção II).

Além das regras destacadas pelo eminente jurista, temos como certo que existem outras elencadas na própria Constituição e que merecem ser por nós estudadas. As alíneas que seguem são do art. 150:

Neste sentido, é vedado à União, aos Estados, ao Distrito Federal e aos Municípios:

I — exigir ou aumentar tributo sem lei que o estabeleça; II — instituir tratamento desigual entre contribuintes que se encontrem em situação equivalente, proibida qualquer distinção em razão de ocupação profissional ou função por eles exercida, independentemente da denominação jurídica dos rendimentos, títulos ou direitos; III — cobrar tributos: a) em

---

[1] Retirado na íntegra de Ricardo Lobo Torres. Disponível em: <http://www.direitodoestado.com/revista/REDE-4-OUTUBRO-2005-RICARDO%20TORRES.PDF> Acesso em: 28 out. 2008.

relação a fatos geradores ocorridos antes do início da vigência da lei que os houver instituído ou aumentado; b) no mesmo exercício financeiro em que haja sido publicada a lei que os instituiu ou aumentou; c) antes de decorridos noventa dias da data em que haja sido publicada a lei que os instituiu ou aumentou, observado o disposto na alínea *b*; IV — utilizar tributo com efeito de confisco; V — estabelecer limitações ao tráfego de pessoas ou bens, por meio de tributos interestaduais ou intermunicipais, ressalvada a cobrança de pedágio pela utilização de vias conservadas pelo Poder Público;

Outra limitação imposta se refere à instituição de impostos que não poderão ocorrer:

a) patrimônio, renda ou serviços, uns dos outros); b) templos de qualquer culto; c) patrimônio, renda ou serviços dos partidos políticos, inclusive suas fundações, das entidades sindicais dos trabalhadores, das institui-ções de educação e de assistência social, sem fins lucrativos, atendidos os requisitos da lei; d) livros, jornais, periódicos e o papel destinado a sua impressão.

O art. 151 da Constituição colaciona algumas regras impedientes da União com relação aos impostos:

a) instituir tributo que não seja uniforme em todo o território nacional ou que implique distinção ou preferência em relação a Estado, ao Distrito Federal ou a Município, em detrimento de outro, admitida a concessão de incentivos fiscais destinados a promover o equilíbrio do desenvolvimento socioeconômico entre as diferentes regiões do País;

b) tributar a renda das obrigações da dívida pública dos Estados, do Distrito Federal e dos Municípios, bem como a remuneração e os proventos dos respectivos agentes públicos, em níveis superiores aos que fixar para suas obrigações e para seus agentes;

c) instituir isenções de tributos da competência dos Estados, do Distrito Federal ou dos Municípios.

Note que, é vedado aos Estados, ao Distrito Federal e aos Municípios estabelecer diferença tributária entre bens e serviços, de qualquer natureza, em razão de sua procedência ou destino.

2.2. *Princípios constitucionais tributários*

Vamos estudar, a seguir, os princípios constitucionais que regulam o direito tributário e limitam o poder de tributação do ente público.

2.2.1. Princípio da legalidade tributária

Inicialmente, cumpre registrar que o princípio da legalidade tributária ou estrita legalidade é corolário lógico do princípio da legalidade insculpido no art. 5º, II da Constituição. De acordo com o princípio da legalidade tributária, só poderá ser criado ou aumentado o tributo por meio de lei. Está previsto no art. 150 da Constituição Federal que:

Sem prejuízo de outras garantias asseguradas ao contribuinte, é vedado à União, aos Estados, aos Municípios e ao Distrito Federal: I — exigir ou aumentar tributo sem lei que o estabeleça.

Já o art. 97, do Código Tributário Nacional, revela que:

Somente a lei pode estabelecer: I — a instituição de tributos, ou a sua extinção.

Consigna-se que a lei que institui o tributo é a lei ordinária. Neste sentido: a) se o tributo for federal será feito por meio de Lei Ordinária Federal (Congresso Nacional); b) se o tributo for estadual será criado por Lei Ordinária Estadual (Assembleia Legislativa); c) se o tributo for municipal será criado por lei ordinária municipal feito pela Câmara dos Vereadores. Ressalta-se que, o Imposto sobre Grandes Fortunas, os Empréstimos Compulsórios, os Impostos Residuais e as Contribuições Sociais Novas ou Residuais são criados por lei complementar. (Ver arts. 148; 153, VII; 154, I; art. 195 § 4º da Constituição).

As exceções ao princípio da Legalidade Tributária estão previstas no art. 153, § 1º da Constituição que consagra ser facultado ao Poder Executivo, atendidas as condições e os limites estabelecidos em lei, alterar as alíquotas dos seguintes impostos: Imposto de Importação, Imposto de Exportação, IPI e IOF. Esta alteração é feita por meio de decreto presidencial ou portaria do Ministro da Fazenda. Esta excepcionalidade ocorre, pois os impostos citados têm caráter extrafiscal, isto é, têm natureza regulatória e não meramente arrecadatória. Por isso, o governo em certas situações pode aumentar ou diminuir sem nenhuma necessidade de Lei. Observa-se que, em 2008 o Ministério da Fazenda aumentou o IOF em Janeiro, pois estava havendo o aumento do crédito, e pretendia-se reduzir a expansão do crédito. Entretanto, no final de 2008, o Presidente do Banco Central, Henrique Meirelles, e o Ministro da Fazenda confirmaram a redução da alíquota do Imposto sobre Operações Financeiras (IOF). O porcentual saiu da casa dos 3% ao ano para 1,5% ao ano. Em cima desta alíquota ainda continuou incidindo mais 0,38%, valor usado para cobrir parte das perdas na arrecadação com o fim da CPMF.

Importante consignar que a EC n. 33/01 trouxe dois novos casos de exceção ao princípio da legalidade: a) CIDE-Combustível: a União pode instituir contribuições sociais, de intervenção no domínio econômico e de interesse das categorias profissionais ou econômicas, que poderão incidir sobre a importação de produtos estrangeiros ou serviços. Neste caso, a lei que instituir contribuição de intervenção no domínio econômico relativa às atividades de importação ou comercialização de petróleo e seus derivados, gás natural e seus derivados e álcool combustível poderá ser reduzida e restabelecida por ato do Poder Executivo (art. 149, § 2º, II c/c art. 177, § 4º, I, *b* da CF; b) ICMS-Combustível, está previsto no art. 155, § 4º, IV, da Constituição. De acordo com *Eduardo de Moraes Sabbag*:[2]

---

(2) SABBAG, Eduardo de Moraes. *Elementos do direito tributário*. 9. ed. rev. e ampl. São Paulo: Premier Máxima, 2008. p. 22.

tal exceção refere-se à incidência unifásica do imposto, prevendo-se alíquotas nacionalmente definidas por Convênios dos Executivos Estaduais (CONFAZ), isto é, por ato do Poder Executivo. Pode-se afirmar que se trata de caso único em que se fixam alíquotas por ato do Poder Executivo. Ademais, o preceptivo igualmente menciona a sistemática de redução e restabelecimento de alíquotas, avocando-se-lhe o entendimento acima expendido para a CIDE-Combustível.

Por fim, registra-se que, o art. 97 do Código Tributário Nacional traz uma série de mandamentos a serem incluídos na lei que cria o tributo: alíquota, base de cálculo, sujeito passivo, fato gerador, e as hipóteses de inclusão, exclusão, suspensão e extinção de créditos tributários, ou de dispensa ou redução de penalidades (multa).

Para o professor e ilustre jurista *Eduardo de Moraes Sabbag*:[3]

O prazo para pagamento não faz parte da lista, sendo, portanto, componente não adstrito à reserva legal. Poderá, assim, ser estipulado, v. g., por portaria (RE 172.394/SP e RE 195.218/MG). Para o STF, nessa trilha, as matérias não sujeitas à reserva legal podem estar submetidas a atos infralegais (decreto, portaria, instrução normativa ou outro instrumento normativo). Há outros exemplos de matérias que passam ao largo da estrita legalidade: obrigações acessórias (art. 113, CTN) e atualização monetária do tributo (ver por exemplo, ocaso dos decretos municipais que atualizam a base de cálculo do IPTU, utilizando índices oficiais de correção monetária do período, conforme o art. 97, § 2º do CTN).

2.2.2. Princípio da anterioridade tributária

O princípio da anterioridade tributária está previsto no art. 150, III, *b*, da Constituição que consigna "é vedado à União, aos Estados, aos Municípios e ao Distrito Federal, cobrar tributos: no mesmo exercício financeiro em que haja sido publicada a lei que os instituiu ou aumentou". Assim, os entes tributantes não podem cobrar impostos no mesmo ano que tenha sido publicada a lei que aumentou ou criou o tributo (princípio da anterioridade anual).

Eduardo de Moraes Sabbag[4] faz o seguinte apontamento:

Frise-se que o art.104 do CTN também descreve o Princípio da Anterioridade; porém, para vários doutrinadores, esse comando se encontra revogado. O art. 104 do CTN irradiou efeitos até a edição da EC n. 18/65, quando foi afastado, dando lugar à anterioridade da lei fiscal. Entretanto, não se compatibiliza com a atual Carta Magna, uma vez que o princípio da anterioridade não diz respeito apenas a impostos sobre o patrimônio e renda, referindo-se a tributos em geral.

As exceções à anterioridade anual estão previstas no art. 150, § 1º e são: a) Imposto de Importação; b) Imposto de Exportação; c) IPI; d) IOF; e) Imposto

---

(3) SABBAG, Eduardo de Moraes. *Elementos do direito tributário.* 9. ed. rev. e ampl. São Paulo: Premier Máxima, 2008. p. 22.
(4) *Ibidem*, p. 25.

Extraordinário de Guerra; f) Empréstimo Compulsório para Calamidade Pública ou Guerra Externa; g) CIDE-Combustível e ICMS-Combustível.

Importante consignar que, o princípio da anterioridade pode ter outra característica, além da anualidade, qual seja, anterioridade nonagesimal. Neste sentido, temos o art. 150, III, c, da Constituição que prescreve, "é vedado à União, aos Estados e aos Municípios e ao Distrito Federal, cobrar tributos: antes de decorridos noventa dias da data em que haja sido publicada a lei que os instituiu ou aumentou". Assim, deve-se respeitar o prazo mínimo de 90 dias para que o tributo seja cobrado. Este disposto foi estabelecido pela EC n. 42/03 com o intuito de impedir que sejam feitas alterações tributárias no final de dezembro e o contribuinte seja submetido à surpresa de ter que passar as férias assustado com a tributação imediata. Neste sentido, os 3 meses (90 dias) garantem um aviso-prévio ao contribuinte e resguarda a segurança jurídica.

As exceções relativas ao princípio da anterioridade estão previstas no art. 150, § 1º e são: a) Imposto de Importação; b) Imposto de Exportação; c) IOF; d) Imposto Extraordinário de Guerra; e) Empréstimo Compulsório para Calamidade Pública ou Guerra Externa; f) Alterações na base de cálculo do IPTU e do IPVA; g) Imposto de Renda; h) Contribuição para a seguridade social (prevista no art. 195, § 6º da Constituição).

Vale ressaltar que, a medida provisória que implique instituição ou majoração de impostos, só produzirá efeitos no exercício financeiro seguinte se houver sido convertida em lei até o último dia daquele em que foi editada, como também se observará o prazo de 90 dias da lei que converte a medida provisória e o pagamento do tributo.

Eduardo de Moraes Sabbag[5] alerta que:

> é defeso à MP tratar de matéria reservada à Lei Complementar, consoante o art. 62, § 1º, III, da CF, ao dispor. Portanto, os tributos adstritos à ação normativa da Lei Complementar não poderão ser instituídos ou alterados por medida provisória. Trata-se de restrição material (por via indireta) à edição de MP na seara do Direito Tributário. Evidentemente que, como dito em momento anterior, a MP não poderá aumentar tributos criados por lei complementar. A razão é simples: falta de harmonização entre o o natural imediatismo eficacial da medida provisória — haja vista a adoção de critérios de relevância e urgência — e o criterioso processo elaborativo de uma lei complementar, diante da necessidade de quórum privilegiado de votantes (maioria absoluta) na Casa Legislativa (art. 69 da CF).

2.2.3. Princípio da irretroatividade tributária

O princípio aludido está previsto no art. 150, III, *a* da Constituição que retrata: "é vedado aos entes tributantes cobrar tributos em relação a fatos geradores ocorridos antes do início da vigência da lei que os houver instituído ou aumentado". Neste

---

(5) SABBAG, Eduardo de Moraes. *Elementos do direito tributário*. 9. ed. rev. e ampl. São Paulo: Premier Máxima, 2008. p. 25.

sentido, a Lei Tributária só terá efeito nos fatos geradores posteriores à sua edição. O art. 144 do CTN também faz referência ao princípio da irretroatividade no art. 144 ao destacar que:

> Art. 144 do CTN: O lançamento reporta-se à data da ocorrência do fato gerador da obrigação e rege-se pela lei então vigente, ainda que posteriormente modificada ou revogada.

Assim, a lei que vai ter vigência é a do momento da ocorrência do fato gerador da obrigação tributária. Pela dicção do art. 144 § 1º do CTN se verifica algumas hipóteses em que a lei vai retroagir com a respectiva utilização da lei vigente à época do lançamento:

1ª) a legislação que institua novos critérios de apuração ou processos de fiscalização.

2ª) a legislação que amplie os poderes de investigação das autoridades administrativas.

3ª) a legislação que outorgue ao crédito maiores privilégios ou garantias.

Ressalta-se que, o princípio da irretroatividade não se aplica aos impostos lançados por períodos certos de tempo (IPTU, IPVA, ITR), desde que a respectiva lei fixe expressamente a data em que o fato gerador se considera ocorrido. Registra-se que, o art. 106 da CTN define algumas exceções ao consignar que a lei aplica-se a ato ou fato pretérito:

I) em qualquer caso, quando seja expressamente interpretativa, excluída a aplicação de penalidade à infração dos dispositivos interpretados;

II) tratando-se de ato não definitivamente julgado:

a) quando deixe de defini-lo como infração;

b) quando deixe de tratá-lo como contrário a qualquer exigência de ação ou omissão, desde que não tenha sido fraudulento e não tenha implicado em falta de pagamento de tributo;

c) quando lhe comine penalidade menos severa que a prevista na lei vigente ao tempo da sua prática. (princípio da benignidade)

2.2.4. Princípio da igualdade ou isonomia tributária

O princípio da Isonomia Tributária está previsto no art. 150, II, da Constituição que decreta: "é vedado aos entes tributantes instituir tratamento desigual entre contribuintes que se encontrem em situação equivalente, proibida qualquer distinção em razão da ocupação profissional ou função por eles exercida".

Eduardo de Moraes Sabbag[6] ensina que:

> Também chamado por alguns doutrinadores de Princípio da Proibição dos Privilégios Odiosos, o Princípio da Isonomia Tributária é postulado vazio, recebendo o conteúdo de outros valores, como liberdade e justiça (citou-se justiça tributária no RE 423.768, STF). Nesse passo, o princípio merece devoção, haja

---

(6) SABBAG, Eduardo de Moraes. *Elementos do direito tributário*. 9. ed. rev. e ampl. São Paulo: Premier Máxima, 2008. p. 25.

vista a recente trajetória política delineada no país, no bojo do regime militar, quando, lamentavelmente, se pôde verificar inúmeras desigualdades tributárias ou favoritismos desarrazoados, v. g., a concessão de isenção de imposto para deputados, militares ou juízes. Tais desigualamentos se traduziam em atitudes discriminatórias de concessão de privilégios ou "liberalidades" a destinatários predeterminados, conforme o cargo ou ofício que se exercem. Hodiernamente, cabe ao Poder Judiciário, em cada caso, verificar se a leis e mostra dissonante do Princípio da Isonomia, valendo-se da razoabilidade.

Nota-se que, o princípio da igualdade tem duas decorrências lógicas: o princípio da Cláusula *Non Olet* e o princípio da Equivalência Financeira dos contribuintes ou princípio da Capacidade Contributiva.

Primeiramente, cumpre analisar o princípio do *non olet* (*money does not smell*) que consigna a avaliação objetiva do tributo, isto é, não importa qual a fonte originária do tributo (licita ou ilícita), pois o dinheiro não tem cheiro. Assim, caso uma empresa tenha construído um *shopping*, este, pagará, os respectivos tributos, independentemente da origem ilícita do dinheiro empregado na construção do *shopping* (tráfico de drogas). Entretanto, no nosso entendimento este princípio deve ser aplicado em último caso, isto é, quando não tiver como provar a origem ilícita do dinheiro, mas caso tenha como provar esta origem, deverá ser embargada a construção realizada com dinheiro ilícito ou se já terminada, poderá ser fechada e utilizada como centro comunitário de esportes e lazer para a população carente.

O segundo princípio a ser estudado é o princípio da capacidade contributiva que está inscrito no art. 145, § 1º que decreta:

> Art. 145: A União, os Estados, o Distrito Federal e os Municípios poderão instituir os seguintes tributos (...) § 1º Sempre que possível, os impostos terão caráter pessoal e serão graduados segundo a capacidade econômica do contribuinte, facultado à administração tributária, especialmente para conferir efetividade a esses objetivos, identificar, respeitados os direitos individuais e nos termos da lei, o patrimônio, os rendimentos e as atividades econômicas do contribuinte.

Entendemos que o princípio da capacidade contributiva é a forma que o Estado disponibiliza para equacionar a relação jurídico-tributária. Assim, a tributação deve ser consoante com os princípios da razoabilidade e da proporcionalidade, isto é, quem tem maior patrimônio deve ser mais tributado. Podemos consignar o princípio da capacidade contributiva pela seguinte equação a seguir:

1) Contribuinte + Alto Patrimônio = Paga mais tributo.

2) Contribuinte + Baixo Patrimônio = Paga menos tributo.

Ressalta-se que foram criadas duas novas alíquotas (7,5% e 22,5%) para o Imposto de Renda, tendo como base dar mais eficácia ao princípio da capacidade contributiva. Assim pela nova tabela do IR 2009: quem ganha até R$ 1.434,00 será isento; b) quem ganha de R$ 1.434,00 a R$ 2.150,00 será tributado em 7,5%; c) quem ganha de R$ 2.150,00 a R$ 2.866,00 será tributado em 15%; d) quem ganha de R$ 2.886,00 a

R$ 3.582,00 será tributado em 22,5%; e) quem ganha acima de R$ 3.582,00 será tributado em 27,5%.

Trazemos mais uma vez as lições de *Eduardo de Moraes Sabbag*[7] que acrescenta que o art. 145, § 1º, da Constituição faz menção apenas à terminologia "impostos" contudo, o princípio da capacidade contributiva deve ser aplicado integralmente a todos os tributos. Consignamos a seguir as palavras do autor:

> A literalidade do texto constitucional apega-se ao termo imposto. É bom que se diga que a Constituição Federal de 1946 associava o comando a "tributos", diferentemente da atual previsão constitucional. É induvidoso, todavia, que se pode atrelar o comando a outros tributos, e. g., às contribuições para a seguridade social — no caso de diferenciação de alíquota em função de atividade econômica, utilização de mão de obra ou porte da empresa e às taxas, no caso de assistência integral e gratuita para registros civis de nascimento e óbito, quando o solicitante for destituído de recursos. O próprio STF (AReg REx 176.382-5/CE, 2ª T., em maio de 2000), nessa esteira, já se posicionou, entendendo aplicável o princípio da Taxa de Fiscalização dos Mercados de Títulos e Valores Mobiliários (Lei n. 7.940/89), considerada constitucional, consoante a Súmula n. 665. (...) a expressão sempre que possível apresenta-se dependente das possibilidades técnicas de cada imposto. Com efeito, se o IR mostra-se vocacionado à variação de alíquotas, na busca do ideal de justiça, o ICMS, em princípio, repudia-a uma vez que se trata de imposto incidente sobre o consumidor final. Nesse contexto, surge a necessidade de conhecermos os meios de exteriorização ou possibilidades de concretização da capacidade contributiva. Os principais são: a progressividade, a proporcionalidade e a seletividade.

Concordamos com *Sabbag* no sentido de considerar os princípios da progressividade, proporcionalidade e seletividade como baluartes da concretização da capacidade contributiva. Vejamos a seguir cada um destes princípios:

> a) Princípio da Progressividade: é uma técnica de incidência tributária que se orienta no sentido de aumentar a alíquota proporcionalmente ao aumento da base de cálculo. "Trata-se de um Princípio que consagra o aumento da carga tributária pela majoração da alíquota aplicável, na medida em que há o aumento da base de cálculo. No Direito Tributário brasileiro vigente, este princípio aplica--se ao Imposto de Renda, ao Imposto Territorial Rural, ao Imposto Predial Territorial Urbano, ao Imposto sobre Propriedade de Veículos Automotores e, segundo o Supremo Tribunal Federal, também às taxas.

> Pelo princípio em tela, as alíquotas progressivas crescem de acordo com a base de cálculo e são fixadas em percentuais variáveis, conforme o valor da matéria tributada. Assim, o valor do tributo aumenta em proporção superior ao incremento da riqueza. Desta forma, os que têm capacidade contributiva maior, por este princípio, contribuem em proporção superior."[8]

---

(7) SABBAG, Eduardo de Moraes. *Elementos do direito tributário*. 9. ed. rev. e ampl. São Paulo: Premier Máxima, 2008. p. 25.
(8) Disponível em: <http://www.boletimjuridico.com.br/doutrina/texto.asp?id=1876> Acesso em: 13 jan.. 2009.

Importante consignar que, o princípio da progressividade se relaciona principalmente à pessoalidade, isto é, para impostos de natureza pessoal. Assim, não pode ser admitida a instituição de alíquotas progressivas para o ITBI, conforme a Súmula n. 656 do STF que relata: "É inconstitucional a lei que estabelece alíquotas progressivas para o ITBI com base no valor venal do imóvel".

b) Princípio da Proporcionalidade: é uma técnica de incidência em que a alíquota é fixa e a base de cálculo variável. Para *Eduardo de Moraes Sabbag*[9]: "a técnica em estudo se dá nos impostos chamados reais, cujos fatos geradores ocorrem sobre elementos econômicos do bem (propriedade do bem, circulação de bem etc.), desprezando-se qualquer consideração relativa à situação pessoal do contribuinte. O STF já se pronunciou afirmando que o Princípio da Capacidade Contributiva é prestigiado, no caso dos impostos ditos reais, pela mera técnica da proporcionalidade. Eles serão progressivos somente no caso de expressa previsão no texto constitucional".

Vejamos o quadro a seguir para entender melhor os princípios da progressividade e proporcionalidade:

A) PROGRESSIVIDADE:

Base de Cálculo 1   Alíquota 1   R$ 100,00   10%   10

Base de Cálculo 2   Alíquota 2   R$ 1000,00 25%   250

B) PROPORCIONALIDADE:

Base de Cálculo 1   **Alíquota 1**   R$ 100,00   **10%**   10

Base de Cálculo 2   **Alíquota 2**   R$ 1000,00 **10%**   100

c) Seletividade: é a técnica de incidência que varia em razão inversa ao grau qualitativo do bem, isto é, quanto mais necessário menor a alíquota e, por conseguinte, quanto mais superficial, maior alíquota. O art. 155, § 2º, III da Constituição determina que o ICMS poderá ser seletivo. Já o art. 153, § 3º, I, da Constituição determina que o IPI será seletivo. Assim, temos uma faculdade da utilização da seletividade no ICMS e uma obrigatoriedade no IPI. Por exemplo, uma Ferrari terá uma alíquota de IPI maior que um Uno Mille. Como também, o cigarro (supérfluo) terá uma alíquota maior que um creme dental.

2.2.5. Princípio do não confisco

O princípio do não confisco reza que o tributo não poderá ter natureza confiscatória, isto é, onerar tanto o contribuinte, que este preferirá não ter o bem, a pagar o tributo. Está de acordo com o art. 150, IV da Constituição que assevera: "Sem prejuízo de outras garantias asseguradas ao contribuinte, é vedada à União, aos Estados,

---

(9) SABBAG, Eduardo de Moraes. *Elementos do direito tributário*. 9. ed. rev. e ampl. São Paulo: Premier Máxima, 2008. p. 25.

ao Distrito Federal e aos Municípios (...) IV — utilizar tributo com efeito de confisco". Assim, a tributação deve incindir sobre parte do patrimônio sem atingir a sua integralidade. Ressalta-se que apesar da multa não ser um tributo, o STF (ADI n. 551/RJ) tem entendido que o princípio do não confisco se aplica também às multas que não poderão ter natureza confiscatórias.

De acordo com *Eduardo de Moraes Sabbag*[10]:

O princípio da Vedação ao Confisco não se aplica, em tese, aos tributos extrafiscais, que, conforme a emergência da situação posta, poderão conter alíquotas excessivamente gravosas, em abono do privilégio de regulação da economia. A jurisprudência, portanto, admite alíquotas confiscatórias nesses tipos de impostos. Ademais, o mesmo raciocínio tem sido aplicado aos casos de progressividade extrafiscal, admitindo-se a exacerbação na cobrança de IPTU e de ITR, quando atrelados ao cumprimento da função social da propriedade. Na mesma esteira, o referido princípio não é aplicável aos impostos seletivos (IPI e ICMS). Sabe-se que a seletividade é técnica de incidência de alíquotas, cuja variação dar-se-á em função da essencialidade do bem. Os produtos de primeira necessidade devem ter baixa tributação, e os produtos supérfluos devem receber tributação mais elevada. Sendo assim, é incabível arguir o confisco na tributação de cigarros ou bebidas, uma vez que o excesso se mostra justificável.

2.2.6. Princípio da não limitação ao tráfego de pessoas e bens

De acordo com o princípio aludido, o Estado não pode estabelecer limitações ao tráfego de pessoas ou bens, por meio de tributos interestaduais ou intermunicipais. Entretanto, o pedágio poderá ser cobrado pela utilização de vias conservadas pelo Poder Público. O princípio da não limitação ao tráfego de pessoas e bens está previsto no art. 150, V da Constituição.

2.2.7. Princípio da uniformidade tributária geográfica

O princípio aludido está previsto no art. 151, I da Constituição e prescreve que, a União não pode instituir tributo que não seja uniforme em todo o território nacional ou que implique distinção ou preferência em relação a Estado, ao Distrito Federal ou a Município, em detrimento de outro, admitida a concessão de incentivos fiscais destinados a promover o equilíbrio do desenvolvimento socioeconômico entre as diferentes regiões do país. Os impostos abarcados por este princípio são os federais, quais sejam: II, IE, IPI, IOF, IR, ITR, IGF, IEG e os Impostos Residuais. Entretanto, o princípio encontra exceção nas regiões que têm incentivo fiscal para poder desenvolvê--la, tais como a Amazônia e a Região do Nordeste.

---

(10) SABBAG, Eduardo de Moraes. *Elementos do direito tributário*. 9. ed. rev. e ampl. São Paulo: Premier Máxima, 2008. p. 25.

2.2.8. Princípio da não cumulatividade

O princípio da não cumulatividade está diretamente ligado a três impostos: ICMS, IPI e os Impostos Residuais da União. Dessa forma, os impostos aludidos não podem sofrer uma tributação excessiva, sendo assim, será tributado o valor acrescido em cada operação e não o valor total. Vejamos as lições de *Eduardo de Moraes Sabbag*[11] de que exemplifica na prática o aludido princípio em relação ao ICMS que é plurifásico, afirmando que:

> Exemplo: Se compra de A um produto por R$ 100,00, deverá A pagar R$ 18,00 de ICMS, se a alíquota for de 18% (18% x 100 = 18). Nesse passo, se C compra de B aquele produto — agora vendido por R$200,00 — deverá pagar os mesmos R$18,00 de ICMS, mantendo-se a alíquota de 18% [18% x (200 — 100)]. Note, que a operação (200 - 100 = 100) representa o valor agregado sobre o qual deverá incidir o imposto, na mesma alíquota de 18%.

Para clarificar as ideias, vamos citar nosso ex emplo: B compra um produto de A por R$ 100,00 pagando uma alíquota de ICMS de 10% (10% x 100 = 10). Desta feita, ocorre que C compra de B o produto pagando R$ 300,00. Neste caso, será feita a seguinte matemática [10% x (300 - 100)] que dará o seguinte resultado (10% x 200 = 20). Vamos mais adiante no exemplo e colocar a situação em que D compra o produto de C por R$ 400,00 será feita a seguinte conta [10% x (400 - 300)] e terá como resultado (10% x 100 = 10). Assim, pelo princípio da não cumulatividade sempre subtrai-se o valor atual da compra pelo valor da compra feita anteriormente para evitar a cumulatividade do imposto.

Assim no exemplo prático, D pagou menos imposto que C, pois agregou valor menor à mercadoria. Explico: C agregou R$ 200,00 à mercadoria (pois, a mercadoria custava R$ 100,00 e passou a custar R$ 300,00) e por isso pagará mais imposto. Já D agregou R$ 100,00 à mercadoria (pois, a mercadoria custava R$ 300,00 e passou a custar R$ 400,00). Desta feita, o contribuinte suportará apenas o valor do tributo pelo que agregou à mercadoria. Neste sentido, percebe-se que o princípio da não cumulatividade é uma forma utilizada para conter a inflação, pois quem agrega valor ao produto (aumenta o preço) acabará por suportar um ônus tributário maior.

De acordo com *Rosa*:[12]

> O primado da não cumulatividade, concretizado, em relação ao ICMS, na confrontação de débitos e créditos fiscais, visa a evitar a tributação "em cascata", vale dizer, que as incidências integrais e sucessivas, nas entradas e saídas, se agreguem ao preço significando imposto sobre imposto. Tem em conta o ciclo econômico de produção e circulação como um todo e visa distribuir, igualitariamente, a carga tributária, de modo que cada contribuinte suporte apenas o *quantum* do tributo correspondente ao valor que agregou à mercadoria.

---

(11) SABBAG, Eduardo de Moraes. *Elementos do direito tributário*. 9. ed. rev. e ampl. São Paulo: Premier Máxima, 2008. p. 25.
(12) ROSA JUNIOR, Luis Emygdio F. da. *Manual de direito financeiro e tributário*. Rio de Janeiro: Freitas Bastos, 1975. p. 75.

Por fim, vamos citar as lições de *Eduardo de Moraes Sabbag*[13] sobre a questão da Repercussão Tributária:

> Trata-se de fenômeno de transferência de encargos, nos "tributos indiretos", como o ICMS ou o IPI, isto é, o ônus tributacional repercute sobre o ocupante da fase seguinte numa operação plurifásica, não sendo assumido por aquele que deu ensejo à circulação originária. A repercussão tributária é a passagem do ônus tributário ao contribuinte de fato, não recaindo sobre o contribuinte de direito. Vale dizer: o contribuinte de direito realiza o fato gerador, mas quem paga o imposto de modo indireto é o contribuinte de fato. Dessa forma, o fenômeno representa a transferência do encargo a esse último, não sendo assumido o ônus pelo realizador, isto é, pelo contribuinte de direito.

Ressalta-se que, a denominada responsabilidade tributária está prevista na Lei Complementar n. 87/96, conforme os seguintes dispositivos: "Art. 5º Lei poderá atribuir a terceiros a responsabilidade pelo pagamento do imposto e acréscimos devidos pelo contribuinte ou responsável, quando os atos ou omissões daqueles concorrerem para o não recolhimento do tributo. Art. 6º Lei estadual poderá atribuir a contribuinte do imposto ou a depositário a qualquer título a responsabilidade pelo seu pagamento, hipótese em que assumirá a condição de substituto tributário".

Finalizamos com as lições de *Harrison Leite*[14] que prescreve:

> Debruça-se a doutrina sobre a distinção entre o contribuinte de direito e o contribuinte de fato. Entende que o primeiro é aquele que suporta o ônus legal de recolher o tributo ao Fisco. É a pessoa que o Fisco se volta para cobrar o tributo, considerada contribuinte pelo Fisco, situação que poderia ser deslocada se o Fisco escolhesse outra pessoa como sujeito passivo. Já o contribuinte de fato seria aquele que realmente suporta o ônus do tributo, ou seja, é o consumidor-adquirente. Para muitos essa classificação é meramente econômica e não jurídica, o que a torna inoportuna para a obtenção de qualquer respaldo nesta área. No entanto, não há que se pensar desta forma, haja vista que o próprio legislador fez menção a esta distinção no art. 166 do CTN, ao tratar da restituição de tributos que comportem, por sua natureza, transferência do respectivo encargo financeiro. Ou seja, o fenômeno da transferência do encargo tributário para o contribuinte de fato foi considerado pelo Direito, que conferiu a autorização para a repetição do indébito apenas a quem prove haver assumido o referido encargo.

2.3. Imunidades tributárias

2.3.1. Considerações iniciais

A imunidade tributária é uma limitação material e substantiva ao poder de tributar e tem como característica principal a não incidência da tributação em certo campo

---

(13) SABBAG, Eduardo de Moraes. *Elementos do direito tributário*. 9. ed. rev. e ampl. São Paulo: Premier Máxima, 2008. p. 25.
(14) LEITE, Harrison Ferreire. Em prol da imunidade recíproca. *Revista Tributária e de Finanças Públicas*. São Paulo, Revista dos Tribunais, v. 60. p. 100-120, jan./fev. 2005.

por dispensa tributária de natureza constitucional. Assim, na imunidade tributária, a incidência é qualificada negativamente impedindo uma pretensa tributação.

Ricardo Lobo Torres[15] acrescenta que, "para quem Imunidade tributária, do ponto de vista conceptual, é uma relação jurídica que instrumentaliza os direitos fundamentais, ou uma qualidade da pessoa que lhe embasa o direito público subjetivo à não incidência tributária ou uma exteriorização dos direitos da liberdade que provoca a incompetência tributária do ente público".

Carrazza[16] retrata que:

> (...) as imunidades tornam duplamente inconstitucionais as manifestações interpretativas e os atos administrativos que as desafiam. Nem a emenda constitucional pode anular ou restringir as situações de imunidades contempladas na Constituição. Por muito maior razão, a ação do legislador ordinário, neste campo, encontra limites insuperáveis na Constituição. Ora, se até o constituinte derivado e o legislador ordinário não podem ignorar as imunidades tributárias, por muito maior razão não poderá fazê-lo o aplicador das leis tributárias, interpretando-as, a seu talante, de modo a costeá-las. (...) Em termos mais precisos, o direito à imunidade é uma garantia fundamental constitucionalmente assegurada ao contribuinte, que nenhuma lei, poder ou autoridade pode anular. (...) competência tributária é a faculdade que as pessoas políticas têm de criar, *in abstracto*, tributos. Para isto, devem descrever, legislativamente, suas hipóteses de incidência, seus sujeitos ativos, seus sujeitos passivos, suas bases de cálculo e suas alíquotas. A competência tributária tem suas fronteiras perfeitamente traçadas pela Constituição Federal, que, inclusive, apontou, direta ou indiretamente, as regras-matrizes dos tributos. Pois bem, a imunidade tributária ajuda a delimitar o campo tributário. De fato, as regras de imunidade também demarcam (no sentido negativo) as competências tributárias das pessoas políticas. Noutras palavras, a competência tributária é desenhada também por normas negativas, que veiculam o que se convencionou chamar de imunidades tributárias. Neste sentido, podemos dizer que a competência tributária se traduz numa autorização ou legitimação para a criação de tributos (aspecto positivo) e num limite para fazê-lo (aspecto negativo).

Eduardo de Moraes Sabbag[17] descreve a distinção entre não incidência, isenção e imunidade ao afirmar que:

> Observe a distinção: Não incidência — é a ausência de subsunção do fato imponível ao conceito descrito na hipótese de incidência, ou seja, o acontecimento fático não corresponde com fidelidade à descrição legal originária, faltando elementos para a tipicidade. Isenção — é um favor legal consubstanciado na

---

(15) TORRES, Ricardo Lobo. As imunidades tributárias e os direitos humanos: problemas de legitimação. In: TÔRRES Heleno Taveira (coord.). *Tratado de direito constitucional tributário*. São Paulo: Saraiva, 2005. p. 319.
(16) CARRAZZA, R. A. *Op. cit.*, p. 687-689.
(17) SABBAG, Eduardo de Moraes. *Elementos do direito tributário*. 9. ed. rev. e ampl. São Paulo: Premier Máxima, 2008. p. 25.

dispensa de pagamento de tributo devido, isto é, a autoridade legislativa evita que o sujeito passivo da obrigação tributária se submeta ao tributo. Portanto, evita-se o lançamento. Imunidade — é uma não incidência constitucionalmente qualificada. É o obstáculo, decorrente de regra da Constituição, à incidência sobre determinados fatos ou situações.

Importante consignar que, o STF (ADI ns. 2.028 e 2.036; Mandados de Injunção ns. 232 e 608 e RE n. 168.110-DF) entendeu que as regras constantes no art. 184, § 5º e 195, § 7º da Constituição são casos de imunidade e não de isenção constitucional. Vejamos os artigos citados a seguir:

Art. 184. Compete à União desapropriar por interesse social, para fins de reforma agrária, o imóvel rural que não esteja cumprindo sua função social, mediante prévia e justa indenização em títulos da dívida agrária, com cláusula de preservação do valor real, resgatáveis no prazo de até vinte anos, a partir do segundo ano de sua emissão, e cuja utilização será definida em lei.

§ 5º São isentas de impostos federais, estaduais e municipais as operações de transferência de imóveis desapropriados para fins de reforma agrária.

Art. 195. A seguridade social será financiada por toda a sociedade, de forma direta e indireta, nos termos da lei, mediante recursos provenientes dos orçamentos da União, dos Estados, do Distrito Federal e dos Municípios, e das seguintes contribuições sociais:

§ 7º São isentas de contribuição para a seguridade social as entidades beneficentes de assistência social que atendam às exigências estabelecidas em lei.

As hipóteses de imunidades estão previstas no art. 150, VI da Constituição. Vejamos:

Art. 150. Sem prejuízo de outras garantias asseguradas ao contribuinte, é vedado à União, aos Estados, ao Distrito Federal e aos Municípios:

VI — instituir impostos sobre:

a) patrimônio, renda ou serviços, uns dos outros;

b) templos de qualquer culto;

c) patrimônio, renda ou serviços dos partidos políticos, inclusive suas fundações, das entidades sindicais dos trabalhadores, das instituições de educação e de assistência social, sem fins lucrativos, atendidos os requisitos da lei;

d) livros, jornais, periódicos e o papel destinado a sua impressão.

Ao criticar este artigo, *Eduardo de Moraes Sabbag*[18] acrescenta que:

Inicialmente, cumpre destacar que o referido inciso afasta, tão somente, a incidência de impostos. Sendo assim, as situações protegidas pela presente regra imunizante não serão objeto de incidência deste gravame, todavia não estão elas livres da incidência normal das outras exações, *v. g.*, das taxas ou das contribuições de melhoria. Estes tributos incidem sem óbices. Exemplo: sobre

---

(18) SABBAG, Eduardo de Moraes. *Elementos do direito tributário*. 9. ed. rev. e ampl. São Paulo: Premier Máxima, 2008. p. 25.

os templos não haverá a incidência de IPTU, entretanto haverá normal incidência, *e. g.*, de uma taxa de coleta de lixo; ademais sobre o diretório do partido político, não incidirá o IPTU, mas ele deverá ser sujeito passivo da contribuição de melhoria.

Vale ressaltar que, além dos impostos existem, outros tributos previstos constitucio-nalmente que têm imunidade tributária, tais como: a Contribuição Social e CIDE nas receitas decorrentes de exportação (art. 149, § 2º, I, CF); as taxas na solicitação de registros pelos reconhecidamente pobres (art. 5º, XXXIV, *a* e *b*, LXXIV, LXXVI e LXXVII da Constituição); Contribuição Social das entidades beneficentes de Assistência Social, prevista no art. 195, § 7º da Constituição.

Por fim, finalizamos com as lições de *Sacha Calmon Navarro Coêlho*[19] que oportunamente nos confere uma descrição eficaz do conceito de imunidade tributária:

> Costuma-se dizer que a imunidade é um *prius* em relação ao exercício da competência tributária, e a isenção, um *posterius*. Ao tracejar o espaço fático sobre o qual pode o legislador infraconstitucional atuar, o constituinte previamente o delimita, separando as áreas de incidência e as que lhe são vedadas. O espaço fático posto à disposição do legislador infraconstitucional resulta das determinações genéricas dos fatos jurígenos (áreas de incidência). As áreas vedadas à tributação decorrem de proibições constitucionais expressas (imunidades) ou de implícitas exclusões (toda porção fática que não se contiver nos lindes da descrição legislativa do "fato gerador" é intributável à falta de previsão legal). As imunidades alcançam as situações que normalmente — não fosse a previsão expressa de intributabilidade — estariam conceitualmente incluídas no desenho do fato jurígeno tributário. Por isso mesmo são vistas e confundidas as imunidades com um dos seus efeitos: o de limitar o poder de tributar.

2.3.2. Espécies de imunidades

2.3.2.1. *Imunidade recíproca*

Antes de definirmos propriamente o que seria a imunidade tributária recíproca é preciso destacar que, a Constituição elenca as competências tributárias, as quais devem ser seguidas formalmente para que o ente possa tributar sobre aquilo que é devido à sua esfera de atuação. Neste sentido, temos as lições de *Sacha Calmon Navarro Coêlho*[20] que acrescenta:

> [...] verifica-se que várias são as pessoas políticas exercentes do poder de tributar e, pois, titulares de competências impositivas: a União, os Estados-Membros, o Distrito Federal e os Municípios. Entre eles será repartido o poder de tributar. Todos recebem diretamente da Constituição, expressão da vontade geral, as suas

---

(19) COÊLHO, Sacha Calmon Navarro. *Op. cit.*, p. 288.
(20) *Idem.*

respectivas parcelas de competência e, exercendo-as, obtêm as receitas necessárias à consecução dos fins institucionais em função dos quais existem (discriminação de rendas tributárias). O poder de tributar originariamente uno por vontade do povo (Estado Democrático de Direito) é dividido entre as pessoas políticas que formam a Federação.

Desta feita, prosseguindo nosso estudo temos como certo que a espécie de imunidade denominada recíproca tem esta designação, pois faz parte da proibição constitucional (prevista no art. 150, VI, *a*, CF) que proíbe a tributação entre entes tributantes. Assim, a União não pode cobrar imposto do Município e nem este daquele.

De acordo com *Harrison Leite*:[21]

é sabido que todos os bens, patrimônios, rendas e serviços das pessoas políticas estão voltados para o interesse público. Logo, devem ser protegidos para o serviço dos interesses maiores da sociedade. A eventual inaplicação desses recursos para a satisfação de um interesse público caracteriza um desvio de finalidade. Ora, na medida em que um ente político cobra tributo de outro, fica caracterizado a destinação de um dinheiro público para um fim não pretendido constitucionalmente, pois implica na violação de princípios fundamentais, como o federalismo e a capacidade econômica. Visando evitar a tributação entre os entes federativos, a Constituição Federal explicitamente instituiu a imunidade recíproca que prega a vedação da instituição de impostos sobre o patrimônio, a renda e os serviços, uns dos outros.

Na verdade, a imunidade recíproca dos entes tributantes tem como fundamento garantir o princípio da federação e o equilíbrio de poderes dos entes tributantes. Neste sentido, visa garantir a autonomia da cada ente sem perder de vista que todos (União, Estados, Municípios etc.) fazem parte de um todo unitário, denominado federação. Não teria sentido retirar dinheiro do erário público municipal por meio de impostos e repassar ao estadual ou à União, pois todos os entes fazem parte do corpo estatal e, por conseguinte, nada acrescentaria ao Estado a transferência de erário de um ente para outro.

No que concerne à atividade de interpretação da imunidade recíproca, temos as lições de *Márcio Barbosa Maia*:[22]

Na atividade interpretativa, ao se buscar o sentido e o alcance da imunidade constitucional recíproca, o intérprete precisa ter em mente que a Constituição Federal é um sistema harmônico e suas regras inter-relacionadas. A concepção restritiva à imunidade recíproca reflete-se, por via oblíqua, no princípio federativo, uma das pedras angulares da Carta Magna. Por isso, procedendo-se a uma interpretação literal da norma ínsita na alínea *a*, do inc. VI, do art. 150 da

---

(21) LEITE, Harrison Ferreire. *Op. cit.*
(22) MAIA, Márcio Barbosa. Imunidade recíproca e ICMS. *Revista Consulex*, Brasília, n. 22, p. 36-38, out. 1998.

CF/88, o operador jurídico pode alcançar resultado que comprometa a autonomia política de que gozam as unidades federadas, olvidando a unidade sistêmica da Constituição.

Eduardo de Moraes Sabbag[23] assevera que:

Urge destacar que a presente alínea *a*, a par de outros comandos — (I) alínea *c* e (II) os §§ 2º e 4º do próprio art. 150, ora estudado — menciona um rol classificatório de impostos, haurido do CTN (arts. 19 a 73), segundo o qual a imunidade abrangeria tão somente impostos sobre patrimônio, renda e serviços. Nessa medida, a regra alcançaria vários impostos, deixando, todavia, o campo aberto para a incidência, por exemplo, dos impostos aduaneiros (impostos de importação e exportação), além do ICMS, IPI e IOF. Para o STF, entretanto, deve--se dar ao mencionado rol classificatório uma interpretação lata ou ampliativa (RE 203.755 e RE 193.969), afastando-se quaisquer impostos que possam onerar economicamente a entidade impositora albergada pela regra imunizante. Sendo assim, não incidirão, *v. g.*, o Imposto de Importação sobre máquinas importadas pelo Município, nem mesmo o IOF nas operações Financeiras realizadas pelo município.

Estabelecem os §§ 2º e 3º do art. 150 da Constituição Federal de 1988 que a imunidade recíproca é estendida às autarquias (inclusive às de regime especial) e fundações públicas. Vejamos:

§ 2º A vedação do inciso VI, *a*, é extensiva às autarquias e às fundações instituídas e mantidas pelo Poder Público, no que se refere ao patrimônio, à renda e aos serviços, vinculados a suas finalidades essenciais ou às delas decorrentes.

§ 3º As vedações do inciso VI, *a*, e do parágrafo anterior não se aplicam ao patrimônio, à renda e aos serviços, relacionados com exploração de atividades econômicas regidas pelas normas aplicáveis a empreendimentos privados, ou em que haja contraprestação ou pagamento de preços ou tarifas pelo usuário, nem exonera o promitente comprador da obrigação de pagar imposto relativamente ao bem imóvel.

De acordo com *Sacha Calmon Navarro Coêlho*[24] "o conceito de autarquia para fins imunitórios é fornecido pelo Decreto-lei n. 200, de 1967, que, para efeitos da organização da Administração Pública, reparte-a e a define em direta e indireta, termos correspondentes, numa terminologia estranha ao Direito, aos vocábulos "administração centralizada e descentralizada".

Carrazza[25] destaca que:

De fato, não havendo o repasse, aos usuários, dos custos dos serviços públicos que os beneficiam, qualquer imposto que a pessoa política suportasse (pela obtenção dos meios necessários à prestação destes mesmos serviços públicos) acabaria incidindo sobre sua renda ou capital (patrimônio), afrontando a letra e o espírito do art. 150, VI, *a*, da CF.

---

(23) SABBAG, Eduardo de Moraes. *Elementos do direito tributário*. 9. ed. rev. e ampl. São Paulo: Premier Máxima, 2008. p. 25.
(24) COÊLHO, Sacha Calmon Navarro. *Op. cit.*, p. 288.
(25) CARRAZZA, R. A. *Op. cit.*, p. 700.

Na mesma linha de raciocínio, Ávila[26] aponta decreta que:

A imunidade recíproca abrange também as instrumentalidades administrativas das pessoas políticas. A finalidade da imunidade recíproca é evitar que instituições públicas que prestam serviço público tenham suas atividades restringidas pela tributação, pois isso representaria uma violação indireta da própria estrutura federativa. O princípio federativo implica paridade financeira. Algumas atividades e alguns serviços são qualificados como públicos em razão da sua importância. A Constituição Brasileira atribuiu o caráter público a alguns desses serviços, exigindo que eles sejam prestados pelo Poder Público. Em função de razões operacionais, a realização desses serviços é transferida para determinadas entidades. Essas entidades são apenas instrumentos do Poder Público. É o Estado que presta o serviço por meio de uma instrumentalidade sua.

Sacha Calmon Navarro Coêlho[27], comentando *Baleeiro*, anota que:

A tese de *Baleeiro* sobre o contribuinte de fato, quando este é pessoa jurídica de Direito Público territorial ou não territorial, nos seduz. Aí, seja qual for o imposto quando o Estado é "contribuinte de fato" (consumidor final de bens e serviços), torna-se indubitável que uma pessoa política está pagando a outra. Ora, elas não têm capacidade contributiva. E a Constituição manda que se tribute levando em conta a aptidão contributiva das pessoas, exclusive [sic] das políticas. Deve a União pagar o ICMS da energia que consome como usuária final? Pela ótica de *Aliomar*, não. A questão de dizer que as concessionárias são contribuintes de jure, por isso excluídos da imunidade, é verdadeira, mas não deixa de trair certa suspicácia. Bastaria a lei dizer que elas seriam "retentoras" e contribuintes os usuários para que se apropositasse a imunidade intergovernamental em favor das pessoas políticas. É de perguntar se uma simples opção de técnica pode ou deve superpor-se a um princípio tão vetusto como é o da imunidade intergovernamental recíproca, fundado em plano axiológico e de larga tradição jurídica.

2.3.2.2. Imunidades para templos de qualquer culto

A imunidade para templos de qualquer culto está descrita no art. 5º, VI, *b* da Constituição e prescreve que é vedado aos entes federados instituir impostos sobre templos de qualquer culto. Vale ressaltar que na palavra culto só estão incluídas as religiosidades teístas, excluindo assim, as seitas que utilizam de "macumba" e as "seitas satânicas", as quais deverão ser excluídas e impedidas de funcionar, pois apesar do Brasil ser considerado um Estado Laico (infelizmente, pois deveria ser cristão — em virtude da maioria cristã no Brasil), a religiosidade é teísta.

Vamos a seguir, entender um pouco da estrutura de nossa Constituição:

A Constituição tem seu arcabouço estrutural formado pela união de três partes, que são: o Preâmbulo, a Parte Permanente e o Ato das Disposições Constitucionais Transitórias (ADCT). Confira, o quadro explicativo:

---

(26) ÁVILA, Humberto. *Sistema constitucional tributário*. São Paulo: Saraiva, 2004. p. 79.
(27) COÊLHO, Sacha Calmon Navarro. *Op. cit.*, p. 288.

Preâmbulo	Parte Permanente	ADCT
Parte introdutória da CF	Título I ao Título IX	Parte final da Constituição

Preâmbulo — É a parte inicial da Constituição, sendo uma declaração de princípios que remontam à posição ideológica da Assembleia Nacional Constituinte que instaurou a nova ordem constitucional. É parte integrante da Constituição e merece especial destaque, por representar um caminho a ser seguido pelos políticos numa época em que a desconfiança supera a esperança de um país mais justo, cidadão e humanitário. Repare na dicção do Preâmbulo abaixo:

> Preâmbulo: Nós, representantes do povo brasileiro, reunidos em Assembleia Nacional Constituinte para instituir um Estado Democrático, destinado a assegurar o exercício dos direitos sociais e individuais, a liberdade, a segurança, o bem-estar, o desenvolvimento, a igualdade e a justiça como valores supremos de uma sociedade fraterna, pluralista e sem preconceitos, fundada na harmonia social e comprometida, na ordem interna e internacional, com a solução pacífica das controvérsias, promulgamos, sob a proteção de Deus, a seguinte CONSTITUIÇÃO DA REPÚBLICA FEDERATIVA DO BRASIL.

Analisando o Preâmbulo de nossa Constituição, destacamos os seguintes princípios, elaborados pelo Legislador Constituinte nesta parte integrante essencial de nossa Lei Máxima. Vejamos:

a) Princípio da Inalterabilidade por Derivação do Estado Democrático de Direito — De acordo com este princípio, somente o Poder Constituinte Originário (Assembleia Nacional Constituinte) pode destituir o Estado Democrático de Direito. Quer dizer, de nenhuma forma emenda constitucional ou qualquer atuação do Poder Constituinte Derivado poderá modificar tal preceito garantido constitucionalmente.

b) Princípio da Representação Política no Interesse Nacional — Este curioso princípio discorre que os políticos legitimamente eleitos devem atuar no sentido de representar o interesse da nação brasileira. Desta feita, atenta contra este princípio uma lei feita pelo Congresso Nacional que destina parcela do Território da Amazônia para os EUA explorarem suas riquezas.

c) Princípio da Supremacia da Cidadania — Este preceito revela que o Estado Democrático de Direto deve assegurar a plenitude do exercício da cidadania mediante a garantia: dos direitos sociais e individuais, a liberdade, a segurança, o bem-estar, o desenvolvimento, a igualdade, a justiça e a fraternidade.

d) Princípio da Solução Pacífica dos Conflitos — A ordem interna e internacional deve ser pautada pela primazia da solução harmoniosa e pacífica dos conflitos. Nesse sentido, a regra é a busca incessante por uma solução pacífica para certo conflito. Por isso, sem partidarismo, acatamos como coerente a posição da Presidência da República (Lula) de buscar uma solução apaziguadora na questão tormentosa com a Bolívia, qual seja, a decisão do Presidente Evo Morales de nacionalizar a exploração dos negócios de petróleo e gás na Bolívia. Merece aplauso a iniciativa de conduzir uma negociação com a Bolívia sem iniciar uma rivalidade política, pois, caso contrário, atentaria contra o referido princípio.

e) Princípio da Religiosidade Oficial — A Constituição não definiu uma religião específica; contudo, pela interpretação do Preâmbulo, notamos que acolhe a "proteção de Deus". Percebemos, então, que a Constituição não adota uma religião como referência, mas sim uma religiosidade, qual seja, a teísta (Deus). Por isso, tem foro de procedência a afirmação de que o satanismo seja proibido no Brasil, por verdadeira afronta aos ditames mais preciosos de nossa Constituição, que estabeleceu como religião oficial o teísmo (credo em Deus), sendo, assim, uma escolha legislativa, proveniente da Assembleia Nacional Constituinte, que é uma representação singularizada do povo. Portanto, a certeza dessa premissa não se baseia em fundamentação moral, mas numa interpretação teleológica e numa conclusão lógica do Preâmbulo.

Voltando ao nosso estudo das imunidades para templos de qualquer culto, vamos colacionar a seguir lições *Eduardo de Moraes Sabbag*[28] sobre as teorias relativas ao conceito de templo:

> Teoria Clássico-restritiva (Corrente do Templo-coisa): conceitua o templo como o local destinado à celebração do culto. Pauta-se na coisificação do templo religioso (...) Teoria Clássico-liberal (Corrente do Templo-atividade): conceitua o templo como tudo aquilo que, direta ou indiretamente viabiliza o culto. Nessa medida, desonera de impostos o local destinado ao culto e, com maior abrangência, os seus anexos (*universitas juris*). (...) Teoria moderna (corrente do templo-entidade): conceitua o templo como entidade, na acepção de instituição, organização ou associação, mantenedoras do templo religioso, e não este objetivamente considerado. (...) O STF tem tendido à adoção da Teoria Moderna, quanto à extensão dos efeitos imunitórios a atividades estranhas à difusão de religiosidade, que venham a ser exercidas pelos templos, desde que cumpridos os requisitos mencionados.

2.3.2.3. Imunidades para partidos políticos, entidades sindicais de trabalhadores, instituições de educação e entidades de assistência social

As imunidades acima destacadas estão previstas no art. 150, VI, c, da Constituição que consigna:

> Sem prejuízo de outras garantias asseguradas ao contribuinte, é vedado à União, aos Estados, ao Distrito Federal e aos Municípios: VI — instituir impostos sobre: c) patrimônio, renda ou serviços dos partidos políticos, inclusive suas fundações, das entidades sindicais dos trabalhadores, das instituições de educação e de assistência social, sem fins lucrativos, atendidos os requisitos da lei;

---

(28) SABBAG, Eduardo de Moraes. *Elementos do direito tributário*. 9. ed. rev. e ampl. São Paulo: Premier Máxima, 2008. p. 25.

Vamos estudar a seguir cada um dos elementos que estão imunizados:

a) Partidos políticos

O partido político é a reunião de pessoas para realizar uma finalidade política dentro das esferas que compõem a organização estrutural do Estado. A personalidade jurídica é adquirida na forma da lei civil junto ao Cartório de Registros de Títulos e Documentos, mas só passará a ter existência com o registro de seus estatutos na lei civil. A natureza jurídica do partido político é de direito privado.

O art. 17 da Constituição traz as características dos partidos políticos:

Art. 17. É livre a criação, fusão, incorporação e extinção de partidos políticos, resguardados a soberania nacional, o regime democrático, o pluripartidarismo, os direitos fundamentais da pessoa humana e observados os seguintes preceitos:

I — caráter nacional;

II — proibição de recebimento de recursos financeiros de entidade ou governo estrangeiros ou de subordinação a estes;

III — prestação de contas à Justiça Eleitoral;

IV — funcionamento parlamentar de acordo com a lei.

§ 1º É assegurada aos partidos políticos autonomia para definir sua estrutura interna, organização e funcionamento e para adotar os critérios de escolha e o regime de suas coligações eleitorais, sem obrigatoriedade de vinculação entre as candidaturas em âmbito nacional, estadual, distrital ou municipal, devendo seus estatutos estabelecer normas de disciplina e fidelidade partidária[29].

§ 2º Os partidos políticos, após adquirirem personalidade jurídica, na forma da lei civil, registrarão seus estatutos no Tribunal Superior Eleitoral.

§ 3º Os partidos políticos têm direito a recursos do fundo partidário e acesso gratuito ao rádio e à televisão, na forma da lei[30].

§ 4º É vedada a utilização pelos partidos políticos de organização paramilitar.

---

(29) Muito importante que seja lido o seguinte julgado do STF: A inovação trazida pela EC n. 52/06 conferiu *status* constitucional à matéria até então integralmente regulamentada por legislação ordinária federal, provocando, assim, a perda da validade de qualquer restrição à plena autonomia das coligações partidárias no plano federal, estadual, distrital e municipal. Todavia, a utilização da nova regra às eleições gerais que se realizarão a menos de sete meses colide com o princípio da anterioridade eleitoral, disposto no art. 16 da CF, que busca evitar a utilização abusiva ou casuística do processo legislativo como instrumento de manipulação e de deformação do processo eleitoral (ADI 354, Rel. Min. Octavio Gallotti, DJ 12.2.93). Enquanto o art. 150, III, *b*, da CF encerra garantia individual do contribuinte (ADI 939, Rel. Min. Sydney Sanches, DJ 18.3.94), o art. 16 representa garantia individual do cidadão-eleitor, detentor originário do poder exercido pelos representantes eleitos e "a quem assiste o direito de receber, do Estado, o necessário grau de segurança e de certeza jurídicas contra alterações abruptas das regras inerentes à disputa eleitoral" (ADI 3.345, Rel. Min. Celso de Mello). Além de o referido princípio conter, em si mesmo, elementos que o caracterizam como uma garantia fundamental oponível até mesmo à atividade do legislador constituinte derivado, nos termos dos arts. 5º, § 2º, e 60, § 4º, IV, a burla ao que contido no art. 16 ainda afronta os direitos individuais da segurança jurídica (CF, art. 5º, *caput*) e do devido processo legal (CF, art. 5º, LIV). A modificação no texto do art. 16 pela EC n. 4/93 em nada alterou seu conteúdo principiológico fundamental. Tratou-se de mero aperfeiçoamento técnico levado a efeito para facilitar a regulamentação do processo eleitoral. Pedido que se julga procedente para dar interpretação conforme no sentido de que a inovação trazida no art. 1º da EC n. 52/06 somente seja aplicada após decorrido um ano da data de sua vigência (ADI 3.685, Rel. Min. Ellen Gracie, DJ 10.8.06).

(30) Lei n. 8.624/93, que dispõe sobre o plebiscito destinado a definir a forma e o sistema de governo — regulamentação do art. 2º do ADCT/88, alterado pela EC n. 2/92 — impugnação a diversos artigos (arts. 4º, 5º e 6º) da referida Lei n. 8.624/93 — organização de frentes parlamentares, sob a forma de sociedade civil, destinadas a representar o parlamentarismo com República,

Como notamos o registro do partido político no TSE é elemento qualitativo essencial para adquirir personalidade jurídica. Assim, só após adquirida a personalidade jurídica poderá o partido político ter o privilégio da imunidade tributária.

b) Entidades sindicais

A entidade sindical que está imunizada é a dos trabalhadores, pois merece desconto em razão da sua hipossuficiência. Já as entidades dos empregadores serão tributadas, pois não estão alcançadas pela imunidade constitucional.

c) Instituições de educação

A instituição de ensino está abarcada pela imunidade tributária de acordo com os arts. 205, 208 e 214 da Constituição. A ideia central da imunidade tributária, neste caso, é o incentivo à educação e cultura. Colacionamos abaixo um artigo extremamente importante sobre este tema de *Helenilson Cunha Pontes*:[31]

Imunidade Tributária da educação

Tema dos mais debatidos na doutrina e na jurisprudência do Direito Tributário é aquele relativo ao conteúdo e alcance da imunidade tributária das instituições de educação sem fins lucrativos. Segundo o texto constitucional, essas entidades são livres da incidência de impostos sobre o seu patrimônio, renda e serviços, desde que relacionados com as suas finalidades essenciais, bem como atendam aos requisitos da lei (art. 150, VI, *c* e parágrafo quarto da Constituição Federal).

A primeira questão que surge diz respeito à natureza da lei a que alude o citado dispositivo constitucional. Trata-se de lei ordinária ou complementar? Esta definição é fundamental na medida em que a imunidade constitucional somente alcançará as entidades que atendam aos requisitos previstos em lei. Logo, a disciplina dos requisitos é que vai permitir aferir a amplitude da regra constitucional imunizante. Existe uma corrente de entendimento que sustenta a necessidade de lei ordinária e outra que exige lei complementar, ambas com fundados argumentos jurídicos.

A corrente que sustenta a necessidade de mera de lei ordinária afirma que somente se exige a disciplina de uma matéria mediante lei complementar quando a

---

o presidencialismo com República e o parlamentarismo com Monarquia — necessidade de registro dessas frentes parlamentares, perante a Mesa Diretora do Congresso Nacional, para efeito de acesso gratuito às emissoras de rádio e de televisão, para divulgação de suas mensagens doutrinárias ("direito de antena") — alegação de que os preceitos legais impugnados teriam transgredido os postulados constitucionais do pluralismo político, da soberania popular, do sistema partidário, do direito de antena e da liberdade de associação — suposta usurpação, pelo Congresso Nacional, da competência regulamentar outorgada ao Tribunal Superior Eleitoral — considerações, feitas pelo relator originário (ministro Néri da Silveira), em torno de conceitos e de valores fundamentais, tais como a democracia, o direito de sufrágio, a participação política dos cidadãos, a essencialidade dos partidos políticos e a importância de seu papel no contexto do processo institucional, a relevância da comunicação de ideias e da propaganda doutrinária no contexto da sociedade democrática — entendimento majoritário do Supremo Tribunal Federal no sentido da inocorrência das alegadas ofensas ao texto da Constituição da República — medida cautelar indeferida (ADI 839-MC, Rel. Min. Celso de Mello, DJ 24.11.06).
(31) Disponível em: <http://mx.geocities.com/profpito/imunidadehelenilson.html> Acesso em: 17 jan. 2009.

Constituição Federal expressamente assim dispõe. Logo, a regulação de um assunto por lei complementar se submete a uma reserva material fixada pela Constituição. Onde o texto constitucional alude à simples lei, trata-se de lei ordinária, não cabendo ao intérprete da Constituição acrescentar o adjetivo "complementar" para alterar a natureza do desígnio constitucional. Esta é a interpretação sustentada pelo Fisco Federal, o qual vem regulando por meio de leis ordinárias os requisitos para o gozo da imunidade tributária das entidades de educação (ver a propósito o disposto no art. 12 da Lei n. 9.532/97).

Uma outra corrente doutrinária entende ser necessária uma lei complementar para fixar os requisitos para o gozo da referida imunidade tributária, e justifica tal entendimento afirmando que juridicamente a imunidade constitui uma limitação constitucional ao poder de tributar, matéria que, por força do art. 146, II da Constituição Federal, está submetida à disciplina da lei complementar. Assim, embora o art. 150, VI da Constituição refira-se apenas à lei, na realidade, por se tratar de regulação de uma limitação constitucional ao poder de tributar, deve-se entender tratar-se de lei complementar, e não simples lei ordinária.

A força dos argumentos que apoiam as duas correntes é de tal monta que, apreciando a questão, o ministro Moreira Alves, após expor as razões de cada linha de entendimento, afirmou estar diante de uma "equivalência de relevâncias", onde é igualmente relevante julgar constitucional uma lei ordinária que disciplina uma imunidade tributária, como decretar a nulidade de tal lei, por inconstitucionalidade formal, haja vista a necessidade de lei complementar para regular a matéria.

A definição desta questão jurídica é fundamental para o efetivo reconhecimento da imunidade constitucional, pois se se admitir que basta lei ordinária para regular os requisitos de fruição deste benefício tributário, corre-se o risco de se admitir um esvaziamento do desiderato constitucional, já que poderemos ter mais de cinco mil leis prevendo requisitos para gozo da imunidade, haja vista o número de municípios que poderão editar leis próprias aplicáveis ao reconhecimento da imunidade relativamente aos seus tributos.

A necessidade de uma lei complementar nacional estabelecendo os requisitos gerais para a fruição da imunidade, aplicável a todos os entes (União, Estados, Distrito Federal e Municípios), mais do que uma simples questão jurídica de interpretação constitucional de interesse apenas acadêmico, constitui uma autêntica exigência de praticabilidade do Direito, pois o gozo do referido benefício tornar-se-á operacionalmente impraticável caso as entidades de educação, com atividades em mais de um Estado ou município, tenham que observar as diferentes regras e critérios estabelecidos para cada um destes entes tributantes.

Atualmente, a grande parte da doutrina entende que os requisitos para a fruição da imunidade tributária são aqueles contemplados pelo art. 14 do Código Tributário Nacional (documento legislativo com força de lei complementar) e consistem na vedação à entidade quanto à distribuição de qualquer parcela do seu patrimônio ou de suas rendas, na necessidade de aplicação integral, no país, dos recursos utilizados na manutenção dos seus objetivos institucionais e no dever de manter escrituração contábil regular. A razoabilidade destes critérios é evidente, não havendo razão plausível para uma substancial alteração dos mesmos.

Felizmente, a jurisprudência, em especial do Supremo Tribunal Federal, vem se inclinando no sentido de entender que a disciplina da imunidade tributária, por constituir autêntica limitação constitucional ao poder de tributar, somente há de ser validamente veiculada mediante lei complementar. Se esta exegese se confirmar, muitos problemas terão sido resolvidos no que atine a este tema, bem como terá que se pronunciar a inconstitucionalidade de uma série de leis federais que, no intuito de regular a imunidade constitucional, acabam por criar novos requisitos para o seu gozo, reduzindo a sua amplitude.

Cumpre ainda observar que o art. 150, VI, *c* da Constituição Federal livra as entidades de educação e de assistência social, sem fins lucrativos, apenas da incidência de impostos. Assumindo que os impostos (IR, IPTU etc.) são figuras tributárias diferentes das contribuições (PIS, Cofins, CPMF etc.), não haveria qualquer impedimento constitucional para o Fisco exigir estes tributos daquelas entidades.

A Constituição, todavia, em outro dispositivo (art. 195, § 7º) isenta" as entidades beneficentes de assistência social, que atendam às exigências da lei, da incidência de contribuições para a seguridade social (PIS, Cofins, contribuição patronal sobre a folha de salários). Com isto surge a questão: estariam as entidades de educação também imunes (ou isentas, na linguagem do constituinte) da incidência das contribuições para a seguridade social?

Uma leitura estrita do texto constitucional conduz a uma resposta negativa, tendo em vista a circunstância de que o alargamento da imunidade (de impostos para contribuições) é feito apenas com relação às entidades beneficentes de assistência social, sem qualquer referência às entidades de educação. Ocorre que a própria legislação reconhece a existência de entidade beneficente de assistência social que presta serviços educacionais. Neste caso, assume relevo o caráter assistencial da educação, a permitir que tais entidades educacionais também possam gozar da imunidade constitucional das contribuições de seguridade social, a que alude o art. 195, § 7º da Constituição Federal. Portanto, neste aspecto, somente a pormenorizada análise das circunstâncias fáticas e jurídicas das atividades de cada entidade é que permitirá definir a amplitude da sua imunidade tributária.

A Constituição Federal veda ao Poder Público a exigência de impostos sobre o patrimônio, rendas ou serviços das instituições de educação, desde que relacionados com as suas finalidades essenciais. Previstos em lei complementar os requisitos para o gozo desta imunidade tributária, a mesma terá seu alcance aumentado ou reduzido em função da interpretação que se atribuir à expressão "relacionados com as suas finalidades essenciais".

A exegese que se der àquela expressão constitucional é que vai conduzir as respostas a tormentosas questões, tais como: os rendimentos de uma aplicação financeira de uma entidade educacional estão imunes à incidência de imposto de renda? E os rendimentos de imóveis alugados por entidades educacionais, estão livres daquele imposto federal? Estes imóveis estão imunes à incidência do IPTU ou não? Enfim, o que significa "rendimentos relacionados com as suas finalidades essenciais" para efeito de definir o alcance daquela imunidade constitucional?

Existem duas grandes linhas de interpretação daquela expressão constitucional.

Uma linha entende que somente estariam imunes o patrimônio, renda ou serviços diretamente relacionados com a razão de ser da entidade, isto é, que estejam vinculados à essência da atividade protegida constitucionalmente da incidência de impostos. Em outras palavras, toda riqueza cuja origem não guardar conexão estrutural com o valor constitucional protegido (promoção da educação) não está livre da incidência de impostos.

Esta corrente de entendimento apega-se à natureza da manifestação de capacidade contributiva (renda, patrimônio ou serviços) que estaria protegida pela imunidade constitucional. Para tal corrente, o importante para a definição da amplitude da imunidade é a avaliação do contexto de surgimento do rendimento, renda ou serviço tributável e a sua ligação direta com a promoção da educação (valor protegido pela imunidade).

Neste sentido, para esta corrente, os rendimentos de aplicação financeira efetuada por uma instituição de educação não estariam livres da incidência de Imposto de Renda na fonte, haja vista o fato de que tal renda não decorreu diretamente da prestação dos serviços educacionais, razão de ser da regra imunizante. O mesmo se diga com relação ao imposto sobre a renda de aluguéis de imóveis locados por aquelas entidades, bem como o imposto sobre a propriedade territorial urbana incidente sobre aqueles imóveis.

Em todos os casos citados, nega-se a imunidade com fundamento na natureza estrutural da manifestação de capacidade contributiva que se pretende livrar da incidência tributária, aliada ao valor constitucionalmente protegido pela regra imunizante. Em síntese, a Constituição protegeria da incidência de impostos apenas as expressões de riqueza ligadas diretamente à atividade educacional, o que não ocorre com rendas de aplicações financeiras ou aluguéis de imóveis locados a terceiros.

Uma outra corrente entende que a expressão "relacionados com as suas finalidades essenciais" deve ser interpretada finalisticamente, de modo que a definição quanto à imunidade ou não de uma manifestação de capacidade contributiva deve pautar-se não pela análise da origem ou dos caracteres estruturais da mesma, mas pela destinação que é dada à mesma.

Neste pressuposto, um rendimento estará imune de tributação sempre que for destinado às finalidades essenciais da instituição, no caso, a prestação de serviços educacionais, independentemente da origem do mesmo. Esta linha interpretativa não se apega à atividade-origem em que a capacidade contributiva foi revelada (rendimentos de aplicações financeiras, rendas de aluguéis etc.), mas ao contexto de aplicação da respectiva riqueza. A dimensão teleológica supera a dimensão estrutural do fato econômico protegido da tributação.

Depois de muitos debates, o Supremo Tribunal Federal, exercendo o seu papel de guardião da Constituição, vem pacificando o seu entendimento acerca da questão constitucional suprassuscitada. Segundo aquela Corte de Justiça, as imunidades tributárias devem ser interpretadas finalisticamente. Vale dizer, deve-se observar em última instância a destinação e a afetação do recurso/rendimento/patrimônio ao desempenho da atividade (educacional/assistencial) prestigiada pela Constituição. Portanto, a jurisprudência do Supremo Tribunal Federal vem se inclinando pela segunda linha de entendimento supraexposta.

Com base neste entendimento, o Supremo Tribunal Federal afastou, por inconstitucionalidade, a pretensão municipal de exigir IPTU sobre imóvel alugado por entidade educacional, desde que a renda respectiva tenha sido destinada às suas finalidades institucionais (promoção da educação). Dentro da mesma linha de entendimento, os rendimentos de aplicações financeiras, desde que destinados ao incremento das atividades educacionais, também devem estar imunes à incidência de Imposto de Renda de fonte.

A opção do Supremo Tribunal Federal por uma interpretação teleológica da imunidade, todavia, não afasta, antes exige, a averiguação das circunstâncias fáticas e jurídicas peculiares de cada entidade, sob pena de se admitir a ocorrência de abusos no exercício do aludido benefício constitucional.

d) Entidades de assistência social

O terceiro setor é o conjunto de iniciativas privadas, de caráter público, sem fins lucrativos como associações e fundações, marcadamente solidárias e destinadas a cumprir o interesse público. A administração pública tem experimentado um processo de publicização no decorrer das últimas décadas, e por conseguinte, estão sendo criadas entidades que funcionam, ao lado do Estado, para atingir a finalidade pública.

Logo abaixo faremos uma consignação de trechos do Plano Diretor da Reforma do Estado que foi elaborado pelo Ministério da Administração Federal e da Reforma do Estado e, depois de ampla discussão, aprovado pela Câmara da Reforma do Estado em sua reunião de 21 de setembro de 1995, sendo submetido, ao Presidente da República, que o sancionou. Esta transcrição será para entendermos o processo de reforma administrativa do Estado brasileiro que teve seu marco determinante em 1998 com a Emenda Constitucional n. 19.

A reforma do Estado[32] deve ser entendida dentro do contexto da redefinição do papel do Estado, que deixa de ser o responsável direto pelo desenvolvimento econômico

---

(32) Informações retiradas do *site*. <http://www.planalto.gov.br/publi_04/COLECAO/PLANDI1.HTM> Acesso em: 5 jun. 2009. Plano Diretor da Reforma do Estado.

e social pela via da produção de bens e serviços, para fortalecer-se na função de promotor e regulador desse desenvolvimento. No plano econômico, o Estado é essencialmente um instrumento de transferências de renda, que se torna necessário dada a existência de bens públicos e de economias externas, que limitam a capacidade de alocação de recursos do mercado. Para realizar essa função redistribuidora ou realocadora, o Estado coleta impostos e os destina aos objetivos clássicos de garantia da ordem interna e da segurança externa, aos objetivos sociais de maior justiça ou igualdade e aos objetivos econômicos de estabilização e desenvolvimento. Para realizar esses dois últimos objetivos, que se tornaram centrais neste século, o Estado tendeu a assumir funções diretas de execução. As distorções e ineficiências, que daí resultaram, deixaram claro, entretanto, que reformar o Estado significa transferir para o setor privado as atividades que podem ser controladas pelo mercado. Daí, a generalização dos processos de privatização de empresas estatais. Neste plano, entretanto, salientaremos um outro processo tão importante quanto, e que, entretanto, não está tão claro: a descentralização para o setor público não estatal da execução de serviços que não envolvem o exercício do poder de Estado, mas devem ser subsidiados pelo Estado, como é o caso dos serviços de educação, saúde, cultura e pesquisa científica. Chamaremos esse processo de "publicização".

O programa de publicização[33], portanto, permite ao Estado compartilhar com a comunidade, as empresas e o Terceiro Setor a responsabilidade pela prestação de serviços públicos como os de saúde e educação. Trata-se, em outros termos, de uma parceria entre Estado e sociedade na consecução de objetivos de interesse público, com maior agilidade, eficiência. As Organizações Sociais correspondem à implementação do Programa Nacional de Publicização — PNP e, dessa forma, constituem estratégia central da Reforma do Estado brasileiro.

A reforma do Estado envolve múltiplos aspectos[34]. O ajuste fiscal devolve ao Estado capacidade de definir e implementar políticas públicas. Mediante a liberalização comercial, o Estado abandona a estratégia protecionista da substituição de importações. O programa de privatizações reflete a conscientização da gravidade da crise fiscal e da correlata limitação da capacidade do Estado de promover poupança forçada por intermédio das empresas estatais. Por esse programa, transfere-se para o setor privado a tarefa da produção que, em princípio, este realiza de forma mais eficiente. Finalmente, por meio de um programa de publicização, transfere-se para o setor público não estatal a produção dos serviços competitivos ou não exclusivos de Estado, estabelecendo-se um sistema de parceria entre Estado e sociedade para seu financiamento e controle.

Desse modo, o Estado reduz seu papel de executor ou prestador direto de serviços, mantendo-se, entretanto, no papel de regulador e provedor ou promotor destes, principalmente dos serviços sociais como educação e saúde, que são essenciais para o

---

(33) Ver informativo n. 474 do STF.
(34) Informações retiradas do *site*: <http://www.planalto.gov.br/publi_04/COLECAO/PLANDI1.HTM> Acesso em: 5 jun. 2009. Plano Diretor da Reforma do Estado.

desenvolvimento, na medida em que envolvem investimento em capital humano; para a democracia, na medida em que promovem cidadãos; e para uma distribuição de renda mais justa, que o mercado é incapaz de garantir, dada a oferta muito superior à demanda de mão de obra não especializada. Como promotor desses serviços, o Estado continuará a subsidiá-los, buscando, ao mesmo tempo, o controle social direto e a participação da sociedade.

A reforma do aparelho do Estado[35] não pode ser concebida fora da perspectiva de redefinição do papel do Estado e, portanto, pressupõe o reconhecimento prévio das modificações observadas em suas atribuições ao longo do tempo. Dessa forma, partindo-se de uma perspectiva histórica, verificamos que a administração pública — cujos princípios e características não devem ser confundidos com os da administração das empresas privadas — evoluiu mediante três modelos básicos: a administração pública patrimonialista, a burocrática e a gerencial. Essas três formas se sucedem no tempo, sem que, no entanto, qualquer uma delas seja inteiramente abandonada.

a) Administração Pública Patrimonialista — No patrimonialismo, o aparelho do Estado funciona como uma extensão do poder do soberano, e os seus auxiliares, servidores, possuem *status* de nobreza real. Os cargos são considerados prebendas. A *res publica* não é diferenciada da *res principis*. Em consequência, a corrupção e o nepotismo são inerentes a esse tipo de administração. No momento em que o capitalismo e a democracia se tornam dominantes, o mercado e a sociedade civil passam a se distinguir do Estado. Neste novo momento histórico, a administração patrimonialista torna-se uma excrescência inaceitável.

b) Administração Pública Burocrática — Surge na segunda metade do século XIX, na época do Estado liberal, como forma de combater a corrupção e o nepotismo patrimonialista. Constituem princípios orientadores do seu desenvolvimento a profissionalização, a ideia de carreira, a hierarquia funcional, a impessoalidade, o formalismo, em síntese, o poder racional legal. Os controles administrativos visando evitar a corrupção e o nepotismo são sempre *a priori*. Parte-se de uma desconfiança prévia nos administradores públicos e nos cidadãos que a eles dirigem demandas. Por isso, são sempre necessários controles rígidos dos processos, como por exemplo na admissão de pessoal, nas compras e no atendimento a demandas. Por outro lado, o controle — a garantia do poder do Estado — transforma-se na própria razão de ser do funcionário. Em consequência, o Estado volta-se para si mesmo, perdendo a noção de sua missão básica, que é servir à sociedade. A qualidade fundamental da administração pública burocrática é a efetividade no controle dos abusos; seu defeito, a ineficiência, a autorreferência, a incapacidade de voltar-se para o serviço aos cidadãos vistos como clientes. Esse defeito, entretanto, não se revelou determinante na época do surgimento da administração pública burocrática porque os serviços do Estado eram muito reduzidos. O Estado limitava-se a manter a ordem e administrar a justiça, a garantir os contratos e a propriedade.

---

(35) Informações retiradas do *site*: <http://www.planalto.gov.br/publi_04/COLECAO/PLANDI1.HTM> Acesso em: 5 jun. 2009. Plano Diretor da Reforma do Estado.

c) Administração Pública Gerencial — Emerge na segunda metade do século XX, como resposta, de um lado, à expansão das funções econômicas e sociais do Estado e, de outro, ao desenvolvimento tecnológico e à globalização da economia mundial, uma vez que ambos deixaram à mostra os problemas associados à adoção do modelo anterior. A eficiência da administração pública — a necessidade de reduzir custos e aumentar a qualidade dos serviços, tendo o cidadão como beneficiário — torna-se então essencial. A reforma do aparelho do Estado passa a ser orientada predominantemente pelos valores da eficiência e qualidade na prestação de serviços públicos e pelo desenvolvimento de uma cultura gerencial nas organizações.

A administração pública gerencial[36] constitui um avanço, e até um certo ponto um rompimento com a administração pública burocrática. Isso não significa, entretanto, que negue todos os seus princípios. Pelo contrário, a administração pública gerencial está apoiada na anterior, da qual conserva, embora flexibilizando, alguns dos seus princípios fundamentais, como a admissão segundo rígidos critérios de mérito, a existência de um sistema estruturado e universal de remuneração, as carreiras, a avaliação constante de desempenho, o treinamento sistemático. A diferença fundamental está na forma de controle, que deixa de basear-se nos processos para concentrar-se nos resultados, e não na rigorosa profissionalização da administração pública, que continua um princípio fundamental.

Na administração pública gerencial a estratégia volta-se: 1) para a definição precisa dos objetivos que o administrador público deverá atingir em sua unidade; 2) para a garantia de autonomia do administrador na gestão dos recursos humanos, materiais e financeiros que lhe forem colocados à disposição para que possa atingir os objetivos contratados; e 3) para o controle ou cobrança *a posteriori* dos resultados. Adicionalmente, pratica-se a competição administrada no interior do próprio Estado, quando há a possibilidade de estabelecer concorrência entre unidades internas. No plano da estrutura organizacional, a descentralização e a redução dos níveis hierárquicos tornam-se essenciais. Em suma, afirma-se que a administração pública deve ser permeável à maior participação dos agentes privados e/ou das organizações da sociedade civil e deslocar a ênfase dos procedimentos (meios) para os resultados (fins).

Indubitavelmente, a administração pública gerencial inspira-se na administração de empresas, mas não pode ser confundida com esta última. Enquanto a receita das empresas depende dos pagamentos que os clientes fazem livremente na compra de seus produtos e serviços, a receita do Estado deriva de impostos, ou seja, de contribuições obrigatórias, sem contrapartida direta. Enquanto o mercado controla a administração das empresas, a sociedade — por intermédio de políticos eleitos — controla a administração pública. Enquanto a administração de empresas está voltada para o lucro privado, para a maximização dos interesses dos acionistas, esperando-se que, por meio do mercado, o interesse coletivo seja atendido, a administração pública gerencial está explícita e diretamente voltada para o interesse público.

---

(36) Informações retiradas do *site*: <http://www.planalto.gov.br/publi_04/COLECAO/PLANDI1.HTM> Acesso em: 5 jun. 2009. Plano Diretor da Reforma do Estado.

Outra distinção importante é a relacionada às formas de propriedade. Ainda que vulgarmente se considerem apenas duas formas, a PROPRIEDADE ESTATAL e a PROPRIEDADE PRIVADA, existe no capitalismo contemporâneo uma terceira forma, intermediária, extremamente relevante: a PROPRIEDADE PÚBLICA NÃO ESTATAL, constituída pelas organizações sem fins lucrativos, que não são propriedade de nenhum indivíduo ou grupo e estão orientadas diretamente para o atendimento do interesse público. O tipo de propriedade mais indicado variará de acordo com o setor do aparelho do Estado. No núcleo estratégico, a propriedade tem que ser necessariamente estatal. Nas atividades exclusivas de Estado, onde o poder extroverso de Estado é exercido, a propriedade também só pode ser estatal.

Já para o setor não exclusivo ou competitivo do Estado a propriedade ideal é a pública não estatal. Não é a propriedade estatal porque aí não se exerce o poder de Estado. Não é, por outro lado, a propriedade privada, porque se trata de um tipo de serviço por definição subsidiado. A propriedade pública não estatal torna mais fácil e direto o controle social, mediante a participação nos conselhos de administração dos diversos segmentos envolvidos, ao mesmo tempo que favorece a parceria entre sociedade e Estado. As organizações nesse setor gozam de uma autonomia administrativa muito maior do que aquela possível dentro do aparelho do Estado. Em compensação, seus dirigentes são chamados a assumir uma responsabilidade maior, em conjunto com a sociedade, na gestão da instituição.

No setor de produção de bens e serviços para o mercado, a eficiência[37] é também o princípio administrativo básico e a administração gerencial, a mais indicada. Em termos de propriedade, dada a possibilidade de coordenação via mercado, a propriedade privada é a regra. A propriedade estatal só se justifica quando não existem capitais privados disponíveis — o que não é mais o caso no Brasil — ou então quando existe um monopólio natural. Mesmo neste caso, entretanto, a gestão privada tenderá a ser a mais adequada, desde que acompanhada por um seguro sistema de regulação.

Antes de adentrarmos nos objetivos das reformas administrativas, faz-se necessário fazer uma pausa para aprofundarmos a questão estrutural da Constituição. Neste sentido, vamos estudar a seguir o preâmbulo constitucional.

O preâmbulo é a parte inicial da Constituição, sendo uma declaração de princípios que remontam à posição ideológica da Assembleia Nacional Constituinte que instaurou a nova ordem constitucional. É a parte integrante da Constituição e merece especial destaque, por representar um caminho a ser seguido pelos políticos numa época em que a desconfiança supera a esperança de um país mais justo, cidadão e humanitário. Repare na dicção do Preâmbulo abaixo:

> "Nós, representantes do povo brasileiro, reunidos em Assembleia Nacional Constituinte para instituir um Estado Democrático, destinado a assegurar o exercício dos direitos sociais e individuais, a liberdade, a segurança, o bem-estar, o desenvolvimento, a igualdade

---

(37) Informações retiradas do *site*: <http://www.planalto.gov.br/publi_04/COLECAO/PLANDI1.HTM> Acesso em: 5 jun. 2009. Plano Diretor da Reforma do Estado.

e a justiça como valores supremos de uma sociedade fraterna, pluralista e sem preconceitos, fundada na harmonia social e comprometida, na ordem interna e internacional, com a solução pacífica das controvérsias, promulgamos, sob a proteção de Deus, a seguinte CONSTITUIÇÃO DA REPÚBLICA FEDERATIVA DO BRASIL".

Analisando o Preâmbulo de nossa Constituição, destacamos os seguintes princípios, elaborados pelo Legislador Constituinte nesta parte integrante essencial de nossa Lei Máxima. Vejamos:

a) Princípio da Inalterabilidade por Derivação do Estado Democrático de Direito — De acordo com este princípio, somente o Poder Constituinte Originário (Assembleia Nacional Constituinte) pode destituir o Estado Democrático de Direito. Quer dizer, de nenhuma forma emenda constitucional ou qualquer atuação do Poder Constituinte Derivado poderá modificar tal preceito garantido constitucionalmente.

b) Princípio da Representação Política no Interesse Nacional — Este curioso princípio discorre que os políticos legitimamente eleitos devem atuar no sentido de representar o interesse da nação brasileira. Desta feita, atenta contra este princípio uma lei feita pelo Congresso Nacional que destina parcela do Território da Amazônia para os EUA explorarem suas riquezas.

c) Princípio da Supremacia da Cidadania — Este preceito revela que o Estado Democrático de Direto deve assegurar a plenitude do exercício da cidadania mediante a garantia dos direitos sociais e individuais: a liberdade, a segurança, o bem-estar, o desenvolvimento, a igualdade, a justiça e a fraternidade.

d) Princípio da Solução Pacífica dos Conflitos — A ordem interna e internacional deve ser pautada pela primazia da solução harmoniosa e pacífica dos conflitos. Nesse sentido, a regra é a busca incessante por uma solução pacífica para certo conflito. Por isso, sem partidarismo, acatamos como coerente a posição da Presidência da República (Lula) de buscar uma solução apaziguadora na questão tormentosa com a Bolívia, qual seja, a decisão do Presidente Evo Morales de nacionalizar a exploração dos negócios de petróleo e gás na Bolívia. Merece aplauso a iniciativa de conduzir uma negociação com a Bolívia sem iniciar uma rivalidade política, pois, caso contrário, atentaria contra o referido princípio.

e) Princípio da Religiosidade Oficial — A Constituição não definiu uma religião específica; contudo, pela interpretação do Preâmbulo, notamos que acolhe a "proteção de Deus". Percebemos, então, que a Constituição não adota uma religião como referência, mas sim uma religiosidade, qual seja, a teísta (Deus). Por isso, tem foro de procedência a afirmação de que o satanismo seja proibido no Brasil, por verdadeira afronta aos ditames mais preciosos de nossa Constituição, que estabeleceu como religião oficial o teísmo (credo em Deus), sendo, assim, uma escolha legislativa, proveniente da Assembleia Nacional Constituinte, que é uma representação singularizada do povo. Portanto, a certeza dessa premissa não se baseia em fundamentação moral, mas numa interpretação teleológica e numa conclusão lógica do Preâmbulo. Também, podemos notar a adoção do teísmo (credo em Deus) nas cédulas de 1, 2, 5, 10, 20, 50 e 100 reais, pois todas estão gravadas com a seguinte frase "Deus seja Louvado". Assim, devem ser proibidas todas as seitas satânicas no Brasil, por afronta ao princípio da religiosidade oficial, qual seja, o teísmo.

Vale ressaltar que a EC n. 19/98 foi um marco na estrutura da Administração Pública, pois agilizou e concretizou a reforma administrativa no Estado brasileiro. O professor Paulo Modesto da Direito Administrativo da Universidade Federal da Bahia acrescenta os objetivos das reformas administrativas:

I) objetivo econômico: diminuir o "déficit" público, ampliar a poupança pública e a capacidade financeira do Estado para concentrar recursos em áreas em que é indispensável a sua intervenção direta;

II) objetivo social: aumentar a eficiência dos serviços sociais oferecidos ou financiados pelo Estado, atendendo melhor o cidadão a um custo menor, zelando pela interiorização na prestação dos serviços e ampliação do seu acesso aos mais carentes;

III) objetivo político: ampliar a participação da cidadania na gestão da coisa pública; estimular a ação social comunitária; desenvolver esforços para a coordenação efetiva das pessoas políticas no implemento de serviços sociais de forma associada;

IV) objetivo gerencial: aumentar a eficácia e efetividade do núcleo estratégico do Estado, que edita leis, recolhe tributos e define as políticas públicas; permitir a adequação de procedimentos e controles formais e substituí-los, gradualmente, porém de forma sistemática, por mecanismos de controle de resultados.

Paulo Modesto[38] continua suas lições ensinando sobre os aspectos comuns constantes das reformas administrativas:

a) aplicação de novas técnicas de coordenação de serviços e atividades entre esferas políticas diversas (consórcios intergovernamentais, acordos-programas, convênios de delegação ou descentralização);

b) estímulo à privatização de serviços econômicos competitivos sustentáveis em regime de mercado;

c) transferência de funções do poder central para entes intermediários e locais; ampliação dos controles de produtividade e de economicidade, vale dizer, do resultado do trabalho administrativo (controles de eficiência);

d) fortalecimento da autonomia das entidades personalizadas da administração indireta;

---

(38) MODESTO. Paulo. *Plano diretor da reforma do Estado*. Disponível em: <http://jus2.uol.com.br/doutrina/texto.asp?id=473> Acesso em: 6 jun. 2008.

e) incentivo à gestão direta pela comunidade de serviços sociais e assistenciais, fora do aparato burocrático do Estado, porém com apoio direto dele e com sua assistência permanente (organizações não governamentais, associações de utilidade pública, escolas comunitárias);

f) estímulo ao pessoal administrativo no desenvolvimento de atividades-fins, com a concomitante diminuição ou terceirização de atividades-meio, acompanhada de valorização das carreiras exclusivas de Estado, inclusive mediante adequação do padrão remuneratório ao mercado de trabalho;

g) capacitação de pessoal dirigente e criação de carreiras específicas para altos gestores;

h) elaboração do conceito de planejamento estratégico e fortalecimento dos setores administrativos responsáveis pela formulação de políticas públicas;

i) consolidação e simplificação de procedimentos e processos no interior da administração;

j) estímulo ao desenvolvimento de habilitações gerenciais flexíveis do pessoal administrativo, fator a ser considerado no próprio recrutamento, mediante a ampliação do grau de generalidade das atribuições contempladas nos cargos públicos;

k) definição de novas formas de responsabilização dos agentes públicos pela gestão administrativa;

l) adoção de programas de desregulamentação ou de simplificação da legislação (consolidação e codificação legislativa);

m) ampliação dos mecanismos de participação popular na atividade administrativa e de controle social da administração pública.

O terceiro setor seria aquele que em sua estrutura tem entidades da sociedade civil de fins públicos e não lucrativos. Note: a doutrina de *Di Pietro* conceitua o primeiro setor como o Estado e o segundo setor como o mercado.

Já as organizações sociais são pessoas jurídicas de direito privado, sem fins lucrativos, com criação efetivada por particulares, com intuito de executar serviços não exclusivos da Administração Pública. O art. 1º da Lei n. 9.637/98 assegura que o Poder Executivo poderá qualificar como organizações sociais pessoas jurídicas de direito privado, sem fins lucrativos, cujas atividades sejam dirigidas ao ensino, à pesquisa científica, ao desenvolvimento tecnológico, à proteção e preservação do meio ambiente, à cultura e à saúde, atendidos aos requisitos previstos nesta Lei. Note que tanto as empresas do terceiro setor quanto as organizações sociais devem ser sem fins lucrativos para terem direito à imunidade tributária.

O STF tem entendido que a implementação de uma organização social pressupõe duas ações complementares: a) a publicização de atividades executadas por entidades estatais, as quais serão extintas; e b) a absorção dessas atividades por entidades privadas, que serão qualificadas como organização social (OS), por meio de contrato de gestão. O processo de publicização: A Lei n. 9.637/98, em seu art. 20, dispõe sobre a criação do Programa Nacional de Publicização — PNP, com o objetivo de estabelecer diretrizes e critérios para a qualificação de organizações sociais, a fim de assegurar a absorção de atividades desenvolvidas por entidades ou órgãos públicos da União, que atuem nas atividades referidas em seu art. 1º, por organizações sociais, qualificadas na forma desta Lei, observadas as seguintes diretrizes: I — ênfase no atendimento do cidadão-cliente; II — ênfase nos resultados qualitativos e quantitativos nos prazos pactuados; III — controle social das ações de forma transparente. Assim, a publicização se refere às atividades (não exclusivas de Estado) e não às entidades. No processo de publicização, determinadas entidades estatais são extintas e suas atividades são pu-blicizadas, ou seja, são absorvidas por entidades privadas qualificadas como OS, de acordo com os critérios especificados na lei e mediante contrato de gestão. A própria Lei n. 9.637/98 tratou de extinguir entidades estatais, autorizando o Poder Executivo a qualificar como organizações sociais as pessoas jurídicas de direito privado indicadas em seu Anexo I, permitindo, ainda, a absorção das atividades desempenhadas pelas entidades extintas por essas novas entidades qualificadas como Organização Social.

O art. 2º da Lei n. 9.637/98 estabelece os requisitos específicos para que as entidades privadas habilitem-se à qualificação como organização social:

I — comprovar o registro de seu ato constitutivo, dispondo sobre:

a) natureza social de seus objetivos relativos à respectiva área de atuação;

b) finalidade não lucrativa, com a obrigatoriedade de investimento de seus excedentes financeiros no desenvolvimento das próprias atividades;

c) previsão expressa de a entidade ter, como órgãos de deliberação superior e de direção, um conselho de administração e uma diretoria definidos nos termos do estatuto, asseguradas àquele composição e atribuições normativas e de controle básicas previstas nesta Lei;

d) previsão de participação, no órgão colegiado de deliberação superior, de representantes do Poder Público e de membros da comunidade, de notória capacidade profissional e idoneidade moral;

e) composição e atribuições da diretoria;

f) obrigatoriedade de publicação anual, no Diário Oficial da União, dos relatórios financeiros e do relatório de execução do contrato de gestão;

g) no caso de associação civil, a aceitação de novos associados, na forma do estatuto;

h) proibição de distribuição de bens ou de parcela do patrimônio líquido em qualquer hipótese, inclusive em razão de desligamento, retirada ou falecimento de associado ou membro da entidade;

i) previsão de incorporação integral do patrimônio, dos legados ou das doações que lhe foram destinados, bem como dos excedentes financeiros decorrentes de suas atividades, em caso de extinção ou desqualificação, ao patrimônio de outra organização social qualificada no âmbito da União, da mesma área de atuação, ou ao patrimônio da União, dos Estados, do Distrito Federal ou dos Municípios, na proporção dos recursos e bens por estes alocados;

II — haver aprovação, quanto à conveniência e oportunidade de sua qualificação como organização social, do Ministro ou titular de órgão supervisor ou regulador da área de atividade correspondente ao seu objeto social e do Ministro de Estado da Administração Federal e Reforma do Estado.

Segundo a lei, as entidades qualificadas como organizações sociais são declaradas como entidades de interesse social e utilidade pública, para todos os efeitos legais (art. 11). De acordo com o art. 22, § 1º, a absorção, pelas organizações sociais, das atividades das entidades extintas, efetivar-se-á mediante celebração de contrato de gestão.

Importante consignar que a doutrina vem tornando pública a indignação quanto à Lei n. 9.637/98, que regula a questão as organizações sociais, por entender ser inconstitucional em parte.

Celso Antônio Bandeira de Mello[39] entende que "na lei disciplinadora das organizações sociais, chamam atenção alguns pontos nos quais se encontram inconstitucionalidades verdadeiramente aberrantes. O primeiro deles é quem para alguém qualificar-se a receber bens públicos, móveis e imóveis, recursos orçamentários e até servidores públicos, a serem custeados pelo Estado, não necessita demonstrar habilitação técnica ou econômico-financeira de qualquer espécie. Basta a concordância do Ministro da área e do Ministro de Administração (...) Já no caso em que se pretenda promover a absorção de serviços públicos por Organizações Sociais, irrompe uma aberrante ofensa ao art. 175 da Constituição, segundo o qual "incumbe ao Poder Público, na forma da lei, diretamente ou sob o regime de concessão ou permissão, sempre através de licitação, a prestação de serviços públicos. Demais disto, cumpre tomar tento para o fato de que no art. 196 a Constituição prescreve que a saúde é "dever do Estado" e nos arts. 205, 206 e 208, configura a educação e o ensino como deveres do Estado, circunstâncias que o impedem de se despedir dos correspondentes encargos de prestação pelo processo de transpassá-los a organizações sociais".

Apesar da doutrina do *Celso Antônio Bandeira de Mello* ter um fundamento estritamente constitucional, pedimos vênia, para discordar, de sua leitura das organizações sociais. O Estado não tem como meta destinar a execução de serviços próprios como a saúde para estas entidades, mas sim, delegar o serviço público para particulares (organização social) para ajudá-la na consecução da finalidade pública. É bem sabido que, o particular, por ter uma menor burocracia no exercício de sua atividade, poderá abranger certos aspectos relacionados aos serviços públicos (saúde), mais rapidamente que a Administração Pública propriamente dita. Desta forma, a organização social passa a ser um agente facilitador da execução célere das finalidades públicas, sendo assim, um parceiro vinculado ao Estado, o qual fiscalizará suas atividades.

Vale ressaltar que, o art. 24, XXIV, da Lei n. 8.666/93 assevera que é dispensável a licitação para a celebração de contratos de prestação de serviços com as organizações

---

(39) *Op. cit.*, p. 157-160.

sociais, qualificadas no âmbito das respectivas esferas de governo, para atividades contempladas, exclusivamente, no contrato de gestão.

No conceito estabelecido pela Lei n. 9.637/98 (art. 5º), o contrato de gestão é o instrumento firmado entre o Poder Público (por intermédio de seus Ministérios) e a entidade qualificada como organização social, com vistas à formação de parceria entre as partes para fomento e execução de atividades publicizadas. O contrato de gestão, dessa forma, discriminará as atribuições, responsabilidades e obrigações do Poder Público e da organização social (art. 6º).

Em relação ao contrato de gestão, o STF[40] tem entendido que a principal função do contrato de gestão é a fixação de metas, assim como a definição dos mecanismos de avaliação de desempenho e controle de resultados das atividades da organização social. Assim, deverá o contrato de gestão conter: I — especificação do programa de trabalho proposto pela organização social, a estipulação das metas a serem atingidas e os respectivos prazos de execução, bem como previsão expressa dos critérios objetivos de avaliação de desempenho a serem utilizados, mediante indicadores de qualidade e produtividade; II — a estipulação dos limites e critérios para despesa com remuneração e vantagens de qualquer natureza a serem percebidas pelos dirigentes e empregados das organizações sociais, no exercício de suas funções (art. 7º). Assim, dispõe a lei que a organização social apresentará ao órgão ou entidade do Poder Público supervisora signatária do contrato, ao término de cada exercício ou a qualquer momento, conforme recomende o interesse público, relatório pertinente à execução do contrato de gestão, contendo comparativo específico das metas propostas com os resultados alcançados, acompanhado da prestação de contas correspondente ao exercício financeiro (art. 8º, § 1º). Os resultados atingidos com a execução do contrato de gestão devem ser analisados, periodicamente, por comissão de avaliação, indicada pela autoridade supervisora da área correspondente, composta por especialistas de notória capacidade e adequada qualificação (art. 8º, § 2º). Dispõe a lei, ainda, que às organizações sociais poderão ser destinados recursos orçamentários e bens públicos necessários ao cumprimento do contrato de gestão. Quanto aos mecanismos de controle sobre a utilização desses recursos e bens públicos pela organização social, a lei prescreve o seguinte: "Art. 9º Os responsáveis pela fiscalização da execução do contrato de gestão, ao tomarem conhecimento de qualquer irregularidade ou ilegalidade na utilização de recursos ou bens de origem pública por organização social, dela darão ciência ao Tribunal de Contas da União, sob pena de responsabilidade solidária".

A redação[41] do art. 10 é clara ao prever que, havendo indícios fundados de malversação de bens ou recursos de origem pública, os responsáveis pela fiscalização deverão representar ao Ministério Público, à Advocacia-Geral da União ou à Procuradoria da entidade para que requeiram ao juízo competente a decretação da indisponibilidade dos bens da entidade e o sequestro dos bens dos seus dirigentes, bem como

---

(40) Ver Informativo n. 474 do STF.
(41) Ver Informativo n. 474 do STF.

de agente público ou terceiro, que possam ter enriquecido ilicitamente ou causado dano ao patrimônio público. Não se pode descartar, outrossim, na hipótese de enriquecimento ilícito ou outros atos que impliquem danos ao erário e violação a princípios da administração pública, a responsabilização político-administrativa dos executores do contrato de gestão, com base na Lei de Improbidade Administrativa (Lei n. 8.429/92). A lei também prevê que o Poder Executivo poderá proceder à desqualificação da entidade como organização social, quando constatado o descumprimento das disposições contidas no contrato de gestão (art. 16). A desqualificação importará reversão dos bens permitidos e dos valores entregues à utilização da organização social, sem prejuízo de outras sanções cabíveis (art. 16, § 2º). Ademais, deve-se enfatizar que o contrato de gestão constitui um instrumento de fixação e controle de metas de desempenho na prestação dos serviços. E, assim sendo, baseia-se em regras mais flexíveis quanto aos atos e processos, dando ênfase ao controle dos resultados. Por isso, compras e alienações submetem-se a outros procedimentos que não os de licitação com base na Lei n. 8.666/93, voltada para as entidades de direito público. Lembre-se, nesse ponto, que a própria Constituição autoriza a lei a criar exceções à regra da licitação (art. 37, inciso XXI). Nesse sentido, por exemplo, a Petrobras, por ser empresa pública que realiza atividade econômica de risco, num âmbito de competição com outras empresas privadas do setor, não se submete à Lei n. 8.666/93, mas a um Regulamento de Procedimento Licitatório Simplificado aprovado pelo Decreto n. 2.745/98, do Presidente da República, o qual possui lastro legal no art. 67 da Lei n. 9.478/97.

2.3.2.4. Imunidade para livros, jornais, periódicos e o papel destinado à sua impressão

Esta imunidade está prevista no art. 150, VI, *d* que estabelece a imunidade para livros, jornais, periódicos e o papel à sua impressão. Assim, a ideia é difundir a cultura e oferecer um preço mais acessível para os livros. Contudo, o que se nota é que muitas editoras em vez de dar descontos para os leitores acabam por aumentar cada dia mais o preço do livro, sem justificativa plausível. Neste sentido, o Ministério Público deve fiscalizar e regular os preços do mercado editorial de livros. Vejamos um artigo de *Walter Carlos da Conceição*:[42]

IMUNIDADE FISCAL DE LIVROS, REVISTAS E JORNAIS ELETRÔNICOS

Muito se tem discutido sobre a possibilidade de extensão da imunidade fiscal concedida pela Constituição Federal de 1988, aos livros, revistas e periódicos e o papel destinado a sua impressão. O motivo dos debates recaem justamente sobre o termo "papel", vez que atualmente uma gama de livros, revistas e periódicos são comercializados sob a forma de CDs ou até mesmo *on line* (através da Internet). Neste artigo abordaremos a possibilidade de se estender a estes novos mecanismos de comunicação o benefício fiscal concedido pela Carta Magna.

---

(42) Disponível em: <http://www.portaltributario.com.br/artigos/imunidadelivros.htm> Acesso em: 17 jan. 2009.

Inicialmente, mister se faz situarmos o Texto Constitucional no contexto em que foi inserida a imunidade objeto deste estudo. Muito antes da Constituição Federal de 1988, a primeira aparição deste incentivo fiscal ocorreu na Carta Política de 1946, que, em seu art. 31, inciso V, alínea *c*, dizia que "a União, aos Estados, ao Distrito Federal e aos Municípios não poderiam lançar imposto sobre o papel destinado exclusivamente à impressão de jornais, periódicos e livros".

Assim é que, verifica-se no caráter finalístico da norma que o objetivo maior do legislador ao dispor sobre a imunidade tributária dos livros, jornais, revistas e periódicos, foi estabelecido única e exclusivamente, para assegurar a proteção e preservação daqueles veículos que são utilizados para a propagação de informações, de forma a difundir a cultura entre os brasileiros.

Desta forma, a imunidade fiscal em questão toma como referencial o princípio constitucional da liberdade de expressão previsto no inciso IV, do art. 5º da CF/88, bem como o princípio da liberdade de informação consubstanciado no art. 220, § 1º da mesma Carta Magna, assegurando assim a amplitude de informação junto aos veículos de comunicação social.

Nos dizeres do ilustre prof. *Aliomar Baleeiro* (in: *Limitações constitucionais ao poder de tributar.* 7. ed. Rio de Janeiro: Forense, p. 341), temos que "a imunidade tem como meta a redução do custo do produto, favorecendo a veiculação de informações, do ensino, da educação e da cultura. Por isso está destinada, em primeiro lugar, a beneficiar o consumidor que sofrerá, finalmente, pelo mecanismo dos preços, a transferência do encargo financeiro dos impostos incidentes sobre a produção e a comercialização do papel, do livro, dos jornais e periódicos".

Naturalmente, que na constituinte de 1988 não existiam os meios de comunicação que temos hoje, não se previa que um dia a *Internet* se transformaria em um dos mais importantes veículos de comunicação, com capacidade para unir o mundo e as pessoas, disseminando informação, cultura, conhecimento, notícias, entretenimento etc., num universo de mais de 800 milhões de usuários em todo mundo.

Por óbvio, a intenção do Poder Constituinte transcende a imunidade somente ao papel, temos que quando ao dispor sobre a imunidade tributária dos livros, jornais, revistas e periódicos, privilegiou-se a divulgação de informações, de forma a desenvolver a educação e a cultura entre os brasileiros.

Assim sendo, o objetivo do constituinte não se restringe única e exclusivamente aos veículos de comunicação mencionados na Magna Carta, porém, a qualquer um instrumento que exerça essa função, vez que o bem maior jurídico a ser tutelado, reside na divulgação de informações, cultura e educação, e não exclusivamente as revistas, jornais e periódicos e o papel destinado a sua impressão por si só.

Neste contexto, dúvidas não há, que *lato sensu*, a imunidade constante na Carta Magna de 1988 tem o *animus* de proteger os valores sociais constitucionalmente resguardados como um dos fundamentais objetivos da República Federativa do Brasil, contemplados em seus arts. 1º e 3º.

Ademais disso, um dos alicerces das Instituições Democráticas e da consolidação do Estado de Direito, reside no direito à liberdade de manifestação do pensamento, assegurando ao cidadão condições de pensar, criar e exteriorizar o seu sentimento, por meio de qualquer instrumento ou veículo de informação.

Por esta razão, o Texto Constitucional veda expressamente a edição de lei ou dispositivo que venha embaraçar ou prejudicar a liberdade de informação jornalística em qualquer tipo de veículo de comunicação social, inclusive em *site* da *Internet*.

Assim, partindo-se da premissa que o *site* ou o *website* são veículos destinados a outorgar o suporte físico da comunicação jornalística e ou científica, evidentemente estamos diante de veículos de comunicação ou informação, considerados verdadeiros instrumentos de propagação e disseminação de cultura, educação, ciência e informação.

Seguindo esta linha de raciocínio, podemos inferir que a questão pode ser enfocada em um grau de envergadura bem maior, ampliando o ângulo de visibilidade do tema, e consequentemente a forma de se interpretar o assunto. Portanto, uma vez disponibilizadas as informações, com o intuito de ampliar as fronteiras culturais, educacionais e científicas entre os povos das mais diferentes nações, tem-se que os *sites* e os *websites* estão amparados pelo manto da imunidade constitucional.

Nessas condições, em face da "revolução eletrônica", a livre manifestação do pensamento se exterioriza por meio de sites e *websites*, disquetes, discos de computador e *CD-ROMS*, onde jornais e outros conteúdos, são na maioria das vezes editados *on-line*.

Compartilhando desse entendimento, o ilustre prof. *Roque Antônio Carrazza* (in: *Curso de direito constitucional tributário*. 11. ed. São Paulo: Malheiros, 1998. p. 418), que ao traçar considerações no sentido de equiparar o livro para fins de imunidade tributária, disse que "a palavra livros está empregada no Texto Constitucional não no sentido restrito de conjuntos de folhas de papel impressas, encadernadas e com capa, mas, sim, no de veículos de pensamentos, isto é, meios de difusão da cultura".

Em conclusão, tenho que os meios adotados para a exteriorização do Princípio Constitucional da livre manifestação, são irrelevantes para fins de interpretação do instituto da imunidade tributária previsto na alínea *d*, do inciso VI, do art. 150 da Lei Maior, devendo ser albergado pela mesma, qualquer forma de manifestação que divulgue informações e dissemine a cultura entre os brasileiros.

2.4. Competência tributária

Neste tópico, vamos estudar as competências tributárias e dividi-las de acordo com o seu tipo e a parcela de poder conferida. Vejamos cada modelo de competência constitucional:

2.4.1. Competência tributária privativa

É aquela competência que se relaciona exclusivamente ao ente federativo. Trata-se de uma função diretiva conferida ao ente estatal pela Constituição. Colacionaremos a seguir as normas constitucionais tributárias privativas:

Art. 153. Compete à União instituir impostos sobre:

I — importação de produtos estrangeiros;

II — exportação, para o exterior, de produtos nacionais ou nacionalizados;

III — renda e proventos de qualquer natureza;

IV — produtos industrializados;

V — operações de crédito, câmbio e seguro, ou relativas a títulos ou valores mobiliários;

VI — propriedade territorial rural;

VII — grandes fortunas, nos termos de lei complementar.

(...)

Art. 155. Compete aos Estados e ao Distrito Federal instituir impostos sobre: (Redação dada pela Emenda Constitucional n. 3, de 1993)

I — transmissão *causa mortis* e doação, de quaisquer bens ou direitos; (Redação dada pela Emenda Constitucional n. 3, de 1993)

II — operações relativas à circulação de mercadorias e sobre prestações de serviços de transporte interestadual e intermunicipal e de comunicação, ainda que as operações e as prestações se iniciem no exterior; (Redação dada pela Emenda Constitucional n. 3, de 1993)

III — propriedade de veículos automotores;

(...)

Art. 156. Compete aos Municípios instituir impostos sobre:

I — propriedade predial e territorial urbana;

II — transmissão *inter vivos*, a qualquer título, por ato oneroso, de bens imóveis, por natureza ou acessão física, e de direitos reais sobre imóveis, exceto os de garantia, bem como cessão de direitos a sua aquisição;

III — serviços de qualquer natureza, não compreendidos no art. 155, II, definidos em lei complementar.

2.4.2. Competência tributária comum

A competência tributária comum se refere à possibilidade de todos os entes federados instituírem os tributos. Colacionaremos a seguir as normas constitucionais tributárias comuns:

Art. 145. A União, os Estados, o Distrito Federal e os Municípios poderão instituir os seguintes tributos:

(...)

II — taxas, em razão do exercício do poder de polícia ou pela utilização, efetiva ou potencial, de serviços públicos específicos e divisíveis, prestados ao contribuinte ou postos a sua disposição;

III — contribuição de melhoria, decorrente de obras públicas.

2.4.3. Competência tributária especial

A competência tributária especial se refere àquela relacionada à instituição de empréstimos compulsórios e contribuições sociais e que recebe atribuição normativa constitucional específica para tal fim. Colacionaremos a seguir as normas constitucionais tributárias especiais:

Art. 148. A União, mediante lei complementar, poderá instituir empréstimos compulsórios:

I — para atender a despesas extraordinárias, decorrentes de calamidade pública, de guerra externa ou sua iminência;

II — no caso de investimento público de caráter urgente e de relevante interesse nacional, observado o disposto no art. 150, III, *b*.

Parágrafo único. A aplicação dos recursos provenientes de empréstimo compulsório será vinculada à despesa que fundamentou sua instituição.

Art. 149. Compete exclusivamente à União instituir contribuições sociais, de intervenção no domínio econômico e de interesse das categorias profissionais ou econômicas, como instrumento de sua atuação nas respectivas áreas, observado o disposto nos arts. 146, III, e 150, I e III, e sem prejuízo do previsto no art. 195, § 6º, relativamente às contribuições a que alude o dispositivo.

§ 1º Os Estados, o Distrito Federal e os Municípios instituirão contribuição, cobrada de seus servidores, para o custeio, em benefício destes, do regime previdenciário de que trata o art. 40, cuja alíquota não será inferior à da contribuição dos servidores titulares de cargos efetivos da União.

2.4.4. Competência tributária residual

Refere-se à possibilidade de se instituir novos impostos diferentes dos previstos na Constituição. Está previsto no art. 154, I da Constituição que ao retratar que, a União poderá instituir, mediante lei complementar, impostos não previstos no artigo anterior, desde que sejam não cumulativos e não tenham fato gerador ou base de cálculo próprios dos discriminados nesta Constituição. Vejamos jurisprudência do STF sobre o tema:

> Por entender configurada a ofensa ao princípio da igualdade tributária (CF, art. 150, II), o Tribunal julgou procedente pedido formulado em ação direta ajuizada pelo Procurador-Geral da República para declarar a inconstitucionalidade do art. 271 da Lei Orgânica e Estatuto do Ministério Público do Estado do Rio Grande do Norte (LC n. 141/96), que

concede isenção aos membros do *parquet*, inclusive inativos, do pagamento de custas judiciais, notariais, cartorárias e quaisquer taxas ou emolumentos. Inicialmente, ressaltou-se que a Corte firmou orientação no sentido de que custas e emolumentos possuem natureza tributária, qualificando-se como taxas remuneratórias de serviços públicos prestados. Ademais, aduziu-se que a competência para legislar sobre a matéria é concorrente (CF, art. 24, IV), podendo os Estados-membros dispor sobre custas e emolumentos das serventias extrajudiciais nos limites de sua extensão territorial. No mérito, considerou-se que o dispositivo impugnado concede injustificado privilégio aos membros do Ministério Público estadual, pelo simples fato de integrarem a instituição. Afastou-se, ainda, a alegação de vício de inconstitucionalidade formal por violação ao art. 150, § 6º, da CF, que exige a edição de lei específica para a concessão de isenção tributária, uma vez que este preceito constitucional veda a oportunista introdução de norma de isenção fiscal no contexto de lei que cuide de matéria de natureza diversa. Precedentes citados: RE n. 236881/RS (DJU de 26.4.2002); ADI 1655/AP (DJU de 2.4.2004); ADI n. 2.653 MC/MT (DJU de 31.10.2003); ADI n. 1.378 MC/ES (DJU de 30.5.97); ADI n. 1.624/MG (DJU de 20.5.2003). ADI n. 3.260/RN, rel. Min. Eros Grau, 29.3.2007. (ADI-n. 3.260)

2.5. Repartição tributária das receitas

As receitas tributárias têm como objetivo manter o equilíbrio do Estado e a aplicação da divisão das respectivas receitas tributárias. Vamos consignar cada uma das transferências entre os entes tributantes.

a) Transferência da União para os Estados e Distrito Federal:

a.1. 100% do produto da arrecadação do imposto da União sobre renda e proventos de qualquer natureza, (IRRF) incidente na fonte, sobre rendimentos pagos, a qualquer título, por eles, suas autarquias e pelas fundações que instituírem e mantiverem;

a.2. 20% do produto da arrecadação do imposto residual que são aqueles não previstos na Constituição, desde que sejam não cumulativos e não tenham fato gerador ou base de cálculo próprios dos discriminados na Constituição;

a.3. 30% do produto da arrecadação do IOF-OURO, quando definido em lei como ativo financeiro ou instrumento cambial, para o Estado de origem, no qual houver extração de ouro;

a.4. 10% do produto da arrecadação do IPI (art. 159, II, CF);

a.5. 29% do produto de arrecadação da CIDE-Combustível.

b) Transferência da União para os Municípios:

b.1. 100% do produto da arrecadação do imposto da União sobre renda e proventos de qualquer natureza, (IRRF) incidente na fonte, sobre rendimentos pagos, a qualquer título, por eles, suas autarquias e pelas fundações que instituírem e mantiverem;

b.2. 50% do produto da arrecadação do imposto da União sobre a propriedade territorial rural (ITR), relativamente aos imóveis neles situados, cabendo a totalidade na hipótese da opção em que os Municípios se dediquem às atividades de fiscalização e cobrança do tributo;

b.3. 50% do produto da arrecadação do imposto do Estado sobre a propriedade de veículos automotores licenciados em seus territórios;

b.4. 20% do produto da arrecadação do imposto do Estado sobre operações relativas à circulação de mercadorias e sobre prestações de serviços de transporte interestadual e intermunicipal e de comunicação. Estas parcelas de receita pertencentes aos Municípios, serão creditadas conforme os seguintes critérios: I) 3/4, no mínimo, na proporção do valor adicionado nas operações relativas à circulação de mercadorias e nas prestações de serviços, realizadas em seus territórios; II) até 1/4, de acordo com o que dispuser lei estadual ou, no caso dos Territórios, lei federal;

b.5. 25% do montante entregue pela União (10%) aos Estados e DF a título de IPI (ver art. 159, § 3º da CF);

b.6. 70% do produto de arrecadação do IOF-OURO, quando definido em lei como ativo financeiro ou instrumento cambial para o Município de Origem, no qual houver extração de ouro;

b.7. 25% do montante entregue pela União (29%) ao Estado a título de CIDE (ver art. 159, III, CF).

Ressalta-se que, o IPTU, ISS, ITBI, ITMCD, II, IE, IEG e IGF não têm que ser repartidos entre os entes tributários, pois a Constituição não faz esta previsão. Colacionamos os principais trechos do artigo de *Loraine Maria Michalak Kaminski*[43] sobre a reforma constitucional de repartição tributária:

Reforma constitucional de repartição tributária: violação ou não de cláusula pétrea

A Constituição da República Federativa é classificada quanto à estabilidade como rígida, o que significa dizer que somente pode ser alterada mediante processo legislativo especial, mais solene e dificultoso do que o processo legislativo ordinário, denominado emenda constitucional. No entanto, o constituinte originário inseriu na atual Constituição o que os doutrinadores chamam de "núcleo intangível da Constituição" ou "cláusulas pétreas", instituto que consiste na vedação à tentativa de abolir determinadas matérias, mesmo por emenda constitucional. Dentre essas cláusulas pétreas o legislador constituinte determinou a proibição de qualquer proposta de emenda constitucional que seja tendente a abolir a forma de Estado instituída para o Brasil: a forma Federativa.

Diante da adoção da forma federativa de Estado, considerando a impossibilidade de sua alteração, salvo por uma nova Constituição, há determinadas características do Estado brasileiro que não são passíveis de modificação e uma delas é a autonomia que detêm os

---

(43) KAMINSKI, Loraine Maria Michalak. *Reforma constitucional de repartição tributária:* violação ou não de cláusula pétrea. Disponível em: <http://www.lfg.com.br> Acesso em: 29 maio 2008.

entes da Federação. A fim de viabilizar essa a autonomia entre os entes federados, característica de qualquer Federação, a Constituição da República estabelece no seu corpo a distribuição de competências e repartição de receitas entre seus membros.

Feitas estas considerações emerge uma questão que se toma como objeto do presente trabalho: a modificação da repartição tributária em eventual reforma constitucional atinge o modelo federativo adotado passível de configurar ameaça a cláusula pétrea?

Assim, constituem objetivos desta pesquisa analisar os limites do poder de reforma constitucional no que diz respeito à repartição tributária entre os entes federados, abordando a amplitude da vedação constitucional acerca da forma federativa do Estado brasileiro.

Na primeira seção realizou-se breve explicação acerca dos limites às emendas constitucionais. A segunda seção contém reflexões importantes a respeito do princípio federativo. Na terceira seção procurou-se explicitar os critérios de repartição de receita tributária estabelecidos na Constituição da República Federativa do Brasil. Por fim, a última seção, cerne deste trabalho, traz a análise acerca da afronta ou não de reforma constitucional que altera repartição de receita tributária à cláusula pétrea da forma federativa de Estado. (...)

Conforme *Alexandre de Moraes,* o legislador constituinte de 1988, ao prever a possibilidade de alteração das normas constitucionais através de um processo legislativo especial e mais dificultoso que o ordinário, caracterizou a Constituição da República Federativa do Brasil como rígida, estabelecendo a ideia de supremacia da ordem constitucional.

Além de determinar um processo especial o constituinte originário protegeu algumas matérias como inalteráveis a fim de garantir a segurança jurídica da ordem constitucional. Ensina o renomado doutrinador supracitado que há duas grandes espécies de limitações ao poder de reforma que se consubstanciam nas limitações expressas e nas limitações implícitas.

O autor divide as limitações expressas em três subespécies: circunstanciais, materiais e formais. As limitações circunstanciais consistem na proibição de reforma constitucional quando presentes determinadas circunstâncias que poderiam fragilizar o amadurecimento necessário para uma alteração constitucional. As limitações circunstanciais estão presentes no art. 60, § 1º, da Constituição.

As limitações materiais são as chamadas cláusulas pétreas, que constituem matérias cuja possibilidade de tentativa de abolição esta expressamente proibida. Estão dispostas no art. 60, § 4º, da Constituição.

As limitações formais dizem respeito à obrigatoriedade de obediência ao processo legislativo determinado na Constituição. As determinações quanto ao processo de elaboração e aprovação das emendas constitucionais encontram-se dispostas no art. 60, *caput*, e parágrafos da Constituição.

Já os limites implícitos do poder de reforma, são aqueles, explica *Alexandre de Moraes*, que derivam dos limites expressos.

Enfatiza o autor que:

> A revisão serve, pois, para alterar a Constituição, mas não para mudá-la, uma vez que não será uma reforma constitucional o meio próprio para fazer revoluções constitucionais. A substituição de uma Constituição por outra exige uma renovação do poder constituinte e esta não pode ter lugar, naturalmente, sem uma ruptura

constitucional, pois é certo que a possibilidade de alterabilidade constitucional, permitida ao Congresso Nacional, não autoriza o inaceitável poder de violar o sistema essencial de valores da Constituição, tal como foi explicitado pelo poder constituinte originário.

Logo, a emenda constitucional é produzida de acordo com uma forma e versando sobre conteúdo previamente limitado pelo legislador constituinte originário. Diante disso, caso não haja respeito às limitações impostas a emenda constitucional será inconstitucional, devendo ser retirada do ordenamento jurídico mediante aplicação das regras de controle de constitucionalidade. Esse é o entendimento do Supremo Tribunal Federal conforme segue:

> O Supremo Tribunal Federal já assentou o entendimento de que é admissível a Ação Direta de Inconstitucionalidade de Emenda Constitucional, quando se alega, na inicial, que esta contraria princípios imutáveis ou as chamadas cláusulas pétreas da Constituição originária (art. 60, § 4º, da CF). Precedente: ADI 939 (RTJ 151/755). (ADI 1.946-MC, Rel. Min. Sydney Sanches, julgamento em 29.4.99, DJ de 14.9.01) 2. FORMA FEDERATIVA DO ESTADO BRASILEIRO (...).

José Afonso da Silva ensina que predomina o critério da repartição em favor da entidade participante, mas explica que é possível distinguir três modalidades de participação:

a) a participação em impostos de decretação de uma entidade e percepção de outras, caso em que os recursos, arrecadados pela própria entidade beneficiada, integram, desde logo, o seu patrimônio;

b) a participação em impostos de receita partilhada segundo a capacidade da entidade beneficiada, caso em que a participação se realiza por meio de uma percentagem no produto da arrecadação, coletada pela entidade titular do poder tributante, e devolvido o *quantum* respectivo às entidades beneficiadas;

c) participação em fundos, caso em que a entidade beneficiada tem uma expectativa de receber certa quantia do fundo, conforme critério de redistribuição geográfica de rendas que tais fundos visam realizar. Sob o ponto de vista de *José Afonso da Silva*, veja-se como isso está regulado na Constituição.

A) Participação no produto de impostos de decretação da União e percepção dos Estados, Distrito Federal e Municípios: hipótese em que o poder tributante cabe à União; mas o produto da arrecadação percebido pelas outras entidades a elas pertence; são as formas de participação previstas nos arts. 157, I, e 158, I, segundo os quais pertence aos Estados, Distrito Federal e Municípios o produto da arrecadação do imposto da União sobre a renda e proventos de qualquer natureza, incidente na fonte, sobre rendimentos pagos, a qualquer título, por eles, suas autarquias e pelas fundações que instituírem e mantiverem.

B) Participação no produto de impostos de receita partilhada segundo a capacidade da entidade beneficiada: hipótese em que a Constituição reparte o montante do imposto em percentagens entre a entidade tributante e a entidade beneficiada, de sorte que esta receberá sua percentagem à vista de circunstâncias a ela vinculadas. Assim é que está previsto que: 1) pertencem aos Municípios: (a) cinquenta por cento do produto da arrecadação do imposto da União sobre a propriedade territorial-rural, relativamente aos imóveis neles situados; ou seja, são tributados os imóveis rurais, conforme a alíquota e tudo mais pela lei federal, e os Municípios têm direito a cinquenta por cento do montante arrecadado nos respectivos territórios, contudo se o Município optar pela fiscalização e cobrança do imposto por si próprio, lhe assistirá o direito à totalidade do produto do imposto, nos termos do art. 158, II, e art. 153, § 4º da CF/88; (b) cinquenta por cento do produto da arrecadação do imposto do Estado sobre a propriedade de veículos automotores licenciados em seus territórios; perceba-se que nessa hipótese também a porcentagem que cabe a cada Município fica na dependência do volume de licenças de veículo em seu território (art. 158, III, CF); (c) vinte e cinco por cento do produto da arrecadação do imposto do Estado sobre operações relativas à circulação de mercadorias e sobre prestações de serviços de transporte interestadual e intermunicipal e de comunicação (art. 158, IV, CF), cujos critérios de crédito estão descritos no art. 158, parágrafo único da Constituição, quais sejam: (c1) três quartos, no mínimo, na proporção do valor adicionado nas operações relativas à circulação de mercadorias e nas prestações de serviços, realizadas em seus territórios; (c2) até um quarto, de acordo com o que dispuser lei estadual ou, no caso dos Territórios, lei federal; (d) também cabem aos Municípios vinte e cinco por cento dos recursos que os Estados receberem, nos termos, do art. 159, § 3º da Constituição, da forma que se verá a seguir, utilizando-se dos mesmos critérios de crédito descritos no art. 158, parágrafo único da CF; 2) pertencem aos Estados e Distrito Federal dez por cento do produto da arrecadação do imposto sobre produtos industrializados, proporcionalmente ao valor das respectivas exportações de produtos industrializados (art. 159, II, CF). Importante destacar aqui, a exemplo do que faz *José Afonso da Silva*, que a Emenda Constitucional n. 44/04 modificou o inciso III do art. 159, determinando que seja distribuída aos Estados e Distrito Federal, na forma da lei, 29% do produto da arrecadação das contribuições de intervenção no domínio econômico relativas às atividades de importação ou comercialização de petróleo e seus derivados, gás natural e seus derivados e álcool combustível, modificando, neste aspecto, a redação da Emenda Constitucional n. 42/03.

C) Participação em fundos, com previsão no art. 159, I, da Constituição, que estabelece que, do produto da arrecadação dos impostos sobre renda e proventos de qualquer natureza e sobre produtos industrializados, quarenta e oito por cento serão entregues pela União com os seguintes critérios, excluindo-se do cálculo a parcela da arrecadação do imposto de renda e proventos de qualquer natureza pertencentes aos Estados, ao Distrito Federal e aos Municípios, nos termos do disposto nos arts. 157, I, e 158, I (art. 159, § 1º, CF): (a) vinte e um inteiros e cinco décimos por cento ao Fundo de Participação dos Estados e do Distrito Federal; (b) vinte e dois inteiros e cinco décimos por cento ao Fundo de Participação dos Municípios; (c) três por cento, para aplicação em programas de financiamento ao setor produtivo das Regiões Norte, Nordeste e Centro-Oeste, através de instituições financeiras de caráter regional, de acordo com os planos regionais de desenvolvimento, ficando assegurada ao semiárido do Nordeste a metade dos recursos destinados à Região, na forma que a lei estabelecer; (d) um por cento ao Fundo de Participação dos Municípios, que será entregue no primeiro decênio do mês de dezembro de cada ano (o estabelecimento desta última determinação foi trazido pela Emenda Constitucional n. 55/07 que aumentou a entrega de recursos pela União ao Fundo de Participação dos Municípios). (...)

Consoante já exposto, numa Federação, para que as entidades federativas mantenham a sua autonomia característica, deve-se sempre preservar os instrumentos que lha viabilizam.

A fim de ilustrar a importância dada pelo constituinte originário no que toca à garantia da intangibilidade do federalismo, cabe invocar um princípio que é destinado à União, orientando-a quando da instituição dos tributos de sua competência: o princípio da uniformidade geográfica, previsto no art. 151, I, da CF c/c art. 19, III, da CF. Importa, ainda, melhor esclarecê-lo utilizando-se do ensinamento do professor *Sabbag*:

> É o postulado da defesa da identidade de alíquotas. No caso de aumento de alíquotas, essa majoração deverá incidir em todo o País; do contrário, estar-se-ia ferindo o Princípio Constitucional da Uniformidade Tributária, corolário do Princípio do "Federalismo de Equilíbrio", vigente em nosso território como cláusula pétrea. É consabido que o art. 60, § 4º, I, da CF/88 preconiza a paridade entre os entes componentes de nossa Federação, proibindo a hierarquização. [...] A atenuação existe para os incentivos fiscais específicos, isto é, aqueles destinados a promover o equilíbrio socioeconômico entre as diferentes regiões do País (art. 151, I, *in fine*, c/c art. 43, § 2º, III, ambos da CF/88).

Considerando que a alteração constitucional na repartição de receitas possa prejudicar a situação financeira de entes federados, questiona-se se a emenda constitucional que veicular essa matéria não estaria eivada de inconstitucionalidade por ferir, ainda que de forma indireta, a forma federativa de Estado.

A questão revela-se de grande importância, sobretudo porque essas reformas constitucionais nesse âmbito não são raras. Houve alteração introduzida pela Emenda Constitucional n. 44/04 e recentemente a Emenda Constitucional n. 55/07 veio trazer o aumento da entrega de recursos pela União ao Fundo de Participação dos Municípios.

O Supremo Tribunal Federal, corte guardiã da Constituição da República, já analisou a questão da amplitude das cláusulas pétreas, texto cuja reprodução é pertinente:

> "É muito difícil indicar, *a priori,* os preceitos fundamentais da Constituição passíveis de lesão tão grave que justifique o processo e o julgamento da arguição de descumprimento. Não há dúvida de que alguns desses preceitos estão enunciados, de forma explícita, no texto constitucional. (...) não se poderá deixar de atribuir essa qualificação aos demais princípios protegidos pela cláusula pétrea do art. 60, § 4º, da Constituição (...) É fácil ver que a amplitude conferida às cláusulas pétreas e a ideia de unidade da Constituição (...) acabam por colocar parte significativa da Constituição sob a proteção dessas garantias. Tal tendência não exclui a possibilidade de um 'engessamento' da ordem constitucional, obstando à introdução de qualquer mudança de maior significado (...). Daí afirmar-se, correntemente, que tais cláusulas hão de ser interpretadas de forma restritiva. Essa afirmação simplista, ao invés de solver o problema, pode agravá-lo, pois a tendência detectada atua no sentido não de uma interpretação restritiva das cláusulas pétreas, mas de uma interpretação restritiva dos próprios princípios por elas protegidos. Essa via, em lugar de permitir fortalecimento dos princípios constitucionais contemplados nas 'garantias de eternidade', como pretendido pelo constituinte, acarreta, efetivamente, seu enfraquecimento. Assim, parece recomendável que eventual interpretação restritiva se refira à própria garantia de eternidade sem afetar os princípios por ela protegidos (...) Essas assertivas têm a virtude de demonstrar que o efetivo conteúdo das 'garantias de eternidade' somente será obtido mediante esforço hermenêutico. Apenas essa atividade poderá revelar os

princípios constitucionais que, ainda que não contemplados expressamente nas cláusulas pétreas, guardam estreita vinculação com os princípios por elas protegidos e estão, por isso, cobertos pela garantia de imutabilidade que delas dimana. (...) Ao se deparar com alegação de afronta ao princípio da divisão de Poderes de Constituição estadual em face dos chamados 'princípios sensíveis' (representação interventiva), assentou o notável *Castro Nunes* lição que, certamente, se aplica à interpretação das cláusulas pétreas: '(...). Os casos de intervenção prefigurados nessa enumeração se enunciam por declarações de princípios, comportando o que possa comportar cada um desses princípios como dados doutrinários, que são conhecidos na exposição do direito público. E por isso mesmo ficou reservado o seu exame, do ponto de vista do conteúdo e da extensão e da sua correlação com outras disposições constitucionais, ao controle judicial a cargo do Supremo Tribunal Federal. Quero dizer com estas palavras que a enumeração é limitativa como enumeração. (...). A enumeração é taxativa, é limitativa, é restritiva, e não pode ser ampliada a outros casos pelo Supremo Tribunal. Mas cada um desses princípios é dado doutrinário que tem de ser examinado no seu conteúdo e delimitado na sua extensão. Daí decorre que a interpretação é restritiva apenas no sentido de limitada aos princípios enumerados; não o exame de cada um, que não está nem poderá estar limitado, comportando necessariamente a exploração do conteúdo e fixação das características pelas quais se defina cada qual deles, nisso consistindo a delimitação do que possa ser consentido ou proibido aos Estados" (Repr. n. 94, Rel. Min. Castro Nunes, Archivo Judiciário n. 85/31, 34-35, 1947). (ADPF 33-MC, voto do Min. Gilmar Mendes, julgamento em 29.10.03, DJ de 6.8.04)

Conforme se extrai do entendimento exposto pelo STF, não se pode ampliar indiscriminadamente a extensão das cláusulas pétreas, mas também não se pode ignorar a amplitude dos princípios nelas expressos.

Considerando, de acordo com a tese acima exposta pela Corte Suprema, a amplitude do que vem a ser forma federativa de Estado, não há completa vedação à alteração da repartição de receitas. O que não é possível é que essa reforma altere profundamente o modelo federativo, acrescendo montante de recursos arrecadáveis pelos Estados, por exemplo, em detrimento dos Municípios.

Neste sentido a exposição de *Gustavo Barchet*:

É perfeitamente viável, em termos constitucionais, que seja alterado este modelo de repartição tributária, mediante, por exemplo, a supressão ou criação de novos tributos, ou a outorga da competência para instituição dos tributos já existentes à pessoa política distinta da que o detém atualmente, entre tantas possibilidades.

Não pode, entretanto, tal reforma alterar profundamente o modelo federativo adotado na Constituição de 1988, aumentando o montante de recursos passíveis de arrecadação dos Estados, por exemplo, em detrimento dos Municípios, ou extinguindo a competência do Distrito Federal e estatuindo que a manutenção deste ente federativo ficará sob a responsabilidade da União.

Logo, caso o resultado da alteração constitucional que reforme a repartição de receitas entre os entes da Federação seja no sentido de suprimir recursos de um ente federado de forma a aniquilar a sua autonomia, haverá flagrante inconstitucionalidade, tendo em vista que é vedada qualquer reforma constitucional tendente a abolir a forma federativa de Estado (art. 60, § 4º, I, CF). Do contrário, perfeitamente possível será a reforma constitucional, como o são, data vênia, as Emendas Constitucionais ns. 44/04 e 55/07, que trouxeram alteração no texto constitucional para aumentar as receitas dos Estados e dos Municípios, respectivamente.

(...) Diante da análise do tema pesquisado, que se refere à indagação sobre possível ofensa caracterizada por emenda constitucional que altera a repartição de receitas tributárias entre os entes federados, a partir do conhecimento auferido mediante consulta aos ensinamentos dos renomados doutrinadores neste trabalho citados, bem como através da análise do entendimento sedimentado pelo Supremo Tribunal Federal, abaixo serão expostas as considerações finais acerca do presente estudo.

A reforma da repartição tributária pode ou não configurar alteração do padrão federativo adotado, ou ameaça à cláusula pétrea, conforme as características das mudanças originadas.

Como se expôs, a Constituição desenhou um modelo federativo, erigido ao patamar de cláusula pétrea, em que é perfilhada autonomia aos quatro entes federativos: União, Estados, Distrito Federal e Municípios, cada qual com as competências legislativas e administrativas que lhes são próprias, além de atribuições de caráter concorrente e comum.

O exercício dessas atribuições demanda, fundamentalmente, a existência de recursos suficientes para que estas possam ser desempenhadas, em condições de conformidade com as determinações da Constituição. Diante dessa realidade, o legislador constituinte deixou a cada membro da Federação competências tributárias próprias, ao lado da previsão da repartição de parte da receita tributária de impostos arrecadada pela União aos Estados e DF e aos Municípios, bem assim pelos Estados aos Municípios localizados nos seus territórios.

Assim, tentou o legislador constituinte acudir cada ente federativo com os recursos imprescindíveis à plena consecução de suas atribuições constitucionais, que ficariam gravemente prejudicadas em caso de problemas financeiros.

Verificou-se que o modelo federativo adotado requer a preservação da autonomia dos entes federados para viabilizar, em última análise, a sua própria manutenção.

Logo, não é possível alterar intensamente esse modelo, consagrado na Constituição, aumentando indistintamente recursos de um ente federativo em detrimento do outro, retirando-lhe por completo a autonomia ou impondo-lhe dificuldades tamanhas que impeçam a consecução de seus fins.

Caso seja esse o efeito de eventual reforma constitucional, não poderá ela subsistir perante a Constituição Federal, já que esta edificou o modelo federativo de Estado ao *status* de cláusula pétrea, sendo eivada de inconstitucionalidade a proposta de emenda tendente a aboli-lo.

No entanto, é possível a reforma constitucional que não venha a causar sérias dificuldades financeiras ao ente federado, incapaz de comprometer a autonomia, e, por conseguinte, não traga nenhuma ameaça ao modelo federativo de Estado.

Capítulo 3

Fontes e Aplicação do Direito Tributário

3.1. Considerações iniciais

As fontes do direito tributário são elementos qualitativos que conferem à tributação segurança jurídica e fundamentos a serem utilizados na conjunção finalística entre o contribuinte e o fisco. As fontes do direito tributário podem ser primárias e secundárias. As primárias estão descritas no art. 96 do CTN ao prever que, a expressão "legislação tributária" compreende as leis, os tratados e as convenções internacionais, os decretos e as normas complementares que versem, no todo ou em parte, sobre tributos e relações jurídicas a eles pertinentes. Já as fontes secundárias estão descritas no art. 100 do CTN que assevera que "são normas complementares das leis, dos tratados e das convenções internacionais e dos decretos: I — os atos normativos expedidos pelas autoridades administrativas; II — as decisões dos órgãos singulares ou coletivos de jurisdição administrativa, a que a lei atribua eficácia normativa; III — as práticas reiteradamente observadas pelas autoridades administrativas; IV — os convênios que entre si celebrem a União, os Estados, o Distrito Federal e os Municípios".

3.2. Fontes do direito tributário

3.2.1. Fontes primárias

3.2.1.1. Constituição

A Constituição é fonte primária e principal do direito tributário, pois contém a competência, as espécies e normas gerais do direito tributário. Neste sentido, os arts. 150 a 152 da Constituição destacam as limitações constitucionais ao poder de tributar.

3.2.1.2. Emenda à Constituição

O Poder Constituinte Derivado Reformador em sua atuação tem como ferramenta imprescindível as Emendas à Constituição. A característica fundamental dessa espécie normativa é a sua utilização de forma restrita (não pode atingir cláusula pétrea) e com *quorum* qualificado de 3/5 dos membros da Câmara e do Senado com dois turnos de discussão e votação. Quanto aos *quoruns*, temos:

a) MAIORIA QUALIFICADA — Qualquer *quorum* superior à metade dos membros do colegiado. Em regra, o *quorum* qualificado refere-se à deliberação ou à realização de um ato. São os quóruns de maioria absoluta, 3/5 e 2/3. Como exemplo temos o art. 60, § 2º, da Constituição que revela como requisito de validade da emenda constitucional que seja discutida e votada em cada Casa do Congresso Nacional, em dois turnos, considerando-se aprovada se obtiver, em ambos, 3/5 dos votos dos respectivos membros; por conseguinte, o *quorum* da Emenda Constitucional é de maioria qualificada.

b) MAIORIA ABSOLUTA — O *quorum* será equivalente ao primeiro número inteiro superior à metade dos membros da respectiva Casa em que esteja sendo votada a matéria. Caso o Senado (cuja composição é de 81 senadores) esteja fazendo votação de uma lei, que tenha como *quorum* a maioria absoluta, deverá ser feita a seguinte conta matemática: 81/2 = 40,5. Obedecendo ao critério da maioria absoluta, para ser aprovada a lei, deverá obter 41 votos dos membros do Senado, pois 41 é o primeiro número inteiro posterior à metade (40,5) do número de senadores (ver arts. 47 e 69 da CF, art. 56, § 2º, e art. 183 do Regimento Interno da Câmara dos Deputados). O art. 69 da Constituição determina que a maioria absoluta é exigida para as Leis Complementares.

c) MAIORIA SIMPLES — É o *quorum* correspondente à maioria dos votos dos presentes à reunião ou sessão em determinado dia. As Leis Ordinárias são votadas por maioria simples (ver art. 47 da CF e art. 56, § 2º, e art. 183 do RICD).

Para facilitar a conta, em relação ao cálculo da maioria simples e absoluta, devemos fazer a seguinte aplicação: se o número total de políticos for: 1) ímpar — será dividido pela metade e acrescentado o primeiro número inteiro posterior. Ex.: 513 deputados/2 = 256,5. Então, será preciso 257 votos (primeiro número inteiro posterior) para aprovação; 2) par — será dividido pela metade e somado + 1. Ex.: 18 vereadores/2 = 9. Como ao dividir o número par sempre resulta em um número inteiro, basta somar uma unidade e teremos o *quorum*. Vejamos: 9 + 1 = 10. Portanto, serão necessários 10 vereadores para que o Projeto seja aprovado. Pois bem, sabemos que o art. 60 da Constituição declara os legitimados para iniciar a PEC, ou seja, a proposta de Emenda Constitucional, *in verbis:*

Art. 60. A Constituição poderá ser emendada mediante proposta:

I — de um terço, no mínimo, dos membros da Câmara dos Deputados ou do Senado Federal;

II — do Presidente da República;

III — de mais da metade das Assembleias Legislativas das unidades da Federação, manifestando-se, cada uma delas, pela maioria relativa de seus membros.

Ainda que haja entendimentos contrários de parte da doutrina (ex.: *José Afonso da Silva*), é oportuno mencionar que em concursos devemos optar pela literalidade desse artigo. Isso implica em dizer que somente a esses membros é dada a possibilidade de iniciar um Projeto de Emenda Constitucional. Contudo, fica o registro da opinião do notável professor *José Afonso da Silva*, assegurando que cabe iniciativa popular nas emendas constitucionais.

O Poder Constituinte Derivado Reformador encontra certas limitações em relação às emendas constitucionais. As restrições podem ser: 1) procedimentais — que se referem às formalidades a serem obedecidas para sua validade (art. 60, I, II, III, § 2º, 3º e 5º da CF); 2) materiais — são as que tratam das cláusulas pétreas (art. 60, § 4º, da CF); 3) circunstanciais — decorrem de situações de anormalidade (art. 60, § 1º, da CF).

Para finalizar, segue a opinião do Supremo em relação à alteração da Constituição dos Estados, que deverá observar certas limitações procedimentais:

> Processo de reforma da Constituição estadual — Necessária observância dos requisitos estabelecidos na Constituição Federal (art. 60, §§ 1º a 5º) — Impossibilidade constitucional de o Estado-membro, em divergência com o modelo inscrito na Lei Fundamental da República, condicionar a reforma da Constituição estadual à aprovação da respectiva proposta por 4/5 (quatro quintos) da totalidade dos membros integrantes da Assembleia Legislativa — Exigência que virtualmente esteriliza o exercício da função reformadora pelo Poder Legislativo local — A questão da autonomia dos Estados-membros (CF, art. 25) — Subordinação jurídica do poder constituinte decorrente às limitações que o órgão investido de funções constituintes primárias ou originárias estabeleceu no texto da Constituição da República (...) (ADI 486, Rel. Min. Celso de Mello, julgamento em 3.4.97, *DJ* de 10.11.06).

Ressalta-se que por meio da Emenda à Constituição de 1946 (EC n. 18/65) ocorreu no Brasil a reestruturação do sistema tributário brasileiro. Também vale consignar a EC n. 33/01 que trouxe a CIDE-Combustível no ordenamento pátrio modificando consideravelmente o sistema tributário.

3.2.1.3. Lei Complementar

A Lei Complementar[1] é uma espécie normativa que tem a função de explicar ou complementar uma certa matéria já consignada na Constituição. Esta, por sua vez, enumera em seus artigos as matérias que devem ser reguladas por Lei Complementar (ex.: art. 7º, I, da CF). As Leis Complementares têm um *quorum* de aprovação específico, qual seja, o de maioria absoluta dos membros da respectiva Casa onde seja realizada a votação.

Torna-se interessante saber se existe hierarquia entre Lei Complementar e Lei Ordinária.

Existem posicionamentos divergentes na doutrina sobre o assunto. Os saudosos e brilhantes *Pontes de Miranda* e *Geraldo Ataliba* se enveredaram pela afirmação positiva

---

(1) Veja o seguinte julgado do STF: Contribuição social (CF, art. 195, I): legitimidade da revogação pela Lei n. 9.430/96 da isenção concedida às sociedades civis de profissão regulamentada pela Lei Complementar n. 70/91, dado que essa lei, formalmente complementar, é, com relação aos dispositivos concernentes à contribuição social por ela instituída, materialmente ordinária; ausência de violação ao princípio da *hierarquia* das leis, cujo respeito exige seja observado o âmbito material reservado às espécies normativas previstas na Constituição Federal. Precedente. (ADC 1, Moreira Alves, *RTJ* 156/721) (RE 457.884- -AgR, Rel. Min. Sepúlveda Pertence, julgamento em 21.2.06, *DJ* de 17.3.06). No mesmo sentido: RE 419.629, Rel. Min. Sepúlveda Pertence, julgamento em 23.5.06, *DJ* de 30.6.06.

de que há hierarquia entre ambas. Porém, esse entendimento não vingou e hoje temos como majoritário (STF) o posicionamento que não existe hierarquia entre Lei Ordinária e Lei Complementar, pois é notório que ambas têm seu fundamento de validade estipulado na Constituição. Contudo, não poderá Lei Ordinária ingressar no campo de matérias reservadas às Leis Complementares. A Lei Complementar está sujeita a uma pertinência formal constitucional, isto é, só será cabível se tiver previsão expressa na Constituição para aquele determinado tipo de matéria. Confira o julgado do STF:

> Só cabe lei complementar, no sistema de direito positivo brasileiro, quando formalmente reclamada a sua edição por norma constitucional explícita (ADI 789, Rel. Min. Celso de Mello, julgamento em 26.5.94, *DJ* de 19.12.94). No mesmo sentido: (ADI 2.010-MC, Rel. Min. Celso de Mello, julgamento em 30.9.99, *DJ* de 12.4.02; ADI 2.028-MC, Rel. Min. Moreira Alves, julgamento em 11.11.99, *DJ* de 16.6.00).

Por fim, ressalta-se que o art. 146 da Constituição traz as competências da lei complementar na tributação. Vejamos:

I) dispor sobre conflitos de competência, em matéria tributária, entre a União, os Estados, o Distrito Federal e os Municípios;

II) regular as limitações constitucionais ao poder de tributar;

III) estabelecer normas gerais em matéria de legislação tributária, especialmente sobre:

a) definição de tributos e de suas espécies, bem como, em relação aos impostos discriminados nesta Constituição, a dos respectivos fatos geradores, bases de cálculo e contribuintes;

b) obrigação, lançamento, crédito, prescrição e decadência tributários;

c) adequado tratamento tributário ao ato cooperativo praticado pelas sociedades cooperativas;

d) definição de tratamento diferenciado e favorecido para as microempresas e para as empresas de pequeno porte, inclusive regimes especiais ou sim-plificados no caso do imposto previsto no art. 155, II, das contribuições previstas no art. 195, I e §§ 12 e 13, e da contribuição a que se refere o art. 239.

3.2.1.4. *Lei Ordinária*

A Lei Ordinária[2] é uma espécie normativa elaborada pelo Poder Legislativo com frequência e geralmente carrega em sua genética duas características: abstração e

---

(2) "No sistema jurídico brasileiro, os tratados ou convenções internacionais estão hierarquicamente subordinados à autoridade normativa da Constituição da República. Em consequência, nenhum valor jurídico terão os tratados internacionais, que, incorporados ao sistema de direito positivo interno, transgredirem, formal ou materialmente, o texto da Carta Política. O exercício do *treaty-making power*, pelo Estado brasileiro — não obstante o polêmico art. 46 da Convenção de Viena sobre o Direito dos Tratados (ainda em curso de tramitação perante o Congresso Nacional) —, está sujeito à necessária observância das limitações jurídicas impostas pelo texto constitucional. (...) O Poder Judiciário — fundado na supremacia da Constituição da República —

generalidade. É feita de forma geral, sem especificar indivíduos determinados. O campo de incidência da Lei Ordinária é residual, ou seja, poderão ser objeto de Lei Ordinária todas as matérias que não estejam reservadas a alguma espécie normativa (Lei complementar, decretos legislativos, resoluções etc.). O *quorum* de aprovação de uma Lei Ordinária é o de maioria simples. A lei ordinária é a regra no sistema tributacional de acordo com o princípio da legalidade tributária. Neste sentido, o art. 97 do CTN dispõe que:

> Art. 97. Somente a lei pode estabelecer:
>
> I — a instituição de tributos, ou a sua extinção;
>
> II — a majoração de tributos, ou sua redução;
>
> III — a definição do fato gerador da obrigação tributária principal;
>
> IV — a fixação de alíquota do tributo e da sua base de cálculo;
>
> V — a cominação de penalidades para as ações ou omissões contrárias a seus dispositivos, ou para outras infrações nela definidas;
>
> VI — as hipóteses de exclusão, suspensão e extinção de créditos tributários, ou de dispensa ou redução de penalidades.

3.2.1.5. Lei Delegada

A Lei Delegada, como o próprio nome sugere, é uma espécie normativa que necessita de uma delegação para que seja editada com regularidade e validade. Mas quem solicitará a delegação? Segundo o art. 68 da Constituição, as leis delegadas serão elaboradas pelo Presidente da República, que deverá solicitar a delegação ao Congresso Nacional. A delegação ao Presidente da República terá a forma de resolução do Congresso Nacional, que especificará seu conteúdo e os termos de seu exercício (delegação *externa corporis*). Se a respectiva resolução resolver apreciar o Projeto de Lei Delegada, o Congresso fará em votação única, sendo vedada qualquer emenda (ver art. 68, § 1º, 2º e 3º, da CF).

Algumas matérias não poderão ser objeto de delegação (§ 1º, do art. 68, da CF) por força da regra geral de indelegabilidade de atribuições, tais como: 1) os atos de competência exclusiva do Congresso Nacional; 2) os de competência privativa da Câmara dos Deputados ou do Senado Federal; 3) a matéria reservada à lei complementar; 4) a legislação sobre: organização do Poder Judiciário e do Ministério Público, a carreira e a garantia de seus membros; nacionalidade, cidadania, direitos individuais, políticos e eleitorais; planos plurianuais, diretrizes orçamentárias e orçamentos.

---

dispõe de competência, para, quer em sede de fiscalização abstrata, quer no âmbito do controle difuso, efetuar o exame de constitucionalidade dos tratados ou convenções internacionais já incorporados ao sistema de direito positivo interno. (...) Os tratados ou convenções internacionais, uma vez regularmente incorporados ao direito interno, situam-se, no sistema jurídico brasileiro, nos mesmos planos de validade, de eficácia e de autoridade em que se posicionam as leis ordinárias, havendo, em consequência, entre estas e os atos de direito internacional público, mera relação de paridade normativa. Precedentes" (ADI n. 1.480-MC, Rel. Min. Celso de Mello, julgamento em 4.9.97, *DJ* de 18.5.01).

Caso o Presidente da República exorbite os limites da delegação legislativa, poderá o Congresso Nacional, se assim entender, sustar o ato normativo, por meio de Decreto Legislativo (art. 49, V). Nesse caso, faz parte do controle repressivo de constitucionalidade. Por fim, se o Projeto passar por todas as fases anteriores citadas, já pode ser promulgado pelo Presidente da República e publicado em órgão oficial, pois não há necessidade de sanção presidencial. É fato inconteste que a Lei Delegada, apesar de ser um excelente instrumento legislativo nas mãos do Presidente, não tem muita utilidade prática, já que o Chefe do Executivo tem preferência por uma espécie mais interessante, qual seja, a Medida Provisória, com aplicação imediata e a análise do Congresso é posterior à sua edição. A Lei Delegada não é instrumento utilizado para legislar em matéria tributária, pois o Presidente prefere fazer tal função por intermédio das Medidas Provisórias.

3.2.1.6. Medidas Provisórias

A Medida Provisória é uma espécie normativa recente e foi instituída na legislação brasileira pelo Poder Constituinte Originário de 1988 em substituição ao antigo Decreto-lei. *A priori*, é preciso lembrar que a Emenda Constitucional n. 32/01 definiu no art. 62 algumas alterações importantes ao tema:

> Art. 62. Em caso de relevância e urgência, o Presidente da República poderá adotar medidas provisórias, com força de lei, devendo submetê-las de imediato ao Congresso Nacional. (Redação dada pela Emenda Constitucional n. 32, de 2001)
>
> § 1º É vedada a edição de medidas provisórias sobre matéria: (Incluído pela Emenda Constitucional n. 32, de 2001)
>
> I — relativa a: (Incluído pela Emenda Constitucional n. 32, de 2001)
>
> a) nacionalidade, cidadania, direitos políticos, partidos políticos e direito eleitoral; (Incluído pela Emenda Constitucional n. 32, de 2001)
>
> b) direito penal, processual penal e processual civil; (Incluído pela Emenda Constitucional n. 32, de 2001)
>
> c) organização do Poder Judiciário e do Ministério Público, a carreira e a garantia de seus membros; (Incluído pela Emenda Constitucional n. 32, de 2001)
>
> d) planos plurianuais, diretrizes orçamentárias, orçamento e créditos adicionais e suplementares, ressalvado o previsto no art. 167, § 3º; (Incluído pela Emenda Constitucional n. 32, de 2001)
>
> II — que vise à detenção ou sequestro de bens, de poupança popular ou qualquer outro ativo financeiro; (Incluído pela Emenda Constitucional n. 32, de 2001)
>
> III — reservada a lei complementar; (Incluído pela Emenda Constitucional n. 32, de 2001)
>
> IV — já disciplinada em projeto de lei aprovado pelo Congresso Nacional e pendente de sanção ou veto do Presidente da República. (Incluído pela Emenda Constitucional n. 32, de 2001)

§ 2º Medida provisória que implique instituição ou majoração de impostos, exceto os previstos nos arts. 153, I, II, IV, V, e 154, II, só produzirá efeitos no exercício financeiro seguinte se houver sido convertida em lei até o último dia daquele em que foi editada. (Incluído pela Emenda Constitucional n. 32, de 2001)

§ 3º As medidas provisórias, ressalvado o disposto nos §§ 11 e 12, perderão eficácia, desde a edição, se não forem convertidas em lei no prazo de sessenta dias, prorrogável, nos termos do § 7º, uma vez por igual período, devendo o Congresso Nacional disciplinar, por decreto legislativo, as relações jurídicas delas decorrentes. (Incluído pela Emenda Constitucional n. 32, de 2001)

§ 4º O prazo a que se refere o § 3º contar-se-á da publicação da medida provisória, suspendendo-se durante os períodos de recesso do Congresso Nacional. (Incluído pela Emenda Constitucional n. 32, de 2001)

§ 5º A deliberação de cada uma das Casas do Congresso Nacional sobre o mérito das medidas provisórias dependerá de juízo prévio sobre o atendimento de seus pressupostos constitucionais. (Incluído pela Emenda Constitucional n. 32, de 2001)

§ 6º Se a medida provisória não for apreciada em até quarenta e cinco dias contados de sua publicação, entrará em regime de urgência, subsequentemente, em cada uma das Casas do Congresso Nacional, ficando sobrestadas, até que se ultime a votação, todas as demais deliberações legislativas da Casa em que estiver tramitando. (Incluído pela Emenda Constitucional n. 32, de 2001)

§ 7º Prorrogar-se-á uma única vez por igual período a vigência de medida provisória que, no prazo de sessenta dias, contado de sua publicação, não tiver a sua votação encerrada nas duas Casas do Congresso Nacional. (Incluído pela Emenda Constitucional n. 32, de 2001)

§ 8º As medidas provisórias terão sua votação iniciada na Câmara dos Deputados. (Incluído pela Emenda Constitucional n. 32, de 2001)

§ 9º Caberá à comissão mista de Deputados e Senadores examinar as medidas provisórias e sobre elas emitir parecer, antes de serem apreciadas, em sessão separada, pelo plenário de cada uma das Casas do Congresso Nacional. (Incluído pela Emenda Constitucional n. 32, de 2001)

§ 10. É vedada a reedição, na mesma sessão legislativa, de medida provisória que tenha sido rejeitada ou que tenha perdido sua eficácia por decurso de prazo. (Incluído pela Emenda Constitucional n. 32, de 2001)

§ 11. Não editado o decreto legislativo a que se refere o § 3º até sessenta dias após a rejeição ou perda de eficácia de medida provisória, as relações jurídicas constituídas e decorrentes de atos praticados durante sua vigência conservar-se-ão por ela regidas. (Incluído pela Emenda Constitucional n. 32, de 2001)

§ 12. Aprovado projeto de lei de conversão alterando o texto original da medida provisória, esta manter-se-á integralmente em vigor até que seja sancionado ou vetado o projeto. (Incluído pela Emenda Constitucional n. 32, de 2001)

Quanto ao processo de elaboração de uma Medida Provisória, a MP deve obedecer a dois requisitos: relevância e urgência. Esses têm uma subjetividade inerente que pode dar abertura para uma edição desproporcional de medidas.

Segundo entendimento fundamentado do STF, "a edição de medidas provisórias, pelo Presidente da República, para legitimar-se juridicamente, depende, dentre outros requisitos, da estrita observância dos pressupostos constitucionais da urgência e da relevância (CF, art. 62, *caput*). Os pressupostos da urgência e da relevância, embora conceitos jurídicos relativamente indeterminados e fluidos, mesmo expondo-se, inicialmente, à avaliação discricionária do Presidente da República, estão sujeitos, ainda que excepcionalmente, ao controle do Poder Judiciário, porque compõem a própria estrutura constitucional que disciplina as medidas provisórias, qualificando-se como requisitos legitimadores e juridicamente condicionantes do exercício, pelo Chefe do Poder Executivo, da competência normativa primária que lhe foi outorgada, extraordinariamente, pela Constituição da República. (...). A possibilidade de controle jurisdicional, mesmo sendo excepcional, apoia-se na necessidade de impedir que o Presidente da República, ao editar medidas provisórias, incida em excesso de poder ou em situação de manifesto abuso institucional, pois o sistema de limitação de poderes não permite que práticas governamentais abusivas venham a prevalecer sobre os postulados constitucionais que informam a concepção democrática de Poder e de Estado, especialmente naquelas hipóteses em que se registrar o exercício anômalo e arbitrário das funções estatais" (ADI n. 2.213-MC, Rel. Min. Celso de Mello, julgamento em 4.4.02, *DJ* de 23.4.04).

Mais adiante, o STF se posiciona também de forma contundente ao destacar que: "a crescente apropriação institucional do poder de legislar, por parte dos sucessivos Presidentes da República, tem despertado graves preocupações de ordem jurídica, em razão do fato de a utilização excessiva das medidas provisórias causar profundas distorções que se projetam no plano das relações políticas entre os Poderes Executivo e Legislativo. Nada pode justificar a utilização abusiva de medidas provisórias, sob pena de o Executivo, quando ausentes razões constitucionais de urgência, necessidade e relevância material, investir-se, ilegitimamente, na mais relevante função institucional que pertence ao Congresso Nacional, vindo a converter-se, no âmbito da comunidade estatal, em instância hegemônica de poder, afetando, desse modo, com grave prejuízo para o regime das liberdades públicas e sérios reflexos sobre o sistema de *checks and balances*, a relação de equilíbrio que necessariamente deve existir entre os Poderes da República. Cabe, ao Poder Judiciário, no desempenho das funções que lhe são inerentes, impedir que o exercício compulsivo da competência extraordinária de editar medida provisória culmine por introduzir, no processo institucional brasileiro, em matéria legislativa, verdadeiro cesarismo governamental, provocando, assim, graves distorções no modelo político e gerando sérias disfunções comprometedoras da integridade do princípio constitucional da separação de poderes" (ADI n. 2.213-MC, Rel. Min. Celso de Mello, julgamento em 4.4.02, *DJ* de 23.4.04).

Felizmente, ao elaborar a EC n. 32/01, percebemos que o legislador teve como inspiração a seguinte previsão: se o Chefe do Executivo continuasse a editar uma infinidade de Medidas Provisórias de forma constante estaria quebrando de forma definitiva o sistema de separação de poderes, permitindo ao Executivo exercer de forma típica uma função originariamente criada para ser atípica ao Poder Executivo, isto é, o ato de legislar. Ademais, com a nova redação dada ao art. 62 pela EC n. 32/01, extingue de vez a possibilidade de reeditar indefinidamente a Medida Provisória. Foi uma vitória da democracia. Lembremos sempre que dentro desse prazo de 60 dias não será computado o período de recesso parlamentar, que, segundo o art. 57 da Constituição, será de 18 de julho a 31 de julho e de 23 de dezembro a 1º de fevereiro. Portanto, caso uma Medida Provisória seja feita em 1º de janeiro, ela durará mais de 120 dias (caso prorrogada por mais 60 dias), pois o período de que dura o recesso não conta para cálculo de apreciação do Congresso Nacional. Destacamos também que no recesso parlamentar poderá ser o Congresso convocado extraordinariamente e caso haja medidas provisórias em vigor na data de sua convocação, serão elas imediatamente incluídas na pauta de sua convocação (art. 57, § 8º, da CF).

Atualmente, a Medida Provisória deve ser editada nos casos de relevância e urgência e publicada no Diário Oficial da União. Depois, encaminhada imediatamente ao Congresso Nacional, que terá o prazo de 60 dias para analisar. Esse prazo poderá ser prorrogado uma única vez pelo mesmo período e será contado da publicação, suspendendo-se durante os períodos de recesso parlamentar.

A tramitação da Medida Provisória é específica e se inicia com o Presidente da República, que deve submetê-la imediatamente à apreciação do Congresso Nacional, cabendo[3] a uma Comissão Mista de Deputados e Senadores analisá-la, emitindo parecer. O parecer deverá destacar se são obedecidos os pressupostos de relevância e urgência, motivação, além de sua correlata adequação financeira ao orçamento. Após essa tarefa, deverá a Medida Provisória ser apreciada pela Câmara e pelo Senado. O art. 8º da Resolução n. 1/02 do Congresso Nacional definiu que o Plenário de cada uma das Casas decidirá, em apreciação preliminar, o atendimento ou não dos pressupostos de relevância e urgência, bem como a sua adequação financeira e orçamentária, antes do exame de mérito, sem a necessidade de interposição de recurso para se for o caso deliberar sobre o mérito. Se o Plenário da Câmara ou Senado entender que os pressupostos (relevância, urgência etc.) não foram respeitados, será a Medida Provisória arquivada.

A Medida Provisória contém um efeito paralisante, isto é, se não for apreciada em 45 dias, contados de sua publicação, entrará em regime de urgência, subsequentemente, em cada uma das Casas do Congresso Nacional, ficando paralisadas, até que se vote a MP, todas as demais deliberações legislativas da Casa em que estiver tramitando. Interessante a importância que a Constituição concedeu a essa espécie legislativa, na medida em que pode paralisar todo serviço até que se aprecie a validade da medida (ver art. 62, § 6º, da Constituição).

Note: As Medidas Provisórias perderão eficácia desde a edição (*ex tunc*), se não forem convertidas em Lei no prazo de 60 dias (prorrogável 1 vez por igual período).

---

(3) Ver art. 62, §§ 5º e 9º, da CF e art. 5º da Resolução n. 1/02, do Congresso Nacional.

Contudo, as relações jurídicas constituídas e decorrentes de atos praticados durante sua vigência serão disciplinadas por decreto legislativo do Congresso Nacional.

A próxima etapa seria a aprovação ou rejeição pelo Congresso Nacional. A Medida Provisória pode seguir quatro caminhos que conduzirão à sua publicação ou ao seu arquivamento, quais sejam:

a) Aprovação sem alteração — Se o Congresso aprovar a Medida Provisória, sem alteração do mérito, será o seu texto promulgado pelo Presidente da Mesa do Congresso Nacional para publicação, no Diário Oficial da União (ver art. 12, da Resolução n. 1/02, do Congresso Nacional).

b) Aprovação com alteração — No caso de haver emendas, o projeto de lei de conversão apreciado por uma das Casas deverá ser apreciado pela outra. Posteriormente, será levado à apreciação do Presidente da República, que sancionará ou vetará a medida modificada. Caso vete, será arquivada a medida; se sancionar será promulgada e publicada pelo Presidente da República.

O § 12 do art. 62 da Constituição (acrescentado pela EC n. 32/01) dispõe que aprovado o projeto de lei de conversão alterando o texto original da Medida Provisória, esta será mantida integralmente até que seja sancionado ou vetado. Ora, esta emenda traz uma regra estranha. Se o projeto de alteração já foi votado pelo Congresso, não há sentido para que continue a vigorar o texto antigo da Medida Provisória, pois seria manter no ordenamento uma declaração contrária ao que foi decidido pelo Congresso.

c) Rejeição tácita — É fato inconteste que se não for apreciada a Medida Provisória no prazo de 60 dias contados de sua publicação, ocorrerá a sua prorrogação por mais 60 dias. Assim, após o período de 120 dias, não havendo apreciação pelo Congresso, a MP perderá eficácia desde a sua edição (*ex tunc*), devendo o Congresso disciplinar as relações delas decorrentes por decreto. Não editado o decreto legislativo até sessenta dias após a rejeição ou perda de eficácia de Medida Provisória, as relações jurídicas constituídas e decorrentes de atos praticados durante sua vigência conservar-se-ão regidas pela Medida Provisória[4]. Ora, se não for editado decreto no prazo estipulado, a Constituição permite que a Medida Provisória regule as relações existentes nesse período. Absurdo! É uma forma de perda da eficácia *ex tunc* pela não apreciação no devido momento, isto é, estamos falando de uma derivação do antigo e autoritário Decreto-lei, o qual admitia aprovação por decurso de prazo.

d) Rejeição expressa — O Congresso Nacional pode expressamente rejeitar a Medida Provisória em sua apreciação e deixar de convertê-la em Lei. Como a Medida Provisória tem efeitos independentes da apreciação do Congresso, os seus efeitos devem ser regulados por decreto até 60 dias da sua edição. O § 10 do art. 62 afirma que é vedada a reedição, na mesma sessão legislativa, de Medida

---

(4) Leia com afinco o art. 62 e seus §§ 3º, 4º, 7º e 11 da CF.

Provisória que tenha sido rejeitada (rejeição expressa) ou que tenha perdido sua eficácia por decurso de prazo (rejeição tácita). Na próxima sessão legislativa, que se inicia em 2 de fevereiro do próximo ano, poderá ser reeditada a Medida Provisória.

Tendo sido publicada a Medida Provisória, terá força de Lei e, como tal, todas as demais normas com ela incompatíveis serão suspensas. Segundo *Michel Temer*[5]: "a edição da medida provisória paralisa temporariamente a eficácia da lei que versava a mesma matéria. Se a medida provisória foi aprovada, se opera a revogação. Se, entretanto, a medida provisória for rejeitada, restaura-se a eficácia da norma anterior. Isto porque, com a rejeição, o Legislativo expediu ato volitivo consistente em repudiar o conteúdo daquela medida provisória, tornando subsistente anterior vontade manifestada de que resultou a lei antes editada. *A priori*, caso seja a medida provisória rejeitada, a lei que teve sua eficácia suspensa volta a produzir efeitos. No nosso entendimento, a natureza jurídica da Lei proveniente de medida provisória é a de Lei Ordinária Especial, pois a sua especialidade se refere a um processo legislativo sumaríssimo realizado de forma efêmera e com diminuição da rigidez constitucional".

Então, o que acontece com as Medidas Provisórias editadas em data anterior à EC n. 32/01?

Em relação à pergunta acima, o art. 2º da EC n. 32/01 definiu que as Medidas Provisórias editadas em data anterior à da publicação (12.9.01) desta emenda continuam em vigor até que Medida Provisória ulterior as revogue explicitamente ou até deliberação definitiva do Congresso Nacional[6]. O Presidente da República, nos dizeres do STF, não pode retirar da apreciação do Congresso Nacional Medida Provisória que tiver editado, sendo possível ab-rogá-la por meio de nova Medida Provisória, valendo tal ato pela simples suspensão dos efeitos da primeira, efeitos esses que, todavia, o Congresso poderá ver restabelecidos, mediante a rejeição da medida ab-rogatória (ver ADIMC n. 1.315/DF, Rel. Min. Ilmar Galvão, *DJ* 25.8.95, p. 26.022, ement. v. 01797-02, p. 293, julg. Pleno).

O STF considera que as Medidas Provisórias podem ser adotadas pelos Estados--membros, desde que prevista na Constituição Estadual e respeite o modelo formal seguido pela Constituição (ADI n. 812 MC/TO, Tribunal Pleno, Rel. Min. Moreira Alves, j. 1º.4.1993, *DJ* 14.5.1993, p. 9.002). No nosso entendimento, podemos fazer uma alusão em relação aos Estados e conceder aos Municípios os mesmos direitos, desde que haja previsão em sua Lei Orgânica e na Constituição do Estado respectivo. Por fim, destaca-se que o STF vem aceitando o uso de medida provisória em matéria tributária. De acordo com o AGRV n. 236.976; RE n. 138.284.

---

(5) TEMER, Michel. *Elementos de direito constitucional*. 14. ed. rev. e ampl. São Paulo: Malheiros, 1998. p. 153.

(6) Confira um julgado interessante do STF sobre as Medidas Provisórias: "Ação Direta de inconstitucionalidade — Questão de Ordem — Impugnação a Medida Provisória que se converteu em lei — Lei de conversão posteriormente revogada por outro diploma legislativo — Prejudicialidade da Ação Direta. A revogação superveniente do ato estatal impugnado faz instaurar situação de prejudicialidade que provoca a extinção anômala do processo de fiscalização abstrata de constitucionalidade, eis que a ab-rogação do diploma normativo questionado opera, a sua exclusão do sistema de direito positivo, causando, desse modo, a perda ulterior de objeto da própria ação direta, independentemente da ocorrência, ou não, de efeitos residuais concretos. Precedentes" (ADI n. 1.445-QO, Rel. Min. Celso de Mello, julgamento em 3.11.04, *DJ* de 29.4.05).

3.2.1.7. Decreto Legislativo

O Decreto Legislativo é uma espécie normativa que pode ser conceituada como o ato destinado a regular matérias de competência exclusiva pelo Congresso Nacional (ver art. 49 e 62, § 3º, da CF). São dotados de efeitos externos e não necessitam de sanção presidencial. O processo legislativo do Decreto é bem simples, ressalvando que por ser ato do Congresso Nacional deverá tramitar na Câmara e no Senado. Inicia-se com a discussão no Congresso, que deverá aprovar o Projeto por maioria simples (art. 47 da CF), passando de forma imediata à promulgação realizada pelo Presidente do Congresso Nacional (Presidente do Senado), o qual mandará publicá-la.

Por fim, devemos tecer breves considerações sobre os tratados internacionais: o tratado internacional, até ser incorporado, deve, primeiramente, ser posterior a um tratado internacional celebrado pelo Presidente da República. Posteriormente, o Congresso Nacional deve aprovar o tratado por meio de um Decreto Legislativo (art. 49, I, da CF). Para tal aprovação, será exigido apenas um turno de discussão e votação em cada Casa, considerando-se aprovado se obtiver o voto da maioria simples dos parlamentares. A próxima etapa é a ratificação do tratado pelo Presidente da República, momento no qual o tratado passa a obrigar o Brasil no âmbito internacional. Por último, o Presidente da República expede um decreto presidencial, promulgando o ato ou tratado internacional e fazendo publicar seu texto. O STF, em precedentes, vem entendendo que o tratado internacional é incorporado com força de Lei Ordinária.

3.2.1.8. Resoluções

É espécie normativa que tem como finalidade regular matéria de competência exclusiva do Congresso Nacional ou de qualquer de suas Casas separadamente (arts. 49, 51 e 52, da CF). O art. 68, § 2º, dispõe de um caso expresso de Resolução definido na Constituição, qual seja, a Resolução do Congresso Nacional que delega ao Presidente da República a possibilidade de legislar (Lei Delegada). Confira o artigo na íntegra:

> A delegação ao Presidente da República terá a forma de resolução do Congresso Nacional, que especificará seu conteúdo e os termos de seu exercício.

Os Estados e o Distrito Federal podem instituir impostos relativos às operações relativas à circulação de mercadorias e sobre prestações de serviços de transporte interestadual e intermunicipal e de comunicação, ainda que as operações e as prestações se iniciem no exterior e a resolução do Senado Federal, de iniciativa do Presidente da República ou de um terço dos Senadores, aprovada pela maioria absoluta de seus membros, estabelecerá as alíquotas aplicáveis às operações e prestações, interestaduais e de exportação (ver art. 155, § 2º, IV, da CF). O Processo Legislativo das Resoluções será definido nos Regimentos Internos da Câmara e do Senado.

Ressalta-se que a Constituição Federal prevê a expedição de resolução do Senado Federal para estabelecer alíquotas do ICMS aplicáveis às operações de circulação de mercadorias e prestações de serviços interestaduais e exportação (art. 155 § 2º, IV, da CF).

3.2.1.9. Tratados e Convenções Internacionais

Os tratados internacionais têm como objetivo evitar a bitributação. O Brasil aderiu ao GATT (Acordo Geral sobre Tarifas e Comércio) que regula a tributação de mercadorias importadas e exportadas, como também, a bitributação.

De acordo com *Eduardo de Moraes Sabbag*:[7]

> Segundo a dicção do art. 98 do CTN, os tratados revogam a legislação interna e serão observados pela legislação que lhes sobrevenha (legislação superveniente). Tal artigo deve ser entendido com parcimônia, uma vez que sua aplicabilidade é contida. Queremos afirmar que as alterações ocasionadas na legislação interna estão circunscritas apenas à matéria daquele tratado específico. Exemplo: "Tratado entre Brasil e EUA para que o primeiro não cobre IPI sobre as importações de produtos industrializados norte-americanos". Se a lei interna brasileira preconiza a incidência do IPI sobre as importações de produtos estrangeiros quaisquer, somente aqueles oriundos dos EUA estarão abrangidos pela regra isencional contida no tratado. Assim, todos os artigos do RIPI continuam vigorando, exceto para as relações comerciais entre Brasil e EUA.

3.2.2. Fontes secundárias

3.2.2.1. Atos normativos

Os atos normativos são comandos emanados do Poder Executivo com o escopo de aplicar corretamente a lei. Neste sentido, destaca-se as portarias dos Ministros ou outras autoridades que expedem instruções sobre a organização e funcionamento de serviço e praticam outros atos de sua competência. Como exemplo temos o Manual de Preenchimento da Declaração de Rendimentos da Secretaria da Receita Federal.

3.2.2.2. Costumes

Os usos e costumes adotados em âmbito tributário podem ser utilizados caso não sejam incompatíveis com a lei e a jurisprudência. *Eduardo de Moraes de Sabbag* decreta que:[8]

> Em matéria tributária (art. 100, III, do CTN), somente podem ser adotados os costumes interpretativos. Isso porque somente a lei, entendida em sentido estrito, tem aptidão para instituir tributo, não se permitindo ao costume a faculdade de revogar a lei, mesmo em face de um desuso, nos termos do art. 2º da Lei de Introdução ao Código Civil.

---

(7) SABBAG, Eduardo de Moraes. *Elementos do direito tributário*. 9. ed. rev. e ampl. São Paulo: Premier Máxima, 2008. p. 164.
(8) *Idem*.

3.2.2.3. Convênios

Os convênios são acordos, limitados pela lei, celebrados entre os entes tributantes para execução das normas relativas à permuta de informações ou fiscalização tributária. Desta Feita, consignamos como exemplo o Convênio do ICMS n. 143/06:

CONVÊNIO ICMS n. 143/06

- Publicado no DOU de 20.12.06, pelo Despacho n. 18/06.
- Manual de Orientação do Leiaute da Escrituração Fiscal Digital — EFD: Ato COTEPE/ICMS ns. 11/07, 09/08.
- Alterado pelos Convs. ICMS ns. 123/07, 13/08.

Institui a Escrituração Fiscal Digital — EFD.

A União, representada pela Secretaria da Receita Federal — SRF e o Conselho Nacional de Política Fazendária — CONFAZ, na 124ª reunião ordinária realizada em Macapá — AP, no dia 15 de dezembro de 2006, tendo em vista o disposto no art. 37, inciso XXII, da Constituição Federal, no inciso IV do art. 100 e no art. 199 do Código Tributário Nacional (Lei n. 5.172, de 25 de outubro de 1966) e no Protocolo de Cooperação ENAT n. 2/05, resolvem celebrar o seguinte.

CONVÊNIO

Cláusula primeira. Fica instituída a Escrituração Fiscal Digital — EFD, em arquivo digital, que se constitui em um conjunto de escrituração de documentos fiscais e de outras informações de interesse dos fiscos das unidades federadas e da Secretaria da Receita Federal bem como no registro de apuração de impostos referentes às operações e prestações praticadas pelo contribuinte.

Renumerado o parágrafo único para § 1º pelo Conv. ICMS n. 123/07, efeitos a partir de 24.10.07.

§ 1º Considera-se a EFD válida para os efeitos fiscais após a confirmação de recebimento do arquivo que a contém.

Acrescido o § 2º à cláusula primeira pelo Conv. ICMS n. 123/07, efeitos a partir de 24.10.07.

§ 2º A recepção e validação dos dados relativos à EFD serão realizadas no ambiente nacional Sistema Público de Escrituração Digital — SPED, instituído pelo Decreto n. 6.022, de 22 de janeiro de 2007, e administrado pela Secretaria da Receita Federal do Brasil, com imediata retransmissão à respectiva unidade federada.

Acrescido o § 3º à cláusula primeira pelo Conv. ICMS n. 123/07, efeitos a partir de 24.10.07.

§ 3º Observados os padrões fixados para o ambiente nacional SPED, em especial quanto à validação, disponibilidade permanente, segurança e redundância, faculta-se às Secretarias Estaduais de Fazenda, Finanças, Receita ou Tributação dos Estados e do Distrito Federal recepcionar os dados relativos à EFD diretamente em suas bases de dados, com imediata retransmissão ao ambiente nacional SPED.

Cláusula segunda. O arquivo deverá ser assinado digitalmente de acordo com as Normas da Infraestrutura de Chaves Públicas Brasileira — ICP-Brasil pelo contribuinte, por seu representante legal ou por quem a legislação indicar.

Cláusula terceira. A Escrituração Fiscal Digital é de uso obrigatório para os contribuintes do Imposto sobre Operações Relativas à Circulação de Mercadorias e sobre Prestações de Serviços de Transporte Interestadual e Intermunicipal e de Comunicação — ICMS ou do Imposto sobre Produtos Industrializados — IPI.

§ 1º O contribuinte poderá ser dispensado da obrigação estabelecida nesta cláusula, desde que a dispensa seja autorizada pelo fisco da unidade federada do contribuinte e pela Secretaria da Receita Federal.

§ 2º O contribuinte obrigado à EFD, a critério da unidade federada, fica dispensado das obrigações de entrega dos arquivos estabelecidos pelo Convênio ICMS n. 57/95.

Nova redação dada ao *caput* da cláusula quarta pelo Conv. ICMS n. 13/08, efeitos a partir de 9.4.08.

Cláusula quarta. Ato Cotepe específico definirá os documentos fiscais, as especificações técnicas do leiaute do arquivo digital da EFD, que conterá informações fiscais e contábeis, bem como quaisquer outras informações que venham a repercutir na apuração, pagamento ou cobrança de tributos de competência dos entes conveniados.

Redação original, efeitos até 8.4.08.

Cláusula quarta Ato Cotepe específico definirá os documentos fiscais, as especificações técnicas do leiaute do arquivo digital da EFD, que conterá informações fiscais e contábeis, bem como quaisquer outras informações que venham a repercutir na apuração, pagamento ou cobrança de tributos de competência dos entes conveniados e os prazos a partir dos quais os contribuintes de que trata a cláusula terceira estarão obrigados ao mesmo.

§ 1º Os contribuintes localizados em unidades da Federação que já utilizem sistemas próprios para geração da EFD deverão, nos termos das respectivas legislações estaduais, continuar a manter os citados sistemas ou o Leiaute Fiscal de Processamento de Dados (LFPD) instituído pelo Ato COTEPE/ICMS n. 35/05, até, no máximo, um ano após a implementação por, pelo menos, 9 (nove) unidades federadas, de sistema que permita a elaboração de escrita fiscal digital para fins de apuração dos tributos devidos.

§ 2º Até que ocorra o previsto no § 1º, as unidades da Federação ali referidas ficam responsáveis pela incorporação ao LFPD das informações suplementares exigidas neste convênio.

Nova redação dada ao § 3º da cláusula quarta pelo Conv. ICMS n. 123/07, efeitos a partir de 24.10.07.

§ 3º Em relação aos contribuintes localizados no Distrito Federal e no Estado de Pernambuco, o prazo previsto no § 1º fica condicionado à implementação no sistema dos documentos e livros fiscais, guias de informação e declarações apresentadas em meio digital, nos termos das respectivas legislações, relativas aos impostos de sua competência.

Redação original, efeitos até 23.10.07.

§ 3º Em relação aos contribuintes localizados no Distrito Federal, o prazo previsto no § 1º fica condicionado à implementação no sistema dos documentos e livros fiscais, guias de informação e declarações apresentadas em meio digital, nos termos da respectiva legislação distrital, relativas ao impostos de sua competência.

Cláusula quinta. O contribuinte deverá manter EFD distinta para cada estabelecimento.

Cláusula sexta. O arquivo digital conterá as informações dos períodos de apuração do imposto e será gerado e mantido dentro do prazo estabelecido pela legislação de cada unidade federada e SRF.

Parágrafo único. O contribuinte deverá manter o arquivo digital da EFD, bem como os documentos fiscais que deram origem à escrituração, na forma e prazos estabelecidos para a guarda de documentos fiscais na legislação tributária, observados os requisitos de autenticidade e segurança nela previstos.

Cláusula sétima. A escrituração prevista na forma deste convênio substitui a escrituração e impressão dos seguintes livros:

I — Registro de Entradas;

II — Registro de Saídas;

III — Registro de Inventário;

IV — Registro de Apuração do IPI;

V — Registro de Apuração do ICMS.

Cláusula oitava. Fica assegurado o compartilhamento das informações relativas às escriturações fiscal e contábil digitais, em ambiente nacional, com as unidades federadas de localização dos estabelecimentos da empresa, mesmo que estas escriturações sejam centralizadas.

Acrescida a cláusula oitava-A pelo Conv. ICMS n. 13/08, efeitos a partir de 9.4.08.

Cláusula oitava-A. Os contribuintes de que trata cláusula terceira ficam obrigados à Escrituração Fiscal Digital (EFD) a partir de 1º de janeiro de 2009, sendo facultada a cada uma das unidades federadas, em conjunto com a Secretaria da Receita Federal do Brasil, estabelecer esta obrigação para determinados contribuintes durante o exercício de 2008.

Cláusula nona. Este convênio entra em vigor na data de sua publicação no Diário Oficial da União.

Macapá-AP, 15 de dezembro de 2006.

3.2.3. Fontes especiais

As fontes tributárias especiais são a doutrina, a jurisprudência e as decisões administrativas do Conselho de Contribuintes. No caso da doutrina, sua importância é fundamental para compatibilizar o CTN (de 1966) e a Constituição para assim, verificar quais artigos guardam consonância com o texto constitucional. A jurisprudência tem como principal objetivo definir os elementos interpretativos que poderão ser utilizados na aplicação da lei. Já o Conselho de Contribuintes visa garantir ao contribuinte julgamento em segunda instância dos processos administrativos fiscais que versem sobre tributos e contribuições administrados pela Secretaria da Receita Federal, com independência, imparcialidade, celeridade e eficiência, colaborando para o aperfeiçoamento da legislação tributária e aduaneira.

3.3. *Vigência da legislação tributária*

A vigência da legislação tributária é um assunto tormentoso, pois o Código Tributário Nacional é anterior à Constituição e, por isso, precisa ser adequado à nova ordem constitucional. O instituto que verifica esta consonância entre o CTN e a Constituição denomina-se recepção.

A recepção é um instituto que deve ser utilizado toda vez que ocorre uma mudança na ordem constitucional. Se uma nova norma constitucional entra em vigor, as normas anteriores só terão validade se com elas forem compatíveis, isto é, recepcionadas. A recepção se refere apenas à parte material da norma, pois a forma não tem importância para verificação da receptividade. Nesse sentido, a norma recepcionada pela nova Constituição pode ser tanto uma lei federal, estadual, municipal ou um Decreto-lei, pois a relevância está em dizer se o conteúdo é compatível ou não com a Lei Máxima. Como exemplo, podemos citar o Código Tributário Nacional (Lei n. 5.172/66), que, embora tenha sido rotulada como Lei Ordinária, foi recepcionada pelo ordenamento jurídico de 1988 como Lei Complementar.

Para facilitar o entendimento, vamos comparar a uma pessoa idosa que, com o passar dos anos, adquiriu muita massa corpórea (ficou gordo) e percebe que ao tentar vestir uma calça da época em que era jovem, a mesma se encontra apertada e não cabe em seu corpo. Da mesma forma, todas as leis e artigos anteriores a 1988, que não se encaixarem (coadunarem), no corpo da nossa densa Constituição, deverão ser considerados "não recepcionados" e, por isso, não devem ser aplicados, sendo revogados tácita e imediatamente.

Outra situação importante no campo da vigência é teoria constitucional denominada de repristinação. Esta é o instituto que visa restabelecer a vigência da norma revogada pela revogação da norma revogadora. No Brasil, a repristinação não é automática e precisa estar prevista expressamente na lei que a norma revogada voltou a ter eficácia e aplicabilidade. Ex.: A Lei "A" é revogada pela Lei "B", em 2006, posteriormente, em 2008, vem a Lei "C" e revoga a Lei "B". Segundo o princípio da repristinação, a Lei "A" só voltará a vigorar se a Lei "C" o disser expressamente ao revogar a Lei "B". A Lei de Introdução ao Código Civil, em seu art. 2º, § 3º, veda a repristinação, alçando-a como exceção no ordenamento jurídico pátrio.

PARA ENTENDER MELHOR

No direito brasileiro, a repristinação é exceção e, por isso, não é automática, só ocorrendo nos casos de expressa previsão legislativa. Em outras palavras, a lei revogada não volta a vigorar pela revogação da lei revogadora. Acompanhe o seguinte exemplo:

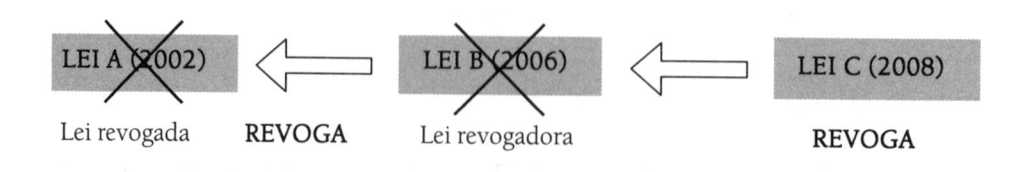

LEI A (2002)	⇐	LEI B (2006)	⇐	LEI C (2008)
Lei revogada	REVOGA	Lei revogadora		REVOGA

Importante consignar que em regra a lei tributária começa a vigorar em todo o país 45 dias depois de oficialmente publicada (art. 1º da LICC); entretanto, deverá sempre observar o princípio da anterioridade, caso a norma tenha como efeito a instituição ou majoração de tributos. Ressalta-se que a legislação tributária se submete ao princípio da territorialidade. O art. 102 do CTN consigna a territorialidade ao decretar que: Art. 102. "A legislação tributária dos Estados, do Distrito Federal e dos Municípios vigora, no País, fora dos respectivos territórios, nos limites em que lhe reconheçam extraterritorialidade os convênios de que participem, ou do que disponham esta ou outras leis de normas gerais expedidas pela União." Assim, a extraterritorialidade é admitida como exceção no caso de convênios ou normas gerais expedidas pela União. Vejamos a seguir os arts. 103 e 104 que trazem algumas regras relativas à vigência da norma tributária:

> Art. 103. Salvo disposição em contrário, entram em vigor:
>
> I — os atos administrativos a que se refere o inciso I do art. 100, na data da sua publicação;
>
> II — as decisões a que se refere o inciso II do art. 100, quanto a seus efeitos normativos, 30 (trinta) dias após a data da sua publicação;
>
> III — os convênios a que se refere o inciso IV do art. 100, na data neles prevista.
>
> Art. 104. Entram em vigor no primeiro dia do exercício seguinte àquele em que ocorra a sua publicação os dispositivos de lei, referentes a impostos sobre o patrimônio ou a renda:
>
> I — que instituem ou majoram tais impostos;
>
> II — que definem novas hipóteses de incidência;
>
> III — que extinguem ou reduzem isenções, salvo se a lei dispuser de maneira mais favorável ao contribuinte, e observado o disposto no art. 178.

3.4. Aplicação da legislação tributária

A aplicação da legislação tributária está prevista no art. 105 do CTN que decreta:

A legislação tributária aplica-se imediatamente aos fatos geradores futuros e aos pendentes, assim entendidos aqueles cuja ocorrência tenha tido início, mas não esteja completa nos termos do art. 116.

De acordo com *Paulo de Barros Carvalho*:[9]

Entrando a lei em vigor, deve ser aplicada, imediatamente, a todos os fatos geradores que vierem a acontecer no campo territorial sobre que incida, bem como àqueles cuja ocorrência teve início, mas não se completou na forma prevista pelo art. 116. E ficam delineados, para o legislador do Código Tributário Nacional, os perfis de duas figuras que ele distingue: a de fato gerador futuro e a de fato gerador pendente.

---

(9) CARVALHO, Paulo de Barros. *Curso de direito tributário*. 17. ed. São Paulo: Saraiva, 2005. p. 198.

Eduardo de Moraes Sabbag[10] define o conceito de fatos geradores pendentes ao afirmar que:

"são aqueles cuja conclusão (consumação) pressupõe uma sequência de atos, sequência essa que se iniciou, mas ainda não se completou, quando a lei entrou em vigor: uma primeira parte foi praticada sob a égide da lei velha, e uma segunda parte ocorrerá já sob a égide da lei nova. Tal ocorre, e. g., com impostos de fato gerador periódico, como o IPVA, cujo fato gerador se completa em um ano: durante o ano de sua ocorrência, o fato gerador desse imposto é pendente; havendo alguma modificação na legislação, aplica-se a norma mais recente."

Vejamos os arts. 116 e 117 do CTN que tratam da temática em comento:

Art. 116. Salvo disposição de lei em contrário, considera-se ocorrido o fato gerador e existentes os seus efeitos:

I — tratando-se de situação de fato, desde o momento em que o se verifiquem as circunstâncias materiais necessárias a que produza os efeitos que normalmente lhe são próprios;

II — tratando-se de situação jurídica, desde o momento em que esteja definitivamente constituída, nos termos de direito aplicável.

Parágrafo único. A autoridade administrativa poderá desconsiderar atos ou negócios jurídicos praticados com a finalidade de dissimular a ocorrência do fato gerador do tributo ou a natureza dos elementos constitutivos da obrigação tributária, observados os procedimentos a serem estabelecidos em lei ordinária. (Parágrafo incluído pela LCP n. 104, de 10.1.2001)

Art. 117. Para os efeitos do inciso II do artigo anterior e salvo disposição de lei em contrário, os atos ou negócios jurídicos condicionais reputam-se perfeitos e acabados:

I — sendo suspensiva a condição, desde o momento de seu implemento;

II — sendo resolutória a condição, desde o momento da prática do ato ou da celebração do negócio.

Uma constatação importante a ser feita diz respeito à regra da Súmula n. 584 do STF que traz uma regra excepcional ao princípio da anterioridade e é aplicada pela Suprema Corte brasileira. Vejamos seu conteúdo: "Ao IR calculado sobre os rendimentos do ano-base aplica-se a lei vigente no exercício financeiro em que deva ser apresentada a declaração."

A lei tributária pode ser aplicada retroativamente em certos casos previstos no art. 106 do CTN. Vejamos:

a) em qualquer caso, quando seja expressamente interpretativa, excluída a aplicação de penalidade à infração dos dispositivos interpretados;

b) tratando-se de ato não definitivamente julgado, quando deixe de defini-lo como infração;

---

(10) SABBAG, Eduardo de Moraes. *Elementos do direito tributário*. 9. ed. rev. e ampl. São Paulo: Premier Máxima, 2008. p. 164.

c) tratando-se de ato não definitivamente julgado, quando deixe de tratá-lo como contrário à qualquer exigência de ação ou omissão, desde que não tenha sido fraudulento e não tenha implicado em falta de pagamento de tributo;

d) tratando-se de ato não definitivamente julgado, quando lhe comine penalidade menos severa que a prevista na lei vigente ao tempo da sua prática.

Importante destacar que, a retroatividade é exceção, pois o princípio da irretroatividade é a regra prevista no art. 144 do CTN que afirma: "o lançamento reporta-se à data da ocorrência do fato gerador da obrigação e rege-se pela lei então vigente, ainda que posteriormente modificada ou revogada." Entretanto, o parágrafo único do referido artigo faz menção a outra hipótese de retroatividade ao consignar que: "aplica-se ao lançamento a legislação que, posteriormente à ocorrência do fato gerador da obrigação, tenha instituído novos critérios de apuração ou processos de fiscalização, ampliado os poderes de investigação das autoridades administrativas, ou outorgado ao crédito maiores garantias ou privilégios, exceto, neste último caso, para o efeito de atribuir responsabilidade tributária a terceiros." Registra-se que o acima não se aplica aos impostos lançados por períodos certos de tempo, desde que a respectiva lei fixe expressamente a data em que o fato gerador se considera ocorrido.

3.5. *Interpretação da legislação tributária*

A legislação tributária deve ser interpretada sempre a favor do contribuinte, pois a dúvida não pode favorecer o fisco. O art. 96 do CTN traz uma regra interpretativa ao consignar que, "a expressão 'legislação tributária' compreende as leis, os tratados e as convenções internacionais, os decretos e as normas complementares que versem, no todo ou em parte, sobre tributos e relações jurídicas a eles pertinentes". Vejamos algumas regras interpretativas:

Na ausência de disposição expressa, a autoridade competente para aplicar a legislação tributária utilizará sucessivamente, na ordem indicada:

1º) a analogia;
2º) os princípios gerais de direito tributário;
3º) os princípios gerais de direito público;
4º) a equidade.

Importante consignar que o emprego da analogia não poderá resultar na exigência de tributo não previsto em lei. O emprego da equidade também não poderá resultar na dispensa do pagamento de tributo devido. Em relação aos princípios gerais de direito privado utilizam-se para pesquisa da definição, do conteúdo e do alcance de seus institutos conceitos e formas, mas não para definição dos respectivos efeitos tributários.

Eduardo de Moraes Sabbag[11] acrescenta que: "como é cediço, o tributo é criado por meio de lei, não o podendo ser por recurso analógico, sua dispensa deve igualmente atrelar-se à lei, em abono ao Princípio da Estrita legalidade. (...) Não se isenta por equidade, não se remite por equidade e não se tributa por analogia."

Registra-se que, a lei tributária não pode alterar a definição, o conteúdo e o alcance de institutos, conceitos e formas de direito privado, utilizados, expressa ou implicitamente, pela Constituição Federal, pelas Constituições dos Estados, ou pelas Leis Orgânicas do Distrito Federal ou dos Municípios, para definir ou limitar competências tributárias.

Ressalta-se que, interpreta-se literalmente a legislação tributária que disponha sobre: a) suspensão ou exclusão do crédito tributário; b) outorga de isenção; c) dispensa do cumprimento de obrigações tributárias acessórias.

O art. 112 do CTN decreta que "a lei tributária que define infrações, ou lhe comina penalidades, interpreta-se da maneira mais favorável ao acusado, em caso de dúvida quanto: I — à capitulação legal do fato; II — à natureza ou às circunstâncias materiais do fato, ou à natureza ou extensão dos seus efeitos; III — à autoria, imputabilidade, ou punibilidade; IV — à natureza da penalidade aplicável, ou à sua graduação".

A seguir, vamos estudar os métodos de interpretação da lei tributária;

a) Método Literal — É aquele em que se busca uma objetividade na análise e tem como fundamento o que está textualizado na lei. Não faz aferições críticas, históricas ou de outra monta. No nosso entendimento, não é o melhor a ser utilizado, pelo simples fato de que não absorve as relevantes mudanças sociais que precisam ser constantemente integradas à Constituição, não permitindo tal aderimento por hermenêutica (interpretação). Entendemos que o método literal serve para garantia dos direitos, garantias fundamentais para que não se faça uma interpretação restritiva do direito prejudicando o indivíduo.

b) Método Histórico — Faz uma apreciação histórica da norma, verificando como ela foi constituída e seu processo de positivação. Interessante que esse método é bastante útil para verificarmos o instituto da recepção, isto é, se uma norma foi recepcionada ou não pelo novo ordenamento constitucional. A análise histórica também tem o objetivo de posicionar-se criticamente em relação à norma em análise para entender se seu processo de origem está relacionado à democracia ou não.

c) Método Teleológico — Tem o viés de responder à seguinte pergunta: Para que a norma foi criada? Então vai analisar a norma para ver qual foi a finalidade do legislador ao querer inovar no mundo jurídico. É de fundamental importância,

---

(11) SABBAG, Eduardo de Moraes. *Elementos do direito tributário*. 9. ed. rev. e ampl. São Paulo: Premier Máxima, 2008. p. 204.

pois, pelo menos em tese, o legislador representa o povo e, por isso, a sua vontade deve privilegiar os interesses de quem o elegeu. É comum definirmos que o legislador tem a posse do poder de legislar, cuja titularidade é concernente ao povo.

d) Método Sistemático — Como dito anteriormente, o direito, apesar de ser separado (didaticamente) em matérias, é um todo que se reúne num sistema. É o melhor dos métodos e confere uma filtragem das normas inferiores em face de um novo ordenamento constitucional, verificando a sua receptividade. Por exemplo, o Código Civil de 1916, que instituía, no art. 223[12], que o marido era o chefe da sociedade conjugal. Antes de ser promulgado o novo Código Civil, os doutrinadores e juristas já entendiam que a regra não era recepcionada e que ambos dividiam a sociedade conjugal e o dever de cuidar dos filhos, já que o art. 5º conferiu igualdade entre homem e mulher e, mais que isso, o art. 226, § 5º[13], da Constituição, que diz:

> Art. 226, § 5º, da CF: Os direitos e deveres referentes à sociedade conjugal são exercidos igualmente pelo homem e pela mulher.

O novo Código Civil resolveu consertar tal disparate legal e fez a mudança terminológica da expressão "pátrio poder" para "poder familiar" e da palavra "homem" para "pessoa", refletindo, assim, um posicionamento terminológico mais igualitário. No art. 1.565, do novo Código Civil, ficou bem estampada essa mudança:

> Art. 1.565, CC/02: Pelo casamento, homem e mulher assumem mutuamente a condição de consortes, companheiros e responsáveis pelos encargos da família.

A melhor forma de interpretar uma norma é escolher o método apropriado para o caso concreto ou então aplicar uma soma deles, refletindo, dessa maneira, a busca do real significado da norma para aplicá-la de forma eficaz e comprometida com os ideais do direito. A interpretação é uma ótima ferramenta para efetivação de uma norma; contudo, deve ser utilizada com limitações. Uma das limitações existentes está relacionada com o sistema de freios e contrapesos. O STF, ao interpretar uma norma, não pode emitir decisão que seja contrária à Constituição ou que inove no ordenamento jurídico, sob pena de afronta ao princípio da separação de poderes.

---

(12) O antigo Código Civil de 1916 (já revogado) dizia: Art. 233, CC. O marido é o chefe da sociedade conjugal, função que exerce com a colaboração da mulher, no interesse comum do casal e dos filhos.
(13) Acompanhamos sempre a posição do Supremo, que nos orienta: O que pretende o recorrente, ora agravante, em substância, é que se reconheça haver o § 5º do art. 226 modificado o Código Civil, na parte em que este trata de alimentos devidos por um cônjuge ao outro. Como acentuou a decisão agravada "não procede a alegação de ofensa ao § 5º do art. 226 da CF", segundo o qual, "os direitos e deveres referentes à sociedade conjugal são exercidos igualmente pelo homem e pela mulher". Tal norma constitucional não implicou revogação das do Código Civil, pelas quais "os cônjuges têm o dever de assistência recíproca e aquele que necessitar de alimentos pode exigi-los do outro, desde que este os possa prestar". E assim é porque não pode ser reconhecida situação de igualdade entre os cônjuges, se um precisa de alimentos prestados pelo outro, e se este não precisa de alimentos, pode prestá-los àquele e lhos recusa. Com efeito, a igualdade de direitos pressupõe a igualdade de situações. E, na instância de origem, bem ou mal, com base na prova dos autos, ficou entendido que a ora agravada está em situação de precisão de alimentos e que o ora agravante está em condições de prestá-los (RE 218.461-AgR, Rel. Min. Sydney Sanches, *DJ* 5.3.99).

Capítulo 4

Relação Jurídico-Tributária e Responsabilidade Tributária

4.1. Considerações iniciais

A relação jurídico-tributária se inicia com a hipótese de incidência tributária e se desenvolve por meio do fato gerador que cria a obrigação tributária e faz nascer, assim, o crédito tributário.

4.2. Hipótese de incidência tributária

A hipótese de incidência tributária é o lapso temporal definido em lei que estabelece a relação jurídico-tributária, isto é, são os fatos que o legislador irá qualificar como passíveis de sofrer a pretensa tributação. Faz parte do princípio da estrita legalidade, pois é imprescindível a anterior definição da hipótese de incidência para que seja legitimada posteriormente a tributação do referido fato. Vejamos o Informativo n. 363 do STJ sobre a questão em comento:

> Trata-se da incidência ou não de Imposto sobre Serviços de Qualquer Natureza (ISSQN) sobre a atividade de franquia. Explica o Min. Relator, entre outros argumentos, que a mera inserção de franquia no rol de serviços constantes de lista anexa à LC n. 116/03 não possui o condão de transmudar a natureza jurídica complexa do instituto, composto por um plexo indissociável de obrigações de dar, fazer e não fazer. Destarte, a operação de franquia não constitui prestação de serviço (obrigação de fazer), por isso escapa da esfera da tributação do ISS pelos municípios. Destacou ainda que, na lista de serviços anexa ao DL n. 406/68 (com a redação dada pela LC n. 56/87), o contrato de franquia não estava listado como serviço, mas atividade de agenciamento, corretagem ou intermediação. Entretanto, esse conceito foi modificado pela LC n. 116/03, que revogou os arts. 8º, 10, 11 e 12 do DL n. 406/68, bem como a LC n. 56/87. A franquia como prestação de serviço e a proposição recursal demonstram que há inequívoca inconstitucionalidade na lista anexa à LC n. 116/03, a conspirar para a incompetência deste Superior Tribunal, sendo o STF o competente para julgar o recurso. Note-se que essa mesma competência foi exercida pelo STF na análise dos conceitos de faturamento, administradores e autônomos, para aferir hipóteses de incidência tributária, o que torna imprescindível a manifestação daquela Corte. Dessa forma, a Turma não conheceu o recurso especial. Precedentes citados: REsp 912.036-RS, *DJ* 8.10.2007; AgRg no Ag 757.416-SC, *DJ* 3.8.2006; AgRg no Ag 748.334-SP *DJ* 30.6.2006; e AgRg no REsp 658.392-DF, *DJ* 2.3.2005. REsp 885.530-RJ, Rel. Min. Luiz Fux, julgado em 12.8.2008.

A regra-matriz de incidência tributária é a norma jurídica tributária em sentido estrito, tal como vem definido no art. 3º do CTN, pois o seu núcleo é essencialmente as normas do tipo tributário, definindo seus critérios (A) factual, (B) semântico, (C) temporal, (D) especial e (E) criminal e (F) matemático de forma a compor a regra de conduta tributária a ser inserida no ordenamento jurídico. Parte da doutrina também prefere conduzir a regra-matriz para uma aplicação mais cotidiana e define uma conduta própria a ser seguida pelo Fisco e pelo sujeito passivo da obrigação tributária (contribuinte). Este tipo de aplicação prática merece até mesmo um esquema didático para melhor visualização do leitor:

(A) CRITÉRIO FACTUAL
Fato gerador que motiva a aplicação da norma tributária;

(B) CRITÉRIO SEMÂNTICO
Nomenclatura definidora da função do Tributo (**conceito**);

(C) CRITÉRIO TEMPORAL
Prazo-limite para aplicação da norma tributária;

(D) CRITÉRIO ESPACIAL
Local delimitado para aplicação da norma tributária;

(E) CRITÉRIO CRIMINAL
O processo de cobrança de tributos busca coagir o contribuinte a pagar tributos. O contribuinte se vê na condição de réu, pela acusação de um crime do qual o sujeito ativo (fisco) tem certeza que ele cometeu.

      Sujeito passivo x Sujeito ativo

         (réu)   (acusador)

O sujeito passivo é o contribuinte abrangido pela norma tributária ou seu substituto.

O sujeito ativo é o órgão governamental fiscal pelo qual a norma tributária concede poderes para efetuar a cobrança de tributos;

F) CRITÉRIO MATEMÁTICO
Fórmula matemática de cálculo de imposto = Base de cálculo x alíquota

Base de cálculo, constante na legislação tributária.

Alíquota a ser aplicada, constante na legislação tributária.

Acerca da aplicação da regra-matriz de incidência tributária ressalta *Carrazza*[1]:

A esquematização formal da regra-matriz de incidência tem-se mostrado um utilíssimo instrumento científico, de extraordinária fertilidade e riqueza para a identificação e conhecimento aprofundado da unidade irredutível que define a fenomenologia básica da imposição tributária. Seu emprego, sobre ser fácil, é extremamente operativo e prático, permitindo, quase que de forma imediata, penetrarmos na secreta intimidade da essência normativa, devassando-a e analisando-a de maneira minuciosa. Em seguida, experimentando o binômio base de cálculo/hipótese de incidência, colhido no texto constitucional para marcar a tipologia dos tributos, saberemos dizer, com rigor e presteza, da espécie e da subespécie da figura tributária que investigamos.

4.3. Fato gerador

O fato gerador é o lapso temporal em que se concretiza a ficção jurídico-tributária estabelecida na hipótese de incidência. Assim, se a hipótese de incidência é "obter rendimentos acima de 5 mil reais no ano corrente" e uma pessoa obtém este rendimento, ocorrerá a subsunção legal do fato à norma, isto é, a concretude da hipótese de incidência tributária que denomina-se fato gerador.

De acordo com o art. 4º do CTN, a natureza jurídica específica (impostos, taxas etc.) do tributo é determinada pelo fato gerador. *Eduardo de Moraes Sabbag*[2] assevera que as "contribuições parafiscais e empréstimos compulsórios são gravames finalísticos, não definidos pelo fato gerador, mas sim, pela finalidade para a qual foram criados. Portanto, seus fatos geradores são irrelevantes, não sendo esses tributos concebidos como tais, em razão de seus fatos imponíveis".

Paulo de Barros Carvalho[3] descreve três funções dos fatos geradores: "1) função mensuradora: medir as proporções econômicas do fato gerador; 2) função objetiva: compor a específica determinação da dívida articulando-se com a alíquota; 3) função comparativa: confirmar ou infirmar o verdadeiro critério material da hipótese tributária."

Ressalta-se que, considera-se ocorrido o fato gerador e existentes os seus efeitos:

a) tratando-se de situação de fato, desde o momento em que se verifiquem as circunstâncias materiais necessárias e que produza os efeitos que normalmente lhe são próprios;

b) tratando-se de situação jurídica, desde o momento em que esteja definitivamente constituída, nos termos de direito aplicável. A autoridade administrativa poderá desconsiderar atos ou negócios jurídicos praticados com a finalidade de dissimular a ocorrência do fato gerador do tributo ou a natureza dos elementos

---

(1) CARRAZZA, Roque Antonio. *Curso de direito constitucional tributário*. 19. ed. São Paulo: Malheiros, 2003.
(2) SABBAG, Eduardo de Moraes. *Direito tributário*. 9. ed. rev. e ampl. São Paulo: Premier Máxima, 2008. p. 206.
(3) CARVALHO, Paulo de Barros. *Curso de direito tributário*. 17. ed. São Paulo: Saraiva, 2005. p. 200.

constitutivos da obrigação tributária, observados os procedimentos a serem estabelecidos em lei ordinária.

Ressalta-se que, os atos ou negócios jurídicos condicionais reputam-se perfeitos e acabados:

a) sendo suspensiva a condição, desde o momento de seu implemento;

b) sendo resolutória a condição, desde o momento da prática do ato ou da celebração do negócio.

Registra-se que de acordo com o art. 118 do CTN:

"a definição legal do fato gerador é interpretada abstraindo-se: I — da validade jurídica dos atos efetivamente praticados pelos contribuintes, responsáveis, ou terceiros, bem como da natureza do seu objeto ou dos seus efeitos; II — dos efeitos dos fatos efetivamente ocorridos."

4.4. Obrigação tributária

A obrigação tributária tem como elementos definidos o Sujeito Ativo, Passivo, o Objeto e a Causa. O sujeito ativo da obrigação é a pessoa jurídica de direito público, titular da competência para exigir o seu cumprimento. Assim, o sujeito ativo está definido pelo critério de competência tributária definida na Constituição. Ressalta-se que, a pessoa jurídica de direito público, que se constituir pelo desmembramento territorial de outra, sub-roga-se nos direitos desta, cuja legislação tributária aplicará até que entre em vigor a sua própria. Podemos elencar como sujeitos ativos diretos os entes federados e indiretos o CREA, CRC, CRM.

Importante consignar que, são solidariamente obrigadas:

a) as pessoas que tenham interesse comum na situação que constitua o fato gerador da obrigação principal;

b) as pessoas expressamente designadas por lei. O art. 125 do CTN declara os seguintes efeitos da solidariedade:

> 1º) o pagamento efetuado por um dos obrigados aproveita aos demais;
>
> 2º) a isenção ou remissão de crédito exonera todos os obrigados, salvo se outorgada pessoalmente a um deles, subsistindo, nesse caso, a solidariedade quanto aos demais pelo saldo;
>
> 3º) a interrupção da prescrição, em favor ou contra um dos obrigados, favorece ou prejudica aos demais.

O sujeito passivo da obrigação tributária principal é a pessoa obrigada ao pagamento de tributo ou penalidade pecuniária. Neste sentido pode ser:

a) contribuinte ou sujeito passivo direito — quando tenha relação pessoal e direta com a situação que constitua o respectivo fato gerador. Ex.: proprietário de bem imóvel (sujeito passivo e deve pagar o IPTU);

b) responsável ou sujeito passivo indireto — quando, sem revestir a condição de contribuinte, sua obrigação decorra de disposição expressa de lei.

O sujeito passivo da obrigação acessória é a pessoa obrigada às prestações que constituam o seu objeto. Note que, as convenções particulares, relativas à responsabilidade pelo pagamento de tributos, não podem ser opostas à Fazenda Pública, para modificar a definição legal do sujeito passivo das obrigações tributárias correspondentes se isso não for consignado previamente.

Consigna-se que, a lei pode atribuir de modo expresso a responsabilidade pelo crédito tributário a terceira pessoa, vinculada ao fato gerador da respectiva obrigação, excluindo a responsabilidade do contribuinte ou atribuindo-a a este em caráter supletivo do cumprimento total ou parcial da referida obrigação.

No que concerne à temática dos responsáveis em matéria tributária temos: a) absolutamente incapaz (art. 134, I do CTN); b) imóvel alienado com dívidas de IPTU (art. 130 do CTN); c) bem imóvel alienado com dívidas de IPTU (art. 131, I, CTN); d) sócio de empresa no que concerne à dívida tributária da sociedade (art. 134, VII e art. 135, III do CTN).

O objeto é outro elemento da obrigação tributária que está relacionado à prestação pecuniária que é exigida do contribuinte ou responsável tributário. Neste caso, a obrigação pode ser principal ou acessória como já estudado. Frisa-se que, a obrigação acessória, pelo simples fato de sua inobservância, converte-se em obrigação principal relativamente à penalidade pecuniária.

O último elemento da obrigação tributária é a causa que pode ser definida como o vínculo obrigacional que revela a necessidade do contribuinte destinar parcela de seu patrimônio para avençar uma prestação estipulada pelo Estado em virtude de ter realizado fato que se encaixa na Hipótese de Incidência do Respectivo Tributo.

4.5. Domicílio tributário

O domicílio é o lugar em que deve ser cumprida a prestação tributária estabelecida pelo fisco. A regra do domicílio tributário é o domicílio eleito pelo ente tributante ou contribuinte e está estabelecida no art. 127 do CTN. Contudo, na falta de eleição, será considerado domicílio tributário:

a) quanto às pessoas naturais, a sua residência habitual, ou, sendo esta incerta ou desconhecida, o centro habitual de sua atividade;

b) quanto às pessoas jurídicas de direito privado ou às firmas individuais, o lugar da sua sede, ou em relação aos atos ou fatos que derem origem à obrigação, o de cada estabelecimento;

c) quanto às pessoas jurídicas de direito público, qualquer de suas repartições no território da entidade tributante. Quando não couber a aplicação das regras fixadas em qualquer dos incisos deste artigo, considerar-se-á como domicílio tributário do contribuinte ou responsável o lugar da situação dos bens ou da ocorrência dos atos ou fatos que deram origem à obrigação. Ressalta-se que, a autoridade administrativa pode recusar o domicílio eleito, quando impossibilite ou dificulte a arrecadação ou a fiscalização do tributo.

4.6. Responsabilidade tributária

4.6.1. Considerações sobre a responsabilidade tributária

Inicialmente, cumpre distinguir o conceito de contribuinte e de responsável tributário. O primeiro é a pessoa que tenha constituída uma obrigação tributária mediante a verificação de uma situação de fato que gerou o dever de pagar o tributo. Assim, o contribuinte é aquele que tem relação pessoal e direta com a situação que constitui o respectivo fato gerador. O responsável tributário seria uma pessoa que tem uma relação indireta com o fato gerador por meio de disposição expressa de lei. Vejamos a seguir o art. 128 do CTN:

> Sem prejuízo do disposto neste capítulo, a lei pode atribuir de modo expresso a responsabilidade pelo crédito tributário a terceira pessoa, vinculada ao fato gerador da respectiva obrigação, excluindo a responsabilidade do contribuinte ou atribuindo-a a este em caráter supletivo do cumprimento total ou parcial da referida obrigação.

O art. 128 do CTN atribui duas situações distintas:

1ª Situação: Exclusão total da responsabilidade do contribuinte. Neste caso, o sujeito passivo será o responsável pessoal da obrigação tributária. Assim, são pessoalmente responsáveis: a) o adquirente ou remitente, pelos tributos relativos aos bens adquiridos ou remidos; b) o sucessor a qualquer título e o cônjuge meeiro, pelos tributos devidos pelo *de cujus* até a data da partilha ou adjudicação, limitada esta responsabilidade ao montante do quinhão do legado ou da meação; c) o espólio, pelos tributos devidos pelo *de cujus* até a data da abertura da sucessão.

Ressalta-se que, de acordo com o art. 123 do CTN, as convenções particulares, relativas à responsabilidade pelo pagamento de tributos, não podem ser opostas à Fazenda Pública, para modificar a definição legal do sujeito passivo das obrigações tributárias correspondentes a não ser que Lei disponha em contrário.

2ª Situação: Exclusão parcial da responsabilidade do contribuinte. Neste caso, o responsável responderá pela parte ou pelo total da obrigação que o contribuinte não tiver cumprido. Assim, o responsável seria como o fiador, pois caso o fisco não encontre bens que bastem para cumprir a obrigação irá exigir a obrigação do responsável tributário. Por exemplo, só é possível exigir o tributo do inventariante (responsável tributário) se o espólio não possuir bens que bastem a obrigação tributária.

4.6.2. Tipos de responsabilidade tributária

A responsabilidade tributária tem inúmeras variações e pode se dar por substituição ou por transferência. Desta feita vamos estudar a seguir cada um dos tipos de responsabilidade tributária.

4.6.2.1. Responsabilidade por substituição

A responsabilidade por substituição ocorre quando a lei determina que o responsável substitua o contribuinte. Esta situação tem previsão no parágrafo único do art. 45, do CTN, que prescreve que a lei pode atribuir à fonte pagadora da renda ou dos proventos tributáveis a condição de responsável pelo imposto cuja retenção e recolhimento lhe caibam.

Eduardo de Moraes Sabbag[4] anota dois exemplos sobre este tema:

Exemplo 1: O empregador e empregado, com relação ao IRRF. Se o empregador, e. g., deixar de reter o IRRF, a ação do Fisco deve dirigir-se contra ele, e não contra o empregado, por este ficar excluído da relação jurídica tributária. Todavia, se a empresa proceder ao desconto do valor do imposto no salário do empregado e não o recolher aos cofres públicos, haverá apropriação indébita, e seus administradores serão pessoalmente responsáveis pelos créditos tributários, como se verá oportunamente (art. 135, III, do CTN). Exemplo 2: a Caixa Econômica Federal e o ganhador de um prêmio da Loteria Federal, quanto ao IR incidente sobre tal prêmio.

A responsabilidade tributária pode ser progressiva ou regressiva. A primeira está prevista no art. 150, § 7º da Constituição Federal, o qual estabelece, que a lei poderá atribuir ao sujeito passivo de obrigação tributária a condição de responsável pelo pagamento de imposto ou contribuição, cujo fato gerador deva ocorrer posteriormente, assegurada a imediata e preferencial restituição da quantia paga, caso não se realize o fato gerador presumido. Assim, na responsabilidade progressiva é antecipado o recolhimento do tributo e o fato gerador ocorre em momento posterior ao recolhimento, como, por exemplo, um Focus (Ford) ao sair da fábrica já será recolhido o ICMS que só terá fato gerador configurado posteriormente. Já a responsabilidade tributária regressiva, o tributo só será recolhido em momento posterior à ocorrência do fato gerador. Como, por exemplo, no caso do produtor de milho e a indústria de milho em conserva. Esta recolhe o tributo em vez do produtor rural.

4.6.2.2. Responsabilidade por transferência

A responsabilidade por transferência é outro modelo responsabilização tributária e ocorre sempre em momento posterior à verificação do fato gerador que configurará uma transferência da obrigação tributária pessoa indicada na lei. A responsabilidade por transferência pode ser por solidariedade, por sucessão ou por imputação legal a terceiros. Vejamos a seguir cada um deles:

I — Solidariedade tributária passiva:

A solidariedade tributária passiva está prevista nos arts. 124 e 125 do CTN e pode ser natural ou legal. A primeira ocorre quando as pessoas têm interesse comum

---

(4) SABBAG, Eduardo de Moraes. *Elementos do direito tributário*. 9. ed. rev. e ampl. São Paulo: Premier Máxima, 2008. p. 221-222.

na situação que constitua o fato gerador da obrigação principal. Ex: três irmãos proprietários. A solidariedade pode ser legal também, a qual ocorre com a determinação legal que chama a pessoa a responder solidariamente pela obrigação tributária. Ressalta-se que, a solidariedade tributária passiva não comporta benefício de ordem, isto é, o fisco pode escolher um devedor aleatoriamente para que responda por toda a obrigação, sem obedecer a qualquer ordem específica.

Segundo, o art. 125 do CTN os efeitos da solidariedade são:

a) o pagamento efetuado por um dos obrigados aproveita aos demais;

b) a isenção ou remissão de crédito exonera todos os obrigados, salvo se outorgada pessoalmente a um deles, subsistindo, nesse caso, a solidariedade quanto aos demais pelo saldo;

c) a interrupção da prescrição, em favor ou contra um dos obrigados, favorece ou prejudica aos demais.

II — *Responsabilidade dos sucessores:*

A responsabilidade pode ser transferida aos sucessores por *causa mortis* ou *inter vivos*. A transferência por *causa mortis* está consignada nos incisos II e II do CTN. Neste sentido, temos duas situações: a) o sucessor a qualquer título e o cônjuge meeiro, pelos tributos devidos pelo de *cujus* até a data da partilha ou adjudicação, limitada esta responsabilidade ao montante do quinhão do legado ou da meação; b) o espólio, pelos tributos devidos pelo de *cujus* até a data da abertura da sucessão.

A transferência pode ser *inter vivos* nos seguintes casos: a) quando os créditos tributários relativos a impostos cujo fato gerador seja a propriedade, o domínio útil ou a posse de bens imóveis, e bem assim os relativos a taxas pela prestação de serviços referentes a tais bens, ou a contribuições de melhoria, sub-rogam-se na pessoa dos respectivos adquirentes, salvo quando conste do título a prova de sua quitação. Ressalta-se que, no caso de arrematação em hasta pública, a sub-rogação ocorre sobre o respectivo preço; b) o adquirente ou remitente, pelos tributos relativos aos bens adquiridos ou remidos; c) a pessoa jurídica de direito privado que resultar de fusão, transformação ou incorporação de outra ou em outra é responsável pelos tributos devidos até à data do ato pelas pessoas jurídicas de direito privado fusionadas, transformadas ou incorporadas; d) a pessoa natural ou jurídica de direito privado que adquirir de outra, por qualquer título, fundo de comércio ou estabelecimento comercial, industrial ou profissional, e continuar a respectiva exploração, sob a mesma ou outra razão social ou sob firma ou nome individual, responde pelos tributos, relativos ao fundo ou estabelecimento adquirido, devidos até à data do ato: I — integralmente, se o alienante cessar a exploração do comércio, indústria ou atividade; II — subsidiariamente com o alienante, se este prosseguir na exploração ou iniciar dentro de seis meses a contar da data da alienação, nova atividade no mesmo ou em outro ramo de comércio, indústria ou profissão.

III — Responsabilidade de terceiros:

A responsabilidade é transferida a terceiros nos casos de impossibilidade de exigência do cumprimento da obrigação principal pelo contribuinte. A lista de terceiros responsáveis está disposta a seguir:

> a) os pais — pelos tributos devidos por seus filhos menores;
>
> b) os tutores e curadores — pelos tributos devidos por seus tutelados ou curatelados;
>
> c) os administradores de bens de terceiros — pelos tributos devidos por estes;
>
> d) o inventariante — pelos tributos devidos pelo espólio;
>
> e) o síndico e o comissário — pelos tributos devidos pela massa falida ou pelo concordatário;
>
> f) os tabeliães, escrivães e demais serventuários de ofício — pelos tributos devidos sobre os atos praticados por eles, ou perante eles, em razão do seu ofício;
>
> g) os sócios, no caso de liquidação de sociedade de pessoas. Em matéria de penalidades, às de caráter moratório.

Na verdade, mediante a análise da responsabilidade de terceiros percebemos que esta está relacionada a um elemento qualitativo principal, qual seja, a subsidiariedade. Assim, só será responsabilizado o terceiro se os bens do contribuinte não encerrarem a obrigação tributária. Entretanto, a responsabilidade será pessoal no caso dos correspondentes a obrigações tributárias resultantes de atos praticados com excesso de poderes ou infração de lei, contrato social ou estatutos. Assim, se encaixa neste perfil a lista de pessoas responsáveis já consignada anteriormente, os mandatários, prepostos e empregados. Ressalta-se que, também serão pessoalmente responsáveis os diretores, gerentes ou representantes de pessoas jurídicas de direito privado.

Outra hipótese de responsabilidade tributária está descrita no art. 208 do CTN e destaca que, "a certidão negativa expedida com dolo ou fraude, que contenha erro contra a Fazenda Pública, responsabiliza pessoalmente o funcionário que a expedir, pelo crédito tributário e juros de mora acrescidos". Ressalta-se que a expressão "Fazenda Pública", neste caso, abrange a Fazenda Pública da União, dos Estados, do Distrito Federal e dos Municípios.

Importante consignar que a responsabilidade por infrações da legislação tributária independe da intenção do agente ou do responsável e da efetividade, natureza e extensão dos efeitos do ato. Quer dizer, não se verifica se agiu com dolo.

Assim, a culpa já qualifica a infração tributária. Note que a responsabilidade é pessoal do agente:

a) quanto às infrações conceituadas por lei como crimes ou contravenções, salvo quando praticadas no exercício regular de administração, mandato, função, cargo ou emprego, ou no cumprimento de ordem expressa emitida por quem de direito;

b) quanto às infrações em cuja definição o dolo específico do agente seja elementar;

c) quanto às infrações que decorram direta e exclusivamente de dolo específico:

c.1. das pessoas da lista de terceiros responsáveis (anteriormente descrita) contra aquelas por quem respondem;

c.2. dos mandatários, prepostos ou empregados, contra seus mandantes, preponentes ou empregadores;

c.3. dos diretores, gerentes ou representantes de pessoas jurídicas de direito privado, contra estas.

Por fim, destaca-se que, a responsabilidade tributária é excluída pela denúncia espontânea da infração, acompanhada, se for o caso, do pagamento do tributo devido e dos juros de mora, ou do depósito da importância arbitrada pela autoridade administrativa, quando o montante do tributo dependa de apuração. Note que, não se considera espontânea a denúncia apresentada após o início de qualquer procedimento administrativo ou medida de fiscalização, relacionados com a infração.

Vejamos algumas jurisprudências sobre o tema em comento:

Tributário. Extinção da empresa. Responsabilidade tributária dos sócios-gerentes. No sistema jurídico-tributário vigente, o sócio-gerente é responsável — por substituição — pelas obrigações tributárias resultantes de atos praticados com infração a lei ou cláusulas do contrato social (CTN, art. 135). Obrigação essencial a todo Administrador e à observância do pagamento dos tributos, no prazo consignado na legislação pertinente. Em se cuidando, no caso, de débito relativo a ICMS, é de presumir que os gerentes da empresa, embora tenham recebido dos consumidores finais esse imposto, nas operações realizadas, retardaram o recolhimento aos cofres da Fazenda, com evidente infração a lei, porquanto a sonegação de tributo constitui crime tipificado em legislação específica. É jurisprudência assente na Corte que as pessoas enumeradas no art. 135, III, do CTN, são sujeitos passivos da obrigação tributária (por substituição), podendo ser citados, com a penhora de seus bens, ainda que os seus nomes não constem no respectivo título extrajudicial. Recurso provido. Decisão unânime. (REsp 68.408/RS, Rel. Min. Demócrito Reinaldo, 1ª Turma, *DJ* de 24.6.96).

TRIBUTÁRIO E PROCESSUAL CIVIL. EXECUÇÃO FISCAL. RESPONSABILIDADE DE SÓCIO-GERENTE. LIMITES. ART. 135, III, DO CTN. PRECEDENTES.

(...)

3. De acordo com o nosso ordenamento jurídico-tributário, os sócios (diretores, gerentes ou representantes da pessoa jurídica) são responsáveis, por substituição, pelos créditos correspondentes a obrigações tributárias resultantes da prática de ato ou fato eivado de excesso de poderes ou com infração de lei, contrato social ou estatutos, nos termos do art. 135, III, do CTN.

4. O simples inadimplemento não caracteriza infração legal. Inexistindo prova de que se tenha agido com excesso de poderes, ou infração de contrato social ou estatutos, não há falar-se em responsabilidade tributária do ex-sócio a esse título ou a título de infração legal. Inexistência de responsabilidade tributária do ex-sócio. 5. Precedentes desta Corte Superior. 6. Embargos de Divergência rejeitados. (EREsp 174.532/PR, Rel. Min. José Delgado, 1ª Seção, unânime, DJ de 20.8.2001).

Tributário. Responsabilidade tributária. Sócio-gerente. art. 135, III, do CTN. Registro. Junta comercial. — Sendo incontroverso o fato de que o recorrido fora dispensado da gerência antes da época em que os tributos deveriam ter sido pagos, é irrelevante que o registro da alteração contratual fosse posterior, inexistindo, assim, a alegada violação ao art. 135, III, do CTN. — Recurso não conhecido. (REsp 5.479/SP, Rel. Min. Américo Luz, 2ª Turma, DJ de 18.3.91).

TRIBUTÁRIO E PROCESSO CIVIL — RESPONSABILIDADE TRIBUTÁRIA: SÓCIO--GERENTE (ART. 135, III DO CTN).1. O sócio-gerente de sociedade limitada responde subsidiária e subjetivamente pelo débito da sociedade, se ela ainda não se extinguiu. 2. O art. 135, III do CTN, não é impositivo e a jurisprudência do STJ, após a controvérsia, vem se inclinando pela predominância da responsabilidade subjetiva. 3. Recurso especial improvido. (REsp 135.091/PR, Rel. Min. Eliana Calmon, 2ª Turma, unânime, DJ de 9.4.2001).

Como corolário desse entendimento, os bens dos sócios só respondem pelas dívidas da empresa em caráter supletivo, quando provado se houve o sócio com dolo ou culpa.

Neste sentido, registra o STJ alguns precedentes de longo alcance social, mormente no momento em que os pequenos e médios empresários brasileiros passam por comprovada dificuldade: TRIBUTÁRIO E PROCESSUAL CIVIL. AGRAVO REGIMENTAL CONTRA DECISÃO QUE NEGOU SEGUIMENTO A EMBARGOS DE DIVERGÊNCIA EM RECURSO ESPECIAL. SOCIEDADE LIMITADA. DISSOLUÇÃO. SÓCIO-GERENTE. RESPONSABILIDADE TRIBUTÁRIA. LIMITES. PRECEDENTES.

3. De acordo com o nosso ordenamento jurídico-tributário, os sócios (diretores, gerentes ou representantes da pessoa jurídica) são responsáveis, por substituição, pelos créditos correspondentes a obrigações tributárias resultantes da prática de ato ou fato eivado de excesso de poderes ou com infração de lei, contrato social ou estatutos, nos termos do art. 135, III, do CTN. 4. A solidariedade do sócio pela dívida da sociedade só se manifesta, todavia, quando comprovado que, no exercício de sua administração, praticou os atos elencados na forma do art. 135, *caput*, do CTN. Há impossibilidade, pois, de se cogitar na atribuição de tal responsabilidade substitutiva quando sequer estava o sócio investido das funções diretivas da sociedade. 6. Não se encontra ultrapassado o posicionamento esposado no decisório guerreado, mas, sim, o julgado citado do ano de 1996 que não mais se amolda ao entendimento desta Corte Superior. Precedentes. 7. Agravo regimental improvido. (EREsp 109.639/RS, Rel. Min. José Delgado, 1ª Seção, unânime, DJ de 28.2.2000).

TRIBUTÁRIO. RESPONSABILIDADE TRIBUTÁRIA. SÓCIO-GERENTE. CESSÃO DE QUOTAS. A identificação da responsabilidade tributária do sócio-gerente que transfere suas quotas sociais segue ao princípio geral adotado no art. 135, III, do Código Tributário Nacional; a solidariedade pela dívida da sociedade, também nesse caso, só se manifesta quando comprovado que, no exercício da gerência, ele praticou atos com excesso de poderes ou infração de lei ou do contrato social. Recurso especial não conhecido. (REsp 108.827/RS, Rel. Min. Ari Pargendler, 2ª Turma, unânime, *DJ* de 17.2.99).

TRIBUTÁRIO — SOCIEDADE REGULARMENTE DESCONSTITUÍDA — RESPONSABILIDADE DO SÓCIO — ARTS. 134 E 135, CTN. 1. CONQUANTO A JURISPRUDÊNCIA ORIENTE QUE OS "SÓCIOS-GERENTES" SÃO RESPONSÁVEIS PELA DÍVIDA TRIBUTÁRIA RESULTANTE DOS ATOS PRATICADOS DURANTE A SUA GESTÃO, AFASTA-SE DESSA COMPREENSÃO QUANDO O SÓCIO, CONFORME REGULAR ALTERAÇÃO CONTRATUAL, DEIXOU A SOCIEDADE ANTES DA INATIVAÇÃO OU PARALISAÇÃO DAS ATIVIDADES SOCIAIS. SOMENTE PODE RESTAR RESPONSABILIDADE EM CASO DE FALÊNCIA (DEC.-LEI N. 7.661, ARTS. 50 E 51, §§ 5º E 6º). 2. RECURSO IMPROVIDO. (REsp 74.877/RS, 1ª Turma, Unânime, *DJ* de 11.3.96).

I — PROCESSUAL E TRIBUTÁRIO. RESPONSABILIDADE DO SÓCIO-GERENTE. AUSÊNCIA DE CITAÇÃO. PRINCÍPIO DA AMPLA DEFESA. Antes de se imputar a responsabilidade tributária, é necessária a prévia citação do sócio-gerente, a fim de que seja possível o exercício do direito de defesa. (REsp 236.131/MG, Rel. Min. Humberto Gomes de Barros, 1ª Turma, Unânime, *DJ* de 13.11.2000).

Capítulo 5

Crédito Tributário

5.1. Considerações iniciais

O crédito tributário é o momento em que o tributo pode ser exigido. Destaca-se que, o art. 142 do CTN consigna que a constituição do crédito tributário ocorre com o lançamento, o qual será estudado no tópico a seguir. Importante consignar que, se for descumprida a obrigação principal ou acessória, prevista no art. 113, §§ 1º e 2º, do CTN, poderá o Estado fazer o lançamento e constituir um crédito, oportunidade em que estará autorizado a exigir o objeto da prestação obrigacional, ou seja, o pagamento.

Luciano Amaro[1] acrescenta que:

> Não obstante se tenha tido o nascimento da obrigação tributária, com a realização do fato gerador (p. ex., alguém deter a propriedade de certo imóvel urbano construído), o indivíduo só será compelível ao pagamento do tributo pertinente (IPTU) se (e a partir de quando) o sujeito ativo (Município) efetivar o ato formal previsto em lei, para a determinação do valor do tributo, dele cientificando o sujeito passivo (...) Antes da consecução desse ato, embora nascida a obrigação tributária, ela está desprovida de exigibilidade (...) O Código Tributário Nacional enfrentou a questão da eficácia do lançamento de modo sofrível. Tentou segregar em dois planos distintos a obrigação tributária (que nasceria com a ocorrência do fato gerador, segundo afirma nos arts. 113 e 114) e o crédito tributário (que, embora "decorra da obrigação tributária, consoante dizem os arts. 139 e 113, § 1º, *in fine*, só se "constituiria" pelo lançamento, conforme a letra *a* do art. 142). (...) Na verdade, haveria três planos diferentes, pois o Código reconhece uma terceira roupagem da obrigação tributária, quando se reveste como dívida ativa tributária, proveniente do crédito tributário (art. 221). O diploma, porém, perdeu-se num mar de contradições, a par de inconsistências terminológicas. (...) Diante desse coquetel de conceitos, o Código Tributário Nacional foi levado, por implicação lógica da premissa que adotou, a proclamar a necessidade de que a todo crédito corresponda um lançamento, mesmo nas hipóteses em que o próprio Código prevê o pagamento sem que o sujeito ativo tenha sequer o trabalho de examinar previamente a situação material. Para esses casos, o Código criou a "ficção" do lançamento por homologação, que se realizaria automaticamente mesmo na total omissão do sujeito ativo.

---

(1) AMARO, Luciano. *Direito tributário brasileiro*. São Paulo: Saraiva, 2000. p. 135.

O crédito tributário decorre da obrigação principal e é efetivado pelo lançamento. Entretanto, as circunstâncias que modificam o crédito tributário, sua extensão ou seus efeitos, ou as garantias ou os privilégios a ele atribuídos, ou que excluem sua exigibilidade não afetam a obrigação tributária que lhe deu origem.

Eduardo Marçal Ferreira Jardim[2] assevera que:

> (...) o crédito tributário exsurge no exato lapso temporal em que nasce a obrigação tributária, porquanto é por meio da obrigação que a Fazenda Pública fica investida do direito subjetivo de exigir do sujeito passivo uma prestação representada pelo crédito tributário. Por conseguinte, ao contrário do quanto apregoa o código, o crédito tributário e imanente à obrigação e, por isso, com ele nasce, subsiste e extingue. Simultaneamente, é claro: nem antes, nem depois.

5.2. Constituição do crédito tributário

A constituição do crédito tributário é realizada mediante o lançamento que é um ato administrativo vinculado, privativo do fisco, com natureza mista, pois declara a obrigação tributária decorrente do fato gerador e constitui o crédito tributário. Entretanto, *Eduardo Marçal Ferreira Jardim*[3] traz um importante apontamento sobre a divergência doutrinária relativa à imprescindibilidade do lançamento para constituir o crédito tributário. Vejamos:

> Cumpre obtemperar, por outro lado, que, embora o crédito surja em sincronia com o nascimento da obrigação, alguns tributos somente se tornam exigíveis mediante a edição de um ato administrativo denominado lançamento. Assim, temos que o recolhimento de alguns tributos dependem da edição do lançamento, enquanto outros prescindem daquela formalidade. Exemplo dos primeiros é a cobrança do IPTU, ou da contribuição de melhoria etc. Traduz hipótese dos segundos o pagamento do IPI, do IR, do ICMS etc. Convém ponderar, ao demais, que, em certos casos de inadimplemento do dever jurídico tributário por parte do sujeito passivo, cabe à Fazenda Pública efetuar a cobrança do tributo através do lançamento — auto de infração, por exemplo —, independentemente da condição de tratar-se de tributo suscetível ou não ao lançamento no tocante à fase de cumprimento espontâneo da relação jurídica tributária. É o caso do ICMS não declarado e apurado em auditoria fiscal. É oportuno registrar, também, que, de acordo com o *modus faciendi* específico de cobrança de certos tributos, a exemplo do ICMS, cujo pagamento se dá sem o lançamento, acaso o sujeito passivo declare o valor apurado num dado período e deixe de realizar o respectivo pagamento, por desnecessário o lançamento, a Fazenda Pública da pressa em promover a cobrança judicial do *debitum*. De outra margem, contudo, embalde o ponto de vista enunciado seja subscrito pela doutrina mais avançada da

---

(2) MARCIAL, Eduardo; JARDIM, Ferreira. *Manual de direito financeiro e tributário*. São Paulo: Saraiva, 1999. p. 243.
(3) MARCIAL, Eduardo; JARDIM, Ferreira. *Op. cit.*, p. 244.

nossa Ciência Jurídica, a teor de *Paulo de Barros Carvalho* e *Alberto Xavier*, dentre outros, ainda assim quadra assinalar que o entendimento correto predica que todos os tributos dependem da edição do ato de lançamento para efeito de serem cobrados. Por essa aresta de focalização adotada pelo Código Tributário e pela doutrina Convencional, os lançamentos são agrupados em três modalidades, que se categorizam conforme a intensidade com que os sujeitos ativo e passivo participam de sua elaboração (...).

No nosso entendimento, o crédito tributário sempre é constituído por meio do lançamento, o qual pode ser definido como o ato competente expedido pela autoridade administrativa visando constituir o crédito tributário. Também pode ser entendido como o procedimento administrativo tendente a verificar a ocorrência do fato gerador da obrigação correspondente, determinar a matéria tributável, calcular o montante do tributo devido, identificar o sujeito passivo e, sendo caso, propor a aplicação da penalidade cabível. Ressalta-se que, a atividade administrativa de lançamento é vinculada e obrigatória.

Segundo a doutrina de *Vitório Cassone*,[4] "lançamento é o ato privativo da Administração Pública, que verifica e registra a ocorrência do fato gerador, a fim de apurar a quantia devida pelo sujeito passivo da obrigação tributária".

Moreira Alves[5] acentua que:

(...) o lançamento é um elemento que não ocorre no Direito Privado, porque neste, quando as obrigações nascem ilíquidas, se aplica o art. 1.553 do CCB (a liquidação se fixará por arbitramento) permite ao Estado tornar líquido o que é ilíquido, pelo lançamento, coisa que o particular não pode fazer. Mas nos Embargos toda e qualquer matéria é atacada, tanto formal como material, porque o título dotado apenas de presunção *juris tantum*. Assim, entende que lançamento é um ato que transmuda a obrigação ilíquida em líquida. Não cria, não modifica nem extingue obrigação. O Estado tem o poder de lançar. Se não lançar, ocorre a decadência. O funcionário tem o dever de lançar, sob pena de responsabilidade funcional. Logo, o lançamento tem natureza declaratória e constitutiva. É declaratório, pois nada cria, apenas declara uma situação jurídica preexistente. É constitutivo, porque individualiza essa situação, delineando-a concretamente. Se o órgão não lançar, será punido. Não cabe falar em punição para o Estado. O lançamento não é ato indispensável em todos os tributos (...).

Hugo de Brito Machado leciona que:

A atividade administrativa de lançamento é vinculada e obrigatória, sob pena de responsabilidade funcional (CTN, art. 142, parágrafo único). Tomando conhecimento do fato gerador da obrigação tributária principal, ou do descumprimento de uma obrigação acessória, que a este equivale porque faz nascer também

---
(4) CASSONE, Vitorio. *Direito tributário*. São Paulo: Atlas, 1995. p. 114.
(5) *Ibidem*, p. 115.

uma obrigação tributária principal, no que concerne à penalidade pecuniária respectiva, a autoridade administrativa tem o dever indeclinável de proceder ao lançamento tributário. O Estado, como sujeito ativo da obrigação tributária, tem um direito ao tributo, expresso no direito potestativo de criar o crédito tributário, fazendo o lançamento. A posição do Estado não se confunde com a posição da autoridade administrativa. O Estado tem um direito, a autoridade tem um dever.[6]

Luciano Amaro[7] assevera que "a prática do lançamento é necessária para que o sujeito ativo possa exercitar atos de cobrança do tributo, primeiro administrativamente e depois (se frustrada a cobrança administrativa) através de ação judicial, precedida esta outra providência formal, que é a inscrição do tributo como dívida ativa".

As espécies de lançamento tributário são: lançamento de ofício, misto, ou por homologação. O lançamento direto ou de ofício está previsto no art. 149, I do CTN e pode ser definido como aquele em que o fisco dispõe de todos dados para efetuar o lançamento de ofício. Já o lançamento misto ou por declaração é aquele em que o contribuinte presta ao Estado informações fiscais para que este possa efetuar o lançamento, como por exemplo no Imposto de Importação. O lançamento por homologação ou autolançamento é aquele em que o contribuinte presta informações ao fisco que poderá homologá-las ou não, como por exemplo o IR e o IPI.

Importante consignar algumas regras relativas ao lançamento:

a) quando o valor tributário esteja expresso em moeda estrangeira, no lançamento far-se-á sua conversão em moeda nacional ao câmbio do dia da ocorrência do fato gerador da obrigação;

b) o lançamento reporta-se à data da ocorrência do fato gerador da obrigação e rege-se pela lei então vigente, ainda que posteriormente modificada ou revogada;

c) aplica-se ao lançamento a legislação que, posteriormente à ocorrência do fato gerador da obrigação, tenha instituído novos critérios de apuração ou processos de fiscalização, ampliado os poderes de investigação das autoridades administrativas, ou outorgado ao crédito maiores garantias ou privilégios. Ressalta-se que, neste último caso, para o efeito de atribuir responsabilidade tributária a terceiros não será a aplicada a legislação que institua novos critérios de apuração ou processos de fiscalização. Também não será aplicada aos impostos lançados por períodos certos de tempo, desde que a respectiva lei fixe expressamente a data em que o fato gerador se considera ocorrido;

d) o lançamento regularmente notificado ao sujeito passivo só pode ser alterado em virtude de:

a) impugnação do sujeito passivo;

b) recurso de ofício;

c) iniciativa de ofício da autoridade administrativa;

---

(6) MACHADO. *Op. cit.*, p. 134, nota 1.
(7) AMARO. *Op. cit.*, p. 124, nota 2.

d) a modificação introduzida, de ofício ou em consequência de decisão administrativa ou judicial, nos critérios jurídicos adotados pela autoridade administrativa no exercício do lançamento somente pode ser efetivada, em relação a um mesmo sujeito passivo, quanto a fato gerador ocorrido posteriormente à sua introdução;

e) o lançamento é efetuado e revisto de ofício pela autoridade administrativa nos seguintes casos: I — quando a lei assim o determine; II — quando a declaração não seja prestada, por quem de direito, no prazo e na forma da legislação tributária; III — quando a pessoa legalmente obrigada, embora tenha prestado declaração nos termos do inciso anterior, deixe de atender, no prazo e na forma da legislação tributária, a pedido de esclarecimento formulado pela autoridade administrativa, recuse-se a prestá-lo ou não o preste satisfatoriamente, a juízo daquela autoridade; IV — quando se comprove falsidade, erro ou omissão quanto a qualquer elemento definido na legislação tributária como sendo de declaração obrigatória; V — quando se comprove omissão ou inexatidão, por parte da pessoa legalmente obrigada, no exercício da atividade a que se refere o artigo seguinte; VI — quando se comprove ação ou omissão do sujeito passivo, ou de terceiro legalmente obrigado, que dê lugar à aplicação de penalidade pecuniária; VII — quando se comprove que o sujeito passivo, ou terceiro em benefício daquele, agiu com dolo, fraude ou simulação; VIII — quando deva ser apreciado fato não conhecido ou não provado por ocasião do lançamento anterior; IX — quando se comprove que, no lançamento anterior, ocorreu fraude ou falta funcional da autoridade que o efetuou, ou omissão, pela mesma autoridade, de ato ou formalidade especial;

f) a revisão do lançamento só pode ser iniciada enquanto não extinto o direito da Fazenda Pública. O lançamento por homologação, que ocorre quanto aos tributos cuja legislação atribua ao sujeito passivo o dever de antecipar o pagamento sem prévio exame da autoridade administrativa, opera-se pelo ato em que a referida autoridade, tomando conhecimento da atividade assim exercida pelo obrigado, expressamente a homologa. O pagamento antecipado pelo obrigado extingue o crédito, sob condição resolutória da ulterior homologação ao lançamento. Note que, não influem sobre a obrigação tributária quaisquer atos anteriores à homologação, praticados pelo sujeito passivo ou por terceiro, visando à extinção total ou parcial do crédito.

5.3. *Decadência e prescrição do direito tributário*

5.3.1. Decadência do crédito tributário

A decadência tributária é uma regra de limitação temporal de exigibilidade do tributo em razão da extinção do direito subjetivo que se fundava a obrigação tributária. De acordo com *Câmara Leal*:[8]

---

(8) LEAL, Antonio Luis da Câmara. *Da prescrição e da decadência*. 2. ed. Rio de Janeiro: Forense, 1959. p. 133-4.

É de decadência o prazo estabelecido pela lei, ou pela vontade unilateral ou bilateral, quando prefixado ao exercício do direito pelo seu titular. E é de prescrição, quando fixado, não para o exercício do direito, mas para o exercício de ação que o protege.

Eduardo de Moraes Sabbag[9] decreta sobre a decadência que:

O instituto em comento visa atacar, desse modo, o próprio direito, promovendo seu decaimento ou seu perecimento, o que obsta a constituição do crédito tributário. Portanto, a simples suspensão do crédito tributário (art. 151, I a VI, CTN) não impede a sua constituição e, desse modo, não influi no prazo decadencial. Há iterativa jurisprudência nesse sentido. A decadência nasce em razão da omissão ou inanição do sujeito ativo no exercício da faculdade de proceder ao lançamento e, a partir desse momento, interrompe o processo de positivação do direito tributário. (...) a) a decadência atinge o direito material, substantivo ou substancial; b) à decadência, aplicam-se os princípios da legalidade e da segurança jurídica; e) ocorrendo decadência, não se opera a prescrição; f) é possível a restituição de tributo atingido pela decadência.

A decadência do crédito tributário está prevista no art. 173 e seguintes do Código Tributário Nacional. Ressalta-se que, o direito de a Fazenda Pública constituir o crédito tributário extingue-se após cinco anos, contados: a) do primeiro dia do exercício seguinte àquele em que o lançamento poderia ter sido efetuado; b) da data em que se tornar definitiva a decisão que houver anulado, por vício formal, o lançamento anteriormente efetuado.

No lançamento por homologação, que ocorre quanto aos tributos cuja legislação atribua ao sujeito passivo o dever de antecipar o pagamento sem prévio exame da autoridade administrativa, opera-se pelo ato em que a referida autoridade, tomando conhecimento da atividade assim exercida pelo obrigado, expressamente a homologa. Entretanto, destaca-se que, se a lei não fixar prazo à homologação, será ele de 5 anos, a contar da ocorrência do fato gerador; expirado esse prazo sem que a Fazenda Pública se tenha pronunciado, considera-se homologado o lançamento e definitivamente extinto o crédito, salvo se comprovada a ocorrência de dolo, fraude ou simulação.

O colendo STJ destaca que o início da contagem do prazo decadencial no lançamento por homologação é o primeiro dia útil do exercício seguinte ao em que se extinguiu o direito potestativo de a administração rever ou homologar a atividade exercida pelo sujeito passivo. Vejamos o Recurso Especial n. 58.918-5-RJ, relatado pelo Ministro Humberto Gomes de Barros:

TRIBUTÁRIO — CONTRIBUIÇÃO PREVIDENCIÁRIA CONSTITUIÇÃO DO CRÉDITO TRIBUTÁRIO — DECADÊNCIA — PRAZO (CTN, ART. 173).

I — O art. 173, I do CTN deve ser interpretado em conjunto com seu art. 150, § 4º. II — O termo inicial da decadência prevista no art. 173, I do CTN não é a data em que ocorreu

---

(9) SABBAG, Eduardo de Moraes. *Elementos do direito tributário*. 9. ed. rev. e ampl. São Paulo: Premier Máxima, 2008. p. 256.

o fato gerador. III — A decadência relativa ao direito de constituir crédito tributário somente ocorre depois de cinco anos, contados do exercício seguinte àquele em que se extinguiu o direito potestativo de o Estado rever e homologar o lançamento (CTN, art. 150, § 4º). IV — Se o fato gerador ocorreu em outubro de 1974, a decadência opera-se em 1º de janeiro de 1985. Ao proferir o seu voto o egrégio relator expôs a tese que fundamentou o seu entendimento sedimentado nos seguintes argumentos: "...Examinado isoladamente, o texto legal deixa margem a duas interpretações. Com efeito, a utilização de o verbo poder, em seu modo condicional, autoriza o entendimento de que o prazo começa a partir do momento em que seria lícito à administração fazer o lançamento. Por igual, o termo "poderia", permite dizer que o prazo somente começa, depois que já não mais é lícita a prática do lançamento.

A dificuldade desaparece quando se examina o art. 173, em conjunto com o preceito contido no art. 150, § 4º do CTN. O art. 150 trata do lançamento por homologação. Seu § 4º estabelece o prazo para a prática deste ato. Tal prazo é de cinco anos, a contar da ocorrência do fato gerador. O § 4º adverte para a circunstância de que, expirado este prazo sem que a Fazenda Pública se tenha pronunciado, considera-se definitivo o lançamento. Vale dizer que o lançamento apenas pode ser considerado definitivo em duas situações: a — depois de expressamente homologado; b — cinco anos depois de ocorrido o fato gerador, sem homologação expressa. Na hipótese de que agora cuidamos, o lançamento poderia ter sido efetuado durante cinco anos, a contar do vencimento de a cada uma das contribuições. Se não houve homologação expressa, a faculdade de rever o lançamento correspondente a mais antiga das contribuições (out./74) estaria extinta em outubro de 1979.

Já a decadência ocorreria cinco anos depois "do primeiro dia do exercício seguinte" à extinção do direito potestativo de homologar (1º de janeiro de 1980). Ou seja: em primeiro de janeiro de 1985. Ora, a inscrição da dívida verificou-se em maio de 1983 (cf. fl. 47). Não houve decadência. Provejo o recurso, para que a execução retome seu curso.

Eduardo de Moraes Sabbag[10] sentencia que:

Resumidamente — e, em linhas gerais — diz-se que, no âmbito dos lançamentos por homologação, será utilizado o art.150 § 4º, CTN, para os casos de ausência de antecipação de pagamento, e o art. 173, I, CTN, para os casos de ausência de antecipação, ressaltando que se defende, neste último caso, a aplicação cumulativa dos artigos.

Paulo de Barros Carvalho assevera que:

A conhecida figura do lançamento por homologação é um ato jurídico administrativo de natureza confirmatória, em que o agente público, verificado o exato implemento das prestações tributárias de determinado contribuinte, declara, de modo expresso, que obrigações houve, mas que se encontram devidamente quitadas até aquela data, na estrita consonância dos termos da lei. Não é preciso dispender muita energia mental para notar que a natureza do ato homologatório

---

(10) SABBAG, Eduardo de Moraes. *Elementos do direito tributário*. 9. ed. rev. e ampl. São Paulo: Premier Máxima, 2008. p. 256.

difere da do lançamento tributário. Enquanto aquele primeiro anuncia a extinção da obrigação, liberando o sujeito passivo, estoutro declara o nascimento do vínculo, em virtude da ocorrência do fato jurídico. Um certifica a quitação, outro certifica a dívida. Transportando a dualidade para outro setor, no bojo de uma analogia, poderíamos dizer que o lançamento é a certidão de nascimento da obrigação tributária, ao passo que a homologação é a certidão de óbito. (...) Quando é que o funcionário da Fazenda lavra a homologação? Exatamente quando não pode celebrar o ato jurídico administrativo do lançamento. E por que o agente público exara o lançamento? Precisamente porque não pode realizar o ato jurídico administrativo de homologação. Eis a prova. Lançamento e homologação de lançamento são realidades jurídicas antagônicas, não podendo subsistir debaixo do mesmo epíteto.[11] A doutrina vem veementemente identificando incoerências em relação à sua base argumentativa. Nesse sentido, vale a pena destacar, os dizeres de Alberto Xavier, em trechos de seu artigo doutrinário: "A ilogicidade da tese jurisprudencial no sentido da aplicação concorrente dos arts. 150, § 4º e 173 resulta ainda evidente da circunstância de o § 4º do art. 150 determinar que se considera "definitivamente extinto o crédito" no término do prazo de cinco anos contados da ocorrência do fato gerador. Qual seria pois o sentido de acrescer a este prazo um novo prazo de decadência do direito de lançar quando o lançamento já não poderá ser efetuado em razão de já se encontrar "definitivamente extinto o crédito"? Verificada a morte do crédito no final do primeiro quinquênio, só por milagre poderia ocorrer a sua "ressurreição" no segundo. Bem melhor interpreta a lei o Tribunal Federal de Recursos, na sua Súmula n. 219 ao subordinar ao pressuposto de "não haver antecipações do pagamento" a aplicação do prazo de cinco anos em função do primeiro dia do exercício seguinte àquele em que ocorreu o fato gerador previsto no art. 173 do Código Tributário Nacional.[12]

Vejamos o entendimento jurisprudencial sobre a temática em tela:

TRIBUTÁRIO. DECADÊNCIA. TRIBUTOS SUJEITOS AO REGIME DO LANÇAMENTO POR HOMOLOGAÇÃO. Nos tributos sujeitos ao regime do lançamento por homologação, a decadência do direito de constituir o crédito tributário se rege pelo art. 150, § 4º, do Código Tributário Nacional, isto é, o prazo para esse efeito será de 5 anos a contar da ocorrência do fato gerador; a incidência da regra supõe, evidentemente, hipótese típica de lançamento por homologação, a que pagamento do tributo não for antecipado, já não será caso de lançamento por homologação hipótese em que a constituição do crédito tributário deverá observar o disposto no art. 173, I, do CTN. Recurso Especial não conhecido. (REsp n. 169.246/SP, AC. 2ª Turma. Decisão de 4.6.1998. Relator: Min. Ari Pargendler. Publ. *DJ* 29.6.1998, p. 153).

---

(11) CARVALHO, Paulo de Barros. *Curso de direito tributário*. 9. ed. São Paulo: Saraiva, 1996. p. 282/3.
(12) XAVIER, Alberto Pinheiro. A contagem dos prazos no lançamento por homologação. *Revista Dialética de Direito Tributário*, São Paulo, n. 27.

Na nossa compreensão, o entendimento jurisprudencial do STJ não tem foro de procedência, pois aplica ao mesmo tempo duas regras decadenciais distintas, vigentes em regimes diversos. Explico: no caso de ocorrer o pagamento, aplica-se o art. 150, § 4º do CTN. Entretanto, não havendo o pagamento do tributo, aplica-se em conjunto a norma do art. 173, inciso I do CTN. Neste sentido, *Luciano Amaro*:[13]

> Em ambos os casos, trata-se de prazos para lançar; uma norma cuida da regra e a outra, da exceção, afronta o princípio da não contrariedade das normas jurídicas aplicar a uma mesma hipótese a regra e a exceção em conjunto. Isso representa uma impossibilidade lógica e jurídica, qual seja, a de o prazo para o lançamento começar a correr quando não mais seja lícito lançar.

Ressalta-se que, a Lei n. 8.212/91 (Lei de custeio das contribuições sociais) estabeleceu prazo decadencial de 10 anos para as contribuições sociais. Veja-se:

> Art. 45 da Lei n. 8.212/91: O direito de a Fazenda Pública constituir o crédito tributário extingue-se após 10 (dez) anos, contados:
>
> I — do primeiro dia do exercício seguinte àquele em que o crédito poderia ser sido constituído;
>
> II — da data em que se tornar definitiva a decisão que houver anulado, por vício formal, o lançamento anteriormente efetuado.

Importante considerar que, o Superior Tribunal de Justiça já reconheceu a inconstitucionalidade deste artigo asseverando que o prazo decadencial a ser aplicado é de 5 anos. Vejamos o Informativo n. 366 do STJ sobre o tema:

> A autarquia federal argumenta que, nos tributos sujeitos a lançamento por homologação, inexistindo pagamento, o prazo decadencial é de dez anos, e não de cinco, conforme concluiu o acórdão recorrido. Mas a Min. Relatora entendeu não assistir razão ao recorrente, uma vez que, na hipótese, não houve pagamento antecipado pelo contribuinte. Aplica-se a orientação deste Superior Tribunal no sentido de que, em se tratando de tributo sujeito a lançamento por homologação cujo pagamento não foi antecipado pelo contribuinte, incide a regra do art. 173, I, do CTN. Ressaltou a Min. Relatora que, no julgamento da Arguição de Inconstitucionalidade no REsp 616.348-MG, *DJ* 15.10.2007, reconheceu-se a inconstitucionalidade do art. 45 da Lei n. 8.212/91, o qual previa o prazo decadencial de dez anos para o INSS apurar e constituir seus créditos. Isso porque as contribuições sociais, inclusive as que se destinam a financiar a seguridade social, possuem natureza tributária, de maneira que deve ser observado o disposto no art. 146, III, *b*, da CF/88, no sentido de que as normas gerais da legislação tributária acerca de prescrição e decadência devem ser reguladas por lei complementar. No que tange ao auxílio-creche, ele não integra o salário de contribuição. Consequentemente, é indevida a incidência da contribuição previdenciária sobre valores pagos a tal título. Quanto às ajudas de custo relativas ao deslocamento noturno e aluguel, elas integram o salário de contribuição, deve, portanto, incidir contribuição previdenciária sobre tais parcelas.

---

(13) AMARO, Luciano. *Direito tributário brasileiro*. 8. ed. atual. São Paulo: Saraiva, 2002. p. 463.

Finalmente, em relação à ajuda de custo denominada de desenvolvimento de supervisor de contas, a jurisprudência deste Superior Tribunal é no sentido de que as verbas pagas pelo empregador diretamente à instituição de ensino para custeio de cursos não integram a remuneração do empregado; não compõem, portanto, o salário de contribuição, para fins de incidência da contribuição previdenciária prevista no art. 28 da Lei n. 8.212/91. Assim, é indevida a incidência de contribuição previdenciária sobre tal ajuda de custo. Diante disso, a Turma, conheceu parcialmente do recurso e, nessa parte, deu-lhe provimento apenas para determinar a incidência de contribuição previdenciária sobre as ajudas de custo relativas ao deslocamento noturno e ao aluguel. REsp 439.133-SC, Rel. Min. Denise Arruda, julgado em 2.9.2008.

Por fim, deve-se anotar que, a Súmula n. 108 do antigo Tribunal Federal de Recursos (TFR) registra: "A Constituição do crédito previdenciário está sujeita ao prazo de decadência de cinco anos". Desta feita, no nosso entendimento, o prazo decadencial permanece inalterado, mesmo para as contribuições sociais, pois são espécies de tributos.

5.3.2. Prescrição do crédito tributário

5.3.2.1. Considerações gerais sobre a prescrição

Inicialmente, cumpre registrar que a decadência é a perda do direito de lançar e a prescrição é a perda do direito de executar após decorrido certo prazo da inscrição de dívida ativa. O art. 156, V do CTN estabelece que o crédito tributário se extingue com a prescrição e a decadência. Ressalta-se que só a lei pode determinar como será extinto o crédito tributário. Neste sentido, temos as lições de *Paulo de Barros Carvalho*:[14]

> Tanto o surgimento quanto as modificações por que passam durante sua existência, e assim também a extinção das obrigações tributárias hão de ocorrer nos precisos termos da lei. Nesse terreno, o princípio da estrita legalidade impera em toda a extensão e a ele se ajunta, em vários momentos, o postulado da indisponibilidade dos bens públicos. (...) Com o lançamento eficaz, quer dizer, adequadamente notificado o sujeito passivo, abre-se à Fazenda Pública o prazo de cinco anos para que ingresse em juízo com a ação de cobrança (ação de execução). Fluindo esse período de tempo sem que o titular do direito subjetivo deduza sua pretensão pelo instrumento processual próprio, dar-se-á o fato jurídico da prescrição. A contagem do prazo tem como ponto de partida a data da constituição definitiva do crédito, expressão que o legislador utiliza para referir-se ao ato de lançamento regularmente comunicado (pela notificação) ao devedor.[15]

Luciano Amaro ensina que:

> esgotado certo prazo, assinalado em lei, prestigiam-se a certeza e a segurança, e sacrifica-se o eventual direito daquele que se manteve inativo no que respeita à

---
(14) CARVALHO. *Op. cit.*, p. 33, nota 12.
(15) CARVALHO. *Op. cit.*, p. 428, nota 12.

sua atuação ou defesa do seu direito. Dizemos eventual porque este direito pode inexistir, por diversas razões. Pode, por exemplo já ter sido ele satisfeito pelo devedor; se cobrado novamente, após decorrido o prazo legal, o devedor pode invocar o exaurimento do prazo para a cobrança, o que o desobriga de ficar permanentemente apetrechado para defender-se na eventualidade de o credor resolver cobrá-lo.[16]

O art. 174 do Código Tributário Nacional elenca as hipóteses em que a prescrição é interrompida: a) pela citação pessoal feita ao devedor; b) pelo protesto judicial; c) por qualquer ato judicial que constitua em mora o devedor; d) por qualquer ato inequívoco ainda que extrajudicial, que importe em reconhecimento do débito pelo devedor.

Importante registrar que, *Marcelo Colombelli Mezzomo*[17] faz importantes considerações sobre a interrupção da prescrição:

> A questão suscita interessante discussão, uma vez que se argumenta que a lei complementar, ou a assim equiparada, não apresenta hierarquia em relação à lei ordinária, senão que apenas apresenta *quorum* qualificado para aprovação. Nesta ordem de ideias, a prevalência de um os diplomas seria resolvida pelo princípio *lex posteriori derogat lex priori*. Se assim for, o CPC é posterior ao CTN (Lei n. 5.172/66). Por outro lado, se pode afirmar que o CTN é lei especial em relação ao CPC, e que por isso deveria prevalecer. Em termos jurisprudenciais, a supremacia do CTN apontou como solução. A consequência é que somente quando operada a citação pessoal do devedor é que se interrompe a prescrição. O mesmo raciocínio vale para o art. 8º, § 2º, da LEF. Claro que exigências de citação pessoal não significam que as outras formas, especialmente a via edital, não surtam os mesmos efeitos. Da mesma forma, citação pessoal da pessoa jurídica pode ocorrer com o recebimento da citação no setor responsável, pois evidentemente há casos em que o diretor ou responsável direto não é quem pessoalmente recebe a citação.

Assim, interrompendo-se a prescrição, cessa a contagem, recomeçando e computando-se mais cinco anos. Quer dizer, a interrupção da prescrição é um elemento que beneficia o Estado para que possa garantir o crédito constante da execução fiscal.

Paulo de Barros Carvalho[18] exemplifica que:

> A Secretaria da Fazenda do Estado de São Paulo, mediante decisão administrativa final, confirmada a existência de seu crédito para com determinado contribuinte, sendo este notificado do inteiro teor do ato decisório. A partir desse instante, começa a escoar o prazo prescricional. Admitamos que a entidade tributante se mantenha inerte e o devedor passados três anos, venha a postular o parcelamento de seu débito, que confessa existente. A iniciativa do contribuinte, porque

---

(16) AMARO. *Op. cit.*, p. 375, nota 2.
(17) MEZZOMO, Marcelo Colombelli. *A interrupção da prescrição pela citação:* confronto entre o novo Código Civil e o Código de Processo Civil. Disponível em: <http://jus2.uol.com.br/doutrina/texto.asp?id=4089> Acesso em: 21 set. 2006.
(18) CARVALHO, Paulo de Barros. *Curso de direito tributário.* 17. ed. São Paulo: Saraiva, 2005. p. 370.

contemplado no item IV do art. 174, terá o condão de interromper a fluência do prazo, que já seguia pelo terceiro ano, fazendo recomeçar a contagem de mais cinco anos para que prescreva o direito de ação da Fazenda Estadual. Toda vez que o período é interrompido, despreza-se a parcela de tempo que já foi vencida, retornando-se ao marco inicial.

5.3.2.2. Prescrição intercorrente

A prescrição intercorrente é aquela que ocorre quando o processo judicial fica paralisado por inércia da Fazenda Pública. Vamos explicar na prática como funciona esta prescrição intercorrente:

> 1º) A Fazenda Pública ajuíza a ação de execução fiscal e busca bens do devedor para garantia do débito.
>
> 2º) Caso não sejam encontrados bens do devedor, o art. 40 da Lei n. 6.830/80, autoriza o juiz a suspender o andamento da execução sem que isso inicie o prazo prescricional.
>
> 3º) No art. 40, § 2º da Lei n. 6.830/80 está registrado que o juiz pode arquivar os autos do processo se não encontrar bens do devedor, após decorrido 1 ano da suspensão. Assim, a partir deste arquivamento se inicia o prazo prescricional intercorrente de 5 anos, ou seja, passaram 5 anos após o arquivamento a dívida está prescrita.

O STJ tem se posicionado diferentemente quanto à possibilidade da decretação da prescrição intercorrente *ex officio*. Vamos às duas doutrinas:

a) Doutrina 1 do STJ: Reconhece como válida a prescrição intercorrente ex officio:

EMENTA: EXECUÇÃO FISCAL. SUSPENSÃO DO FEITO. ART. 40 DA LEF. PRESCRIÇÃO INTERCORRENTE. DECRETAÇÃO "EX OFFICIO". POSSIBILIDADE.

1. O art. 40 da Lei n. 6.830/80 deve ser interpretado em consonância com o art. 174 do CTN. A suspensão da execução fiscal não afasta a possibilidade de ocorrência da prescrição intercorrente.

2. Em que pese o fato de que a prescrição constitui matéria de defesa do réu, não pode ser decretada sem provocação do interessado, a situação em tela requer tratamento especial, por tratar-se de situação excepcional.

3. Após decorrido o prazo prescricional, não resta ao credor qualquer interesse em promover o andamento do feito. Da mesma forma, não se pode esperar do devedor iniciativa no sentido de pleitear o reconhecimento da prescrição. Assim, a autorização ao juiz para que declare, *ex officio*, a ocorrência da prescrição intercorrente apresentasse como medida razoável, a fim de evitar o tumulto causado pela pendência do processo por tempo indeterminado. (TRF4, AC 2005.04.01.020477-3, Primeira Turma, Relator Maria Lúcia Luz Leiria, publicado em 13.7.2005).[19]

---

(19) JURISPRUDÊNCIA DO TRIBUNAL REGIONAL FEDERAL DA 4ª REGIÃO. Disponível em: <http://www.trf4.gov.br/trf4/processos/pdf_it2.php?numeroProcesso=200504010204773&dataPublicacao=13/07/2005. Acesso em: 26 set. 2006.

EMENTA: TRIBUTÁRIO. PROCESSO CIVIL. EXECUÇÃO FISCAL. PRESCRIÇÃO INTERCORRENTE. DECRETAÇÃO DE OFÍCIO.

— Em tema de extinção do crédito tributário, o CTN confere tratamento idêntico à prescrição e à decadência: ambas atuam como causa de sua extinção (art. 156, V). Sendo o crédito a "própria obrigação depois de apurada" (*Ruy Barbosa Nogueira*), o desaparecimento de um leva necessariamente ao desaparecimento da outra. Extinta, portanto, pela prescrição, a relação de direito material, cessa a causa jurídica que fundamentaria a cobrança do crédito, disso decorrendo a possibilidade de reconhecimento, de ofício, de dívida prescrita.

— Inaplicabilidade das regras do CC. No ordenamento civil, a prescrição atinge apenas a pretensão, permanecendo incólume o direito subjetivo. Tanto é assim que não se pode pleitear repetição do que se pagou "para solver dívida prescrita" (art. 882 do novo CC). (TRF4, AC 2003.04.01.031325-5, Primeira Turma, Relator Paulo Afonso Brum Vaz, publicado em 15.10.2003).[20]

EMENTA: EXECUÇÃO FISCAL. PRESCRIÇÃO INTERCORRENTE. ART. 40 DA LEF. INTERPRETAÇÃO HARMÔNICA COM O SISTEMA TRIBUTÁRIO. POSSIBILIDADE DE DECRETAÇÃO SEM PEDIDO EXPRESSO DA PARTE, EM CASOS EXCEPCIONAIS.

1. Decorridos mais de cinco anos após a execução fiscal, sem qualquer manifestação do credor, ocorre a prescrição intercorrente.

2. O art. 40 da Lei n. 6.830/80 deve ser interpretado em harmonia com o sistema jurídico, que não admite que a ação para a cobrança do crédito tributário tenha prazo perpétuo. Logo, não localizado o devedor e havendo inércia do Fisco por período superior a cinco anos, é de ser declarada a prescrição intercorrente.

3. A declaração da prescrição intercorrente pelo julgador sem pedido do devedor é possível, excepcionalmente, nos casos em que a tendência do processo é ficar, por longos anos, arquivado na primeira instância, aguardando a manifestação do executado. (TRF4, AC 2004.04.01.043863-9, Primeira Turma, Relator Wellington Mendes de Almeida, publicado em 17.11.2004).[21]

No julgado *supra*, o exegeta inovou ao invocar como fundamentação para a decretação de ofício da prescrição intercorrente uma interpretação harmônica com o Sistema Tributário Nacional.

b) *Doutrina 2 do STJ: não reconhece como válida a prescrição intercorrente* ex officio:

PROCESSUAL CIVIL E TRIBUTÁRIO. AGRAVO REGIMENTAL. EXECUÇÃO FISCAL. FEITO PARALISADO HÁ MAIS DE 5 ANOS. IMPOSSÍVEL DECRETAR-SE, DE OFÍCIO, A PRESCRIÇÃO INTERCORRENTE.

1. Agravo Regimental contra decisão que negou provimento ao agravo de instrumento ofertado pela parte agravante, por reconhecer caracterizada a prescrição intercorrente.

---

(20) JURISPRUDÊNCIA DO TRIBUNAL REGIONAL FEDERAL DA 4ª REGIÃO. Disponível em: <http://iteor.trf4.gov.br/trf4/volumes2/VOL0059/20031015/ST1/4442003/200304010313255A.0426.PDF> Acesso em: 29 out. 2006.
(21) JURISPRUDÊNCIA DO TRIBUNAL REGIONAL FEDERAL DA 4ª REGIÃO. Disponível em: <http://www.trf4.gov.br/trf4/processos/pdf_it2.php?numeroProcesso=200404010438639&dataPublicacao=17/11/2004> Acesso em: 29 out. 2006.

2. O nosso ordenamento jurídico material e formal não admite, em se tratando de direitos patrimoniais, a decretação, de ofício, da prescrição.

3. Execução fiscal paralisada há mais de 5 (cinco) anos. Prescrição intercorrente que só pode ser declarada, se houver requerimento do devedor.

4. Aplicação à situação do art. 40, §§ 2º e 3º, da Lei n. 6.830/80.

5. Recurso provido. Na sequência, dá-se provimento ao recurso especial. (AgRg no Ag 503.946/PE, Rel. Ministro José Delgado, Primeira Turma, julgado em 26.8.2003, *DJ* 22.9.2003. p. 270).[22]

PROCESSUAL CIVIL — EXECUÇÃO FISCAL — PRESCRIÇÃO — DECLARAÇÃO *EX OFFICIO* — IMPOSSIBILIDADE — CPC, ART. 219, § 5º — PRECEDENTES.

— Não pode o Juiz, de ofício, sem provocação da parte interessada, decretar a extinção da execução fiscal, que envolve direitos patrimoniais, sob o fundamento da ocorrência da prescrição.

— Recurso especial conhecido e provido. (REsp 261550/RO, Rel. Ministro Francisco Peçanha Martins, Segunda Turma, julgado em 3.10.2002, *DJ* 18.11.2002 p. 172).[23]

TRIBUTÁRIO. PRESCRIÇÃO. A prescrição não pode ser decretada de ofício, mesmo no âmbito tributário. Embargos de divergência recebidos. Eis o voto condutor: a prescrição, no regime do Direito Civil inibe a ação em prejudicar o direito. Já no Direito Tributário, ela extingue tanto a ação quanto o direito (CTN, art. 156, V). Mas nem por isso o juiz pode, de ofício, declarar a extinção do crédito tributário em razão da prescrição. Prevalece, no ponto, o art. 219, § 5º, do Código de Processo Civil, que, *a contrario sensu*, proíbe a decretação da prescrição sem iniciativa do interessado. Tudo porque o juiz está limitado pelas normas processuais que dirigem e orientam a sua atuação. Voto, por isso, no sentido de receber os embargos de divergência para que a execução prossiga. (EREsp 29432/RS, Rel. Ministro Ari Pargendler, Primeira Seção, julgado em 25.5.2000, *DJ* 4.9.2000, p. 115).[24]

PROCESSUAL CIVIL. EXECUÇÃO FISCAL — PRESCRIÇÃO INTERCORRENTE DE OFÍCIO — IMPOSSIBILIDADE — VIOLAÇÃO AOS ARTS. 219, § 5º, DO CPC E 194 DO CC — OCORRÊNCIA — DIVERGÊNCIA JURISPRUDENCIAL CONFIGURADA — PRECEDENTES.

— O executivo fiscal trata de direito de natureza patrimonial e, portanto, disponível, de modo que a prescrição não pode ser declarada ex *officio*, a teor do disposto no art. 194 do Código Civil, bem como no art. 219, § 5º, do CPC.

---

(22) JURISPRUDÊNCIA DO SUPERIOR TRIBUNAL DE JUSTIÇA. Disponível em: <http://www.stj.gov.br/SCON/jurisprudencia/doc.jsp?livre=%28de+of%EDcio%29+E+%28%22JOS%C9+DELGADO%22%29.min.&processo=492142&&b=ACOR&p=true&t=&l=10&i=1#> Acesso em: 26 set. 2006.

(23) JURISPRUDÊNCIA DO SUPERIOR TRIBUNAL DE JUSTIÇA. Disponível em: <http://www.stj.gov.br/SCON/jurisprudencia/doc.jsp?livre=%28ex+*officio*%29+E+%28%22FRANCISCO+PE%C7ANHA+MARTINS%22%29.min.&processo=261550&&b=ACOR&p=true&t=&l=10&i=1#> Acesso em: 26 set. 2006.

(24) JURISPRUDÊNCIA DO SUPERIOR TRIBUNAL DE JUSTIÇA. Disponível em: <http://www.stj.gov.br/SCON/jurisprudencia/doc.jsp?livre=%28%22ARI+PARGENDLER%22%29.min.&processo=29432&&b=ACOR&p=true&t=&l=10&i=1#> Acesso em: 26 set. 2006.

— Recurso especial conhecido e provido. (REsp 772.937/RS, Rel. Ministro Francisco Peçanha Martins, Segunda Turma, julgado em 17.11.2005, DJ 6.2.2006, p. 271).[25]

PROCESSUAL CIVIL E TRIBUTÁRIO. EXECUÇÃO FISCAL. PRESCRIÇÃO INTERCORRENTE. DECRETAÇÃO DE OFÍCIO. IMPOSSIBILIDADE. PRECEDENTES.

1. O STJ firmou entendimento de que, na execução fiscal, a prescrição intercorrente não pode ser decretada de ofício.

2. Recurso especial provido. (REsp 805.718/RS, Rel. Ministro João Otávio De Noronha, Segunda Turma, julgado em 28.3.2006, DJ 8.5.2006, p. 188).[26]

PROCESSO CIVIL — EMBARGOS DE DECLARAÇÃO — AGRAVO REGIMENTAL — PRESCRIÇÃO EX *OFFICIO* — CRÉDITO TRIBUTÁRIO — DIREITO PATRIMONIAL — IMPOSSIBILIDADE.

— O art. 219, § 5º, do CPC, é claro ao proibir a declaração da prescrição ex-*officio* nas ações relativas a direitos patrimoniais.

Como o crédito tributário é direito patrimonial, a prescrição de sua cobrança não pode ser declarada ex-*officio*.

— Precedentes.

— Embargos acolhidos com efeitos infringentes. (EDcl no AgRg no REsp 240981/PE, Rel. Ministro Humberto Gomes de Barros, Primeira Turma, julgado em 21.6.2001, DJ 17.9.2001, p. 111).[27]

Por fim, temos as lições de *Eduardo de Moraes Sabbag*[28] que resume as hipóteses de prescrição e decadência nos lançamentos por homologação de acordo com a visão do STJ ao asseverar que, se a pessoa:

> a) deve pagar 100, declara 100 e paga 100 não corre prazo de decadência, nem prescrição (extinção do crédito tributário); b) deve declarar 100, não declara, não paga, o prazo que corre é de decadência; c) deve declarar 100, declara 100, não paga, o prazo é de prescrição; d) deve declarar 100, declara 80, paga 80, o prazo é de decadência com relação à diferença (20); e) deve declarar 100, declara 80, não paga, será o prazo de prescrição (80) e decadência (20).

No nosso entendimento a Lei n. 11.051/04 que adicionou o § 4º ao art. 40 da Lei de Execução Fiscal é constitucional, pois a prescrição intercorrente tem como

---

(25) JURISPRUDÊNCIA DO SUPERIOR TRIBUNAL DE JUSTIÇA. Disponível em: <http://www.stj.gov.br/SCON/jurisprudencia/doc.jsp?livre=impossibilidade+e+of%EDcio+e+intercorrente&&b=ACOR&p=true&t=&l=10&i=19#> Acesso em: 26 set. 2006.
(26) JURISPRUDÊNCIA DO SUPERIOR TRIBUNAL DE JUSTIÇA. Disponível em: <http://www.stj.gov.br/SCON/jurisprudencia/doc.jsp?livre=impossibilidade+e+of%EDcio+e+intercorrente&&b=ACOR&p=true&t=&l=10&i=11#> Acesso em: 26 set. 2006.
(27) JURISPRUDÊNCIA DO SUPERIOR TRIBUNAL DE JUSTIÇA. Disponível em: <http://www.stj.gov.br/SCON/jurisprudencia/doc.jsp?livre=%28%22HUMBERTO+GOMES+DE+BARROS%22%29.min.&processo=240981&&b=ACOR&p=true&t=&l=10&i=1#> Acesso em: 26 set. 2006.
(28) SABBAG, Eduardo de Moraes. *Elementos do direito tributário*. 9. ed. rev. e ampl. São Paulo: Premier Máxima, 2008. p. 283.

objetivo desonerar o contribuinte. Desta feita, as regras fiscais devem ser feitas para minorar a onerosidade relativa ao contribuinte. Vejamos o entendimento do STJ sobre o tema:

> A jurisprudência deste Superior Tribunal era pacífica no sentido de que a aplicação do § 4º do art. 40 da Lei n. 6.830/80, introduzido pela Lei n. 11.051/04 (o qual passou a admitir a decretação, de ofício, da prescrição intercorrente, após oitiva da Fazenda Pública), não podia sobrepor-se ao art. 174 do CTN, por ser norma de hierarquia inferior. Entretanto, a LC n. 118/05 alterou o art. 174 do CTN para atribuir efeito interruptivo da prescrição ao despacho do juiz que ordenar a citação. Essa última norma, de cunho processual, tem aplicação imediata aos processos em curso, desde que o despacho que ordenou a citação seja posterior a sua entrada em vigor, ou seja, em 9.6.2005. No caso dos autos, conforme anotado pelo Tribunal *a quo*, o despacho determinando a citação ocorreu em 6.6.2005, anterior, portanto, à vigência da LC n. 118/05, bem como à citação por edital em 24.1.2007. Assim, houve a prescrição em relação aos créditos tributários constituídos em 3.1.2002 (exercício de 2001) e 3.1.2003 (exercício de 2002) porquanto decorrido o prazo prescricional quinquenal entre a data da efetivação da citação e a data da constituição dos créditos tributários, nos termos do art. 174, parágrafo único, I, do CTN. Com esse entendimento, a Turma negou provimento ao recurso. Precedentes citados: REsp 764.827-RS, *DJ* 28.9.2006, e REsp 839.820-RS, *DJ* 28.8.2006. REsp 1.015.061-RS, Rel. Min. Luiz Fux, julgado em 15.5.2008. (Informativo 355 do STJ).

5.3.3. Dívida Ativa

A definição de Dívida Ativa está no art. 2º da Lei n. 6.830/80 que estabelece: "Constitui Dívida Ativa da Fazenda Pública aquela definida como tributária ou não tributária na Lei n. 4.320, de 17 de março de 1964, com as alterações posteriores, que estatui normas gerais de direito financeiro para elaboração e controle dos orçamentos e balanços da União, dos Estados, dos Municípios e do Distrito Federal".[29]

Ressalta-se que a dívida ativa pode ser tributária ou não tributária. A Dívida Ativa Tributária é o crédito da Fazenda Pública dessa natureza, proveniente de obrigação legal relativa a tributos e respectivos adicionais e multas, e Dívida Ativa não Tributária são os demais créditos da Fazenda Pública, tais como os provenientes de empréstimos compulsórios, contribuições estabelecidas em lei, multa de qualquer origem ou natureza, exceto as tributárias, foros, laudêmios, aluguéis ou taxas de ocupação, custas processuais, preços de serviços prestados por estabelecimentos públicos, indenizações, reposições, restituições, alcances dos responsáveis definitivamente julgados, bem assim os créditos decorrentes de obrigações em moeda estrangeira, de sub-rogação de hipoteca, fiança, aval ou outra garantia, de contratos em geral ou de outras obrigações legais. (ver 2ª parte do art. 39, § 2º da Lei n. 4.320/64).

Vejamos o Informativo n. 379 do STJ sobre o tema:

> Trata-se de recurso que decidiu ser possível excluir o nome da executada do Cadin em razão da suspensão do curso da execução fiscal por motivo de dúvida sobre a certeza e

---

(29) BRASIL. *Lei n. 6.830/80*. *Op. cit.*, nota 48.

exigibilidade do crédito inscrito na dívida ativa. O Min. Relator entendeu que, tratando-se de medida cautelar fundada no art. 798 do CPC, tendo em vista a relevância do direito a colocar em dúvida a própria dívida, não se poderiam considerar violados os arts. 2º e 7º da Lei n. 10.522/02, o art. 3º da Lei n. 6.830/80 e art. 151, III, do CTN, assim, negou provimento ao recurso. Mas o Min. Luiz Fux, divergindo do Min. Relator, em seu voto-vista, entendeu que a execução fiscal em curso não autoriza a retirada do nome do executado do Cadin, mesmo que suspensa, porquanto a hipótese não se encaixa em nenhuma daquelas enumeradas na Lei n. 10.522/02, o que conjura o *fumus boni juris* da medida adotada em sede cautelar. A inscrição no Cadin e a expedição de certidão negativa (art. 206 do CTN) guardam afinidade no que concerne à proteção de terceiros, por isso a exigência da garantia prevista naquele dispositivo legal. O poder geral de cautela reclama os mesmos requisitos do poder cautelar específico, razão pela qual ausente o *fumus boni juris*, visto que ilegal a pretensão da parte, impõe-se cassar a medida deferida. Para o Min. Luiz Fux, a suspensão da inscrição no Cadin, com fulcro no art. 798 do CPC (poder geral de cautela), em razão da incerteza quanto à existência do débito, confronta-se com a previsão constante no art. 3º da Lei n. 6.830/80, que estabelece a presunção de liquidez e certeza da certidão de dívida ativa (CDA), somente elidida por prova inequívoca. REsp 977.704-SP, Rel. originário Min. Teori Albino Zavascki, Rel. para acórdão Min. Luiz Fux, julgado em 2.12.2008.

5.4. Suspensão do crédito tributário

A suspensão do crédito tributário está prevista no art. 151 do CTN e pode se dar por moratória, depósito do montante integral, reclamações e recursos administrativos, concessão de liminar em mandado de segurança, concessão da tutela antecipada em outras ações e parcelamento. Vamos tratar de cada item de suspensão do crédito tributário a seguir:

5.4.1. Moratória

A moratória é a única das modalidades de suspensão do crédito tributário que ganhou disciplina no CTN (está prevista nos arts. 152 a 155 do CTN). A moratória seria um alargamento no prazo de pagamento do tributo ou a outorga por meio da lei de prazo estendido para pagamento do tributo. A moratória pode ser:

> a) Caráter geral: As moratórias de caráter geral podem ser: I) autônomas — que são aquelas realizadas pela pessoa jurídica de direito público competente para instituir o tributo a que se refira (art. 152, I, CTN); II) heterônomas — aquelas realizadas pela União, quanto a tributos de competência dos Estados, do Distrito Federal ou dos Municípios, quando simultaneamente concedidas quanto aos tributos de competência federal e às obrigações de direito privado.
>
> b) Caráter individual: realizada por despacho da autoridade administrativa, desde que autorizada por lei. Note que, a lei concessiva de moratória pode circunscrever expressamente a sua aplicabilidade à determinada região do território da pessoa

> jurídica de direito público que a expedir, ou a determinada classe ou categoria de sujeitos passivos.

Os requisitos previstos para a concessão da moratória estão previstos no art. 153 do CTN e são:

1º) o prazo de duração do favor;

2º) as condições da concessão do favor em caráter individual;

3º) os tributos a que se aplica, o número de prestações e seus vencimentos, podendo atribuir a fixação de uns e de outros à autoridade administrativa, para cada caso de concessão em caráter individual e as garantias que devem ser fornecidas pelo beneficiado no caso de concessão em caráter individual.

Importante ressaltar que, a moratória somente abrangerá os créditos definitivamente constituídos à data da lei ou do despacho que a conceder, ou cujo lançamento já tenha sido iniciado àquela data por ato regularmente notificado ao sujeito passivo. Registra-se que, a moratória não aproveita aos casos de dolo, fraude ou simulação do sujeito passivo ou do terceiro em benefício daquele.

A concessão da moratória em caráter individual não gera direito adquirido e será revogado de ofício, sempre que se apure que o beneficiado não satisfazia ou deixou de satisfazer as condições ou não cumprira ou deixou de cumprir os requisitos para a concessão do favor, cobrando-se o crédito acrescido de juros de mora, como também será imposta a penalidade cabível nos casos de dolo ou simulação do beneficiado, ou de terceiro em benefício daquele. Note que, o tempo decorrido entre a concessão da moratória e sua revogação não se computa para efeito da prescrição do direito à cobrança do crédito; a revogação só pode ocorrer antes de prescrito o referido direito. Vale registrar que, a Lei Complementar n. 104/01 incluiu, no art. 198, o § 3º que adverte que não é vedada a divulgação de informações relativas à moratória ou ao parcelamento.

5.4.2. Depósito do montante integral

O depósito do montante integral é uma das causas de suspensão da exigibilidade do crédito tributário e deve ser integral e em dinheiro segundo a Súmula n. 12 do STJ. Note que a Medida Provisória n. 1.621-30/97 consignou a necessidade de depositar 30%, do montante atualizado da dívida para que seja protocolado o recurso à segunda instância administrativa federal. *Ricardo Perlingeiro Mendes da Silva*[30] decreta que:

> Pode ser tanto na esfera administrativa, quanto judicial (Milton Luiz Pereira. Recurso Especial n. 39.857-6/DF. *DJU* 5.6.95). Nesta última, na maioria das vezes, a autorização para o depósito consiste em jurisdição voluntária, já que ao direito de depositar não há qualquer resistência. Apenas sobre a questão de

---

(30) SILVA, Ricardo Perlingeiro Mendes da. A suspensão da exigibilidade do crédito tributário pelo depósito do montante integral. Aspectos processuais. Disponível em: <http://www.uff.br/direito/artigos/r135-13.pdf> Acesso em 23 jan. 2009.

fundo é que há lide. Daí a impropriedade da ação cautelar de depósito. Inexiste *fumus boni iuris* ou *periculum in mora* na pretensão de depósito do montante integral. Trata-se, quando muito, de jurisdição voluntária processada sob o procedimento cautelar. Dessa maneira, correto é o depósito no bojo da ação cognitiva, tal como faculta o art. 38, *caput*, da Lei n. 6.830/80. O direito de depositar o montante integral não se confunde com a medida liminar deferida em sede de mandado de segurança. Embora ambos sejam causas de suspensão da exigibilidade do tributo, possuem requisitos distintos.

A autorização do depósito é ato de natureza administrativa, a concessão de liminar, ato eminentemente jurisdicional. O depósito depende dos recursos monetários, que tenha o contribuinte à sua disposição; a liminar depende do *fumus boni iuris* e do *periculum in mora* do direito alegado, sendo evidente que inexiste *periculum in mora* enquanto houver disponibilidade financeira para o depósito (Ari Pargendler. Recurso Especial n. 77.072/MG. *DJU* 5.8.96). De igual forma, inconfundível com a ação consignatória. Enquanto que o depósito é do montante integral da exação, vale dizer, o correspondente ao cobrado pela Fazenda Pública, na ação consignatória o contribuinte oferece o valor que reputa devido. Além disso, a propositura de ação de consignação em pagamento não suspende a exigibilidade do crédito tributário, embora, se definitivamente. Como o montante integral corresponde ao valor segundo os critérios da Fazenda Pública, deve o contribuinte atentar-se não só para o *quantum* da exação, mas também para a data limite do seu pagamento, sob pena de se sujeitar às obrigações acessórias (multa, juros e correção monetária), tal como seria, ordinariamente, inscrito na dívida ativa. O depósito judicial que precede a ação cognitiva tributária detém a mesma natureza do depósito feito em garantia da execução fiscal na forma do art. 9º da Lei n. 6.830/80. Daí a afirmação de que há litispendência entre a ação declaratória tributária com depósito e os embargos à execução fiscal. Nesse sentido, Ari Pargendler entende que: "A ação ordinária de anulação de crédito tributário, desacompanhada de depósito, não impede a propositura da execução fiscal; a litispendência, todavia, se caracteriza quando a ordem cronológica das ações é inversa, porque a tutela proporcionada pela execução fiscal, aí considerados os incidentes embargos do devedor, abrange aquela visada pela ação ordinária de anulação do crédito tributário. Mal-sucedida a ação ordinária de anulação do crédito fiscal, o respectivo depósito se converte em renda da Fazenda Pública (CTN, art. 156, VI), sem necessidade da execução fiscal que, neste contexto, não cumpre função alguma; esse depósito é o mesmo de que trata o art. 9º, § 1º, da Lei n. 6.830/80, funcionando a ação ordinária, nesse caso, como substitutivo da execução fiscal" (Recurso Especial n. 35.533/SP. Julg. 20.6.96).

5.4.3. Concessão de liminar em mandado de segurança

Inicialmente, cumpre ressaltar que, as ações judiciais dependendo do momento cognitivo poderão ser pretéritas ou póstumas ao lançamento. As ações pretéritas ao lançamento são a ação declaratória com tutela antecipada e o mandado de segurança com pedido de liminar. Já as ações póstumas ao lançamento podem ser a ação anulatória com tutela antecipada e o mandado de segurança com pedido de liminar. A liminar pode ser pedida, por exemplo, provando-se que, o pagamento do tributo já foi realizado e por isso a obrigação deveria ser extinta, ou então provando que a relação jurídico-tributária não foi constituída e que o fato gerador não foi configurado por meio das atividades da empresa. *Eduardo de Moraes Sabbag*[31] assevera que:

> A propositura de Ação Cautelar, apesar de não constar expressamente do rol do art. 151 do CTN, representa outro meio judicial que a jurisprudência vem ultimamente aceitando como causa suspensiva do crédito tributário, cuja cobrança o contribuinte considere indevida. Para tanto, o contribuinte deverá pleitear a concessão de medida liminar, e, depois, no prazo legal, promover a competente ação principal, que poderá ser Declaratória de Inexistência de Obrigação Tributária ou Anulatória de Débito Fiscal, conforme o caso.

5.4.4. Concessão de tutela antecipada em outras ações judiciais

A concessão de tutela antecipada também é uma causa de suspensão do crédito tributário. Seu requisito essencial é a verossimilhança na alegação e o fundado receio de dano irreparável. Assim, registra-se que enquanto estiver suspensa a exigibilidade da obrigação tributária, o fisco não pode contristar bens nem tomar qualquer medida punitiva em relação ao direito de exigir o tributo. Entretanto, após encerrado o prazo de suspensão poderá o fisco tomar tais medidas. Note que, quando se requeira uma certidão negativa de débitos com o fisco no período de suspensão deverá esta ser dada como positiva com efeitos de negativa (Ver o art. 206 do CTN).

5.4.5. Parcelamento

O parcelamento é uma forma de suspensão da exigibilidade do crédito tributário em razão da intenção do contribuinte de pagar o fisco. Contudo, esta intenção não é feita imediatamente e de forma integral, mas parceladamente tendo em vista a possibilidade financeira do contribuinte. Note que, se vencida alguma parcela sem pagamento, o fisco poderá exigir novamente o crédito tributário. Ressalta-se que o parcelamento será concedido na forma e condição estabelecidas em lei específica. Registra-se que o parcelamento do crédito tributário não exclui a incidência de juros e multas.

Importante consignar que aplicam-se, subsidiariamente, ao parcelamento as disposições desta Lei, relativas à moratória. Somente lei específica poderá dispor sobre as condições de parcelamento dos créditos tributários do devedor em recuperação judicial. Note que, a inexistência da lei específica importa aplicação das leis gerais de

---

(31) SABBAG, Eduardo de Moraes. *Elementos do direito tributário*. 9. ed. rev. e ampl. São Paulo: Premier, 2008. p. 297.

parcelamento do ente da Federação ao devedor em recuperação judicial, não podendo, neste caso, ser o prazo de parcelamento inferior ao concedido pela lei federal específica.

5.4.6. Reclamações e recursos administrativos

O recurso administrativo é forma de exercício do duplo grau de jurisdição e, por conseguinte, das decisões administrativas cabe recurso, em face de razões de legalidade e de mérito. As etapas são as seguintes:

1º) O recurso será dirigido à autoridade que proferiu a decisão, a qual, se não a reconsiderar no prazo de cinco dias, o encaminhará à autoridade superior. O recurso administrativo tramitará no máximo por três instâncias administrativas, salvo disposição legal diversa. Tendo em vista o princípio da gratuidade, a interposição de recurso administrativo independe de caução, salvo exigência legal. Note: se o recorrente alegar que a decisão administrativa contraria enunciado da súmula vinculante, caberá à autoridade prolatora da decisão impugnada, se não a reconsiderar, explicitar, antes de encaminhar o recurso à autoridade superior, as razões da aplicabilidade ou inaplicabilidade da súmula, conforme o caso. Acolhida pelo Supremo Tribunal Federal a reclamação fundada em violação de enunciado da súmula vinculante, dar-se-á ciência à autoridade prolatora e ao órgão competente para o julgamento do recurso, que deverão adequar as futuras decisões administrativas em casos semelhantes, sob pena de responsabilização pessoal nas esferas cível, administrativa e penal. Esta afirmação foi consignada pela Lei n. 11.417/06.

O art. 58 da Lei n. 9.874/99 assevera a legitimidade de interposição do recurso administrativo: a) os titulares de direitos e interesses que forem parte no processo; b) aqueles cujos direitos ou interesses forem indiretamente afetados pela decisão recorrida; c) as organizações e associações representativas, no tocante a direitos e interesses coletivos; d) os cidadãos ou associações, quanto a direitos ou interesses difusos. Note: é de 10 dias o prazo para interposição de recurso administrativo, contado a partir da ciência ou divulgação oficial da decisão recorrida, salvo disposição em contrário. Entretanto, é de 30 dias o prazo máximo para decidir recurso administrativo, podendo ser prorrogado por mais 30 dias caso seja motivado o prolongamento da decisão. O órgão competente para decidir o recurso poderá confirmar, modificar, anular ou revogar, total ou parcialmente, a decisão recorrida, se a matéria for de sua competência.

Os recursos administrativos propriamente ditos são aqueles direcionados à própria estrutura da Administração Pública.

Carlos Alberto Salles[32] sintetiza bem as características do recurso administrativo afirmando que: "uma questão certamente tormentosa é a de saber se existiria uma obrigatoriedade — uma garantia legal ou constitucional — consistente num duplo

---

(32) Disponível em: <http://www.tcm.sp.gov.br/legislacao/doutrina/29a03_10_03/carlos_salles2.htm> Acesso em: 9 out. 2008.

grau de jurisdição administrativa, ou seja, será que em relação a todo ato administrativo, ou melhor, à toda decisão administrativa, necessariamente deverá caber um recurso? A princípio, ao menos em termos constitucionais, não. Com efeito, estamos num momento do Direito Processual Civil na qual, mais do que a preocupação com a abertura de vias recursais, se pensa e se direciona as reformas do Código do Processo Civil para uma limitação das vias recursais. Chegou-se a essa conclusão pelo fato de que no Brasil tem-se tantos meios recursais, e se recorre tão frequentemente que, o recurso acaba impedindo, emperrando algo fundamental para o sistema jurídico: a produção rápida e tempestiva de uma decisão definitiva. Por isso, hoje, a tônica no Ato Processual Civil é a limitação da abertura das vias recursais. Exemplo disso, o novo regime do agravo de instrumento, ou a nova disciplina dos embargos infringentes. Tudo para evitar que os processos decisórios judiciais se eternizem."

A reclamação administrativa é outro recurso a ser utilizado pelo indivíduo para obter reconhecimento do seu direito ou alegar ferimento de garantia constitucional. *Maria Sylvia Di Pietro*[33] assinala que a reclamação administrativa é o ato pelo qual o administrado, seja particular ou servidor público, deduz uma pretensão perante a Administração Pública, visando obter o reconhecimento de um direito ou correção de um ato que lhe cause lesão ou ameaça de lesão. A Lei n. 9.784/99 no seu art. 48 assinala que a Administração tem o dever de explicitamente emitir decisão nos processos administrativos e sobre solicitações ou reclamações, em matéria de sua competência.

O art. 6º do Decreto n. 20.910/32 assevera que a reclamação deve ocorrer no prazo de um ano, salvo se outro estiver assinalado em lei, suspendendo, assim, o prazo prescricional a partir da data da protocolização do requerimento.

A principal diferença entre representação e reclamação é que a primeira não necessita de que o representante tenha interesse na situação. Segundo *Antônio Cecílio M. Pires*[34], "releva salientar que a representação não exige da parte representante qualquer interesse no caso em concreto para o exercício desse direito. Nesse sentido, o representante não ficará necessariamente vinculado ao procedimento a que der causa. Todavia, advirta-se, desde logo, que a representação poderá implicar responsabilidade civil ou criminal por quem, de alguma forma, for lesado pela eventual falsidade imputada. Note que é muito comum ingressar com uma reclamação administrativa ou recurso administrativo para exigir a suspensão do crédito tributário.

5.5. Exclusão do crédito tributário

As causas de exclusão do crédito tributário são a isenção e a anistia e estão previstas no art. 175 e seguintes. Ressalta-se que, a exclusão do crédito tributário não dispensa o cumprimento das obrigações acessórias dependentes da obrigação principal

---

(33) *Op. cit.*, p. 324.
(34) PIRES, Antônio Cecílio M. *Direito administrativo*. Coleção Prática do Direito. Coordenação Edílson Mougenot Bomfim. São Paulo: Saraiva, 2008. p. 79.

cujo crédito seja excluído, ou dela consequente. A isenção é uma forma de afastar a tributação do sujeito passivo. A isenção, ainda quando prevista em contrato, é sempre decorrente de lei que especifique as condições e requisitos exigidos para a sua concessão, os tributos a que se aplica e, sendo caso, o prazo de sua duração. A isenção pode ser restrita a determinada região do território da entidade tributante, em função de condições a ela peculiares.

Eduardo de Moraes Sabbag[35] assevera que:

A regra que prevalece na seara das isenções é a da revogabilidade plena. Com ressalva, destaca-se um tipo de isenção — aquela considerada onerosa (também intitulada bilateral ou contraprestacional), ou seja, sujeita a prazo certo e a determinadas condições (requisitos cumulativos). É fundamental procedermos ao confronto de tais isenções com o princípio da anterioridade tributária. A isenção dita onerosa é irrevogável, rechaçando o debate da anterioridade. Exsurge, em verdade, direito adquirido ao beneficiário da regra de isenção onerosa. A esse propósito editou-se a Súmula n. 544 do STF, segundo a qual "isenção tributária concedida sob condição onerosa não pode ser livremente suprimida." (...) O art. 177, II, do CTN preconiza a impossibilidade de conceder isenção aos tributos cuja competência tributária não tenha sido exercida. São as isenções em branco, instituto que o legislador pretende coibir. Assim, é vedada, *v. g.*, a isenção de imposto sobre grandes fortunas. (...) A isenção é dispensa legal; portanto, deve ser concedida por meio de lei. Para aqueles tributos instituídos por meio de lei complementar, exigir-se-á isenção por idêntico diploma normativo.

Importante consignar que, a isenção não é extensiva: I — às taxas e às contribuições de melhoria; II — aos tributos instituídos posteriormente à sua concessão. A isenção, exceto se concedida por prazo certo e em função de determinadas condições, pode ser revogada ou modificada por lei, a qualquer tempo. Ressalta-se que, a isenção, quando não concedida em caráter geral, é efetivada, em cada caso, por despacho da autoridade administrativa, em requerimento com o qual o interessado faça prova do preenchimento das condições e do cumprimento dos requisitos previstos em lei ou contrato para concessão. Note que, tratando-se de tributo lançado por período certo de tempo, o despacho será renovado antes da expiração de cada período, cessando automaticamente os seus efeitos a partir do primeiro dia do período para o qual o interessado deixar de promover a continuidade do reconhecimento da isenção.

A anistia é a exclusão do crédito tributário consistente no perdão das penalidades pecuniárias antes da constituição do crédito tributário. Assim, a anistia abrange exclusivamente as infrações cometidas anteriormente à vigência da lei que a concede. Entretanto não se aplica:

> — aos atos qualificados em lei como crimes ou contravenções e aos que, mesmo sem essa qualificação, sejam praticados com dolo, fraude ou simulação pelo sujeito passivo ou por terceiro em benefício daquele.

---

(35) SABBAG, Eduardo de Moraes. *Elementos do direito tributário.* 9. ed. rev. e ampl. São Paulo: Premier, 2008. p. 297.

— em relação às infrações resultantes de conluio entre duas ou mais pessoas naturais ou jurídicas.

A anistia pode ser concedida:

a) em caráter geral — conferindo o perdão das penalidades pecuniárias;

b) limitadamente:

b.1. em relação às infrações da legislação relativa a determinado tributo;

b.2. em relação às infrações punidas com penalidades pecuniárias até determinado montante, conjugadas ou não com penalidades de outra natureza;

b.3. com relação à determinada região do território da entidade tributante, em função de condições a ela peculiares;

b.4. sob condição do pagamento de tributo no prazo fixado pela lei que a conceder, ou cuja fixação seja atribuída pela mesma lei à autoridade administrativa.

Importante consignar que a anistia, quando não concedida em caráter geral, é efetivada, em cada caso, por despacho da autoridade administrativa, em requerimento com a qual o interessado faça prova do preenchimento das condições e do cumprimento dos requisitos previstos em lei para sua concessão.

5.6. Causas de extinção do crédito tributário

As causas de extinção do crédito tributário estão previstas no art. 156 do CTN e são: o pagamento, a compensação, a transação, remissão, a prescrição, a decadência e a conversão de depósito em renda, o pagamento antecipado e a homologação do lançamento, a consignação em pagamento, a decisão administrativa irreformável, assim entendida a definitiva na órbita administrativa, que não mais possa ser objeto de ação anulatória, a decisão judicial passada em julgado e a dação em pagamento em bens imóveis, na forma e condições estabelecidas em lei. Vejamos cada uma das causas de extinção do crédito tributário:

5.6.1. Pagamento

O pagamento é outra forma de extinção do crédito tributário e está prevista nos arts. 157 a 169 do CTN. Ressalta-se que, não pode ser realizado em relação a bens móveis, pois só o pagamento em dinheiro ou bens imóveis é permitido. O Código Civil prevê a dação em pagamento nos arts. 356 a 359 do Código Civil com o intuito de extinguir a obrigação. Neste sentido, a obrigação tributária apesar de ser configurada em pecúnia, pode ser resolvida por dação de um imóvel que solva a dívida tributária.

Importante consignar que, a imposição de penalidade não ilide o pagamento integral do crédito tributário. Note que, o pagamento de um crédito não importa em presunção de pagamento: a) quando parcial, das prestações em que se decomponha; b) quando total, de outros créditos referentes ao mesmo ou a outros tributos.

O domicílio que deve ser efetuado o pagamento é na repartição competente do domicílio do sujeito passivo. O vencimento do crédito ocorre 30 dias depois da data em que se considera o sujeito passivo notificado do lançamento. A legislação tributária pode conceder desconto pela antecipação do pagamento, nas condições que estabeleça. Ressalta-se que, o crédito não integralmente pago no vencimento é acrescido de juros de mora, seja qual for o motivo determinante da falta, sem prejuízo da imposição das penalidades cabíveis e da aplicação de quaisquer medidas de garantia previstas nesta Lei ou em lei tributária. Os juros de mora são calculados à taxa de 1% ao mês. Ressalta-se que, não se aplica na pendência de consulta formulada pelo devedor dentro do prazo legal para pagamento do crédito. A consulta é um procedimento administrativo para solucionar dúvidas relativas à legislação tributária e está previsto nos arts. 46 a 58 do Decreto n. 70.235/72.

A legislação tributária pode determinar as garantias exigidas para o pagamento por cheque ou vale postal, desde que não o torne impossível ou mais oneroso que o pagamento em moeda corrente. O crédito pago por cheque somente se considera extinto com o resgate deste pelo sacado.

Importante registrar que, existindo simultaneamente dois ou mais débitos vencidos do mesmo sujeito passivo para com a mesma pessoa jurídica de direito público, relativos ao mesmo ou a diferentes tributos ou provenientes de penalidade pecuniária ou juros de mora, a autoridade administrativa competente para receber o pagamento determinará a respectiva imputação, obedecidas as seguintes regras, na ordem em que enumeradas:

a) em primeiro lugar, aos débitos por obrigação própria; e em segundo lugar aos decorrentes de responsabilidade tributária;

b) primeiramente, às contribuições de melhoria; depois às taxas; e por fim aos impostos;

c) na ordem crescente dos prazos de prescrição;

d) na ordem decrescente dos montantes.

Importante considerar que a importância de crédito tributário pode ser consignada judicialmente pelo sujeito passivo nos casos:

a) de recusa de recebimento, ou subordinação deste ao pagamento de outro tributo ou de penalidade, ou ao cumprimento de obrigação acessória;

b) de subordinação do recebimento ao cumprimento de exigências administrativas sem fundamento legal;

c) de exigência, por mais de uma pessoa jurídica de direito público, de tributo idêntico sobre um mesmo fato gerador. Note que a consignação só pode versar sobre o crédito que o consignante se propõe pagar. No caso de ser julgada procedente a consignação, o pagamento se reputa efetuado e a importância consignada é convertida em renda; julgada improcedente a consignação no todo ou em parte, cobra-se o crédito acrescido de juros de mora, sem prejuízo das penalidades cabíveis.

Um assunto que deve ser analisado se refere ao pagamento indevido. Assim, o sujeito passivo tem direito, independentemente de prévio protesto, à restituição total ou parcial do tributo, seja qual for a modalidade do seu pagamento, nos seguintes casos:

> 1º) cobrança ou pagamento espontâneo de tributo indevido ou maior que o devido em face da legislação tributária aplicável, ou da natureza ou circunstâncias materiais do fato gerador efetivamente ocorrido;
>
> 2º) erro na edificação do sujeito passivo, na determinação da alíquota aplicável, no cálculo do montante do débito ou na elaboração ou conferência de qualquer documento relativo ao pagamento;
>
> 3º) reforma, anulação, revogação ou rescisão de decisão condenatória.

Importante consignar que, a restituição de tributos que comportem, por sua natureza, transferência do respectivo encargo financeiro somente será feita a quem prove haver assumido o referido encargo, ou, no caso de tê-lo transferido a terceiro, estar por este expressamente autorizado a recebê-la. Note que, a restituição total ou parcial do tributo dá lugar à restituição, na mesma proporção, dos juros de mora e das penalidades pecuniárias, exceto as referentes à infrações de caráter formal não prejudicadas pela causa da restituição.

O direito de pleitear a restituição extingue-se com o decurso do prazo de 5 anos. Destaca-se que, prescreve em 2 anos a ação anulatória da decisão administrativa que denegar a restituição. O prazo de prescrição é interrompido pelo início da ação judicial, recomeçando o seu curso, por metade, a partir da data da intimação validamente feita ao representante judicial da Fazenda Pública interessada.

A restituição é o procedimento administrativo mediante o qual o sujeito passivo é ressarcido pela Receita Federal de valores recolhidos indevidamente à Previdência Social ou a outras entidades e fundos. Somente serão restituídos valores que não tenham sido alcançados pela prescrição. O direito à restituição está condicionado à comprovação do recolhimento ou do pagamento do valor a ser requerido. O art. 165 do CTN destaca que, "O sujeito passivo tem direito, independentemente de prévio protesto à restituição total ou parcial do tributo".

Eduardo de Moraes Sabbag[36] traz algumas observações importantes:

> Segundo o CTN, para se repetir valor pago indevidamente ou a maior, deve-se obedecer ao prazo de 5 (cinco) anos, a contar da extinção do crédito tributário (= pagamento!). Assim, a contagem é bastante singela, seguindo-se a literalidade

---
(36) SABBAG, Eduardo de Moraes. *Direito tributário*. 9. ed. rev. e ampl. São Paulo: Premier, 2008. p. 164.

do CTN, como se pode notar no exemplo a seguir: Exemplo: paga-se o tributo a maior em janeiro de 1995, devendo, portanto, o contribuinte repetir o valor até o mês de janeiro de 2000, quando se dará o fim do lustro (= período de 5 anos ou quinquênio). (...) Quanto ao tempo hábil a pleitear a restituição, diga-se que o inciso primeiro do art. 168 do CTN passou a ter nova interpretação à luz do art. 3º da LC n. 118/05. É sabido que, segundo aquele comando, o prazo para pleitear a restituição de importância tributária é de 5 (cinco) anos contados da data da "extinção do crédito tributário", isto é a data do pagamento indevido. (...) O STJ, reconheceu a inconstitucionalidade do art. 4º, segunda parte da LC n. 118/05, entendendo que o prazo prescricional deve ser contado da seguinte forma: 1. Pagamento de tributo a partir da vigência (9.6.2005), com fato gerador ocorrido após esta data, o prazo — é de 5 anos a contar da data de pagamento; 2. Pagamento de tributo efetuado antes da vigência (9.6.2005), com fato gerador ocorrido antes desta data, vale a regra de prescrição do regime anterior, limitada, porém, ao prazo máximo de cinco anos a contar da vigência da lei; 3. Pagamento de tributo efetuado após a vigência (9.6.2005), com fato gerador ocorrido antes desta data, vale a regra de prescrição do regime anterior, limitada, porém, ao prazo máximo de cinco anos a contar da vigência da lei.

5.6.2. Compensação

A compensação está prevista no art. 170 e seguintes do CTN, como também, na Lei n. 8.383/91. Esta forma de extinção do crédito tributário ocorre quando existe uma compensação dos débitos e dos créditos do sujeito ativo e passivo. O CTN no art. 170 esclarece que a lei pode, nas condições e sob as garantias que estipular, ou cuja estipulação em cada caso atribuir à autoridade administrativa, autorizar a compensação de créditos tributários com créditos líquidos e certos, vencidos ou vincendos, do sujeito passivo contra a Fazenda Pública.

No caso de ser vincendo o crédito do sujeito passivo, a lei determinará, para os efeitos deste artigo, a apuração do seu montante, não podendo, porém, cominar redução maior que a correspondente ao juro de 1% ao mês pelo tempo a decorrer entre a data da compensação e a do vencimento. Note que é proibida a compensação mediante o aproveitamento de tributo, objeto de contestação judicial pelo sujeito passivo, antes do trânsito em julgado da respectiva decisão judicial.

Importante consignar que a alegação de compensação é verdadeira causa extintiva do direito do fisco. Ela pode ser alegada pelo contribuinte na esfera judicial ou na administrativa. Na última, tem o efeito de suspender a exigibilidade do tributo (art. 151, III, do CTN). Assim, enquanto pendente a análise daquele pedido administrativo, suspende-se a exigibilidade do tributo, hipótese em que não há como negar a expedição de certidão positiva de débitos com efeito de negativa (art. 206 do CTN). Ver Informativo n. 380 do STJ.

Registra-se que o art. 66 da Lei n. 8.393/91 acresce uma nova hipótese de compensação nos casos de pagamento indevido ou a maior de tributos, contribuições federais, inclusive previdenciárias, e receitas patrimoniais, mesmo quando resultante de reforma, anulação, revogação ou rescisão de decisão condenatória, o contribuinte poderá efetuar a compensação desse valor no recolhimento de importância correspondente a período subsequente. A compensação só poderá ser efetuada entre tributos, contribuições e receitas da mesma espécies. É facultado ao contribuinte optar pelo pedido de restituição. A compensação ou restituição será efetuada pelo valor do tributo ou contribuição ou receita corrigido monetariamente com base na variação da UFIR.

O STJ já admitiu a compensação do crédito tributário no que se refere aos alimentos. Vejamos o Informativo n. 368 do STJ sobre o tema:

> Discute-se se as dívidas alimentícias podem ser objeto de compensação. No caso, as instâncias ordinárias reconheceram ser possível a compensação do montante da dívida de verba alimentar com o valor correspondente às cotas condominiais e IPTU pagos pelo alimentante, relativos ao imóvel em que residem os ora recorrentes, seus filhos e a mãe deles. Pois, embora o alimentante seja titular da nua propriedade do referido imóvel e o usufruto pertença à avó paterna dos recorrentes, os filhos e a mãe moram no imóvel gratuitamente com a obrigação de arcar com o condomínio e o IPTU. Para o Min. Relator, apesar de vigorar, na legislação civil nacional, o princípio da não compensação dos valores referentes à pensão alimentícia, em situações excepcionalíssimas, essa regra pode ser flexibilizada. Destaca que a doutrina admite a compensação de alimentos em casos peculiares e, na espécie, há superioridade do valor da dívida de alimentos em relação aos encargos fiscais e condominiais pagos pelo recorrido, que arcou com a despesa que os alimentandos deveriam suportar, para assegurar-lhes a própria habitação. Assim, concluiu que, de acordo com as peculiaridades fáticas do caso, não haver a compensação importaria manifesto enriquecimento sem causa dos alimentandos. Isso posto, a Turma não conheceu o recurso. Precedente citado: Ag 961.271-SP, DJ 17.12.2007. REsp 982.857-RJ, Rel. Min. Massami Uyeda, julgado em 18.9.2008.

Analisamos outro entendimento do STJ sobre a compensação dos créditos do ICMS:

> Enquanto se busca o creditamento referente a tributo indevidamente exigido nas operações de saída, o que se equipara à restituição, o contribuinte realiza a operação mercantil (por exemplo, a circulação de mercadoria), mas aplica indevidamente a legislação (por erro, ou como nos autos, pela conhecida hipótese referente à inconstitucionalidade de parcela do ICMS paulista), recolhendo indevidamente o ICMS, cujo ônus é repassado ao adquirente. Nessa situação, é indiscutível a aplicação do art. 166 do CTN no momento da repetição do indébito. Conforme a legislação, o contribuinte ainda pode, em vez de receber o crédito decorrente do indébito mediante precatório, optar por compensá-lo com débitos posteriores em sua escrita fiscal. Dessarte, nessa hipótese, a compensação ou o creditamento do indébito tem o mesmo efeito da simples restituição do montante indevidamente recolhido, a justificar a aplicação, sem distinção, do art. 166 do CTN. Em uma segunda situação de creditamento, o contribuinte aproveita, de forma extemporânea, créditos relativos à aquisição de mercadorias ou à correção de seus valores. É o caso do creditamento extemporâneo de ICMS relativo à aquisição de bens destinados ao ativo

fixo, ou mesmo à correção monetária de créditos não aproveitados tempestivamente em razão de oposição do Fisco. Não contabilizar esses créditos, na época correta, apesar da autorização da legislação aplicável, não corresponde a um incorreto cálculo de ICMS incidente nas operações de saída, não há qualquer repasse de valores indevidos ao adquirente das mercadorias vendidas pelo contribuinte, isso dentro da sistemática da não cumulatividade. Assim, o creditamento a menor na escrita fiscal redunda num recolhimento a maior ao final do período de apuração, sem que haja relação direta com os valores cobrados pelo contribuinte ao realizar suas operações de saída. Visto que nessa hipótese não há repasse direto do indébito, dentro da sistemática da não cumulatividade, não há que se falar em aplicação do art. 166 do CTN. Precedentes citados: AgRg no EREsp 728.325-SP, DJe 26.5.2008; REsp 766.682-SP, DJe 30.5.2008; EDcl no AgRg no Ag 853.712-SP, DJe 25.6.2008; EREsp 710.240-SC, DJ 12.6.2006, e REsp 818.710-BA, DJ 10.4.2006. EREsp 938.367-SP, Rel. Min. Herman Benjamin, julgado em 10.9.2008.

5.6.3. Transação

A transação está prevista no art. 171 do CTN e pode ser definida como o acordo mútuo do sujeito ativo e passivo que encerra a obrigação tributária. Um caso prático é o desconto no pagamento do IPTU se for realizado em parcela única.

Consigna-se que, a lei pode facultar, nas condições que estabeleça, aos sujeitos ativo e passivo da obrigação tributária celebrar transação que, mediante concessões mútuas, importe em determinação de litígio e consequente extinção de crédito tributário. A lei indicará a autoridade competente para autorizar a transação em cada caso.

5.6.4. Remissão

O instituto da remissão pode ser conceituado como o perdão emitido pelo fisco à dívida tributária do sujeito passivo. No nosso entendimento, os Estados que sofreram uma calamidade (como Minas Gerais e Santa Catarina) deveriam ser desonerados de qualquer cobrança tributária (isenção no IPI, no IR etc.) até que a situação seja restabelecida. Destaca-se que a lei pode autorizar a autoridade administrativa a conceder, por despacho fundamentado, remissão total ou parcial do crédito tributário, atendendo:

a) à situação econômica do sujeito passivo;

b) ao erro ou ignorância escusáveis do sujeito passivo, quanto à matéria de fato;

c) à diminuta importância do crédito tributário;

d) a considerações de equidade, em relação com as características pessoais ou materiais do caso;

e) a condições peculiares a determinada região do território da entidade tributante.

5.6.5. Prescrição e decadência

A prescrição e a decadência são cláusulas extintivas do crédito tributário. A prescrição e a decadência já foram estudadas em capítulo apropriado; mas vamos só fazer alguns apontamentos descritivos sobre o tema:

> 1º) O direito de a Fazenda Pública constituir o crédito tributário extingue-se após 5 anos, que são contados:
>
> a) do primeiro dia do exercício seguinte àquele em que o lançamento poderia ter sido efetuado;
>
> b) da data em que se tornar definitiva a decisão que houver anulado, por vício formal, o lançamento anteriormente efetuado.
>
> 2º) A ação para a cobrança do crédito tributário prescreve em cinco anos, contados da data da sua constituição definitiva.
>
> 3º) A prescrição se interrompe: I — pela citação pessoal feita ao devedor; II — pelo protesto judicial; III — por qualquer ato judicial que constitua em mora o devedor; IV — por qualquer ato inequívoco ainda que extrajudicial, que importe em reconhecimento do débito pelo devedor.

5.6.6. Conversão do depósito em renda

A conversão do depósito em renda ocorre após a decisão (administrativa ou judicial) favorável ao sujeito ativo. Assim, o depósito no curso ou no fim do processo se converte em renda e acaba por extinguir o crédito tributário. O art. 151, II do CTN assevera que suspende a exigibilidade do crédito tributário o depósito do seu montante integral. Desta feita, o depósito integral na via administrativa ou judicial suspende a exigibilidade do crédito, mas a extinção só ocorre com a conversão do depósito em renda, ao final do processo.

5.6.7. Pagamento antecipado e a homologação do lançamento

Nos tributos que têm lançamentos por homologação, o sujeito ativo avença (homologa) o cálculo efetuado pelo sujeito passivo. *Eduardo de Moraes Sabbag*[37] destaca que, "no lançamento por homologação há uma antecipação de pagamento, permitindo--se ao Fisco homologá-lo em um prazo decadencial de 5 anos, contados a partir do fato gerador. O transcurso *in albis* do quinquênio decadencial, sem que se faça uma conferência expressa, provocará o procedimento homologatório tácito, segundo o qual perde o Fisco o direito de cobrar eventual diferença".

---

(37) SABBAG, Eduardo de Moraes. *Direito tributário*. 9. ed. rev. e ampl. São Paulo: Premier, 2008. p. 164.

5.6.8. Consignação em pagamento

A ação consignatória está prevista nos arts. 890 a 900 do CPC e, ao final dela será extinto o crédito tributário. Note que, julgada procedente a consignação, o pagamento se reputa efetuado e a importância consignada é convertida em renda; julgada improcedente a consignação no todo ou em parte, cobra-se o crédito acrescido de juros de mora, sem prejuízo das penalidades cabíveis.

Importante consignar que a importância de crédito tributário pode ser consignada judicialmente pelo sujeito passivo, nos casos: I — de recusa de recebimento, ou subordinação deste ao pagamento de outro tributo ou de penalidade, ou ao cumprimento de obrigação acessória; II — de subordinação do recebimento ao cumprimento de exigências administrativas sem fundamento legal; III — de exigência, por mais de uma pessoa jurídica de direito público, de tributo idêntico sobre um mesmo fato gerador.

A consignação só pode versar sobre o crédito que o consignante se propõe pagar. Ressalta-se que, julgada procedente a consignação, o pagamento se reputa efetuado e a importância consignada é convertida em renda; julgada improcedente a consignação no todo ou em parte, cobra-se o crédito acrescido de juros de mora, sem prejuízo das penalidades cabíveis.

5.6.9. Decisão administrativa irretratável

As decisões administrativas favoráveis ao contribuinte são as que não couberem mais recurso administrativo (forem irreformáveis). Assim, a decisão favorável em último grau administrativo sempre extinguirá o crédito tributário.

5.6.10. Decisão judicial passada em julgado

A decisão judicial transitada em julgado, favorável ao contribuinte, faz coisa julgada e extingue o crédito tributário.

5.6.11. Dação em pagamento

A dação em pagamento está prevista nos arts. 356 a 359 do Código Civil e pode ser conceituada como a extinção do crédito mediante a dação de bens imóveis. O STF entendeu que a dação de bens móveis não é possível. (Ver ADI n. 1.917-DF.)

5.7. *Garantias e privilégios do crédito tributário*

As garantias e privilégios do crédito tributário estão previstos nos arts. 183 a 193 do Código Tributário Nacional. As garantias e os privilégios são os elementos qualitativos positivos que fazem parte da constituição do crédito tributário. De acordo com *Fabiano de Albuquerque e José Morgado*:[38]

> Os créditos de qualquer natureza são, genericamente, garantidos pelo patrimônio do devedor. Garantias reais ou pessoais melhoram a qualidade do crédito, no sentido que, na hipótese de inadimplemento, dão ao credor maiores condições de satisfazer seu direito. Mesmo quando inexistam garantias reais ou pessoais, o legislador busca proteger o interesse do credor, ao vedar certas operações do devedor que possam desfalcar o seu patrimônio.por outro lado, o direito prestigia, com certos institutos (impenhorabilidade, bem da família) determinadas situações jurídicas em que o interesse do credor cede o passo, de tal sorte que a satisfação do seu direito não se pode dar por meio da constrição judicial sobre determinados bens do devedor. Quando diversos são os credores e o patrimônio do devedor se revela insuficiente para responder por todas as dívidas, a regra é a do concurso, com o rateio do produto da execução na proporção do montante dos créditos. Porém, créditos há que, por serem legalmente privilegiados, não se sujeitam ao rateio, sendo pagos preferencialmente, após o que se busca satisfazer os demais credores, tal qual se dá com os créditos trabalhistas.
>
> A preocupação do CTN, tendo em vista que o crédito tributário decorre de imposição legal, foi guarnecê-lo de normas protetoras que permitam, na eventualidade de o Fisco ter de recorrer à execução, evitar certos obstáculos que poderiam frustrar a realização do seu direito.Com esse objetivo, o Código afasta ou excepciona, para fins fiscais, os efeitos legais que normalmente decorreriam de certos institutos do direito privado, define situações de presunção de fraude, em certos negócios operados, em dadas situações, pelo devedor tributário, e outorga vantagens ao credor fiscal, na medida em que ele não se subordina às regras que comandam a realização de créditos de outra natureza.

Importante consignar que as garantias atribuídas ao crédito tributário não são exaustivas. Também merece destaque que a natureza das garantias atribuídas ao crédito tributário não altera a natureza deste nem a da obrigação tributária a que corresponda. Assim, mesmo os bens gravados de hipoteca ou de impenhorabilidade respondem pelo crédito tributário, independentemente da data que o bem foi gravado com o respectivo ônus. Segundo o art. 184 do CTN:

> Sem prejuízo dos privilégios especiais sobre determinados bens, que sejam previstos em lei, responde pelo pagamento do crédito tributário a totalidade dos bens e das rendas, de qualquer origem ou natureza, do sujeito passivo, seu espólio ou sua massa falida, inclusive os gravados por ônus real ou cláusula de inalienabilidade ou impenhorabilidade, seja qual for **a data da constituição do ônus ou da cláusula, excetuados unicamente os bens e rendas que a lei declare absolutamente impenhoráveis.** (negritos nossos)

Os bens absolutamente impenhoráveis não respondem pelo crédito tributário. De acordo com o art. 649 do CPC adverte:

---

(38) Disponível em: <http://www.boletimjuridico.com.br/doutrina/texto.asp?id=1391> Acesso em: 25 jan. 2009.

Art. 649. São absolutamente impenhoráveis:

I — os bens inalienáveis e os declarados, por ato voluntário, não sujeitos à execução;

II — os móveis, pertences e utilidades domésticas que guarnecem a residência do executado, salvo os de elevado valor ou que ultrapassem as necessidades comuns correspondentes a um médio padrão de vida; (Redação dada pela Lei n. 11.382, de 2006).

III — os vestuários, bem como os pertences de uso pessoal do executado, salvo se de elevado valor; (Redação dada pela Lei n. 11.382, de 2006).

IV — os vencimentos, subsídios, soldos, salários, remunerações, proventos de aposentadoria, pensões, pecúlios e montepios; as quantias recebidas por liberalidade de terceiro e destinadas ao sustento do devedor e sua família, os ganhos de trabalhador autônomo e os honorários de profissional liberal, observado o disposto no § 3º deste artigo; (Redação dada pela Lei n. 11.382, de 2006).

V — os livros, as máquinas, as ferramentas, os utensílios, os instrumentos ou outros bens móveis necessários ou úteis ao exercício de qualquer profissão; (Redação dada pela Lei n. 11.382, de 2006).

VI — o seguro de vida; (Redação dada pela Lei n. 11.382, de 2006).

VII — os materiais necessários para obras em andamento, salvo se essas forem penhoradas; (Redação dada pela Lei n. 11.382, de 2006).

VIII — a pequena propriedade rural, assim definida em lei, desde que trabalhada pela família; (Redação dada pela Lei n. 11.382, de 2006).

IX — os recursos públicos recebidos por instituições privadas para aplicação compulsória em educação, saúde ou assistência social; (Redação dada pela Lei n. 11.382, de 2006).

X — até o limite de 40 (quarenta) salários mínimos, a quantia depositada em caderneta de poupança. (Redação dada pela Lei n. 11.382, de 2006).

XI — os recursos públicos do fundo partidário recebidos, nos termos da lei, por partido político. (Incluído pela Lei n. 11.694, de 2008)

Importante consignar que presume-se fraudulenta a alienação ou oneração de bens ou rendas, ou seu começo, por sujeito passivo em débito para com a Fazenda Pública por crédito tributário regularmente inscrito como dívida ativa em fase de execução. Assim, após a inscrição em dívida ativa não poderá ser alienado o bem pertencente ao sujeito passivo. Entretanto, poderão ser alienados livremente os bens se tiverem sido reservados pelo devedor bens ou rendas suficientes ao total pagamento da dívida em fase de execução.

A Lei Complementar n. 118/05 introduziu o art. 185-A no CTN consignando que, na hipótese de o devedor tributário, devidamente citado, não pagar nem apresentar bens à penhora no prazo legal e não forem encontrados bens penhoráveis, o juiz determinará a indisponibilidade de seus bens e direitos, comunicando a decisão, preferencialmente por meio eletrônico, aos órgãos e entidades que promovem registros de transferência de bens, especialmente ao registro público de imóveis e às autoridades supervisoras do mercado bancário e do mercado de capitais, a fim de que, no âmbito de suas atribuições, façam cumprir a ordem judicial. A indisponibilidade será limitada ao valor total exigível, devendo o juiz determinar o imediato levantamento da indisponibilidade dos bens ou valores que excederem esse limite.

No que se refere à preferência, o crédito tributário prefere a qualquer outro, seja qual for sua natureza ou o tempo de sua constituição, ressalvados os créditos decorrentes da legislação do trabalho ou do acidente de trabalho. A Lei Complementar n. 118/05 incluiu um parágrafo único no art. 186 definindo que na falência:

> a) o crédito tributário não prefere aos créditos extraconcursais ou às importâncias passíveis de restituição, nos termos da lei falimentar, nem aos créditos com garantia real, no limite do valor do bem gravado;
>
> b) a lei poderá estabelecer limites e condições para a preferência dos créditos decorrentes da legislação do trabalho; e
>
> c) a multa tributária prefere apenas aos créditos subordinados.

Importante consignar que, a cobrança judicial do crédito tributário não é sujeita a concurso de credores ou habilitação em falência, concordata, inventário ou arrolamento. Ressalta-se que, o concurso de preferência somente se verifica entre pessoas jurídicas de direito público. De acordo com o art. 51 da Lei n. 8.212/91 e o art. 29 da Lei n. 6.830/80, a ordem é a seguinte:

> 1º) União, INSSS e Autarquias federais;
>
> 2º) Estados, Distrito Federal, Territórios e Autarquias Estaduais;
>
> 3º) Municípios e Autarquias Municipais.

São encargos da massa falida, pagáveis preferencialmente a quaisquer outros e às dívidas da massa, os créditos tributários vencidos e vincendos, exigíveis no decurso do processo de falência. Note que, contestado o crédito tributário, o juiz remeterá as partes ao processo competente, mandando reservar bens suficientes à extinção total do crédito e seus acrescidos, se a massa não puder efetuar a garantia da instância por outra forma, ouvido, quanto à natureza e valor dos bens reservados, o representante da Fazenda Pública interessada.

Ressalta-se que, são pagos preferencialmente a quaisquer créditos habilitados em inventário ou arrolamento, ou a outros encargos do monte, os créditos tributários vencidos ou vincendos, a cargo do *de cujus* ou de seu espólio, exigíveis no decurso do processo de inventário ou arrolamento.

Importante consignar que, são pagos preferencialmente a quaisquer outros os créditos tributários vencidos ou vincendos, a cargo de pessoas jurídicas de direito privado em liquidação judicial ou voluntária, exigíveis no decurso da liquidação.

Eduardo de Moraes Sabbag[39] lista a ordem de preferência creditícia:

---

(39) SABBAG, Eduardo de Moraes. *Direito tributário*. 9. ed. rev. e ampl. São Paulo: Premier, 2008. p. 164.

1º Créditos Extraconcursais; 2º Créditos Trabalhistas e Acidentários; 3º Importâncias passíveis de restituição e créditos com Garantia Real; 4º Créditos Tributários; 5º Créditos com Privilégio Especial; 6º Créditos com Privilégio Geral; 7º Créditos Quirografários; 8º Multas Contratuais; 9º Créditos Subordinados. Importante: caso os débitos trabalhistas tenham surgido após o processo de falência, revestir-se-ão da condição de créditos extraconcursais e terão preferência absoluta.

A Lei n. 11.101/05 (Lei de Falência) traz importantes apontamentos a serem observados no nosso estudo:

a) Consigna no art. 83 que a classificação dos créditos na falência obedece à seguinte ordem: **1º) os créditos derivados da legislação do trabalho**, limitados a 150 salários-mínimos por credor, e os decorrentes de acidentes de trabalho; **2º) créditos com garantia real** até o limite do valor do bem gravado; **3º) créditos tributários**, independentemente da sua natureza e tempo de constituição, excetuadas as multas tributárias; **4º) créditos com privilégio especial**, a saber: a) os previstos no art. 964[40] do Código Civil; b) os assim definidos em outras leis civis e comerciais; c) aqueles a cujos titulares a lei confira o direito de retenção sobre a coisa dada em garantia; **5º) créditos com privilégio geral**, a saber: a) os previstos no art. 965[41] do Código Civil; b) os créditos quirografários sujeitos à recuperação judicial pertencentes a fornecedores de bens ou serviços que continuarem a provê-los normalmente após o pedido de recuperação judicial terão privilégio geral de recebimento em caso de decretação de falência, no limite do valor dos bens ou serviços fornecidos durante o período da recuperação; c) os assim definidos em outras leis civis e comerciais; **6º) créditos quirografários**, a saber: a) aqueles não anteriormente; b) os saldos dos créditos não cobertos pelo produto da alienação dos bens vinculados ao seu pagamento; c) os saldos dos créditos derivados da legislação do trabalho que excederem 150 salários-mínimos por credor; **7º) as multas contratuais e as penas pecuniárias** por

---

(40) Art. 964. Têm privilégio especial: I — sobre a coisa arrecadada e liquidada, o credor de custas e despesas judiciais feitas com a arrecadação e liquidação; II — sobre a coisa salvada, o credor por despesas de salvamento; III — sobre a coisa beneficiada, o credor por benfeitorias necessárias ou úteis; IV — sobre os prédios rústicos ou urbanos, fábricas, oficinas, ou quaisquer outras construções, o credor de materiais, dinheiro, ou serviços para a sua edificação, reconstrução, ou melhoramento; V — sobre os frutos agrícolas, o credor por sementes, instrumentos e serviços à cultura, ou à colheita; VI — sobre as alfaias e utensílios de uso doméstico, nos prédios rústicos ou urbanos, o credor de aluguéis, quanto às prestações do ano corrente e do anterior; VII — sobre os exemplares da obra existente na massa do editor, o autor dela, ou seus legítimos representantes, pelo crédito fundado contra aquele no contrato da edição; VIII — sobre o produto da colheita, para a qual houver concorrido com o seu trabalho, e precipuamente a quaisquer outros créditos, ainda que reais, o trabalhador agrícola, quanto à dívida dos seus salários.

(41) Art. 965. Goza de privilégio geral, na ordem seguinte, sobre os bens do devedor: I — o crédito por despesa de seu funeral, feito segundo a condição do morto e o costume do lugar; II — o crédito por custas judiciais, ou por despesas com a arrecadação e liquidação da massa; III — o crédito por despesas com o luto do cônjuge sobrevivo e dos filhos do devedor falecido, se foram moderadas; IV — o crédito por despesas com a doença de que faleceu o devedor, no semestre anterior à sua morte; V — o crédito pelos gastos necessários à mantença do devedor falecido e sua família, no trimestre anterior ao falecimento; VI — o crédito pelos impostos devidos à Fazenda Pública, no ano corrente e no anterior; VII — o crédito pelos salários dos empregados do serviço doméstico do devedor, nos seus derradeiros seis meses de vida; VIII — os demais créditos de privilégio geral.

infração das leis penais ou administrativas, inclusive as multas tributárias; **8º) créditos subordinados**, a saber: a) os assim previstos em lei ou em contrato; b) os créditos dos sócios e dos administradores sem vínculo empregatício. (negritos nossos)

Os créditos extraconcursais estão definidos no art. 84 da Lei n. 11.101/05 ao consignar que, serão considerados créditos extraconcursais e prioritários, os relativos a: I — remunerações devidas ao administrador judicial e seus auxiliares, e créditos derivados da legislação do trabalho ou decorrentes de acidentes de trabalho relativos a serviços prestados após a decretação da falência; II — quantias fornecidas à massa pelos credores; III — despesas com arrecadação, administração, realização do ativo e distribuição do seu produto, bem como custas do processo de falência; IV — custas judiciais relativas às ações e execuções em que a massa falida tenha sido vencida; V — obrigações resultantes de atos jurídicos válidos praticados durante a recuperação judicial, ou após a decretação da falência, e tributos relativos a fatos geradores ocorridos após a decretação da falência, respeitada a ordem creditícia.

5.8. *Quitação de tributos*

Inicialmente, cumpre destacar que a LC n. 118/05 consignou no art. 191 do CTN que a extinção das obrigações do falido requer prova de quitação de todos os tributos. Na legislação anterior, o falido só necessitava apresentar a certidão de extinção das obrigações mercantis. O art. 191-A do CTN declara que, "a concessão de recuperação judicial depende da apresentação da prova de quitação de todos os tributos". Ressalta-se que, nenhuma sentença de julgamento de partilha ou adjudicação será proferida sem prova da quitação de todos os tributos relativos aos bens do espólio, ou às suas rendas.

Registra-se que, quando expressamente autorizado por lei, nenhum departamento da administração pública da União, dos Estados, do Distrito Federal, ou dos Municípios, ou sua autarquia, celebrará contrato ou aceitará proposta em concorrência pública sem que o contratante ou proponente faça prova da quitação de todos os tributos devidos à Fazenda Pública interessada, relativos à atividade em cujo exercício contrata ou concorre.

Por fim, ressalta-se que, o STJ (REsp n. 99.653-SP) tem entendido que o contribuinte não necessita do ajuizamento da execução fiscal para garantir o juízo com a penhora, pois pode fazê-lo por meio de uma ação cautelar e ter expedida uma certidão positiva de débito com efeitos de negativa.

Capítulo 6

Espécies Tributárias Aplicadas

6.1. Imposto de Importação

6.1.1. Conceito

O Imposto de Importação incide sobre mercadoria estrangeira e tem como fato gerador sua entrada no Território Nacional.[1] O art. 153 da CF revela que compete à União instituir impostos sobre a importação de produtos estrangeiros.

O professor *Hugo de Brito Machado*[2] sabiamente discorre sobre a importância do Imposto de Importação, no contexto atual: "Se não existisse Imposto de Importação, a maioria dos produtos industrializados no Brasil não teria condições de competir no mercado com seus similares produzidos em países economicamente mais desenvolvidos, onde o custo industrial é reduzido graças aos processos de racionalização da produção e ao desenvolvimento tecnológico de um modo geral. Além disso, vários países subsidiam as exportações de produtos industrializados, de sorte que seus preços ficam consideravelmente reduzidos. Assim, o imposto funciona como valioso instrumento de política econômica."

6.1.2. Fato gerador

O fato gerador do Imposto de Importação é a mercadoria estrangeira e tem como fato gerador sua entrada no Território Nacional. Para efeito de ocorrência do fato gerador, considerar-se-á entrada no Território Nacional a mercadoria que constar como tendo sido importada e cuja falta venha a ser apurada pela autoridade aduaneira.

O art. 19 do Código Tributário Nacional adverte: "O imposto, de competência da União, sobre a importação de produtos estrangeiros tem como fato gerador a entrada destes no Território Nacional".

Assim, todas as vezes que ocorrem eventos esportivos, como por exemplo, o Pan-Americano no Rio de Janeiro em 2007, vai incidir o fato gerador do Imposto de Importação, pois, várias mercadorias estrangeiras chegam ao território nacional. É claro que o evento tem prazo-limite para terminar e, por isso, o governo vai autorizar um regime especial de tributação. O objetivo é dispensar a cobrança de tributos das mercadorias estrangeiras, porém, estas mercadorias devem retornar ao exterior, em prazo fixado por lei.

---

(1) Cf. Decreto-lei n. 2.472, de 1º.9.1988.
(2) MACHADO, Hugo de Brito. *Comentários ao código tributário nacional*. São Paulo: Atlas, 2003.

De acordo com o art. 116 do Código Tributário Nacional, considera-se ocorrido o fato gerador e existente os seus efeitos: "tratando-se de situação de fato, desde o momento em que se verifiquem as circunstâncias materiais necessárias a que produza os efeitos que normalmente lhe são próprios". Isto vem mostrar que as circunstâncias materiais do Imposto de Importação é simbolizada pela entrada de produto ou mercadoria estrangeiro em território nacional. É muito simples essa lógica tributária, pois, visa garantir a soberania nacional, da concorrência estrangeira, que é muito forte. Os produtos brasileiros ganham competitividade pelo critério financeiro (baixo custo) e isso faz com que a soberania nacional seja preservada, pela invasão de produtos estrangeiros de alta qualidade, mas que na prática vem retirar os empregos dos brasileiros que trabalham em indústrias.

Convido o leitor para que imagine outra situação interessante, por exemplo, uma indústria de carros que esteja interessada em importar da Itália um equipamento para incrementar sua produtividade. A mercadoria tem previsão de chegada nos portos brasileiros no prazo de 1 semana. No entanto, quando a mercadoria está em viagem pelos oceanos, o comandante do navio recebe a notícia de que o governo brasileiro aumentou a alíquota do Imposto de Importação, de forma que se a mercadoria chegar em terras brasileiras, irá ser taxada num valor muito alto e já não compensaria tal gasto pelo importador. O contribuinte pode até mesmo tentar reclamar no judiciário tal taxação abusiva, recorrendo ao princípio da irretroatividade da lei, afinal a mercadoria já estava em trânsito para o Brasil. Porém, conforme o art. 73 do Decreto n. 4.543/02 (revogado pelo Decreto n. 6.759 de 2009) (regulamento aduaneiro):

> **Art. 73**. Para efeito de cálculo do imposto, considera-se ocorrido o fato gerador:
>
> I — **na data do registro da declaração de importação de mercadoria submetida a despacho para consumo;**
>
> II — no dia do lançamento do correspondente crédito tributário, quando se tratar de:
>
> a) bens contidos em remessa postal internacional não sujeitos ao regime de importação comum;
>
> b) bens compreendidos no conceito de bagagem, acompanhada ou desacompanhada; e
>
> c) mercadoria constante de manifesto ou de outras declarações de efeito equivalente, cujo extravio ou avaria for apurado pela autoridade aduaneira; e
>
> III — na data do vencimento do prazo de permanência da mercadoria em recinto alfandegado, se iniciado o respectivo despacho aduaneiro antes de aplicada a pena de perdimento da mercadoria, na hipótese a que se refere o inciso XXI do art. 618 (Lei n. 9.779, de 19 de janeiro de 1999, art. 18 e parágrafo único). (Redação dada pelo Decreto n. 4.765, de 24.6.2003) (negritos nossos)

Vale lembrar que apesar de espacialmente a mercadoria já estar configurada como "importada", pois está vindo ao Brasil por meio de embarcação marítima estrangeira, não se deve levar em consideração este critério. Já que o critério do qual o fisco vai se basear para fazer o despacho aduaneiro é o material, visto que, em condições comuns, a declaração de importação somente é emitida com a efetiva entrada de mercadoria no território brasileiro. O critério material busca fazer a inspeção visível da mercadoria e não somente confiar numa informação, emitida por embarcações estrangeiras, em trânsito para o Brasil. É um critério mais conservador e observa o princípio contábil da prudência, que na dúvida, sempre opta pela escolha do fato gerador que tenha melhor procedência documental. A prova material é a melhor forma de confirmação de um ato jurídico aduaneiro, pelo menos, é assim que o fisco tem procedido.

Segue abaixo algumas jurisprudências interessantes sobre o Imposto de Importação:

IMPORTAÇÃO. VINHO.

A Turma deu provimento ao recurso da União, reconhecendo que o art. 26, § 3º, da Lei n. 7.678/88 é taxativo quanto à proibição de importação e comercialização de vinho sem ser em recipiente original e acondicionado em vasilhame com capacidade superior a um litro. Comparou que, apesar de a Lei n. 7.798/89, que alterou a legislação do Imposto sobre Produtos Industrializados (IPI), trazer listagem no anexo I, que prevê a incidência desse imposto sobre bebidas alcoólicas acondicionadas em recipientes com capacidade superior a um litro, de forma alguma se pode considerar revogadas por essa mera previsão, em tese, às disposições relativas à Lei n. 7.678/88. Observou-se que são diplomas legais distintos, a Lei n. 7.678/88 é norma de natureza tributária, aplicável tão somente ao vinho e seus derivados de procedência estrangeira, enquanto a Lei n. 7.798/89 é norma geral aplicável a diversas espécies de bebidas alcoólicas, a qual disciplina, de forma completa, a produção, a circulação e a comercialização de bebidas alcoólicas, entre elas o vinho, em todo o território nacional. Precedentes citados: REsp 492.009-PR, DJ 18.10.2004; e REsp 529.939-RS, DJ 30.11.2006. REsp 870.982-PR, Rel. Min. Luiz Fux, julgado em 9.12.2008.

FATO GERADOR. IMPOSTO. IMPORTAÇÃO. VEÍCULOS.

O fato gerador do Imposto de Importação ocorre com o registro da declaração de importação na repartição aduaneira, aplicando-se a alíquota vigente à época. No caso dos autos, as declarações de importação foram registradas na repartição aduaneira entre 12.12.1994 e 6.3.1995, consequentemente, antes da vigência do Dec. n. 1.475, de 30.3.1995, que majorou o Imposto de Importação de 32% para 70%. Diante do exposto, a Turma proveu o recurso da importadora. Precedentes citados do STF: EDcl no RE 91.309-2-SP, DJ 12.3.1980; ADIn 1.293-DF, DJ 16.6.1995; do STJ: REsp 250.379-PE, DJ 9.9.2002; e REsp 670.658-RN, DJ 14.9.2006. REsp 1.000.829-ES, Rel. Min. Luiz Fux, julgado em 9.12.2008.

IMPOSTO DE IMPORTAÇÃO. AGENTE MARÍTIMO. RESPONSABILIDADE.

A Turma negou provimento ao recurso ao entendimento de que o agente marítimo não é considerado responsável pelos tributos devidos pelo transportador, ainda que firmado termo de compromisso, porquanto prevalece o princípio da reserva legal (art. 121, II, do CTN). Ressalte-se que, na hipótese, a responsabilidade pelo tributo é do transportador, sendo o agente apenas representante, por isso, não pode ser demandado em nome próprio. Precedentes citados: REsp 410.172-RS, DJ 29.4.2002; REsp 252.457-RS, DJ 9.9.2002; e REsp 132.624-SP, DJ 20.11.2000. REsp 90.191-RS, Rel. Min. Laurita Vaz, julgado em 21.11.2002.

IMPOSTO DE IMPORTAÇÃO. ENTIDADES EDUCACIONAIS.

Concedida a isenção do Imposto de Importação (art. 2º, I, da Lei n. 8.032/90) a favor da Fundação Amigos do Theatro pela compra de um piano de cauda, na qualidade de entidade cultural, posto que inserida na expressão "entidade educacional". Outrossim não se pode dissociar cultura de educação. REsp 262.590-CE, Rel. Min. Eliana Calmon, julgado em 21.3.2002.

IMPOSTO DE IMPORTAÇÃO. ALÍQUOTA APLICÁVEL.

É irrelevante o fato de ter sido expedida a guia de importação no momento da compra de automóvel sob a égide do Decreto n. 1.395/95, que fixou a alíquota do imposto em 32%, posteriormente alterada para 70% pelo Decreto n. 1.427/95. Amparado por precedentes do STF, pacificou-se o entendimento sobre o fato gerador do Imposto de Importação de produtos estrangeiros. O desembaraço aduaneiro completa a importação e representa a chegada no território nacional da mercadoria para incidência do imposto em vigor, nos termos do art. 23 do DL n. 37/66, sem que haja qualquer incompatibilidade desse dispositivo com o art. 19 do CTN (ADIn 1.293-DF, DJ 16.6.1995). Outrossim a fundamentação que alterou as alíquotas encontra-se no procedimento da formação do aludido Decreto, também conforme entendimento do STF (art. 3º, *a*, Lei n. 3.244/57). Precedentes citados — do STF: RE 224.285-CE, DJ 28.5.1999; do STJ: REsp 213.909-PR, DJ 11.10.1999; e REsp 191.426-CE, DJ 27.9.1999. REsp 159.972-CE, Rel. Min. Franciulli Netto, julgado em 3.5.2001.

6.1.3. Base de cálculo

Segundo o art. 20 do Código Tributário Nacional, para efeito de cálculo do Imposto de Importação, considera-se como base de cálculo:

I — quando a alíquota seja específica, a unidade de medida adotada pela lei tributária;

II — quando a alíquota seja *ad valorem*, o preço normal que o produto, ou seu similar, alcançaria, ao tempo da importação, em uma venda em condições de livre concorrência, para entrega no porto ou lugar de entrada do produto no País;

III — quando se trate de produto apreendido ou abandonado, levado a leilão, o preço da arrematação.

A alíquota *ad valorem* é uma "porção" sobre o valor. Pode ser de 1% até 100%. A fórmula é simples e vem a seguir: preço x alíquota. Sendo assim, podemos afirmar que é um percentual (alíquota) que será multiplicado pelo preço do produto. Conforme art. 75 do Decreto n. 4.543/02: "quando a alíquota for *ad valorem*, a base de cálculo será o valor aduaneiro apurado segundo as normas do art. VII do Acordo Geral sobre Tarifas e Comércio — GATT 1994". Abaixo, vemos um exemplo prático:

Se, hipoteticamente, uma empresa faz a importação de uma mercadoria que tem preço de R$ 200,00, a base de cálculo do Imposto de Importação será de R$ 200,00 e alíquota incidente será definida por lei. Vamos supor que a alíquota para este tipo de produto importado seja de 10%. Logo, o valor do Imposto de Importação a ser pago será de R$ 20,00 (resultado da multiplicação de R$ 200,00 x 10%). A alíquota do imposto incidirá sempre sobre o preço do produto.

Já a **alíquota específica** é um valor determinado sobre uma determinada quantidade (litro, metro, tonelada). Um bom exemplo para alíquotas específicas ocorre com o IPI sobre cigarros, onde são comprados selos com valores específicos, que cada um corresponde à alíquota específica sobre a o cigarro, não importando o valor de venda do bem. Conforme art. 75 do Decreto n. 4.543/02: "Quando a alíquota for específica, a base de cálculo será a quantidade de mercadoria expressa na unidade de medida estabelecida pela lei". Abaixo vemos um exemplo prático:

> Caso uma empresa faça a importação de 20 toneladas de uma mercadoria que tem valor de R$ 200,00/tonelada, a base de cálculo do Imposto de Importação será de R$ 4.000,00 (resultado da equação: 20 toneladas x R$ 200,00). A alíquota de imposto irá incidir sobre a quantidade de R$ 4.000,00.

6.1.4. Sujeito passivo

6.1.4.1. Lançamento por homologação

Nos casos de lançamento por homologação, como ocorre, por exemplo, no Imposto de Importação, a lei exige o pagamento independentemente de qualquer ato prévio do sujeito ativo. O lançamento por homologação ocorre quando é confirmada, pelo sujeito ativo, de forma expressa (por ato formal e privativo do sujeito ativo) ou tácita (consistente no decurso do prazo legal para efetuar-se a homologação expressa e havendo omissão do sujeito ativo em realizá-la), o pagamento efetuado pelo sujeito passivo, ou seja, ocorrido o fato gerador, o sujeito passivo detém o dever legal de praticar as operações necessárias à determinação do valor da obrigação tributária, bem como o de recolher o montante apurado, independentemente da prática de algum ato pelo sujeito ativo, ressalvada a possibilidade de o sujeito passivo aferir a regularidade do pagamento efetuado.

Para o cálculo do montante do imposto devido e seu recolhimento antecipado, será elaborada uma declaração de importação. Esta declaração será registrada no SISCOMEX — Sistema Integrado de Comércio Exterior. Na mesma hora que o importador efetuar o registro no sistema, será feita uma retirada do valor do Imposto de Importação de sua conta bancária. Vale ainda ressaltar que, posteriormente, o Auditor Fiscal da Receita Federal deverá homologar o procedimento realizado pelo contribuinte. Este ato é comumente denominado de "desembaraço aduaneiro" das mercadorias importadas. Os arts. 298, 299, 300 e 301 do Decreto n. 4.543/02, relatam muito bem este procedimento de vistoria realizado pelo fisco:

> Art. 298. Poderá ser realizada vistoria aduaneira de mercadoria nas seguintes ocasiões:
>
> I — antes do desembaraço para trânsito, no local de origem;
>
> II — durante o percurso do trânsito; ou
>
> III — após a conclusão do trânsito, no local de destino.

Art. 299. A vistoria aduaneira será procedida nos termos dos arts. 581 a 588, ressalvado o disposto nesta seção.

Art. 300. Quando a avaria ou o extravio for constatado no local de origem, a autoridade aduaneira poderá, não havendo inconveniente, permitir o trânsito aduaneiro da mercadoria avariada ou da partida com extravio:

I — depois de proferida a decisão no processo de vistoria aduaneira; ou

II — em face de desistência da vistoria aduaneira por parte do transportador que efetuou o transporte da mercadoria até o local de origem, ou do beneficiário do regime, desde que o desistente assuma, por escrito, os ônus daí decorrentes.

Parágrafo único. No caso de trânsito aduaneiro na modalidade de passagem, havendo indício de extravio de mercadoria, a vistoria para apuração de responsabilidade será obrigatória e realizada no local de origem.

Art. 301. Aplicam-se, quanto a avarias e a extravios ocorridos no percurso do trânsito, as seguintes disposições:

I — a vistoria no percurso só será realizada quando, a critério da autoridade aduaneira, ocorrerem cumulativamente as seguintes situações:

a) verificar-se que a sua realização pela unidade de destino será impossibilitada ou dificultada pela ausência de elementos relevantes; e

b) as circunstâncias tornarem a vistoria perfeitamente factível;

II — sempre que julgar impossível, inconveniente ou desnecessária a vistoria, a autoridade aduaneira determinará a lavratura de termo circunstanciado e, se for o caso, autorizará a continuação do trânsito mediante a adoção de cautelas fiscais, efetuando-se a vistoria pela unidade de destino;

III — as cautelas fiscais aplicáveis por ocasião da vistoria serão adequadas às circunstâncias e ao local da ocorrência, devendo ser registradas no termo respectivo; e

IV — serão intimados a assistir à vistoria o importador e o transportador.

Quando, porém, as mercadorias importadas vierem acompanhadas pelo próprio importador (serviço de bagagem), o processo de desembarque será mais simples. Caso ultrapasse o limite de isenção, o importador deverá preencher uma declaração de bagagem acompanhada, com o objetivo de esclarecer os itens que trouxe do exterior e que estão acima do limite de isenção. Este tipo de lançamento é feito por meio de documento de declaração, onde o importador se compromete a fornecer dados essenciais para verificação de suas mercadorias importadas.

O viajante que ingressar no País, inclusive o proveniente de outro país integrante do Mercosul, deverá declarar a sua bagagem. A bagagem desacompanhada deverá ser declarada por escrito. A Secretaria da Receita Federal poderá exigir que a bagagem acompanhada seja declarada por escrito. O viajante não poderá declarar, como própria, bagagem de terceiro, nem conduzir objetos que não lhe pertençam.[3]

---

[3] Cf. Norma de Aplicação relativa ao Regime de Bagagem no Mercosul, art. 3º, itens 1, 2, 3 e 4, aprovada pela Decisão CMC n. 18, de 1994, internalizada pelo Decreto n. 1.765, de 1995.

A bagagem acompanhada está isenta do pagamento do imposto, relativamente a:[4]

I — roupas e outros objetos de uso ou consumo pessoal;

II — livros, folhetos e periódicos; e

III — outros bens, observado o limite de valor global estabelecido em ato do Ministério da Fazenda.

6.1.4.2. Contribuintes

Segundo o art. 22 do Código Tributário Nacional, o contribuinte do imposto é:

I — o importador ou quem a lei a ele equiparar;

II — o arrematante de produtos apreendidos ou abandonados.

O art. 103 do Decreto n. 4.543/02 assevera que: "é contribuinte do Imposto de Importação":

I — o importador, assim considerada qualquer pessoa que promova a entrada de mercadoria estrangeira no território aduaneiro;

II — o destinatário de remessa postal internacional indicado pelo respectivo remetente; e

III — o adquirente de mercadoria entrepostada.

Logo abaixo, podemos fazer um quadro que possa unir os contribuintes dispostos pelas duas leis até agora citadas:

QUADRO DE CONTRIBUINTES DO IMPOSTO DE IMPORTAÇÃO
I — o importador ou quem a lei a ele equiparar, assim considerada qualquer pessoa que promova a entrada de mercadoria estrangeira no território aduaneiro;
II — o arrematante de produtos apreendidos ou abandonados.
III — o destinatário de remessa postal internacional indicado pelo respectivo remetente;
IV — o adquirente de mercadoria entrepostada.

6.1.4.3. Responsabilidade comum

É responsável comum pelo Imposto de Importação:

I — o transportador, quando transportar mercadoria procedente do exterior ou sob controle aduaneiro, inclusive em percurso interno.[5]

---

(4) Cf. Norma de Aplicação relativa ao Regime de Bagagem no Mercosul, art. 9º, itens 1 a 3, aprovada pela Decisão CMC n. 18, de 1994, internalizada pelo Decreto n. 1.765, de 1995.
(5) Cf. Decreto-lei n. 37, de 1966, art. 32, inciso I, com a redação dada pelo Decreto-lei n. 2.472, de 1988, art. 1º.

II — o depositário, assim considerada qualquer pessoa incumbida da custódia de mercadoria sob controle aduaneiro.[6]

III — qualquer outra pessoa que a lei assim designar.

6.1.4.4. Responsabilidade solidária

É responsável solidário pelo Imposto de Importação:

I — o adquirente ou o cessionário de mercadoria beneficiada com isenção ou redução do imposto;[7]

II — o representante, no País, do transportador estrangeiro;[8]

III — o adquirente de mercadoria de procedência estrangeira, no caso de importação realizada por sua conta e ordem, por intermédio de pessoa jurídica importadora;[9]

IV — o expedidor, o operador de transporte multimodal ou qualquer subcontratado para a realização do transporte multimodal;[10]

V — qualquer outra pessoa que a lei assim designar.

6.1.5. Regimes aduaneiros

6.1.5.1. Regime aduaneiro simplificado

O regime de tributação simplificada é o que permite a classificação genérica, para fins de despacho de importação, de bens integrantes de remessa postal internacional, mediante a aplicação de alíquotas diferenciadas do Imposto de Importação, e isenção do Imposto sobre Produtos Industrializados, observada a regulamentação editada pelo Ministério da Fazenda (Decreto-lei n. 1.804, de 1980, art. 1º e § 2º).

Compete ao Ministério da Fazenda:

I — estabelecer os requisitos e as condições a serem observados na aplicação do regime de tributação simplificada (Decreto-lei n. 1.804, de 1980, art. 1º, § 4º); e

II — definir a classificação genérica dos bens e as alíquotas correspondentes (Decreto-lei n. 1.804, de 1980, art. 1º, § 2º).

O disposto neste item acima poderá ser estendido às encomendas aéreas internacionais transportadas ao amparo de conhecimento de carga, observada a

---

(6) Cf. Decreto-lei n. 37, de 1966, art. 32, inciso II, com a redação dada pelo Decreto-lei n. 2.472, de 1988, art. 1º.
(7) Cf. Decreto-lei n. 37, de 1966, art. 32, parágrafo único, inciso I, com a redação dada pela Medida Provisória n. 2.158-35, de 2001, art. 77.
(8) Cf. Decreto-lei n. 37, de 1966, art. 32, parágrafo único, inciso II, com a redação dada pela Medida Provisória n. 2.158-35, de 2001, art. 77.
(9) Cf. Decreto-lei n. 37, de 1966, art. 32, parágrafo único, inciso III, com a redação dada pela Medida Provisória n. 2.158-35, de 2001, art. 77.
(10) Cf. Lei n. 9.611, de 19 de fevereiro de 1998, art. 28.

regulamentação editada pelo Ministério da Fazenda (Decreto-lei n. 1.804, de 1980, art. 2º, parágrafo único).

6.1.5.2. Regime aduaneiro especial

O regime de tributação especial é o que permite o despacho de bens integrantes de bagagem mediante a exigência tão somente do Imposto de Importação, calculado pela aplicação da alíquota de cinquenta por cento sobre o valor do bem, apurado em conformidade com o disposto no art. 87 (Norma de Aplicação relativa ao Regime de Bagagem no Mercosul, art. 10 aprovada pela Decisão CMC n. 18, de 1994, promulgada pelo Decreto n. 1.765, de 1995):

> Aplica-se o regime de tributação especial aos bens:
>
> I — compreendidos no conceito de bagagem, que excederem o limite de isenção (Norma de Aplicação relativa ao Regime de Bagagem no Mercosul, art. 10, aprovada pela Decisão CMC n. 18, de 1994, internalizada pelo Decreto n. 1.765, de 1995); e
>
> II — adquiridos em lojas francas de chegada, que excederem o limite de isenção estabelecido para bagagem de viajante.[11]

6.1.6. Isenção de Imposto de Importação

Segundo os arts. 15 e 16 do Decreto n. 4.543/02:

> É concedida isenção do Imposto de Importação nos termos, limites e condições estabelecidos no regulamento:
>
> I — à União, Estados, Distrito Federal e Municípios;
>
> II — às autarquias e demais entidades de direito público interno;
>
> III — às instituições científicas, educacionais e de assistência social;
>
> IV — às missões diplomáticas e repartições consulares de caráter permanente, e a seus integrantes;
>
> V — às representações de órgãos internacionais e regionais de caráter permanente, de que o Brasil seja membro, e a seus funcionários, peritos, técnicos e consultores estrangeiros, que gozarão do tratamento aduaneiro outorgado ao corpo diplomático quanto às suas bagagens, automóveis, móveis e bens de consumo, enquanto exercerem suas funções de caráter permanente;
>
> VI — às amostras comerciais e às remessas postais internacionais, sem valor comercial;
>
> VII — aos materiais de reposição e conserto para uso de embarcações ou aeronaves, estrangeiras;
>
> VIII — às sementes, espécies vegetais para plantio e animais reprodutores;

---

(11) Cf. Norma de Aplicação relativa ao Regime de Bagagem no Mercosul, art. 13, item 2, aprovada pela Decisão CMC n. 18, de 1994, internalizada pelo Decreto n. 1.765, de 1995.

IX — aos aparelhos, motores, reatores, peças e acessórios de aeronaves importados por estabelecimento com oficina especializada, comprovadamente destinados à manutenção, revisão e reparo de aeronaves ou de seus componentes, bem como aos equipamentos, aparelhos, instrumentos, máquinas, ferramentas e materiais específicos indispensáveis à execução dos respectivos serviços; (Inciso com redação dada pelo Decreto-lei n. 1.639, de 18.10.1978)

X — às aeronaves, suas partes, peças e demais materiais de manutenção e reparo, aparelhos e materiais de radiocomunicação, equipamentos de terra e equipamentos para treinamento de pessoal e segurança de voo, materiais destinados às oficinas de manutenção e de reparo de aeronave nos aeroportos, bases e hangares, importados por empresas nacionais concessionárias de linhas regulares de transporte aéreo, por aeroclubes, considerados de utilidade pública, com funcionamento regular, e por empresas que explorem serviços de táxis aéreos;

XI — às aeronaves, equipamentos e material técnico, destinados a operações de aerolevantamento e importados por empresas de capital exclusivamente nacional que explorem atividades pertinentes, conforme previstas na legislação específica sobre aerolevantamento. (Redação dada pelo Decreto-lei n. 1.639, de 18.10.1978)

De acordo com o art. 135 do Decreto n. 4.543/02:

São concedidas isenções ou reduções do Imposto de Importação:

I — às importações realizadas:

a) pela União, pelos Estados, pelo Distrito Federal, pelos Territórios, pelos Municípios e pelas respectivas autarquias;

b) pelos partidos políticos e pelas instituições de educação ou de assistência social;

c) pelas Missões Diplomáticas e Repartições Consulares de caráter permanente e pelos respectivos integrantes;

d) pelas representações de organismos internacionais de caráter permanente, inclusive os de âmbito regional, dos quais o Brasil seja membro, e pelos respectivos integrantes;

e) pelas instituições científicas e tecnológicas;

II — aos casos de:

a) importação de livros, jornais, periódicos e do papel destinado à sua impressão;

b) amostras e remessas postais internacionais, sem valor comercial;

c) remessas postais e encomendas aéreas internacionais, destinadas a pessoa física;

d) bagagem de viajantes procedentes do exterior ou da Zona Franca de Manaus;

e) bens adquiridos em loja franca, no País;

f) bens trazidos do exterior, no comércio característico das cidades situadas nas fronteiras terrestres;

g) bens importados sob o regime aduaneiro especial de drawback, na modalidade de isenção;

h) gêneros alimentícios de primeira necessidade, fertilizantes e defensivos para aplicação na agricultura ou na pecuária, bem assim matérias-primas para sua produção no País, importados ao amparo do art. 4º da Lei n. 3.244, de 1957;

i) partes, peças e componentes, destinados ao reparo, revisão e manutenção de aeronaves e de embarcações;

j) medicamentos destinados ao tratamento de aidéticos, e instrumental científico destinado à pesquisa da síndrome da deficiência imunológica adquirida;

l) bens importados pelas áreas de livre comércio;

m) importações efetuadas para a Zona Franca de Manaus e para a Amazônia Ocidental.

n) mercadorias estrangeiras vendidas por entidades beneficentes em feiras, bazares e eventos semelhantes, desde que recebidas em doação de representações diplomáticas estrangeiras sediadas no País;

o) mercadorias destinadas a consumo no recinto de congressos, de feiras, de exposições internacionais e de outros eventos internacionais assemelhados;

p) objetos de arte recebidos em doação, por museus;

q) materiais, equipamentos, máquinas, aparelhos e instrumentos, importados, e os respectivos acessórios, sobressalentes e ferramentas, que os acompanhem, destinados à construção do Gasoduto Brasil — Bolívia;

r) partes, peças e componentes, importados, destinados ao emprego na conservação, modernização e conversão de embarcações registradas no Registro Especial Brasileiro;

s) bens destinados a coletores eletrônicos de votos;

t) equipamentos e materiais destinados, exclusivamente, ao treinamento de atletas e às competições desportivas relacionados com a preparação das equipes brasileiras para jogos olímpicos, paraolímpicos e parapanamericanos.

Art. 136 É concedida a redução de quarenta por cento do imposto incidente sobre a importação de partes, peças, componentes, conjuntos e subconjuntos, acabados e semiacabados, e pneumáticos, destinados exclusivamente aos processos produtivos das empresas montadoras e dos fabricantes de (Lei n. 10.182, de 12 de fevereiro de 2001, art. 5º e § 1º):

I — veículos leves: automóveis e comerciais leves;

II — ônibus;

III — caminhões;

IV — reboques e semirreboques;

V — chassis com motor;

VI — carrocerias;

VII — tratores rodoviários para semirreboques;

VIII — tratores agrícolas e colheitadeiras;

IX — máquinas rodoviárias; e

X — autopeças, componentes, conjuntos e subconjuntos, necessários à produção dos veículos listados nos incisos I a IX, incluídos os destinados ao mercado de reposição.

O reconhecimento da isenção ou da redução do imposto será efetivado, em cada caso, pela autoridade aduaneira, com base em requerimento no qual o interessado faça prova do preenchimento das condições e do cumprimento dos requisitos previstos em lei ou em contrato para sua concessão (Lei n. 5.172, de 1966, art. 179). O reconhecimento não gera direito adquirido e será anulado de ofício, sempre que se apure que o beneficiário não satisfazia ou deixou de satisfazer as condições ou não cumprira ou deixou de cumprir os requisitos para a concessão do benefício (Lei n. 5.172, de 1966, art. 179, § 2º). Vale lembrar que a isenção ou a redução poderá ser requerida na própria declaração de importação.

O Ministro de Estado da Fazenda disciplinará os casos em que se poderá autorizar o desembaraço aduaneiro, com suspensão do pagamento de impostos, de mercadoria objeto de isenção ou de redução concedida por órgão governamental ou decorrente de acordo internacional, quando o benefício estiver pendente de aprovação ou de publicação do respectivo ato regulamentador (Decreto-lei n. 2.472, de 1988, art. 12). Na transferência de propriedade ou na cessão de uso de bens objeto de isenção ou de redução, o imposto será reduzido proporcionalmente à depreciação do valor dos bens em função do tempo decorrido, contado da data do registro da declaração de importação (Decreto-lei n. 37, de 1966, art. 26).

A depreciação do valor dos bens objeto da isenção, quando exigível o pagamento do imposto, obedecerá aos seguintes percentuais, segundo o art. 1º do Decreto-lei n. 1.559, de 1977:

I — de mais de 12 e até 24 meses, trinta por cento; e

II — de mais de 24 e até 36 meses, setenta por cento.

A depreciação para os demais bens, inclusive os automóveis, obedecerá aos seguintes percentuais:[12]

I — de mais de 12 e até 24 meses, vinte e cinco por cento;

II — de mais de 24 e até 36 meses, cinquenta por cento;

III — de mais de 36 e até 48 meses, setenta e cinco por cento; e

IV — de mais de 48 e até 60 meses, noventa por cento.

Obs.: Não serão depreciados os bens que normalmente aumentam de valor com o tempo.

A isenção ou a redução do imposto, quando vinculada à destinação dos bens, ficará condicionada à comprovação posterior do seu efetivo emprego nas finalidades que motivaram a concessão (Decreto-lei n. 37, de 1966, art. 12). Perderá o direito à

---

(12) Cf. Decreto-lei n. 37, de 1966, art. 26, e Decreto-lei n. 1.455, de 7 de abril de 1976, art. 2º, §§ 1º e 3º.

isenção ou à redução quem deixar de empregar os bens nas finalidades que motivaram a concessão, exigindo-se o imposto a partir da data do registro da correspondente declaração de importação.

6.1.7. Restituição de Imposto de Importação

Caberá restituição total ou parcial do imposto pago indevidamente, nos seguintes casos:

I — diferença, verificada em ato de fiscalização aduaneira, decorrente de erro (Decreto-lei n. 37, de 1966, art. 28, inciso I):

    a) de cálculo;

    b) na aplicação de alíquota; e

    c) nas declarações quanto ao valor aduaneiro ou à quantidade de mercadoria;

II — apuração, em ato de vistoria aduaneira, de extravio ou de depreciação de mercadoria decorrente de avaria (Decreto-lei n. 37, de 1966, art. 28, inciso II);

III — verificação de que o contribuinte, à época do fato gerador, era beneficiário de isenção ou de redução concedida em caráter geral, ou já havia preenchido as condições e os requisitos exigíveis para concessão de isenção ou de redução de caráter especial;

IV — reforma, anulação, revogação ou rescisão de decisão condenatória.[13]

A restituição total ou parcial do imposto acarreta a restituição, na mesma proporção, dos juros de mora e das penalidades pecuniárias, desde que estas tenham sido calculadas com base no imposto anteriormente pago (Lei n. 5.172, de 1966, art. 167).

A restituição do imposto pago indevidamente poderá ser feita de ofício, a requerimento, ou mediante utilização do crédito na compensação de débitos do importador, observado o disposto no art. 112, e atendidas as normas estabelecidas pela Secretaria da Receita Federal (Decreto-lei n. 37, de 1966, art. 28, § 1º, e Lei n. 9.430, de 1996, art. 74, com a redação dada pela Lei n. 10.637, de 2002, art. 49). (Redação dada pelo Decreto n. 4.765, de 24.6.2003)

O protesto do importador, quanto a erro sobre quantidade ou qualidade de mercadoria, ou quando ocorrer avaria, deverá ser apresentado antes da saída desta do recinto alfandegado, salvo quando, a critério da autoridade aduaneira, houver inequívoca demonstração do alegado (Decreto-lei n. 37, de 1966, art. 28, § 2º).

6.1.8. Critérios para realizar a importação[14]

6.1.8.1. Registro

Em dezembro de 1999, foi publicada a Portaria Secex n. 12, alterando os procedimentos do REI — Registro no Cadastro de Exportadores e Importadores, que

---

(13) Cf. Lei n. 5.172, de 1966, art. 165, inciso III.
(14) Cf. Decreto n. 4.765/03, Portaria Secex n. 21/96, Comunicado Decex n. 19/96 e Portaria Decex n. 8/91.

existiam anteriormente. A partir da vigência desta Portaria, os importadores e exportadores estariam inscritos, automaticamente, no REI ao realizarem a sua primeira operação via SISCOMEX, sem o encaminhamento de quaisquer documentos, os quais poderiam ser solicitados, eventualmente, pelo DECEX — Departamento de Comércio Exterior, para verificação de rotina. Com a Instrução Normativa SRF n. 229, revogada pela IN SRF n. 455, de 5.10.2004 foi criado o sistema RADAR. Isto significa que todo importador e/ou exportador devem apresentar à Secretaria da Receita Federal — SRF uma relação de documentos que comprovem a solidez e perfil importador/exportador da empresa.

São estabelecidas duas modalidades de habilitação para o caso de importação:

1) *Especial:* para órgãos da administração pública, autarquias, fundações e assemelhados;

2) *Simplificado:* para pessoas físicas ou jurídicas que no período de um ano realizem até três despachos (importação/exportação/internação ZFM). Para fins de concessão da habilitação, a pessoa jurídica requerente será submetida à análise fiscal para verificar a consistência entre as informações disponíveis nas bases dos sistemas da SRF e as constantes do requerimento e seus anexos e comprovar a existência de patrimônio e de capacidade operacional, econômica e financeira, tanto da pessoa jurídica quanto dos sócios, para realização de seu objeto societário e das transações internacionais pretendidas, tendo por base as informações constantes das declarações fiscais apresentadas à SRF.

No caso da habilitação especial, após análise dos documentos e não apresentando irregularidades, a Secretaria da Receita Federal habilitará o responsável legal da empresa, liberando uma senha para que este possa cadastrar, via *internet* (<www.receita.fazenda.gov.br>), dirigentes, representantes e prepostos da empresa, para acesso ao SISCOMEX — Sistema Integrado de Comércio Exterior. Esta senha deverá ser renovada mensalmente, também via *internet*. Já, na habilitação simplificada, o representante da pessoa jurídica será credenciado pela unidade da SRF que processou a habilitação, e deverá ser descredenciado imediatamente após o desembaraço de cada operação de importação.

A habilitação no RADAR não é feita por região fiscal, ou seja, uma vez habilitado, o importador e/ou exportador poderá atuar em qualquer alfândega brasileira. No entanto, nada impede que determinada alfândega exija algum tipo de documentação, como, por exemplo, uma procuração. Vale ressaltar que, no caso da habilitação simplificada, o pedido só poderá ser efetuado na unidade da SRF onde será feito o respectivo desembaraço da mercadoria. A função básica do mencionado cadastro é a de selecionar as empresas que operam nessas atividades, objetivando credenciar apenas aquelas que possam ser consideradas idôneas para atuar nas atividades do comércio internacional brasileiro.

6.1.8.2. Identificação do produto

A barreira da língua e a variedade de produtos existentes no mercado internacional são alguns dos fatores que dificultam a correta identificação do produto. Para se atingir a integração por intermédio da União Aduaneira, se faz necessária, além do estabelecimento de uma Zona de Livre Comércio (liberação tarifária no comércio de bens intrarregional), a manutenção de um regime tarifário comum para o comércio extrarregional.

Assim, os tributos aduaneiros aplicados para o comércio com terceiros países deverão ser uniformes para qualquer um dos Estados-Membros. Concluído o período de transição do Mercosul, os países elaboraram a Nomenclatura Comum com base no Sistema Harmonizado, para satisfazer os interesses dos Países-Membros. A partir da Nomenclatura, são definidas as alíquotas para o comércio com terceiros países não membros do Mercado Comum do Sul, estabelecendo-se a Tarifa Externa Comum — TEC.

Para que a TEC seja efetivada, se faz necessário que a nomenclatura de mercadorias de todos os estados-membros sejam unificadas. Assim, foi concluída a Nomenclatura Comum do Mercosul — NCM, baseada no "Sistema Harmonizado de Designação e Codificação de Mercadorias", normalmente denominado por Sistema Harmonizado (SH). Portanto, todo produto a ser importado tem de ser corretamente classificado de acordo com a Tarifa Externa Comum. Segue, abaixo, exemplo de algumas posições (classificações) na TEC.

6.1.8.3. Localização de fornecedores internacionais

Após a correta identificação e classificação dos produtos a serem importados, é necessária a definição dos países ou mercados que poderiam nos ofertar os mesmos. Faz-se a seleção destes mercados, tendo em mente os seguintes itens:

a) mercados já tradicionalmente conhecidos como fornecedores destes produtos;

b) países que possuem acordos econômicos com o Brasil, para a redução de impostos;

c) países situados próximos ao Brasil com tarifas de fretes internacionais menores.

6.1.8.4. Cotação de preços

Selecionado o mercado alvo, listam-se os fornecedores destes mercados para contatá-los e solicitar a cotação dos produtos escolhidos. Na cotação, o produto deve ser corretamente discriminado, inclusive com a classificação dentro do sistema harmonizado. Deve-se levar em consideração a quantidade mínima por produto e por pedido, o prazo de entrega, as condições de pagamento e a modalidade de venda determinada. Se necessário, solicitar amostras e/ou catálogos técnicos. Para estabelecer definições quanto às responsabilidades da remessa e evitar desentendimentos, de maneira simples e segura, comprador e vendedor podem, em seus contatos, especificar algum dos *Incoterms* da Câmara de Comércio Internacional — CCI.

6.1.8.5. Análise das características da importação

Antes de se estimar todos os custos, numa planilha final, o importador precisa analisar os seguintes aspectos:

— se o produto (classificação fiscal) faz parte de algum acordo internacional, com alguma isenção ou redução de tributos;

— se o produto é proibido ou suspenso de se importar; se existe algum outro impedimento ou tratamento especial para a importação;

— se existe algum benefício fiscal que pode amparar a importação, como por exemplo *drawback*, "ex"-tarifário etc.;

— se existe alguma legislação específica e especial para os tributos, como por exemplo isenção de Imposto de Importação, isenção de IPI, isenção de PIS/PASEP-Importação, isenção de COFINS-Importação, redução ou isenção de ICMS etc.;

— as possibilidades de se ter um frete internacional mais baixo, por exemplo, evitando países distantes;

— formas de embalagem internacional mais apropriadas ao transporte, como *container* ou palete;

— o canal de distribuição mais adequado: via representante, agente, importação direta etc.

Obs.: A palavra *Drawback* significa desconto; reembolso de direitos aduaneiros; abatimento; retorno de investimento. De origem inglesa, é usada em geral para expressar a parte restituível sobre um valor de tributos que incidiram na importação de mercadorias e sua reexportação. O *Drawback*, regime adotado por diversos países, designa o sistema tributário admitido na importação para propiciar direitos de compensação aos exportadores, mediante a restituição de impostos pagos pela matéria-prima transformada e reexportada. O objetivo deste sistema é importar para beneficiar, fabricar ou acondicionar com agregação de valor no País, mercadoria a ser reexportada na forma de produto final, causando como resultado da operação saldo positivo em divisas. Abaixo, segue um aprofundamento sobre o regime de *drawback*, disposto nos arts. 335, 336 e 337 da Lei n. 4.543/02:

Art. 335. O regime de *drawback* é considerado incentivo à exportação, e pode ser aplicado nas seguintes modalidades (Decreto-lei n. 37, de 1966, art. 78, e Lei n. 8.402, de 1992, art. 1º, inciso I):

I — suspensão do pagamento dos tributos exigíveis na importação de mercadoria a ser exportada após beneficiamento ou destinada à fabricação, complementação ou acondicionamento de outra a ser exportada;

II — isenção dos tributos exigíveis na importação de mercadoria, em quantidade e qualidade equivalente à utilizada no beneficiamento, fabricação, complementação ou acondicionamento de produto exportado; e

III — restituição, total ou parcial, dos tributos pagos na importação de mercadoria exportada após beneficiamento, ou utilizada na fabricação, complementação ou acondicionamento de outra exportada.

Art. 336. O regime de *drawback* poderá ser concedido a:

I — mercadoria importada para beneficiamento no País e posterior exportação;

II — matéria-prima, produto semielaborado ou acabado, utilizados na fabricação de mercadoria exportada, ou a exportar;

III — peça, parte, aparelho e máquina complementar de aparelho, de máquina, de veículo ou de equipamento exportado ou a exportar; (Redação dada pelo Decreto n. 4.765, de 24.6.2003)

IV — mercadoria destinada a embalagem, acondicionamento ou apresentação de produto exportado ou a exportar, desde que propicie comprovadamente uma agregação de valor ao produto final; ou

V — animais destinados ao abate e posterior exportação.

§ 1º O regime poderá ainda ser concedido:

I — para matéria-prima e outros produtos que, embora não integrando o produto exportado, sejam utilizados na sua fabricação em condições que justifiquem a concessão; ou

II — para matéria-prima e outros produtos utilizados no cultivo de produtos agrícolas ou na criação de animais a serem exportados, definidos pela Câmara de Comércio Exterior.

§ 2º Na hipótese do inciso II do § 1º, o regime será concedido:

I — nos limites quantitativos e qualitativos constantes de laudo técnico emitido nos termos fixados pela Secretaria da Receita Federal, por órgão ou entidade especializada da Administração Pública federal; e

II — a empresa que possua controle contábil de produção em conformidade com as normas editadas pela Secretaria da Receita Federal.

§ 3º O regime de *drawback*, na modalidade de suspensão, poderá ser concedido à importação de matérias-primas, produtos intermediários e componentes destinados à fabricação, no País, de máquinas e equipamentos a serem fornecidos no mercado interno, em decorrência de licitação internacional, contra pagamento em moeda conversível proveniente de financiamento concedido por instituição financeira internacional, da qual o Brasil participe, ou por entidade governamental estrangeira ou, ainda, pelo Banco Nacional de Desenvolvimento Econômico e Social, com recursos captados no exterior (Lei n. 8.032, de 1990, art. 5º, com a redação dada pela Lei n. 10.184, de 12 de fevereiro de 2001, art. 5º).

Art. 337. O regime de *drawback* não será concedido:

I — na importação de mercadoria cujo valor do Imposto de Importação, em cada pedido, for inferior ao limite mínimo fixado pela Câmara de Comércio Exterior (Decreto-lei n. 37, de 1966, art. 78, § 2º); e

II — na importação de petróleo e seus derivados, com exceção da importação de coque calcinado de petróleo.

Parágrafo único. Para atender ao limite previsto no inciso I, várias exportações da mesma mercadoria poderão ser reunidas em um só pedido de *drawback*.

6.1.8.6. Custos incidentes na importação

6.1.8.6.1. Custo de mercadoria

É o valor da mercadoria podendo ou não incluir o frete interno, a embalagem, custo de documentação ou custo de desembaraço na exportação. É o preço que definimos no *Incoterms* de venda como FOB/FCA.

6.1.8.6.2. Frete internacional

Deve-se levar em consideração os parâmetros abaixo relacionados para definir entre transporte aéreo, marítimo, rodoviário, ferroviário ou multimodal (duas ou mais modalidades juntas num mesmo embarque).

a) urgência da chegada da mercadoria;

b) tipo de embalagem: container, carga solta, palete, engradado etc.;

c) características da carga: perigosa, inflamável, frágil, "visada", perecível etc.;

d) peso bruto e peso cubado da mercadoria;

e) local de embarque e destino da carga; e

f) possibilidade de consolidação, isto é, possibilidade de se unir cargas de várias empresas em um só embarque com o intuito de redução de custos de transporte.

Caso a empresa não tenha condições técnicas para realizar esta cotação, existem escritórios de agentes de carga que estão habilitados a fornecer as informações necessárias à contratação de frete internacional.

6.1.8.6.3. Seguro de transporte internacional

O seguro de transporte internacional nas importações brasileiras não é obrigatório; porém, considerando os riscos envolvidos, é aconselhável que a mercadoria esteja devidamente segurada, independente do meio de transporte utilizado. O seguro pode ser contratado no Brasil ou no exterior; todavia, se o mesmo for contratado no exterior deverá ser solicitada uma prévia autorização do IRB — Instituto de Resseguro no Brasil. Também deve-se solicitar a cobertura *Door-to-Door*, isto é, desde o armazém/fábrica do exportador até o domicílio do importador.

6.1.8.6.4. Despesas aduaneiras

Capatazia: taxa cobrada pelo deslocamento e manuseio da carga do navio ou aeronave até o armazém do porto ou aeroporto.

Armazenagem: taxa cobrada pelo armazém alfandegado onde a carga permanece desde a sua chegada até o seu desembaraço aduaneiro.

Adicional de Frete para Renovação da Marinha Mercante: para os embarques marítimos é cobrado este adicional de 25% sobre o valor do frete internacional.

Siscomex: De acordo com a Instrução Normativa n. 131, de 11.11.1998, passou a ser cobrado o valor de R$ 30,00 por declaração de importação e R$ 10,00 para cada adição da declaração de importação, sendo que à medida que aumenta o número de adições o preço por adição reduz.

Despachante Aduaneiro: Pode-se contratar um despachante aduaneiro para realização de todo o trâmite administrativo/documental e alfandegário do processo de importação. Este despachante atuará, em nome da empresa, nos portos, aeroportos e pontos de fronteira alfandegados. O custo varia de acordo com contrato entre despachante e importador.

Frete Interno: Consiste no valor do frete relativo ao transporte da mercadoria nacionalizada do porto ou aeroporto até o estabelecimento do importador.

Despesas Bancárias: Para toda remessa ou recebimento de divisas do exterior incidirão despesas bancárias, que, por sua vez, dependerão da forma de pagamento (carta de crédito, cobrança, pagamento antecipado, outras), do relacionamento da empresa importadora com o banco selecionado para a operação e da participação de sociedade corretora.

Licenciamento de Importação — LI: O licenciamento das importações ocorrerá de forma automática e não automática e será efetuado por meio do SISCOMEX. Em alguns casos, o órgão anuente do licenciamento de importação não automático cobra uma taxa para a análise e deferimento do respectivo LI (Exemplo: ANVISA).

Despesas de frete no destino: Estas despesas correspondem à taxas cobradas pelo agente de cargas para liberação do conhecimento de embarque ao importador.

6.1.8.7. Negociação final

Depois de realizada a planilha estimativa de custos de importação, escolhidos os produtos a importar e o fornecedor no exterior, deve-se negociar alguns detalhes da operação, tais como: preço x quantidade, forma de pagamento, modalidade de venda, prazo de entrega, quantidade mínima, frequência de embarques etc. Após esta negociação, deve-se confirmar o pedido mediante solicitação da emissão da Fatura *Pro Forma* pelo exportador.

A Fatura *Pro Forma* é um documento de responsabilidade do exportador. Sua emissão precede a da Fatura Comercial, e serve para fins de cotação do produto. Esta fatura não tem padrão, mas deve conter as condições pactuadas que são:

a) dados completos do importador e exportador;

b) porto/aeroporto/ponto de fronteira de embarque;

c) porto/aeroporto/ponto de fronteira de destino;

d) condições de venda internacional;

e) condições de pagamento internacional;

f) quantidade, preço unitário e preço total;

g) peso bruto e líquido; e

h) descrição completa do produto com respectiva referência.

6.1.8.8. Emissão de licenciamento de importação

Todas as importações estão sujeitas a licenciamento. De modo geral, o licenciamento das importações ocorrerá de forma automática, efetuada pelo próprio Sistema, no momento do registro da Declaração de Importação.

Quando se tratar de mercadoria ou operação de importação sujeita a controles especiais de algum órgão licenciador (Ex: MAPA, ANVISA, IBAMA etc.), ou quando necessária a anuência de outros órgãos federais, a importação estará sujeita à Licença de Importação Não Automática. Neste caso, normalmente, a solicitação ao órgão licenciador da LI Não Automática precede o embarque da mercadoria, exceto naqueles que venham a ser identificados nos normativos da SECEX prevendo a solicitação posterior ao embarque.

O importador envia, parcial ou totalmente, o valor da operação antes do embarque da mercadoria. Para o exportador, o pagamento antecipado representa uma garantia de não cancelamento do contrato por parte do importador e a possibilidade de obtenção de recursos para a produção do pedido. Normalmente é utilizado entre empresas interligadas ou que já possuem uma confiança recíproca, pois trata-se de uma operação de risco para o importador que poderá, dependendo da qualidade cadastral do exportador, arcar com a demora na remessa do produto já pago ou mesmo deixar de recebê-lo.

6.2. IE — *Imposto de Exportação*

6.2.1. Conceito

O Imposto de Exportação incide sobre mercadoria nacional ou nacionalizada destinada ao exterior. O art. 153, inciso II, da CF revela que compete à União instituir impostos sobre a exportação, de produtos nacionais ou nacionalizados. Para efeito de cálculo do imposto, considera-se ocorrido o fato gerador na data do registro de exportação no Sistema Integrado de Comércio Exterior — SISCOMEX.[15]

6.2.2. Fato gerador

O art. 213 do Decreto n. 4.543/02 assevera que o Imposto de Exportação tem como fato gerador a saída da mercadoria do território aduaneiro. Para efeito de cálculo do imposto, considera-se ocorrido o fato gerador na data do registro de exportação no Sistema Integrado de Comércio Exterior — SISCOMEX. Para exemplificar melhor, vamos colacionar a jurisprudência abaixo:

IMPOSTO. EXPORTAÇÃO. FATO GERADOR.

Considera-se ocorrido o fato gerador do imposto de exportação no momento em que é efetivado o registro de exportação (RE) no Sistema Integrado de Comércio Exterior (Siscomex), ou seja, no momento em que a empresa obtém o RE. O registro no Siscomex é o conjunto de informações de natureza comercial, financeira cambial e fiscal que caracterizam a operação de exportação de uma mercadoria e definem seu enquadramento legal. Note-se que, com a instituição do Siscomex, as guias de exportação e importação foram substituídas pelo registro de exportação (RE) e registro de importação (RI), também foram criados outros blocos de informações das diversas etapas como: registro de venda (RV), registro de operação de crédito (RC). Ao final desses procedimentos é expedido o comprovante de exportação (CE) — que é o documento oficial emitido pelo Siscomex, relacionando todos os registros de exportação objeto de um mesmo despacho aduaneiro. Portanto o registro de exportação (RE) é o único registro indispensável para a efetivação de todas as operações de comércio, em torno dele gravitam as demais etapas. No caso dos autos, o registro de exportação no Siscomex foi posterior à vigência da Res. do Bacen n. 2.136/95, portanto o imposto deve ser calculado com alíquota de 40%, como estabelecido nessa resolução. Dessa forma, pouco importa considerações sobre a data da obtenção do registro de venda. Isso posto, a Turma, ao prosseguir o julgamento, conheceu em parte o recurso do contribuinte e, nessa parte, negou-lhe provimento. Precedente citado: EDcl no REsp 225.730-PR, DJ 19.2.2001. REsp 964.151-PR, Rel. Min. José Delgado, julgado em 22.4.2008.

6.2.3. Base de cálculo

De acordo com o art. 24 do Código Tributário Nacional, a base de cálculo do Imposto de Exportação é:

I — quando a alíquota seja específica, a unidade de medida adotada pela lei tributária;

II — quando a alíquota seja *ad valorem*, o preço normal que o produto, ou seu similar, alcançaria, ao tempo da exportação, em uma venda em condições de livre concorrência.

---

(15) Cf. Decreto-lei n. 1.578, de 1977, art. 1º, § 1º.

Parágrafo único. Para os efeitos do inciso II, considera-se a entrega como efetuada no porto ou lugar da saída do produto, deduzidos os tributos diretamente incidentes sobre a operação de exportação e, nas vendas efetuadas a prazo superior aos correntes no mercado internacional o custo do financiamento.

De acordo com o art. 214 do Decreto n. 4.543/02, a base de cálculo do imposto de exportação é:

I — o preço normal que a mercadoria, ou sua similar, alcançaria, ao tempo da exportação, em uma venda em condições de livre concorrência no mercado internacional, observadas as normas expedidas pela Câmara de Comércio Exterior.

§ 1º Quando o preço da mercadoria for de difícil apuração ou for suscetível de oscilações bruscas no mercado internacional, a Câmara de Comércio Exterior fixará critérios específicos ou estabelecerá pauta de valor mínimo, para apuração da base de cálculo.

§ 2º Para efeito de determinação da base de cálculo do imposto, o preço de venda das mercadorias exportadas não poderá ser inferior ao seu custo de aquisição ou de produção, acrescido dos impostos e das contribuições incidentes e da margem de lucro de quinze por cento sobre a soma dos custos, mais impostos e contribuições.

Abaixo, temos um quadro que pode unir os contribuintes dispostos pelas duas leis até agora citadas:

QUADRO DE CONTRIBUINTES DO IMPOSTO DE EXPORTAÇÃO
I — quando a alíquota for específica, a unidade de medida adotada pela lei tributária;
II — quando a alíquota for *ad valorem*, o preço normal que o produto, ou seu similar, alcançaria, ao tempo da exportação, em uma venda em condições de livre concorrência.
III — o preço normal que a mercadoria, ou sua similar, alcançaria, ao tempo da exportação, em uma venda em condições de livre concorrência no mercado internacional, observadas as normas expedidas pela Câmara de Comércio Exterior.

A *alíquota ad valorem* é uma "porção" sobre o valor. Pode ser de 1% até 100%. A fórmula é simples e vem a seguir: preço x alíquota. Sendo assim, podemos afirmar que é um percentual (alíquota) que será multiplicado pelo preço do produto. Conforme art. 75 do Decreto n. 4.543/02: "quando a alíquota for *ad valorem*, a base de cálculo será o valor aduaneiro apurado segundo as normas do art. VII do Acordo Geral sobre Tarifas e Comércio — GATT 1994". Abaixo, vemos um exemplo prático.

Se, hipoteticamente, uma empresa faz a importação de uma mercadoria que tem preço de R$ 200,00, a base de cálculo do Imposto de Importação será de R$ 200,00 e alíquota incidente será definida por lei. Vamos supor que a alíquota para este tipo de produto importado seja de 10%. Logo, o valor do Imposto de Importação a ser pago será de R$ 20,00 (resultado da multiplicação de R$ 200,00 x 10%). A alíquota do imposto incidirá sempre sobre o preço do produto.

Já a **alíquota específica** é um valor determinado sobre uma determinada quantidade (litro, metro, tonelada). Um bom exemplo para alíquotas específicas ocorre com o IPI sobre cigarros, onde são comprados selos com valores específicos, que cada um corresponde à alíquota específica sobre a o cigarro, não importando o valor de venda do bem. Conforme art. 75 do Decreto n. 4.543/02: "Quando a alíquota for específica, a base de cálculo será a quantidade de mercadoria expressa na unidade de medida estabelecida pela lei". Abaixo, vemos um exemplo prático:

Caso uma empresa faça a importação de 20 toneladas de uma mercadoria que tem valor de R$ 200,00/tonelada, a base de cálculo do Imposto de Importação será de R$ 4.000,00 (resultado da equação: 20 toneladas x R$ 200,00). A alíquota de imposto irá incidir sobre a quantidade de R$ 4.000,00.

6.2.4. Sujeito passivo

6.2.4.1. Lançamento por homologação

O Imposto de Exportação tem seu lançamento por declaração nos termos do art. 147 do Código Tributário Nacional, competindo ao exportador apenas a informação quanto aos fatos. Sendo assim, o exportador deverá elaborar e registrar no SISCOMEX a declaração de exportação, bem como fornecer à alfândega os documentos necessários para proceder ao despacho, com vistas ao desembaraço e a sua saída para o exterior.

6.2.4.2. Contribuintes

Segundo o art. 27 do Código Tributário Nacional, o sujeito passivo do imposto é o exportador ou quem a lei a ele equiparar. O regulamento aduaneiro (Decreto n. 4.543/02) também assevera que é contribuinte do imposto o exportador, assim considerada qualquer pessoa que promova a saída de mercadoria do território aduaneiro.

6.2.5. Regimes aduaneiros

6.2.5.1. Regime aduaneiro especial

Liziane Angelotti Meira[16] adverte que: "são denominados regimes aduaneiros especiais aqueles que se distinguem do regime comum de importação e de exportação

---

(16) MEIRA, Liziane Angelotti. *Regimes aduaneiros especiais*. São Paulo: Revistas dos Tribunais, 2002.

em decorrência de incentivos fiscais concernentes aos impostos sobre o comércio exterior e de controle aduaneiro em relação aos bens objeto da operação". (MEIRA, 2002)

6.2.5.1.1. Exportação temporária

Liziane Angelotti Meira[17] ensina que: "Exportação temporária é o regime que permite a saída, do país, com suspensão de Imposto de Exportação, de mercadoria nacional ou nacionalizada, condicionada a reimportação, em prazo determinado, no mesmo estado em que foi exportada. O regime de exportação temporária pode ser aplicado nas seguintes situações: produtos destinados a feiras, competições desportivas ou exposições no exterior; produtos manufaturados e acabados, inclusive para conserto, reparo ou restauração para seu uso ou funcionamento; animais reprodutores para cobertura, em estação de monta, com retorno cheia, no caso de fêmea, ou com cria ao pé; bem como animais para outras finalidades; veículos para uso de seu proprietário ou possuidor; minérios e metais para fim de recuperação ou beneficiamento; insumos para fim de beneficiamento ou transformação".

6.2.5.1.2. Entreposto aduaneiro de exportação

Liziane Angelotti Meira[18] adverte que: "O regime de Entreposto Aduaneiro é o que permite, na importação ou na exportação, a armazenagem de mercadoria estrangeira em recinto alfandegado de uso público, com suspensão de tributos e sob controle fiscal".[19]

O entreposto aduaneiro na exportação compreende as modalidades de regime comum e extraordinário. Regime comum: permite-se a armazenagem de mercadorias em recinto de uso público, com suspensão do pagamento de impostos e regime extraordinário: permite-se a armazenagem de mercadorias em recinto de uso privativo, com direito à utilização dos benefícios fiscais previstos para incentivo à exportação, antes de seu efetivo embarque para o exterior.[20]

O Entreposto Aduaneiro divide-se em Entreposto Aduaneiro de uso Público e de uso Privativo. O Entreposto Aduaneiro Público é aquele destinado ao depósito de mercadorias a serem utilizadas por empresa diferente daquela que explora o Entreposto. Neste caso, o permissionário do regime é aquele que o explora e beneficiário do regime é aquele que o utiliza. Já o Entreposto Aduaneiro de uso privativo é aquele utilizado pela própria empresa que importa ou exporta. Neste caso, a figura do permissionário confunde-se com a do beneficiário.

6.2.5.1.3. Depósito Alfandegado Certificado — DAC

Vazquez[21] relata que: "o regime especial aduaneiro DAC é um depósito que admite a permanência em local alfandegado do território nacional, de mercadoria já

---

(17) *Idem.*
(18) *Idem.*
(19) Art. 364 do Regulamento Aduaneiro/Medida Provisória n. 2.158-35, de 2001, art. 69.
(20) COLUMBIA Assessoria Jurídica Aduaneira. Disponível em: <http://www.Columbia.com.br> Acesso em: 20 jan. 2009.
(21) VAZQUEZ, José Lopes. *Comércio exterior brasileiro.* São Paulo: Atlas, 2001.

comercializada com o exterior e considerada exportada, para todos os efeitos fiscais, creditícios e cambiais, devendo, portanto, a operação ser previamente registrada no Siscomex. O regime foi criado com o objetivo de desvincular algumas exportações da necessidade de transferência física das mercadorias para o exterior e de proporcionar aos interessados uma modalidade flexível de operações. Revela-se interessante mecanismo de incentivo às exportações".

6.2.5.1.4. Comparação entre os regimes especiais de exportação[22]

REGIME: Exportação Temporária
Beneficiários: Toda pessoa jurídica que promova a exportação, sem cobertura cambial, do bem.
Aplicação: Aos bens destinados a: — feiras, exposições, congressos ou outros eventos científicos e técnicos; — espetáculos, exposições e outros eventos artísticos ou culturais; — competições ou exibições esportivas; — feiras ou exposições comerciais e industriais; — promoção comercial; — execução de contrato de arrendamento operacional, de aluguel, de empréstimo ou de prestação de serviços no exterior; — prestação de assistência técnica a produtos exportados, em virtude de termos de garantia; — atividades temporárias de interesse da agropecuária; — emprego militar e apoio logístico às tropas brasileiras designadas para integrar força de paz em território estrangeiro.
Vantagens: Saída das mercadorias com posterior retorno ao país, sem o recolhimento de imposto na volta.
Desvantagens: Pessoa física não é beneficiária do regime.
Prazo: Até 1 ano, prorrogável, a juízo da autoridade aduaneira, por período não superior, no total, a dois anos.
Extinção: a) com a reimportação da mercadoria no prazo estipulado; b) com o pagamento dos tributos incidentes sob os insumos agregados ao produto; c) com a venda no caso de exportação em consignação.
REGIME: Entreposto Aduaneiro na Exportação
Beneficiários: Pessoa jurídica estabelecida no País.

---

(22) *Regimes aduaneiros especiais*. Brasília: Ministério do Desenvolvimento, Indústria e Comércio, 2005.

Aplicação: Aplica-se em Porto Seco:

— partes, peças e outros materiais de reposição, manutenção ou reparo de aeronaves e embarcações;

— partes e peças e outros materiais de reposição, manutenção ou reparo de outros veículos;

— quaisquer outros.

Vantagens:

— as mercadorias admitidas nesse regime poderão ser exportadas conforme a necessidade do cliente, de forma parcial ou total;

— redução de estoques dentro das fábricas;

— agilidade na logística;

— segurança dentro de um porto seco.

Desvantagens: Pagamento de armazenagem e outros serviços dentro de um porto seco.

Prazo: Até 1 ano, podendo ser sucessivamente prorrogado, em situações especiais, respeitado o limite de 3 anos. Na exportação modalidade de regime extraordinário: até 180 dias.

Extinção: Adoção pelo beneficiário de uma das seguintes providências:

— admissão em outro regime aduaneiro especial;

— despacho para consumo;

— reexportação.

REGIME: Depósito Alfandegado Certificado

Beneficiários: Empresa autorizada pela SRF a operar no regime. (Depositária)

Aplicação: A admissão no regime DAC será autorizada para mercadoria:

— vendida à pessoa sediada no exterior, que tenha constituído mandatário credenciado junto à SRF, mediante contrato de entrega no território brasileiro, à ordem do comprador, em recinto autorizado a operar o regime;

— desembaraçada para exportação sob o regime DAC no recinto autorizado, com base em Declaração para Despacho de Exportação — DDE registrada no Siscomex; e

— Discriminada em conhecimento de depósito emitido pelo permissionário ou concessionário do recinto.

Vantagens:

— ganho no fluxo de caixa da empresa;

— a exportação é considerada finalizada para todos os efeitos;

— segurança dentro de um porto seco.

Desvantagens: Pagamento de armazenagem e outros serviços dentro de um porto seco.

Prazo: O prazo de permanência da mercadoria no regime não poderá ser superior a um ano, contado da emissão do Certificado de Depósito Alfandegado — CDA.

Extinção:

— comprovação do efetivo embarque, ou da transposição da fronteira, da mercadoria destinada ao exterior;

— despacho para consumo;

— pela transferência para um dos seguintes regimes aduaneiros: *drawback*, admissão temporária, REPETRO; loja franca, ou entreposto aduaneiro.

6.2.5.2. Regime aduaneiro simplificado

A maioria das mercadorias exportadas é submetida a despacho aduaneiro comum, de *exportação*. Entretanto, em algumas situações, o interessado pode optar pelo despacho aduaneiro simplificado, que é disciplinado pela *Instrução Normativa SRF n. 611/06*. O despacho aduaneiro tem por finalidade verificar a exatidão dos dados declarados pelo exportador ou importador em relação à mercadoria exportada ou importada, aos documentos apresentados e à legislação vigente, com vistas ao desembaraço. Em virtude do desembaraço, é autorizada a saída da mercadoria para o exterior, no caso de exportação, ou a entrega da mercadoria ao importador, no caso de importação. O despacho aduaneiro simplificado é processado com base em declaração simplificada de exportação ou importação, formulada pelo exportador ou importador. Com base nas informações prestadas, são calculados os tributos porventura devidos e efetuados os *controles administrativos* e o *controle cambial* eventualmente aplicáveis.

6.2.5.2.1. Regime aduaneiro simplificado com registro no Siscomex

O despacho aduaneiro simplificado pode ser processado no Sistema Integrado de Comércio Exterior — Siscomex, nas situações previstas nos arts. 3º e 30 da *IN SRF n. 611/06*, por meio da Declaração Simplificada de Importação — DSI-Eletrônica e da Declaração Simplificada de Exportação — DSE-Eletrônica, após o interessado providenciar a sua *habilitação para utilizar o Siscomex*. Entre as operações possíveis de serem realizadas por meio de DSE ou DSI eletrônicas encontram-se:

• Na exportação as mercadorias cujo valor total seja igual ou inferior a US$ 50,000.00; exportação temporária; e *bagagem desacompanhada de viajantes*. Na importação: mercadorias cujo valor total seja igual ou inferior a US$ 3,000.00;

doações; admissão temporária; e *bagagem desacompanhada de viajantes*. No caso de exportação ou importação eventual, realizada por pessoa física, como, por exemplo, no caso de *bagagem desacompanhada de viajante*, a DSE ou DSI pode ser elaborada ou transmitida por servidor aduaneiro da Unidade da SRF onde for processado o despacho aduaneiro. Nesse caso, não é necessário que o interessado providencie *habilitação para utilizar o Siscomex*.

• O Siscomex integra as atividades de registro, acompanhamento e controle das operações de comércio exterior do Brasil, mediante fluxo único e computadorizado de informações. Por intermédio do Siscomex, as operações de exportação são registradas e, em seguida, analisadas em tempo real pelos órgãos gestores do sistema, que são a Secretaria da Receita Federal —SRF, a Secretaria de Comércio Exterior — Secex e o Banco Central do Brasil — Bacen. Os atos legais, regulamentares e administrativos que alteram, complementam ou produzem efeitos sobre a legislação de comércio exterior vigente são implementadas no Siscomex concomitantemente à sua entrada em vigor no País. Dessa forma, o Siscomex permite tanto aos órgãos gestores quanto aos demais órgãos e entidades de governo, que intervêm no comércio exterior como anuentes de algumas operações (*controle administrativo*), acompanhar, controlar e também interferir no processo de saída de produtos do país ou na sua entrada.

• Para processar suas operações de exportação, o interessado pode ter acesso ao Siscomex, diretamente, a partir de seu próprio estabelecimento, no caso das empresas, desde que disponham dos necessários equipamentos e condições de acesso, utilizar *despachantes aduaneiros* credenciados no Siscomex ou, ainda, utilizar a rede de computadores colocada à disposição dos usuários pela SRF (salas de contribuintes).

6.2.5.2.2. Regime aduaneiro simplificado sem registro no Siscomex

O despacho aduaneiro simplificado pode ser realizado sem registro no Siscomex, por meio dos formulários para declaração simplificada de exportação (DSE-Formulário), constantes dos anexos da *IN SRF n. 611/06,* nas situações previstas nos arts. 4º e 31 dessa mesma instrução normativa, tais como importações realizadas por representações diplomáticas, amostras sem valor comercial e bens destinados à ajuda humanitária. Entre as operações possíveis de serem realizadas por meio de formulários de DSE encontram-se:

Na exportação: amostras sem valor comercial; exportações realizadas por representações diplomáticas; e bens destinados à assistência e ao salvamento no exterior. Na importação: amostras sem valor comercial; mercadorias cujo valor total seja igual ou inferior a US$ 500.00; importações realizadas por representações diplomáticas; e livros e documentos sem finalidade comercial. Em algumas outras situações, também podem ser utilizados formulários específicos para o despacho aduaneiro de bens que serão submetidos ao *Regime Especial de Admissão Temporária*, como, por exemplo, em *eventos internacionais realizados no Brasil*, assim como de bens a serem submetidos ao *Regime Especial de Exportação Temporária*.

6.2.6. Isenção de Imposto de Importação

6.2.6.1. Café

São isentas do imposto as vendas de café para o exterior (Decreto-lei n. 2.295, de 21 de novembro de 1986, art. 1º).

6.2.6.2. Setor sucroalcooleiro

As usinas produtoras de açúcar que não possuam destilarias anexas poderão exportar os seus excedentes, desde que comprovem sua participação no mercado interno, conforme estabelecido nos planos anuais de safra (Lei n. 9.362, de 13 de dezembro de 1996, art. 1º, § 7º). Aos excedentes de que trata o art. 219 e aos de mel rico e de mel residual poderá ser concedida isenção total ou parcial do imposto, mediante despacho fundamentado conjunto dos Ministros de Estado da Fazenda e do Desenvolvimento, Indústria e Comércio Exterior, que fixará, dentre outros requisitos, o prazo de sua duração (Lei n. 9.362, de 1996, art. 3º).

Em operações de exportação de açúcar, álcool, mel rico e mel residual, com isenção total ou parcial do imposto, a emissão de registro de venda e de registro de exportação ou documento de efeito equivalente, pela Secretaria de Comércio Exterior, sujeita-se aos estritos termos do despacho referido no art. 220 (Lei n. 9.362, de 1996, art. 4º).

A exportação de açúcar, álcool, mel rico e mel residual, com a isenção de que trata o art. 220, será objeto de cotas distribuídas às unidades industriais e às refinarias autônomas exportadoras nos planos anuais de safra (Lei n. 9.362, de 1996, art. 5º). A isenção total ou parcial do imposto não gera direito adquirido, e será tornada insubsistente sempre que se apure que o habilitado não satisfazia ou deixou de satisfazer os requisitos, ou não cumpria ou deixou de cumprir as condições para a concessão do benefício.

6.2.6.3. Bagagem

Os bens integrantes de bagagem, acompanhada ou desacompanhada, de viajante que se destine ao exterior, estão isentos do imposto.[23]

Será dado o tratamento de bagagem a outros bens adquiridos no País, levados pessoalmente pelo viajante para o exterior, até o limite de US$ 2.000,00 (dois mil dólares dos Estados Unidos da América) ou o equivalente em outra moeda, sempre que se tratarem de produtos de livre exportação e for apresentado documento fiscal correspondente a sua aquisição.[24]

---

(23) Cf. Norma de Aplicação relativa ao Regime de Bagagem no Mercosul, art. 16, item 1, aprovada pela Decisão CMC n. 18, de 1994, internalizada pelo Decreto n. 1.765, de 1995.
(24) Cf. Norma de Aplicação relativa ao Regime de Bagagem no Mercosul, art. 16, item 2, aprovada pela Decisão CMC n. 18, de 1994, internalizada pelo Decreto n. 1.765, de 1995.

6.2.6.4. Comércio de subsistência em fronteira

São isentos do imposto os bens levados para o exterior no comércio característico das cidades situadas nas fronteiras terrestres.[25]

6.2.7. Restituição de Imposto de Exportação

O art. 170 do CTN trata da compensação de imposto nos seguintes termos: "A lei pode, nas condições e sob as garantias que estipular, ou cuja estipulação em cada caso atribuir à autoridade administrativa, autorizar a compensação de créditos tributários com créditos líquidos e certos, vencidos ou vincendos, do sujeito passivo contra a Fazenda Pública".

Se a restituição solicitada for superior à aplicável, o montante a pagar (ou a reembolsar) será calculado com base na taxa aplicável aos produtos efetivamente exportados diminuído de um montante correspondente:

— à metade da diferença entre a restituição solicitada e a aplicável e/ou;

— ao dobro da diferença entre a restituição solicitada e a aplicável, se o exportador tiver fornecido deliberadamente informações falsas.

Abaixo segue uma jurisprudência do STJ que retrata muito bem o assunto referido:

IMPOSTO DE IMPORTAÇÃO. COMPENSAÇÃO. IMPOSTO DE EXPORTAÇÃO.

O voto condutor do acórdão buscou na doutrina os critérios para definir o que seriam impostos da mesma espécie nos termos da Lei n. 8.383/91, além de examinar os impostos confrontados, concluindo, de acordo com os tributaristas, pela observância da unidade operacional do sistema, ou seja, se são instituídos e arrecadados pela mesma pessoa jurídica e com igual destinação. Na prática, os impostos de importação e exportação foram instituídos ambos pela União e por ela são arrecadados. Destinam-se também, um e outro, à formação de uma política extrafiscal, sem conotação arrecadatória, servindo ambos para regular o mercado. Sendo assim, são impostos da mesma espécie pelas semelhanças de origem, de finalidade e de operacionalização, podendo haver compensação entre eles. Com esse entendimento e prosseguindo o julgamento, a Turma, por maioria, negou provimento ao REsp da Fazenda Nacional. REsp 252.241-RJ, Rel. originário Min. Peçanha Martins, Rel. para acórdão Min. Eliana Calmon, julgado em 3.12.2002.

6.2.8. Critérios para realizar a exportação

6.2.8.1. Início da operação de exportação

A operação de exportação inicia-se pela fase administrativa/comercial, controlada pela Secretaria de Comércio Exterior (Secex). Esse controle é composto de três operações principais realizadas no sistema:

---

(25) Cf. Decreto-lei n. 2.120, de 1984, art. 1º, § 2º, alínea *b*.

a) **Registro de Venda** (RV);

b) **Registro de Crédito** (RC);

c) **Registro de Exportação** (RE).

As instruções para o correto preenchimento dos RV, RC e RE estão disponíveis no próprio sistema, podendo ser consultadas por qualquer operador devidamente habilitado pela SRF ou por instituição financeira integrante do Sistema de Informações do Banco Central do Brasil (Sisbacen). O Registro de Venda (RV) é o conjunto de informações que caracterizam a operação de exportação de produtos negociados em bolsas internacionais de mercadorias ou de *commodities*, por meio de enquadramento específico. O preenchimento do RV é prévio ao Registro de Exportação (RE) a que ele se vincula e, por consequência, anterior ao embarque da mercadoria. Os produtos sujeitos a RV constam na *Portaria Secex n. 36/07*.

O Registro de Crédito (RC) representa o conjunto de informações de caráter cambial e financeiro relativo à exportação financiada. É obrigatório para operações com prazo de pagamento superior a 180 dias e, com prazos iguais ou inferiores, sempre que houver incidência de juros. O RC tem um prazo de validade para embarque, dentro do qual devem ser efetuados os correspondentes REs a ele vinculados e respectivas solicitações para desembaraço aduaneiro. Como regra geral, o exportador deve solicitar o RC e obter o seu deferimento antes do RE e, por consequência, previamente ao embarque da mercadoria.

O Registro de Exportação (RE) é o conjunto de informações de natureza comercial, financeira, cambial e fiscal que caracterizam a operação de exportação de uma mercadoria e definem o seu enquadramento. Deve ser obtido previamente à Declaração de Exportação (DE). É nesta fase que é realizado o chamado *tratamento administrativo da exportação*. Obter o RE é o passo inicial da grande maioria das operações de exportação. As tabelas com os códigos utilizados no seu preenchimento estão disponíveis no próprio Siscomex e no sítio na *Internet* do *Ministério do Desenvolvimento, Indústria e Comércio Exterior* (MDIC). Uma vez concluído o seu preenchimento, o RE passará à situação "Efetivado" ou, no caso de existência de tratamento administrativo, "Pendente de Efetivação", quando então será analisado pela Secex e/ou por algum outro órgão governamental, até ser efetivado, estando então disponível para ser vinculado a uma Declaração de Exportação (DE).

6.2.8.2. Seleção parametrizada

Uma vez registrada a Declaração de Exportação e iniciado o procedimento de despacho aduaneiro, ela é submetida à análise fiscal e selecionada para um dos canais de conferência, conforme os critérios estabelecidos pela Administração Aduaneira. Tal procedimento de seleção recebe o nome de parametrização. Os canais de conferência são três: verde, laranja e vermelho. A exportação selecionada para o canal verde é desembaraçada automaticamente sem qualquer verificação. O canal laranja significa conferência dos documentos de instrução da DE e das informações constantes na declaração. Finalmente, quando a DE é selecionada para o canal vermelho, há, além da conferência dos documentos, a conferência física da mercadoria.

6.2.8.3. Conferência aduaneira

A conferência aduaneira na exportação tem por finalidade identificar o exportador, verificar a mercadoria e a correção das informações relativas a sua natureza, classificação fiscal, quantificação e preço, e confirmar o cumprimento de todas as obrigações, fiscais e outras, exigíveis em razão da exportação. A verificação da mercadoria, no curso da conferência aduaneira ou em qualquer outra ocasião, será realizada na presença do exportador ou de seu representante (Decreto-lei n. 37, de 1966, art. 50, com a redação dada pelo Decreto-lei n. 2.472, de 1988, art. 2º).

6.2.8.4. Despacho de exportação

O despacho de exportação é o procedimento mediante o qual é verificada a exatidão dos dados declarados pelo exportador em relação à mercadoria, aos documentos apresentados e à legislação específica, com vistas a seu desembaraço aduaneiro e a sua saída para o exterior. Toda mercadoria destinada ao exterior, inclusive a reexportada, está sujeita a despacho de exportação, com as exceções estabelecidas na legislação específica. A mercadoria a ser devolvida ao exterior antes de submetida a despacho de importação poderá ser dispensada do despacho de exportação, conforme disposto em ato complementar editado pela Secretaria da Receita Federal.

Será dispensada de despacho de exportação a saída, do País, de mala diplomática ou consular, observado o disposto no art. 487 (Convenção de Viena sobre Relações Diplomáticas, art. 27, promulgada pelo Decreto n. 56.435, de 8 de junho de 1965, e Convenção de Viena sobre Relações Consulares, art. 35, promulgada pelo Decreto n. 61.078, de 26 de julho de 1967). (Redação dada pelo Decreto n. 4.765, de 24.6.2003)

6.2.8.5. Desembaraço aduaneiro

O desembaraço aduaneiro na exportação é o ato pelo qual é registrada a conclusão da conferência aduaneira, e autorizado o trânsito aduaneiro, o embarque ou a transposição de fronteira da mercadoria. Desembaraço aduaneiro na exportação é o ato pelo qual é registrada a conclusão da conferência aduaneira, e autorizado o embarque ou a transposição de fronteira da mercadoria. Constatada divergência ou infração que não impeça a saída da mercadoria do País, o desembaraço será realizado, sem prejuízo da formalização de exigências, desde que assegurados os meios de prova necessários. A mercadoria a ser reexportada somente será desembaraçada após o pagamento das multas a que estiver sujeita (Decreto-lei n. 37, de 1966, art. 71, § 6º, com a redação dada pelo Decreto-lei n. 2.472, de 1988, art. 1º).

6.3. IPTU — Imposto sobre a Propriedade Predial e Territorial Urbana

6.3.1. Conceito

O IPTU é o único imposto sobre a propriedade, cuja instituição e cobrança é atribuída aos Municípios. A Constituição Federal de 1988, em seu art. 156, I, colocou à disposição dos Municípios a competência para criarem o imposto sobre a "propriedade predial e territorial urbana". Segundo o art. 32 do Código Tributário Nacional, "a hipótese de incidência do IPTU é a propriedade, o domínio útil ou a posse, de bem imóvel por natureza ou acessão física, como o próprio Código Civil define, situado na zona urbana do município". Para os efeitos deste imposto, entende-se como zona urbana a definida em lei municipal, observado o requisito mínimo da existência de melhoramentos indicados em pelo menos dois dos incisos seguintes, construídos ou mantidos pelo Poder Público:

I — meio-fio ou calçamento, com canalização de águas pluviais;

II — abastecimento de água;

III — sistema de esgotos sanitários;

IV — rede de iluminação pública, com ou sem posteamento para distribuição domiciliar;

V — escola primária ou posto de saúde a uma distância máxima de 3 (três) quilômetros do imóvel considerado.

A lei municipal pode considerar urbanas as áreas urbanizáveis, ou de expansão urbana, constantes de loteamentos aprovados pelos órgãos competentes, destinados à habitação, à indústria ou ao comércio, mesmo que localizados fora das zonas definidas nos termos do parágrafo anterior.

6.3.2. Fato gerador

A definição do fato gerador do IPTU deve ser feita pela lei municipal, em consonância com as normas gerais estabelecidas pelo Código Tributário Nacional. O art. 32 do Código Tributário Nacional preceitua que "o imposto é de competência dos Municípios, sobre a propriedade predial e territorial urbana tem como fato gerador a propriedade, o domínio útil ou a posse de bem imóvel por natureza ou por acessão física, como definido na lei civil, localizado na zona urbana do Município".

6.3.3. Base de cálculo

De acordo com o art. 33 do Código Tributário Nacional, a base do cálculo do imposto é o valor venal do imóvel. Na determinação da base de cálculo, não se considera o valor dos bens móveis mantidos, em caráter permanente ou temporário, no imóvel, para efeito de sua utilização, exploração, aformoseamento ou comodidade.

A Constituição Federal de 1988, prevê a instituição do imposto de propriedade predial e territorial urbana, sendo que esta cobrança é de competência exclusiva do município, é o que dispõe o art. 156, I, da Constituição Federal. Em regra, o IPTU é um imposto fiscal.

A Constituição Federal no art. 182, § 4º, no entanto, tratou a progressividade do IPTU, com o intuito de realizar a função social da propriedade urbana. Este dispositivo constitucional seria uma forma de sanção para o proprietário do imóvel. De acordo com *Machado*[26], um tributo será progressivo quando: "sua alíquota cresce, para um mesmo objeto tributado, em razão do crescimento da respectiva base de cálculo, ou de outro elemento que eventualmente o legislador pode eleger para esse fim".

O saudoso *Baleeiro*[27] afirmava que: "Na verdade, a progressividade (fiscal), em que alíquotas sobem à medida que se eleva o valor venal do imóvel é a mais simples e justa das progressividades. Trata-se simplesmente de cobrar mais de quem pode pagar mais, para que os economicamente mais pobres paguem menos. Mas ela somente interessa, por tais razões, àquela camada da população humilde e desinformada, que nem sempre se faz ouvir".

Sabbag[28] afirma que "sendo o IPTU tributo de natureza real não se compatibiliza à fixação de seu ônus tributário a graduação das alíquotas sob a rubrica de signos presuntivos de condições pessoais do contribuinte assentes no uso, valor e a localização do imóvel, posto que assim, estar-se-ia deflagrando feição pessoal a imposto de índole real. Admitindo-se como único paradigma a lastrear a progressividade, a pautada no cumprimento da função social da propriedade".

A alíquota *ad valorem* é uma "porção" sobre o valor. Pode ser de 1% até 100%. A fórmula é simples e vem a seguir: preço x alíquota. Sendo assim, podemos afirmar que é uma percentual (alíquota) que será multiplicado pelo preço do produto. Conforme art. 75 do Decreto n. 4.543/02: "quando a alíquota for *ad valorem*, a base de cálculo será o valor aduaneiro apurado segundo as normas do art. VII do Acordo Geral sobre Tarifas e Comércio — GATT 1994". Abaixo vemos um exemplo prático:

> Se, hipoteticamente, uma empresa fizer a importação de uma mercadoria que tem preço de R$ 200,00, a base de cálculo do Imposto de Importação será de R$ 200,00 e alíquota incidente será definida por lei. Vamos supor que a alíquota para este tipo de produto importado seja de 10%. Logo, o valor do Imposto de Importação a ser pago será de R$ 20,00 (resultado da multiplicação de R$ 200,00 x 10%). A alíquota do imposto incidirá sempre sobre o preço do produto.

Já a alíquota específica é um valor determinado sobre uma determinada quantidade (litro, metro, tonelada). Um bom exemplo para alíquotas específicas ocorre

---

(26) MACHADO, Hugo de Brito. Progressividade e seletividade no IPTU. In: PEIXOTO, Marcelo Magalhães *et al. IPTU — Aspectos jurídicos relevantes.* São Paulo: Quartier Latin, 2002.
(27) BALEEIRO, Aliomar. *Direito tributário brasileiro.* 11. ed. rev. e compl. por Misabel Abreu Machado Derzi. Rio de Janeiro: Forense, 2001. p. 254.
(28) SABBAG, Eduardo de Moraes. *Direito tributário.* 4. ed. São Paulo: Prima, 2004. p. 33-37.

com o IPI sobre cigarros, onde são comprados selos com valores específicos, que cada um corresponde à alíquota específica sobre a o cigarro, não importando o valor de venda do bem. Conforme art. 75 do Decreto n. 4.543/02: "Quando a alíquota for específica, a base de cálculo será a quantidade de mercadoria expressa na unidade de medida estabelecida pela lei". Temos um exemplo prático:

> Caso uma empresa faça a importação de 20 toneladas de uma mercadoria que tem valor de R$ 200,00/tonelada, a base de cálculo do Imposto de Importação será de R$ 4.000,00 (resultado da equação: 20 toneladas x R$ 200,00). A alíquota de imposto irá incidir sobre a quantidade de R$ 4.000,00.

Vale lembrar que é válido quando as câmaras legislativas municipais instituem alíquotas diferenciadas, afinal, cada cidade tem a liberdade constitucional para legislar, sobre este imposto de competência municipal. A alíquota do IPTU será definida com base em lei municipal. Esta alíquota representa o percentual aprovado por lei municipal, que deve ser aplicado sobre o valor venal, para calcular o imposto devido. Acontece que a legislação municipal não pode instituir alíquotas progressivas de imposto. Seguem abaixo duas súmulas que tratam sobre a cobrança de alíquotas progressivas do IPTU:

> Súmula n. 668 do STF: É inconstitucional a lei municipal que tenha estabelecido, antes da Emenda Constitucional n. 29/00, alíquotas progressivas para o IPTU, salvo se destinada a assegurar o cumprimento da função social da propriedade urbana.

> Súmula n. 589 do STF: É inconstitucional a fixação de adicional progressivo do imposto predial e territorial urbano em função do número de imóveis do contribuinte.

6.3.4. Sujeito passivo

6.3.4.1. Lançamento de ofício

Para *Borges*[29], o lançamento de ofício é "aquele realizado independentemente das operações de quantificação do débito pelo sujeito passivo, ou nos casos que este as efetua de forma insuficiente".

Quando tratamos do lançamento do IPTU, *Amaro*[30] não deixa dúvidas ao afirmar que: "Nestes casos, não obstante se tenha tido o nascimento da obrigação tributária, com a realização do fato gerador (por exemplo, alguém deter a propriedade de certo imóvel urbano construído), o indivíduo só será compelível ao pagamento do tributo pertinente (IPTU) se (e a partir de quando) o sujeito ativo (Município) efetivar o ato formal previsto em lei, para a determinação do valor do tributo, dele cientificando o sujeito passivo. Antes da consecução desse ato, embora nascida à obrigação tributária, ela está desprovida de exigibilidade. O lançamento é o meio adequado de que dispõe

---

(29) BORGES, José Souto Maior. *Lançamento tributário*. Rio de Janeiro: Forense, 1981.
(30) AMARO, Luciano. *Direito tributário brasileiro*. 10. ed. São Paulo: Saraiva, 2004.

a administração tributária para formalizar e constituir o crédito tributário". Exemplificamos com uma jurisprudência que esclarece sobre o respectivo tema:

IPTU. NOTIFICAÇÃO. LANÇAMENTO DE OFÍCIO.

A Turma decidiu que, na cobrança de IPTU, em que o lançamento é feito de ofício pelo Fisco municipal e a notificação do débito é enviada pelo correio, cabe ao contribuinte provar que não recebeu o carnê, afastando, assim, a presunção da referida notificação, o que, no caso, não ocorreu. Precedentes citados: REsp 168.035-SP, DJ 24.9.2001; AgRg no Ag 469.086-GO, DJ 8.9.2003; e REsp 86.372-RS, DJ 25.10.2004. REsp 758.439-MG, Rel. Min. Eliana Calmon, julgado em 16.2.2006.

6.3.4.2. Contribuintes

O art. 34 do CTN determina que o Contribuinte do imposto é o proprietário do imóvel, o titular do seu domínio útil, ou o seu possuidor a qualquer título. O proprietário do imóvel é expressamente indicado pela lei tributária como o contribuinte do IPTU, e a Administração Fiscal dos municípios procede ao lançamento do tributo consignando o nome do proprietário, tal como aparece nos registros municipais, como o devedor.

Não é possível aos particulares alterarem os comandos da lei tributária, estatuindo o art. 123 do Código Tributário Nacional que, salvo disposições de lei em contrário, "as convenções particulares, relativas à responsabilidade pelo pagamento de tributos, não podem ser opostas à Fazenda Pública, para modificar a definição legal do sujeito passivo das obrigações tributárias correspondentes". Assim, consta nas jurisprudências, colacionadas abaixo:

"O IPTU é imposto que tem como contribuinte o proprietário ou o possuidor por direito real, que exerce a posse com *animus domini*" e "O cessionário do direito de uso é possuidor por relação de direito pessoal e, como tal, não é contribuinte do IPTU do imóvel que ocupa". (REsp 685316/RJ, de 2005).

"O IPTU é imposto que tem como contribuinte o proprietário ou o possuidor por direito real que exerce a posse com animus definitivo — art. 34 do CTN"; "O comodatário é possuidor por relação de direito pessoal e, como tal, não é contribuinte do IPTU do imóvel que ocupa" e "Não sendo contribuinte, não se pode atribuir os benefícios da imunidade do comodatário ao proprietário e comodante, este o verdadeiro contribuinte do IPTU". (REsp 254471/SP, de 2002).

6.3.4.3. Prazo de prescrição

O art. 156 da Constituição Federal dispõe sobre a competência para legislar a respeito da cobrança de impostos, sendo que a competência é exclusiva do município legislar a respeito do IPTU — Imposto sobre Propriedade Predial e Territorial Urbana. O prazo prescricional disposto no art. 174 do CTN (cinco anos) tem como marco inicial, para constituição definitiva do crédito do IPTU, a entrega do carnê de cobrança no endereço do contribuinte, por entender ser o meio juridicamente eficiente para notificá-lo da constituição do crédito tributário. Quanto à questão do prazo acima mencionado, de que se no prazo de 5 anos após a notificação, o contribuinte não atender as normas para adequar o imóvel ao plano diretor, o mesmo sofrerá a progressividade do IPTU pelo prazo de 5 anos consecutivos.

6.3.5. Plano diretor urbano

O Município mediante lei própria deverá instituir o plano diretor para regular a função social da propriedade, conforme o disposto no art. 182, § 4º da Constituição Federal. Por meio deste dispositivo constitucional delineou-se a função social da propriedade, que deverá o plano diretor local, propiciar a tributação progressiva, de natureza meramente extrafiscal. Concluímos que para a instituição do IPTU com alíquota progressiva em razão do uso e da localização do imóvel, é necessário apenas a existência de um plano diretor prevendo tal progressão das alíquotas. A progressividade do IPTU surge para garantir a função social da propriedade, na medida em que o interesse coletivo se sobrepõe aos interesses individuais, exigindo que o proprietário do imóvel faça a adequação do seu imóvel urbano, com o disposto no plano diretor, podendo a alíquota do IPTU ser elevada de modo a melhorar aproveitamento do terreno ou da edificação.

Conforme preceitua o art. 182, § 4º da Constituição Federal, a política de desenvolvimento urbano, executada pelo Poder Público municipal, conforme diretrizes gerais fixadas em lei, tem por objetivo ordenar o pleno desenvolvimento das funções sociais da cidade e garantir o bem-estar de seus habitantes. Também será facultado ao Poder Público municipal, mediante lei específica para área incluída no plano diretor, exigir, nos termos da lei federal, do proprietário do solo urbano não edificado, subutilizado ou não utilizado, que promova seu adequado aproveitamento, sob pena, sucessivamente, de:

I — parcelamento ou edificação compulsórios;

II — imposto sobre a propriedade predial e territorial urbana progressivo no tempo;

III — desapropriação com pagamento mediante títulos da dívida pública de emissão previamente aprovada pelo Senado Federal, com prazo de resgate de até dez anos, em parcelas anuais, iguais e sucessivas, assegurados o valor real da indenização e os juros legais.

O art. 7º da Lei n. 10.257/01 assevera que em caso de descumprimento das condições e dos prazos previstos na forma do *caput* do art. 5º desta Lei, ou não sendo cumpridas as etapas previstas no § 5º do art. 5º desta Lei, o Município procederá à aplicação do Imposto sobre a Propriedade Predial e Territorial Urbana — IPTU progressivo no tempo, mediante a majoração da alíquota pelo prazo de cinco anos consecutivos. O valor da alíquota a ser aplicado a cada ano será fixado na lei específica e não excederá a duas vezes o valor referente ao ano anterior, respeitada a alíquota máxima de quinze por cento. Caso a obrigação de parcelar, edificar ou utilizar não esteja atendida em cinco anos, o Município manterá a cobrança pela alíquota máxima, até que se cumpra a referida obrigação. É vedada a concessão de isenções ou de anistia relativas à tributação progressiva.

Conforme relata os arts. 41 e 42 da Lei n. 10.257/01, o plano diretor é obrigatório para cidades:

I — com mais de vinte mil habitantes;

II — integrantes de regiões metropolitanas e aglomerações urbanas;

III — onde o Poder Público municipal pretenda utilizar os instrumentos previstos no § 4º do art. 182 da Constituição Federal;

IV — integrantes de áreas de especial interesse turístico;

V — inseridas na área de influência de empreendimentos ou atividades com significativo impacto ambiental de âmbito regional ou nacional.

No caso da realização de empreendimentos ou atividades enquadrados no inciso V do *caput*, os recursos técnicos e financeiros para a elaboração do plano diretor estarão inseridos entre as medidas de compensação adotadas. No caso de cidades com mais de quinhentos mil habitantes, deverá ser elaborado um plano de transporte urbano integrado, compatível com o plano diretor ou nele inserido. De acordo com a Lei n. 10.257/01:

O plano diretor deverá conter no mínimo:

I — a delimitação das áreas urbanas onde poderá ser aplicado o parcelamento, edificação ou utilização compulsórios, considerando a existência de infraestrutura e de demanda para utilização, na forma do art. 5º desta Lei;

II — disposições requeridas pelos arts. 25, 28, 29, 32 e 35 desta Lei;

III — sistema de acompanhamento e controle.

Meirelles[31] afirma que: "O plano diretor deve ser uno e único, embora sucessivamente adaptado às novas exigências da comunidade e do progresso local, num processo perene de planejamento que realize a sua adequação às necessidades da população, dentro das modernas técnicas de administração e dos recursos de cada prefeitura. O plano diretor não é estático; é dinâmico e evolutivo. Na fixação dos objetivos e na orientação do desenvolvimento do Município, é a lei suprema e geral que estabelece as prioridades nas realizações do governo local, conduz e ordena o crescimento da cidade, disciplina e controla as atividades urbanas em benefício do bem-estar social. O plano diretor não é um projeto executivo de obras e serviços públicos, mas sim um instrumento norteador dos futuros empreendimentos da Prefeitura, para o racional e satisfatório atendimento das necessidades da comunidade".

---

(31) MEIRELLES, Hely Lopes. *Direito municipal brasileiro*. 15. ed. São Paulo: Revista dos Tribunais, 2007.

Conforme os arts. 2º e 3º da Lei n. 10.257/01, a política urbana tem por objetivo ordenar o pleno desenvolvimento das funções sociais da cidade e da propriedade urbana, mediante as seguintes diretrizes gerais:

Art. 2º, I — garantia do direito a cidades sustentáveis, entendido como o direito à terra urbana, à moradia, ao saneamento ambiental, à infraestrutura urbana, ao transporte e aos serviços públicos, ao trabalho e ao lazer, para as presentes e futuras gerações;

II — gestão democrática por meio da participação da população e de associações representativas dos vários segmentos da comunidade na formulação, execução e acompanhamento de planos, programas e projetos de desenvolvimento urbano;

III — cooperação entre os governos, a iniciativa privada e os demais setores da sociedade no processo de urbanização, em atendimento ao interesse social;

IV — planejamento do desenvolvimento das cidades, da distribuição espacial da população e das atividades econômicas do Município e do território sob sua área de influência, de modo a evitar e corrigir as distorções do crescimento urbano e seus efeitos negativos sobre o meio ambiente;

V — oferta de equipamentos urbanos e comunitários, transporte e serviços públicos adequados aos interesses e necessidades da população e às características locais;

VI — ordenação e controle do uso do solo, de forma a evitar:

a) a utilização inadequada dos imóveis urbanos;

b) a proximidade de usos incompatíveis ou inconvenientes;

c) o parcelamento do solo, a edificação ou o uso excessivos ou inadequados em relação à infraestrutura urbana;

d) a instalação de empreendimentos ou atividades que possam funcionar como polos geradores de tráfego, sem a previsão da infraestrutura correspondente;

e) a retenção especulativa de imóvel urbano, que resulte na sua subutilização ou não utilização;

f) a deterioração das áreas urbanizadas;

g) a poluição e a degradação ambiental;

VII — integração e complementaridade entre as atividades urbanas e rurais, tendo em vista o desenvolvimento socioeconômico do Município e do território sob sua área de influência;

VIII — adoção de padrões de produção e consumo de bens e serviços e de expansão urbana compatíveis com os limites da sustentabilidade ambiental, social e econômica do Município e do território sob sua área de influência;

IX — justa distribuição dos benefícios e ônus decorrentes do processo de urbanização;

X — adequação dos instrumentos de política econômica, tributária e financeira e dos gastos públicos aos objetivos do desenvolvimento urbano, de modo a privilegiar os investimentos geradores de bem-estar geral e a fruição dos bens pelos diferentes segmentos sociais;

XI — recuperação dos investimentos do Poder Público de que tenha resultado a valorização de imóveis urbanos;

XII — proteção, preservação e recuperação do meio ambiente natural e construído, do patrimônio cultural, histórico, artístico, paisagístico e arqueológico;

XIII — audiência do Poder Público municipal e da população interessada nos processos de implantação de empreendimentos ou atividades com efeitos potencialmente negativos sobre o meio ambiente natural ou construído, o conforto ou a segurança da população;

XIV — regularização fundiária e urbanização de áreas ocupadas por população de baixa renda mediante o estabelecimento de normas especiais de urbanização, uso e ocupação do solo e edificação, consideradas a situação socioeconômica da população e as normas ambientais;

XV — simplificação da legislação de parcelamento, uso e ocupação do solo e das normas edilícias, com vistas a permitir a redução dos custos e o aumento da oferta dos lotes e unidades habitacionais;

XVI — isonomia de condições para os agentes públicos e privados na promoção de empreendimentos e atividades relativos ao processo de urbanização, atendido o interesse social.

Art. 3º Compete à União, entre outras atribuições de interesse da política urbana:

I — legislar sobre normas gerais de direito urbanístico;

II — legislar sobre normas para a cooperação entre a União, os Estados, o Distrito Federal e os Municípios em relação à política urbana, tendo em vista o equilíbrio do desenvolvimento e do bem-estar em âmbito nacional;

III — promover, por iniciativa própria e em conjunto com os Estados, o Distrito Federal e os Municípios, programas de construção de moradias e a melhoria das condições habitacionais e de saneamento básico;

IV — instituir diretrizes para o desenvolvimento urbano, inclusive habitação, saneamento básico e transportes urbanos;

V — elaborar e executar planos nacionais e regionais de ordenação do território e de desenvolvimento econômico e social.

Conforme os arts. 39, 40, 41 e 42 da Lei n. 10.257/01, a propriedade urbana cumpre sua função social quando atende às exigências fundamentais de ordenação da cidade expressas no plano diretor, assegurando o atendimento das necessidades dos cidadãos quanto à qualidade de vida, à justiça social e ao desenvolvimento das atividades econômicas, respeitadas as diretrizes previstas no art. 2º desta Lei.

O plano diretor, aprovado por lei municipal, é o instrumento básico da política de desenvolvimento e expansão urbana. O plano diretor é parte integrante do processo de planejamento municipal, devendo o plano plurianual, as diretrizes orçamentárias e o orçamento anual incorporar as diretrizes e as prioridades nele contidas. O plano diretor deverá englobar o território do Município como um todo. A lei que instituir o plano diretor deverá ser revista, pelo menos, a cada dez anos. No processo de elaboração do plano diretor e na fiscalização de sua implementação, os Poderes Legislativo e Executivo municipais garantirão:

I — a promoção de audiências públicas e debates com a participação da população e de associações representativas dos vários segmentos da comunidade;

II — a publicidade quanto aos documentos e informações produzidos;

III — o acesso de qualquer interessado aos documentos e informações produzidos.

O plano diretor é obrigatório para cidades:

I — com mais de vinte mil habitantes;

II — integrantes de regiões metropolitanas e aglomerações urbanas;

III — onde o Poder Público municipal pretenda utilizar os instrumentos previstos no § 4º do art. 182 da Constituição Federal;

IV — integrantes de áreas de especial interesse turístico;

V — inseridas na área de influência de empreendimentos ou atividades com significativo impacto ambiental de âmbito regional ou nacional.

No caso da realização de empreendimentos ou atividades enquadrados no inciso V do caput, os recursos técnicos e financeiros para a elaboração do plano diretor estarão inseridos entre as medidas de compensação adotadas. No caso de cidades com mais de quinhentos mil habitantes, deverá ser elaborado um plano de transporte urbano integrado, compatível com o plano diretor ou nele inserido. O plano diretor deverá conter no mínimo:

I — a delimitação das áreas urbanas onde poderá ser aplicado o parcelamento, edificação ou utilização compulsórios, considerando a existência de infraestrutura e de demanda para utilização;

II — sistema de acompanhamento e controle.

6.3.6. Isenção de IPTU

Cada cidade poderá por meio de sua lei orgânica definir qual será a isenção concedida aos contribuintes pelo imposto do IPTU. Por exemplo, na cidade de São Paulo, de acordo com a Lei n. 11.614/94, aposentados, pensionistas e beneficiários de renda mensal vitalícia têm isenção do imposto. Para poder contar com o direito, por sua vez, deve-se fazer pedido de requerimento anual, em formulário próprio, fornecido gratuitamente na Praça de Atendimento da Subprefeitura mais próxima. Os isentos receberão a notificação a partir de 2 de março. Em 2009, na cidade de São Paulo, estão isentos os imóveis residenciais com valor venal de R$ 61.240,11. Esse critério vale apenas para um imóvel por proprietário.

Na cidade de São Paulo, em 2009, o imposto poderá ser pago à vista, com 6% de desconto, ou parcelado em 10 vezes fixas. A data de vencimento da parcela única ou da primeira prestação, será escolhida pelo contribuinte. Quem não fizer a opção terá o vencimento sempre no dia 9 de cada mês. Já no caso dos os contribuintes que escolheram receber a notificação por meio de administradora de imóveis o vencimento da primeira prestação ou da parcela única será no dia 20 de março.[32] Os pagamentos atrasados terão multa de 0,33% ao dia, com teto de 20% do imposto devido, juros moratórios de 1% ao mês a partir do mês imediato ao do vencimento e atualização monetária. Quem não receber a notificação do IPTU pelos Correios até uma semana antes da data de vencimento da parcela única ou da primeira prestação pode solicitar a segunda via pela *internet* ou nas praças de atendimento das Subprefeituras. O cronograma das notificações do IPTU 2009 também está disponível no portal da Prefeitura. Segue abaixo uma decisão jurisprudencial, que vale para todas as cidades do Brasil:

ISENÇÃO DE IPTU. PRODUÇÃO E TRANSMISSÃO. ENERGIA ELÉTRICA.

Os imóveis pertencentes à empresa produtora e transmissora de eletricidade, utilizados exclusivamente para a administração, produção, transmissão ou distribuição de energia elétrica, estão isentos de IPTU (Dec. n. 41.019/57, art. 109). Esta isenção não foi concedida em caráter geral, só podendo ser efetivada, em cada caso, por requerimento sujeito ao despacho da autoridade administrativa, cabendo à empresa provar os requisitos previstos no aludido decreto (CTN, art.179). Precedente citado: REsp 173.956-SP, DJ 26.10.1998. REsp 196.473-SP, Rel. Min. Garcia Vieira, julgado em 23.3.1999.

IPTU. ISENÇÃO. REVOGAÇÃO. ART. 2º DA LICC.

A Turma, por maioria, entendeu que a Lei Municipal n. 10.211/86 revogou tacitamente a isenção do pagamento do IPTU concedida pela Lei Municipal n. 9.273/81 às agremiações esportivas proprietárias de imóveis, no caso São Paulo Golfe Clube. O benefício foi restringido pela nova redação dos arts. 18 e 38 da Lei Municipal n. 6.989/66, ao deixar de incluir referidas agremiações dentre as dispensadas do recolhimento do imposto territorial. O novo texto legal passou a vigorar sem a isenção anteriormente concedida. Logo não houve violação ao art. 2º do LICC, na parte que regula o processo de revogação das leis. REsp 178.192-SP, Rel. Min. José Delgado, julgado em 9.3.1999.

6.3.7. Obrigações acessórias

6.3.7.1. Segunda via de IPTU

Se você não receber o boleto de IPTU, solicite em tempo hábil uma 2ª via, pois o não recebimento não isenta o contribuinte do pagamento do imposto e dos acréscimos legais por atraso. Procedimento: Dirija-se a uma das Unidades de Atendimento ao Público, e forneça o número de inscrição do imóvel ou pela *internet*, nesta página.

6.3.7.2. Restituição de IPTU

Em caso de pagamento em duplicidade ou em valor maior do que o devido, formalize requerimento em uma das Unidades de Atendimento ao Público, justificando

---

(32) *Site:* <http://ultimosegundo.ig.com.br/economia/2009/01/05/carnes+do+iptu+de+sao+paulo+comecam+a+ser+enviados+dia+15+3235673.html/> Acesso em: 12 jan. 2009.

o motivo da solicitação e apresentando cópias e originais dos recolhimentos. **Obs.**: Só o próprio contribuinte ou procurador devidamente habilitado, poderá receber a restituição. Seguem duas jurisprudências importantes sobre o referido assunto:

IPTU. PROPRIETÁRIO. RESTITUIÇÃO. INDÉBITO.

Cinge-se a questão em saber se o proprietário de imóvel possui legitimidade para pleitear a devolução de pagamentos de tributos indevidos realizados antes da aquisição do imóvel. Aos contratantes é dado transigir no limite de suas vontades, desde que não seja ilícito o objeto; no caso dos autos, os direitos relativos ao imóvel trasladado, entre os quais se incluem os provenientes da relação jurídico-tributária. O proprietário do imóvel é responsável subsidiariamente pelos créditos tributários (art. 130 do CTN), com mais razão é possível que o adquirente possa se voltar contra o ente tributante quando constar o pagamento indevido de tributo. Precedente citado: AgRg no Ag 478.383-RJ, DJ 19.5.2003. EDcl no AgRg no Ag 512.267-RJ, Rel. Min. João Otávio de Noronha, julgado em 20.4.2004.

IPTU. DEVOLUÇÃO. MODIFICAÇÃO. IMÓVEL.

A Turma decidiu que descabe a devolução de IPTU pago se o contribuinte não requereu junto à Administração a alteração da inscrição do imóvel, comunicando as modificações feitas no loteamento. REsp 302.672-SP, Rel. Min. Eliana Calmon, julgado em 20.6.2002.

6.3.7.3. Revisão de lançamento

O contribuinte que não concordar com o lançamento do IPTU poderá fazer reclamações no prazo de 30 dias contados da data da notificação de lançamento. As reclamações procedentes implicarão na correção do lançamento e no restabelecimento das condições de pagamento originais. Por outro lado, as reclamações que não tiverem amparo na legislação serão consideradas protelatórias, implicando na perda do desconto da cota única e estará sujeita aos acréscimos de multa e juro. Anexe ao requerimento a notificação do lançamento, o registro de imóvel ou documento equivalente e compareça a uma das Unidades de Atendimento ao Público para formalizar o processo.

6.3.7.4. Declaração de integração ao cadastro

Se você for fazer averbação de edificação no imóvel e necessitar de uma Declaração de Integração ao Cadastro, dirija-se a uma das Unidades de Atendimento ao Público, apresente o boleto de IPTU e preencha o requerimento solicitando a declaração.

6.3.7.5. Atualização dos dados cadastrais

Se os dados cadastrais do seu imóvel não correspondem à realidade, abra um processo de revisão de dados cadastrais em qualquer uma das Unidades de Atendimento ao Público. Procedimento: Formalize requerimento, apresentando cópias dos seguintes documentos: registro de imóveis ou escritura, boleto do IPTU e CPF do requerente. Abaixo, seguem as alterações mais frequentes relativas ao IPTU:

6.3.7.5.1. Alteração de nome do proprietário

Sempre que houver alteração de propriedade do imóvel, solicite a alteração de nome. Procedimento: Compareça com urgência a uma das Unidades de Atendimento ao Público levando cópia do:

— Registro de Imóvel ou outro documento que comprove a titularidade do imóvel;

— Carnê do IPTU; e

— Preenchimento do requerimento solicitando a alteração.

6.3.7.5.2. Preenchimento do CPF ou CNPJ

Verifique se o cadastro de seu imóvel está preenchido com CPF ou CNPJ. Para solicitar a atualização deste dado cadastral, compareça a uma das Unidades de Atendimento ao Público, apresentando cópia deste documento.

6.3.7.5.3. Alteração do endereço de correspondência

Sempre que mudar de endereço, compareça a uma das Unidades de Atendimento ao Público e preencha requerimento, indicando o novo endereço para qual deverão ser enviados os boletos de IPTU.

6.3.7.5.4. Cadastramento de imóvel

Se você possui algum imóvel na zona urbana do Município, ainda não inscrito no Cadastro Imobiliário Fiscal, compareça a uma das Unidades de Atendimento ao Público e solicite cadastro do imóvel, anexando cópia do registro do imóvel ou documento equivalente. No caso de gleba (grandes áreas não loteadas), anexe o levantamento topográfico da área. Segue abaixo uma jurisprudência sobre o referido assunto:

IPTU. CADASTRO. MUNICÍPIO.

É o proprietário do imóvel o contribuinte do IPTU, porém o CTN admite expressamente casos em que o contribuinte possa ser o titular do domínio útil ou o possuidor a qualquer título. São hipóteses fixadas pela lei, restritas às relações de direito real, daí, por exemplo, excluir-se da incidência o locatário. Assim, não há como se estabelecer mais uma hipótese, fora do alcance da norma, tal como pretendido pelo município ora recorrido, de que figure como contribuinte o suposto proprietário constante do cadastro municipal, mesmo nos casos em que não esteja mais vinculado ao imóvel. REsp 810.800-MG, Rel. Min. Eliana Calmon, julgado em 17.8.2006.

6.3.7.5.5. Desmembramento ou unificação de imóveis

Para fazer desmembramento ou unificação de imóveis, para efeito de IPTU, dirija-se a uma das Unidades de Atendimento ao Público, preencha o requerimento e apresente cópias dos seguintes documentos:

— Boleto do IPTU;

— Registro do Imóvel; e

— Planta do desmembramento ou unificação devidamente aprovada pela SDU.

6.3.7.5.6. Edificação de casa ou muro

Qualquer modificação que você fizer no seu imóvel, tais como: construção de casa, muro, ampliação, demolição etc., deverá ser comunicada ao Cadastro Imobiliário Fiscal. Para tanto, dirija-se a uma das Unidades de Atendimento ao Público e preencha o requerimento solicitando a alteração cadastral.

6.3.7.5.7. Utilização do imóvel

Qualquer modificação na utilização do imóvel (residencial, comercial, industrial, prestação de serviços etc.) deve ser comunicada à Prefeitura Municipal. Dirija-se a uma das Unidades de Atendimento ao Público, preencha o requerimento solicitando a alteração cadastral.

6.3.7.5.8. Transferência de pagamento

Se você efetuou indevidamente o pagamento do IPTU de um imóvel que não lhe pertence, compareça a uma das Unidades de Atendimento ao Público e solicite a transferência de pagamento, informando a inscrição do imóvel que receberá o pagamento e apresentando cópias e originais dos recolhimentos.

6.4. ITR — Imposto sobre a Propriedade Territorial Rural

6.4.1. Conceito

O ITR é o Imposto sobre a Propriedade Territorial Rural e tem período de apuração anual. Segundo *Moreira*[33], *et al.*: "O Imposto Territorial Rural (ITR), desde sua criação através do Estatuto da Terra, em 1964, tem por objetivo auxiliar as políticas públicas de desconcentração da terra. Entretanto, observou-se um grau elevado de evasão e inadimplência que abalou sua eficácia como instrumento de política fundiária".

6.4.2. Fato gerador

Segundo a Instrução Normativa SRF n. 256, de 11 de dezembro de 2002, o Imposto sobre a Propriedade Territorial Rural (ITR), de apuração anual, tem como fato gerador a propriedade, o domínio útil ou a posse de imóvel por natureza, localizado fora da zona urbana do município, em 1º de janeiro de cada ano. O ITR incide sobre

---

(33) MOREIRA, Humberto *et al. ITR sem mentiras:* um comentário sobre a taxação de terras com informação assimétrica. Trabalho acadêmico. PUC-Rio.

a propriedade rural declarada de utilidade ou necessidade pública, ou interesse social, inclusive para fins de reforma agrária:

I — até a data da perda da posse pela imissão prévia ou provisória do Poder Público na posse; ou

II — até a data da perda do direito de propriedade pela transferência ou pela incorporação do imóvel ao patrimônio do Poder Público.

6.4.3. Base de cálculo

Para efeito de determinação da base de cálculo do ITR, considera-se imóvel rural a área contínua, formada de uma ou mais parcelas de terras, localizada na zona rural do município, ainda que, em relação a alguma parte do imóvel, o sujeito passivo detenha apenas a posse (Lei n. 9.393, de 1996, art. 1º, § 2º). Considera-se área contínua a área total do prédio rústico, mesmo que fisicamente dividida por ruas, estradas, rodovias, ferrovias, ou por canais ou cursos de água.

A base de cálculo do ITR é o Valor da Terra Nua Tributável (VTNT).[34] Terra nua é o imóvel por natureza ou acessão natural, compreendendo o solo com sua superfície e a respectiva mata nativa, floresta natural e pastagem natural. A legislação do ITR adota o mesmo entendimento da legislação civil. Segue abaixo uma jurisprudência específica sobre o assunto supracitado:

ITR. FIXAÇÃO. TERRA NUA.

Os elementos para apuração do valor da terra nua para fins de fixação do ITR são os fixados pelo art. 3º, § 1º, da Lei n. 8.847/94 em combinação com a Instrução Normativa n. 59/95. REsp 286.268-SP, Rel. Min. José Delgado, julgado em 3.5.2001.

O valor do ITR a ser pago é obtido mediante a multiplicação do VTNT pela alíquota correspondente, considerados a área total e o grau de utilização (GU) do imóvel rural. O grau de utilização é a relação percentual entre a área efetivamente utilizada pela atividade rural e a área aproveitável do imóvel rural; constitui critério, juntamente com a área total do imóvel rural, para a determinação das alíquotas do ITR. Na hipótese de inexistir área aproveitável após excluídas as áreas não tributáveis e as áreas ocupadas com benfeitorias úteis e necessárias, serão aplicadas as alíquotas correspondentes aos imóveis rurais com grau de utilização superior a oitenta por cento, observada a área total.[35]

O Valor da Terra Nua (VTN) é o valor de mercado do imóvel, excluídos os valores de mercado relativos a:

I — construções, instalações e benfeitorias;

II — culturas permanentes e temporárias;

III — pastagens cultivadas e melhoradas;

IV — florestas plantadas.

---

(34) Art. 79 do Código Civil.
(35) Art. 11 da Lei n. 9.393, de 1996; art. 35 da IN SRF n. 256, de 2002.

A alíquota utilizada para cálculo do ITR é estabelecida para cada imóvel rural, com base em sua área total e no respectivo grau de utilização. O valor do imposto a ser pago é obtido mediante a multiplicação do VTNT pela alíquota correspondente, considerados a área total e o grau de utilização do imóvel rural (art. 11 da Lei n. 9.393, de 1996; art. 35 da IN SRF n. 256, de 2002). Em nenhuma hipótese o valor do imposto devido será inferior a R$ 10,00 (dez reais).[36]

De acordo com o art. 153, § 4º, I, da Constituição Federal, o ITR é progressivo. A progressividade do ITR, representada na tabela abaixo[37], tem função extrafiscal, servindo como instrumento garantidor da função social da propriedade:

Área Total do Imóvel (em hectares)	GRAU DE UTILIZAÇÃO (%)				
	Até 30	Maior que 30 até 50	Maior que 50 até 65	Maior que 65 até 80	Maior que 80
Até 50	1,00	0,70	0,40	0,20	0,03
Maior que 50 até 200	2,00	1,40	0,80	0,40	0,07
Maior que 200 até 500	3,30	2,30	1,30	0,60	0,10
Maior que 500 até 1.000	4,70	3,30	1,90	0,85	0,15
Maior que 1.000 até 5.000	8,60	6,00	3,40	1,60	0,30
Acima de 5.000	20,00	12,00	6,40	3,00	0,45

6.4.4. Imunidade do ITR

O art. 3º da Lei n. 4.382/02 adverte que são imunes do ITR:

I — a pequena gleba rural, desde que o seu proprietário a explore só ou com sua família, e não possua outro imóvel;

II — os imóveis rurais da União, dos Estados, do Distrito Federal e dos Municípios;

III — os imóveis rurais de autarquias e fundações instituídas e mantidas pelo Poder Público, desde que vinculados às suas finalidades essenciais ou às delas decorrentes;

---

(36) Art. 8º, §§ 1º e 2º, da Lei n. 9.393, de 1996, art. 32 da IN SRF n. 256, de 2002.
(37) Cf. *site:* <http://jus2.uol.com.br/doutrina/texto.asp?id=8547> Acesso em: 20 jan. 2009.

IV — os imóveis rurais de instituições de educação e de assistência social, sem fins lucrativos, relacionados às suas finalidades essenciais;

Pequena gleba rural é o imóvel com área igual ou inferior: a: 1) cem hectares, se localizado em município compreendido na Amazônia Ocidental ou no Pantanal mato--grossense e sul-mato-grossense; b) cinquenta hectares, se localizado em município compreendido no Polígono das Secas ou na Amazônia Oriental; c) trinta hectares, se localizado em qualquer outro município.

Do mesmo artigo, § 2º:

Para o gozo da imunidade, as instituições de educação ou de assistência social devem prestar os serviços para os quais houverem sido instituídas e os colocar à disposição da população em geral, em caráter complementar às atividades do Estado, sem fins lucrativos, e atender aos seguintes requisitos:

I — não distribuir qualquer parcela de seu patrimônio ou de suas rendas, a qualquer título;

II — aplicar integralmente, no País, seus recursos na manutenção e desenvol-vimento dos seus objetivos institucionais;

III — não remunerar, por qualquer forma, seus dirigentes pelos serviços prestados;

IV — manter escrituração completa de suas receitas e despesas em livros revestidos das formalidades que assegurem a respectiva exatidão;

V — conservar em boa ordem, pelo prazo de cinco anos, contado da data da emissão, os documentos que comprovem a origem de suas receitas e a efetivação de suas despesas, bem assim a realização de quaisquer outros atos ou operações que venham a modificar sua situação patrimonial;

VI — apresentar, anualmente, declaração de rendimentos, em conformidade com o disposto em ato da Secretaria da Receita Federal;

VII — assegurar a destinação de seu patrimônio a outra instituição que atenda às condições para o gozo da imunidade, no caso de incorporação, fusão, cisão ou de encerramento de suas atividades, ou a órgão público;

VIII — outros requisitos, estabelecidos em lei específica, relacionados com o funcionamento das entidades a que se refere este parágrafo.

6.4.5. Isenção do ITR

O art. 4º da Lei n. 4.382/02 adverte que são isentos do imposto do ITR:

I — o imóvel rural compreendido em programa oficial de reforma agrária, caracterizado pelas autoridades competentes como assentamento, que, cumulativamente, atenda aos seguintes requisitos:

a) seja explorado por associação ou cooperativa de produção;

b) a fração ideal por família assentada não ultrapasse os limites da pequena gleba rural;

c) o assentado não possua outro imóvel;

II — o conjunto de imóveis rurais de um mesmo proprietário, cuja área total em cada região observe o respectivo limite da pequena gleba rural, desde que, cumulativamente, o proprietário:

   a) o explore só ou com sua família, admitida ajuda eventual de terceiros;

   b) não possua imóvel urbano.

Entende-se por ajuda eventual de terceiros o trabalho, remunerado ou não, de natureza eventual ou temporária, realizado nas épocas de maiores serviços. Para fins do disposto no inciso II, deve ser considerado o somatório das áreas dos imóveis rurais por região em que se localizem, o qual não poderá suplantar o limite da pequena gleba rural da respectiva região.

6.4.6. Sujeito passivo

6.4.6.1. Lançamento por homologação

A apuração do ITR deve ser efetuada pelo contribuinte ou responsável, independentemente de prévio procedimento da administração tributária, nos prazos e condições estabelecidos pela Secretaria da Receita Federal do Brasil, sujeitando-se à homologação posterior (art. 10 da Lei n. 9.393, de 1996). O sujeito passivo deve calcular o montante do imposto devido e também, antecipar o pagamento do mesmo, mesmo que a autoridade fiscalizadora não tenha pedido. Depois, se for o caso de erro, a autoridade fiscalizadora fará a homologação, fazendo por meio de ofício, o lançamento das diferenças notadas.

6.4.6.2. Contribuintes

É contribuinte do ITR:[38]

I — a pessoa física ou jurídica que, em relação ao imóvel rural a ser declarado, seja, na data da efetiva entrega da declaração:

   a) proprietária;

   b) titular do domínio útil (enfi teuta ou foreira);

   c) possuidora a qualquer título, inclusive a usufrutuária.

II — a pessoa física ou jurídica que, entre 1º de janeiro do ano a que se referir a DITR e a data da sua efetiva entrega, tenha perdido:

   a) a posse do imóvel rural, pela imissão prévia ou provisória do expropriante na posse, em processo de desapropriação, tanto nos casos em que o expropriante seja pessoa

---

(38) Cf. arts. 31 e 121, parágrafo único, CTN; Lei n. 9.393, de 1996, art. 4º; RITR/2002, art. 5º; IN SRF n. 256, de 2002, art. 4º.

jurídica de direito público, quanto de direito privado delegatária ou concessionária de serviço público;

b) o direito de propriedade pela transferência ou incorporação do imóvel rural ao patrimônio do expropriante, em decorrência de desapropriação, tanto nos casos em que o expropriante seja pessoa jurídica de direito público, quanto de direito privado delegatária ou concessionária de serviço público;

c) a posse ou a propriedade do imóvel rural, em função de alienação ao Poder Público, inclusive às suas autarquias e fundações, bem assim às entidades privadas imunes do imposto.

Ressalte-se que, no caso de desapropriação de imóvel rural por pessoa jurídica de direito público, deixa de ocorrer o fato gerador do imposto a partir da sua imissão prévia ou provisória na posse, ou da transferência definitiva da propriedade em seu favor, tendo em vista que o patrimônio do Poder Público é imune, não mais sendo cabível, então, falar em contribuinte. Entretanto, quando a desapropriação é efetivada por pessoa jurídica de direito privado delegatária ou concessionária de serviço público, continua havendo incidência do imposto após a imissão prévia na posse ou a transferência definitiva da propriedade em seu favor, sendo contribuinte o expropriante.

6.4.6.3. Responsabilidade comum

É responsável pelo crédito tributário do ITR o sucessor, a qualquer título. Todavia, na hipótese de alienação do imóvel rural, não se configura a responsabilidade tributária do adquirente quando este for o Poder Público, incluídas suas autarquias e fundações, ou entidade privada imune do ITR, bem como dos demais adquirintes quando conste do título aquisitivo a prova de quitação do crédito tributário até então existente. Registre-se, ainda, que não há responsabilidade tributária para o expropriante de imóvel rural, seja a desapropriação promovida pelo Poder Público, seja por pessoa jurídica de direito privado delegatária ou concessionária de serviço público. Isso se deve ao fato de não ocorrer sucessão dominial na desapropriação, uma vez que ela consubstancia forma originária de aquisição da propriedade.[39]

6.4.6.4. Responsabilidade solidária

A responsabilidade de terceiro, por sucessão do contribuinte, tanto pode ocorrer quanto às dívidas tributárias preexistentes, quanto às que vierem a ser lançadas ou apuradas posteriormente à sucessão, desde que o fato gerador haja ocorrido até a data dessa sucessão e salvo, quanto às últimas, quando conste do título a prova de sua quitação.[40]

---

(39) Cf. arts. 128 a 133 da CTN; art. 5º da Lei n. 9.393, de 1996; art. 5º do IN SRF n. 256, de 2002.
(40) Cf. O texto acima tem como base referencial os arts.129 e 130 do CTN.

6.4.7. Regimes de tributação

6.4.7.1. Área não tributável

As áreas não tributáveis do imóvel rural são as:

I — de preservação permanente;

II — de reserva legal;

III — de Reserva Particular do Patrimônio Natural (RPPN);

IV — de interesse ecológico, assim declaradas mediante ato do órgão competente, federal ou estadual, que sejam:

    a) destinadas à proteção dos ecossistemas e que ampliem as restrições de uso previstas para as áreas de preservação permanente e de reserva legal;

    b) comprovadamente imprestáveis para a atividade rural.

V — de servidão florestal;

VI — de servidão ambiental;

VII — cobertas por florestas nativas, primárias ou secundárias em estágio médio ou avançado de regeneração.

6.4.7.2. Área tributável

Área tributável é composta pela área total do imóvel, excluídas as áreas:

I — de preservação permanente;

II — de reserva legal;

III — de Reserva Particular do Patrimônio Natural (RPPN);

IV — de interesse ecológico, assim declaradas mediante ato do órgão competente, federal ou estadual, que sejam:

    a) destinadas à proteção dos ecossistemas e que ampliem as restrições de uso previstas para as áreas de preservação permanente e de reserva legal;

    b) comprovadamente imprestáveis para a atividade rural.

V — de servidão florestal;

VI — de servidão ambiental;

VII — cobertas por florestas nativas, primárias ou secundárias em estágio médio ou avançado de regeneração.

6.4.8. Obrigações acessórias

6.4.8.1. Declaração do Imposto sobre a Propriedade Territorial Rural — DITR

Está obrigado a entregar a DITR:[41]

---

(41) Arts. 36 a 40 da IN SRF n. 256, de 2002; art. 1º da IN RFB n. 857, de 14 de julho de 2008.

I — a pessoa física ou jurídica que, em relação ao imóvel rural a ser declarado, inclusive imune ou isento, seja, na data da efetiva apresentação:

a) proprietária;

b) titular do domínio útil;

c) possuidora a qualquer título;

II — um dos condôminos quando, na data da efetiva apresentação da declaração, o imóvel rural pertencer simultaneamente:

a) a mais de uma pessoa física ou jurídica, em decorrência de contrato ou decisão judicial;

b) a mais de um donatário, em função de doação recebida em comum;

III — a pessoa física ou jurídica que perdeu, entre 1º de janeiro de 2008 e a data da efetiva apresentação da declaração:

a) a posse, pela imissão prévia do expropriante, em processo de desapropriação por necessidade ou utilidade pública, ou por interesse social, inclusive para fins de reforma agrária;

b) o direito de propriedade pela transferência ou incorporação do imóvel rural ao patrimônio do expropriante, em decorrência de desapropriação por necessidade ou utilidade pública, ou por interesse social, inclusive para fins de reforma agrária;

c) a posse ou a propriedade, em função de alienação ao Poder Público, inclusive às suas autarquias e fundações, ou às instituições de educação e de assistência social imunes do imposto.

IV — a pessoa jurídica que recebeu o imóvel rural na hipótese prevista no inciso III;

V — o inventariante, em nome do espólio, enquanto não ultimada a partilha, ou, se este não tiver sido nomeado, o cônjuge meeiro, o companheiro ou sucessor a qualquer título, nos casos em que o imóvel rural pertencer a espólio;

VI — um dos compossuidores, na hipótese de mais de uma pessoa ser possuidora do imóvel rural na data da efetiva apresentação da declaração. O contribuinte expropriado ou alienante, pessoa física ou jurídica, entregará a DITR considerando a área desapropriada ou alienada como parte integrante da área total do imóvel rural, caso este tenha sido, após 1º de janeiro de 2008, parcialmente:

a) desapropriado ou alienado a entidades imunes do ITR;

b) desapropriado por pessoa jurídica de direito privado delegatária ou concessionária de serviço público.

A DITR, correspondente a cada imóvel rural, é composta pelos seguintes documentos:

I — Documento de Informação e Atualização Cadastral do ITR — DIAC[42]

O DIAC é um documento destinado à coleta de informações cadastrais do imóvel rural e de seu titular. Está obrigado a preencher o Diac, correspondente a cada

---
(42) Art. 6º da Lei n. 9.393, de 1996; art. 36 da IN SRF n. 256, de 2002.

imóvel rural e a seu titular, o sujeito passivo, pessoa física ou jurídica, inclusive o imune e o isento.

É obrigatório informar no DIAC o Número do Imóvel na Receita Federal — Nirf. Sem esse número de inscrição, a DITR não será processada. Para entregar a DITR tempestivamente, no caso de imóvel ainda não inscrito na RFB, é necessário providenciar com antecedência sua inscrição no Cadastro de Imóveis Rurais — Cafir da Receita Federal. Também devem ser obrigatoriamente comunicadas à RFB, por meio do DIAC, as seguintes alterações cadastrais relativas ao imóvel rural:[43]

a) desmembramento;

b) anexação;

c) transmissão, a qualquer título, por alienação da propriedade ou dos direitos a ela inerentes;

d) cessão de direitos;

e) constituição de reservas ou usufruto;

f) sucessão *causa mortis*;

g) desapropriação ou imissão prévia na posse do imóvel rural por pessoa jurídica de direito público ou pessoa jurídica de direito privado delegatária ou concessionária de serviço público. Além destas alterações, também devem ser obrigatoriamente comunicadas à RFB, por meio de Diac específico para cada situação, os casos de inscrição, cancelamento de inscrição e alienação ou desapropriação de área total de imóvel rural.

II — Documento de Informação e Apuração do ITR — DIAT

O DIAT é o Documento de Informação e Apuração do ITR destinado à apuração do imposto. Está obrigado a preencher o DIAT, correspondente a cada imóvel rural e a seu titular, o sujeito passivo, pessoa física ou jurídica, exceto o imune e o isento. A DITR poderá ser apresentada:[44]

I — em meio eletrônico (disquete ou *Internet*);

II — em formulário.

É vedada a apresentação em formulário da DITR:

a) original, após 30 de setembro de 2008;

b) retificadora, a qualquer tempo.

Está obrigada a apresentar a DITR em meio eletrônico:

I — a pessoa jurídica, mesmo a imune ou isenta do ITR, independentemente da extensão da área do imóvel rural;

II — a pessoa física que possua imóvel rural com área igual ou superior a:

---

(43) Art. 6º da Lei n. 9.393, de 1996; art. 63 da IN SRF n. 256, de 2002; arts. 3º, 8º, 11 e 14 da INRFB n. 830, de 18 de março de 2008.
(44) Art. 8º da Lei n. 9.393, de 1996; art. 43 da IN SRF n. 256, de 2002.

a) mil hectares, se localizado em município compreendido na Amazônia Ocidental ou no Pantanal mato-grossense e sul-mato-grossense;

b) quinhentos hectares, se localizado em município compreendido na Amazônia Oriental ou no Polígono das Secas;

c) duzentos hectares, se localizado em qualquer outro município.

No caso de apresentação espontânea da DITR fora do prazo estabelecido pela RFB, será cobrada multa de um por cento ao mês-calendário ou fração de atraso sobre o imposto devido, sem prejuízo da multa e dos juros de mora pela falta ou insuficiência de recolhimento do imposto ou quota. Em nenhuma hipótese o valor da multa por atraso na entrega da DITR será inferior a R$ 50,00 (cinquenta reais). (cf. arts. 7º e 9 da Lei n. 9.393, de 1996 e art. 59 da IN SRF n. 256, de 2002)

O contribuinte poderá pagar o ITR:

I — por meio de Documento de Arrecadação de Receitas Federais — Darf;

II — com Títulos da Dívida Agrária — TDA do tipo escritural, ou seja, custodiados em uma instituição financeira. Ver pergunta.

O pagamento do ITR deve ser efetuado nas agências bancárias integrantes da rede arrecadadora de receitas federais, quando por meio de Darf, e nas unidades da RFB. O ITR deve ser pago até o último dia útil do mês fixado para a entrega da DITR, se em quota única, ou em até quatro quotas iguais.

À opção do contribuinte, o imposto a pagar pode ser parcelado em até quatro quotas iguais, mensais e consecutivas, observando-se que:[45]

I — O valor de cada quota não deve ser inferior a R$ 50,00, devendo, portanto ser recolhido em quota única o imposto de valor até R$ 100,00.

II — O pagamento da 1ª quota ou da quota única deve ser efetuado até 30 de setembro de 2008.

III — A 2ª quota, que deve ser paga até 31 de outubro de 2008, tem acréscimo de juros de 1%.

IV — O valor das demais quotas será acrescido de juros equivalentes à taxa referencial do Sistema Especial de Liquidação e de Custódia — Selic, para títulos federais, acumulada mensalmente, calculados a partir de outubro de 2008 até o mês anterior ao do pagamento e de mais 1% no mês de pagamento. Quando pagas dentro do prazo, o valor das quotas será obtido da seguinte maneira:

A falta ou insuficiência de pagamento do imposto, no prazo fixado, sujeita o contribuinte ao pagamento do valor que deixou de ser pago, acrescido de: I — multa de mora calculada à taxa de trinta e três centésimos por cento, por dia de atraso, não podendo ultrapassar a vinte por cento, calculada a partir do primeiro dia útil

---

(45) Art. 12 da Lei n. 9.393, de 1996, art. 50 da IN SRF n. 256, de 2002.

subsequente ao do vencimento do prazo fixado para pagamento do imposto até o dia em que ocorrer o seu pagamento; e II — juros de mora equivalentes à taxa referencial Selic para títulos federais, acumulada mensalmente, calculados a partir do primeiro dia do mês subsequente ao vencimento do prazo para pagamento até o mês anterior ao do pagamento, e de um por cento no mês do efetivo pagamento. (art. 13 da Lei n. 9.393, de 1996; e art. 52 da IN SRF n. 256, de 2002)

6.5. ITBI — Imposto sobre a Transmissão de Bens Imóveis

6.5.1. Conceito

É o Imposto sobre a Transmissão de Bens Imóveis, de competência de arrecadação dos municípios (Constituição Federal, art. 156, II) e do Distrito Federal (Constituição Federal, art. 147). O ITBI — Imposto de Transmissão de Bens Imóveis incide nas transmissões onerosas de imóveis *inter vivos*, ou seja, nas transmissões dos imóveis entre vivos. Para exemplificar segue uma jurisprudência do STJ, sobre o assunto:

IMÓVEL. CLÁUSULA. INALIENABILIDADE.

O donatário de uma área de terra, doação essa gravada com cláusula de inalienabilidade, transmitiu a seus herdeiros (dois filhos) a nua propriedade do imóvel, com usufruto vitalício em seu favor. Como devedores (pai e filhos), indicaram parte da área mencionada à penhora em favor da CEF, mas pediram, posteriormente, seu cancelamento, em face da inalienabilidade, o que lhes foi negado. Em agravo de instrumento, o Tribunal de origem entendeu eficaz a cláusula e reformou a decisão singular. No presente recurso, a CEF dá por violado o art. 1.723 do CC/1916. Por sua vez, o Min. Relator esclareceu que as únicas exceções aptas a afastar a inalienabilidade referem-se às dívidas de impostos do próprio imóvel e os casos de desapropriação por necessidade ou utilidade pública. Fora desses casos, tem a jurisprudência admitido a quebra da cláusula de inalienabilidade, mas apenas e tão somente no real interesse dos beneficiários dela, ou seja, os herdeiros e donatários dos bens gravados. No mais, há de prevalecer a inalienabilidade que, conforme a dicção legal, em caso algum poderá ser afastada. A transmissão por ato *inter vivos* efetivada no caso concreto não tem força bastante para dar supedâneo à quebra do gravame, fazendo recair penhora sobre o bem, porquanto se mostra sem efeito jurídico, não sendo certo, portanto, justificar um erro com outro. A inalienabilidade somente se desfaz com a morte do donatário. Precedentes citados: REsp 80.480-SP, DJ 24.6.1996; REsp 998.031-SP, DJ 19.12.2007; e REsp 729.701-SP, DJ 1º.2.2006. REsp 571.108-RS, Rel. Min. Fernando Gonçalves, julgado em 28.10.2008.

O ITBI encontra amparo legal para ser instituído nos arts. 156, II, § 2º, e 30 da Constituição Federal. Compete aos Municípios instituir impostos sobre: (art. 156).

II — transmissão *inter vivos*, a qualquer título, por ato oneroso, de bens imóveis, por natureza ou acessão física, e de direitos reais sobre imóveis, exceto os de garantia, bem como cessão de direitos a sua aquisição;

O imposto previsto no inciso II, não incide sobre a transmissão de bens ou direitos incorporados ao patrimônio de pessoa jurídica em realização de capital, nem sobre a transmissão de bens ou direitos decorrente de fusão, incorporação, cisão ou extinção de pessoa jurídica, salvo se, nesses casos, a atividade preponderante do adquirente for a compra e venda desses bens ou direitos, locação de bens imóveis ou arrendamento mercantil;

Compete aos Municípios: (art. 30)

III — instituir e arrecadar os tributos de sua competência, bem como aplicar suas rendas, sem prejuízo da obrigatoriedade de prestar contas e publicar balancetes nos prazos fixados em lei;

O ITBI é um tributo (prestação pecuniária compulsória) desvinculado de qualquer atividade estatal específica. Apesar de ser denominado imposto sobre transmissão, a lei permite a cobrança tanto na cessão quanto na transmissão. (inciso III, art. 2º da Lei n. 5.492/88).[46]

A novidade sobre o imposto mencionado é que já está em fase de implementação o sistema de informatização do ITBI, que visa operacionalizar as atividades de lançamento, arrecadação e cobrança deste imposto, interligando, por meio da rede de microcomputadores, os seguintes órgãos: Tabelionatos e Carteiras de Crédito Imobiliário de Agentes do Sistema Financeiro, Serviço do ITBI, Divisão de Arrecadação, Exatoria, Procuradoria do Município, Planta de Valores e Serviço do IPTU. A integração, entre os órgãos mencionados, tem por finalidade permitir que os trabalhos relativos ao ITBI, desenvolvidos em cada área, sejam gerenciados de forma automática pelo sistema central, que irá garantir a rapidez na transmissão de informações.

6.5.2. Fato gerador

Art. 35 do CTN adverte que:

O imposto, de competência dos Estados, sobre a transmissão de bens imóveis e de direitos a eles relativos tem como fato gerador:

I — a transmissão, a qualquer título, da propriedade ou do domínio útil de bens imóveis, por natureza ou por acessão física, como definidos na lei civil;

II — a transmissão, a qualquer título, de direitos reais sobre imóveis, exceto os direitos reais de garantia;

III — a cessão de direitos relativos às transmissões referidas nos incisos I e II.

O art. 1.225 do Código Civil dispõe que são direitos reais:

I — a propriedade;

II — a superfície;

III — as servidões;

IV — o usufruto;

V — o uso;

---

(46) Cf. *site*: <http://www.bndes.gov.br/clientes/federativo/bf_bancos/x0000269.pdf> Acesso: 22 jan. 2009.

VI — a habitação;

VII — o direito do promitente comprador do imóvel;

VIII — o penhor;

IX — a hipoteca;

X — a anticrese;

XI — a concessão de uso especial para fins de moradia;

XII — a concessão de direito real de uso.

Os direitos reais sobre coisas móveis, quando constituídos, ou transmitidos por atos entre vivos, só se adquirem com a tradição. Os direitos reais sobre imóveis constituídos, ou transmitidos por atos entre vivos, só se adquirem com o registro no Cartório de Registro de Imóveis dos referidos títulos (arts. 1.245 a 1.247 do CC), salvo os casos expressos no Código Civil.

Art. 36 do CTN adverte que: o imposto não incide sobre a transmissão dos bens ou direitos referidos no artigo anterior:

I — quando efetuada para sua incorporação ao patrimônio de pessoa jurídica em pagamento de capital nela subscrito;

II — quando decorrente da incorporação ou da fusão de uma pessoa jurídica por outra ou com outra.

O imposto não incide também sobre a transmissão aos mesmos alienantes, dos bens e direitos adquiridos na forma do item I, em decorrência da sua desincorporação do patrimônio da pessoa jurídica a que foram conferidos.

O disposto no artigo anterior não se aplica quando a pessoa jurídica adquirente tenha como atividade preponderante a venda ou locação de propriedade imobiliária ou a cessão de direitos relativos à sua aquisição. Considera-se caracterizada a atividade preponderante referida neste artigo quando mais de 50% (cinquenta por cento) da receita operacional da pessoa jurídica adquirente, nos 2 (dois) anos anteriores e nos 2 (dois) anos subsequentes à aquisição, decorrer de transações mencionadas neste artigo.

Se a pessoa jurídica adquirente iniciar suas atividades após a aquisição, ou menos de 2 (dois) anos antes dela, apurar-se-á a preponderância referida no parágrafo anterior, levando-se em conta os 3 (três) primeiros anos seguintes à data da aquisição. Verificada a preponderância referida neste artigo, tornar-se-á devido o imposto, nos termos da lei vigente à data da aquisição, sobre o valor do bem ou direito nessa data. Abaixo segue uma jurisprudência importante emanada do STJ:

ITBI. REGISTRO IMOBILIÁRIO.

A propriedade imobiliária apenas se transfere com o registro do respectivo título (CC, art. 530). O registro imobiliário é o fato gerador do Imposto de Transmissão de Bens Imóveis. Assim, a pretensão de cobrar o ITBI antes do registro imobiliário contraria o ordenamento jurídico. REsp 253.364-DF, Rel. Min. Humberto Gomes de Barros, julgado em 13.2.2001.

Seguindo a linha da jurisprudência acima, podemos dizer que se não existe dúvida de que a transmissão de propriedade de bens imóveis, de direitos reais sobre imóveis e de cessão de direitos sobre tais transmissões somente ocorre mediante o registro do título no registro imobiliário, pode-se afirmar que o fato gerador do ITBI, somente ocorre mediante o registro do título no registro imobiliário. Explico: Até que se faça o registro devido, não ocorreu ainda a transmissão de propriedade e, muito menos, o fato gerador do ITBI.

É isso o que determina a legislação complementar, conforme já foi citado: Consideram-se ocorrido o fato gerador e existentes os seus efeitos, tratando-se de situação de fato, desde o momento em que se verifiquem as circunstâncias materiais necessárias para que produza os efeitos que, normalmente, lhe são próprios, e tratando-se de situação jurídica, desde o momento em que ela esteja definitivamente constituída, nos termos do direito a ela aplicável (CTN, art. 116).

6.5.3. Base de cálculo

Os arts. 38, 39, 40 e 41 do CTN preceituam que a base de cálculo do imposto é o valor venal dos bens ou direitos transmitidos. A alíquota do imposto não excederá os limites fixados em resolução do Senado Federal, que distinguirá, para efeito de aplicação de alíquota mais baixa, as transmissões que atendam à política nacional de habitação. O montante do imposto é dedutível do devido à União, a título do imposto, sobre o provento decorrente da mesma transmissão. O imposto compete ao Estado da situação do imóvel transmitido, ou sobre que versarem os direitos cedidos, mesmo que a mutação patrimonial decorra de sucessão aberta no estrangeiro. A alíquota utilizada é fixada em Lei ordinária do município competente. A função do ITBI é predominantemente fiscal. Sua finalidade é a obtenção de recursos financeiros para os municípios.

Conforme a Súmula n. 656 do STF é considerada inconstitucional a lei que estabelece alíquotas progressivas para o imposto de transmissão *inter vivos* de bens imóveis — ITBI com base no valor venal do imóvel.

Diz o art. 713 do Código Civil: "Constitui usufruto o direito real de fruir as utilidades e frutos de uma coisa, enquanto temporariamente destacada da propriedade". Em se tratando de imóveis, portanto, o usufruto é o direito assegurado a alguém, para que possa gozar as utilidades e frutos de um imóvel, cuja propriedade pertence a outrem, enquanto temporariamente destacada da mesma propriedade. A existência do usufruto consuma-se com o registro imobiliário do mesmo, sendo que a partir deste momento, esse direito poderá ser objeto de alienação ou cessão. O usufruto só pode ser vendido ao nu-proprietário do imóvel (art. 717 do Código Civil). Para cálculo do ITBI, a base de cálculo do usufruto será considerada 1/3 (um terço) do valor venal do imóvel.

A compra e venda com instituição de usufruto é feita a pedido do contribuinte da seguinte forma: uma guia de compra e venda (100%) e uma guia de usufruto (1/3). Não poderá ser avaliado 2/3 para nua-propriedade e 1/3 para usufruto porque, neste caso, não está destacado da propriedade o direito real de fruir as utilidades e frutos do bem imóvel. Somente depois que houver este destaque (mediante registro imobiliário) poderão ser feitas transações separadamente de nua-propriedade (2/3) ou usufruto (1/3). Segue abaixo uma jurisprudência importante emanada do STF:

INFORMATIVO N. 144 do STF

O Tribunal, por unanimidade, declarou a inconstitucionalidade de norma legal que estabelecia a progressividade de alíquotas do Imposto de Transmissão *inter vivos* de Bens Imóveis — ITBI, com base no valor venal do imóvel (Lei n. 11.154/91, do Município de São Paulo, art. 10, II), reformando acórdão do Tribunal de Alçada Civil do Estado de São Paulo. Entendeu-se que o ITBI (CF, art. 156, II), imposto de natureza real que é, não pode variar na razão da presumível capacidade contributiva do sujeito passivo. Os Ministros Carlos Velloso, relator, e Marco Aurélio, admitindo que o princípio da capacidade contributiva previsto no § 1º do 145 da CF se aplica a todo e qualquer imposto, inclusive aos de natureza real, declararam a inconstitucionalidade da referida norma com base em outro fundamento, qual seja, de que a CF não autoriza de forma explícita a adoção do sistema de alíquotas progressivas para a cobrança do ITBI. Precedente citado: RE 153.771-MG (DJU de 5.9.97). RE 234.105-SP, rel. Min. Carlos Velloso, 8.4.99.

A avaliação do imóvel sujeito à incidência do imposto será realizada pelo Setor de ITBI da Divisão de Cadastro da Secretaria Municipal de Finanças, que considerará as informações, relativas ao imóvel, descritas na declaração de bens e direitos a serem transmitidos ou cedidos, feitas pelo contribuinte ou responsável, levando em consideração ainda, a Planta de Valores Imobiliários e o Cadastro Técnico Municipal. Abaixo segue mais uma jurisprudência sobre o referido imposto:[47]

DOAÇÃO. MEAÇÃO. IMPOSTO. TRANSMISSÃO. INCIDÊNCIA.

Tratando-se de doação, incide o imposto de transmissão *inter vivos* na hipótese de meação causada por separação judicial em que o cônjuge varão deixou para a mulher e a prole o bem imóvel, residência da família. REsp 723.587-RJ, Rel. Min. Eliana Calmon, julgado em 5.5.2005.

A alíquota *ad valorem* é uma "porção" sobre o valor. Pode ser de 1% até 100%. A fórmula é simples e vem a seguir: preço x alíquota. Sendo assim, podemos afirmar que é um percentual (alíquota) que será multiplicado pelo preço do produto. Conforme art. 75 do Decreto n. 4.543/02: "quando a alíquota for *ad valorem*, a base de cálculo será o valor aduaneiro apurado segundo as normas do art. VII do Acordo Geral sobre Tarifas e Comércio — GATT 1994".

Há mais um exemplo prático:

Se, hipoteticamente, uma empresa fizer a importação de uma mercadoria que tem preço de R$ 200,00, a base de cálculo do Imposto de Importação será de R$ 200,00 e alíquota incidente será definida por lei. Vamos supor que a alíquota para este tipo de produto importado seja de 10%. Logo, o valor do Imposto de Importação a ser pago será de R$ 20,00 (resultado da multiplicação de R$ 200,00 x 10%). A alíquota do imposto incidirá sempre sobre o preço do produto.

---

(47) Cf. Decreto n. 4.818/00.

Já a alíquota específica é um valor determinado sobre uma determinada quantidade (litro, metro, tonelada). Um bom exemplo para alíquotas específicas ocorre com o IPI sobre cigarros, onde são comprados selos com valores específicos, que cada um corresponde à alíquota específica sobre a o cigarro, não importando o valor de venda do bem. Conforme art. 75 do Decreto n. 4.543/02: "Quando a alíquota for específica, a base de cálculo será a quantidade de mercadoria expressa na unidade de medida estabelecida pela lei". Temos abaixo vemos um exemplo prático:

Caso uma empresa faça a importação de 20 toneladas de uma mercadoria que tem valor de R$ 200,00/tonelada, a base de cálculo do Imposto de Importação é de R$ 4.000,00 (resultado da equação: 20 toneladas x R$ 200,00). A alíquota de imposto irá incidir sobre a quantidade de R$ 4.000,00.

Em resumo, pode-se afirmar que o cálculo do ITBI é realizado por meio de alíquotas proporcionais, do qual deverá ser exigida uma percentagem sobre a base de cálculo. Sendo assim, se configura mais próximo do conceito da "alíquota *ad valorem*", conforme já descrito anteriormente por nós.

6.5.4. Imunidade do ITBI

A CF instituiu a imunidade tributária em relação a esse imposto, tornando insusceptíveis de tributação as transmissões decorrentes de conferência de capital, de fusão, de incorporação, de cisão ou de extinção de pessoas jurídicas, salvo se a atividade preponderante do adquirente for a compra e venda desses bens ou direitos, a locação de bens imóveis ou o arrendamento mercantil (art. 156, § 2º, I da CF). Segue abaixo uma jurisprudência importante emanada do STF:

INFORMATIVO N. 250 do STF

A Turma, por identidade de razão, manteve acórdão do Tribunal de Alçada do Estado de São Paulo que reconhecera o direito do Serviço Nacional de Aprendizagem Comercial — SENAC à imunidade relativa ao ITBI sobre imóvel adquirido para o fim de locação a terceiro. RE 235.737-SP, rel. Min. Moreira Alves, 13.11.2001. (RE-235737)

6.5.5. Isenção do ITBI

Em consonância com o art. 184 da CF, § 5º, podemos dizer que, são isentas de impostos federais, estaduais e municipais as operações de transferência de imóveis desapropriados para fins de reforma agrária.

6.5.6. Sujeito passivo

6.5.6.1. Lançamento por declaração

O Imposto sobre a Transmissão de Bens Imóveis será lançado por declaração, já que a maneira utilizada pelo fisco para constituir o crédito tributário é a exigência de informações dos contribuintes, que serão prestadas por meio de documento apropriado. É claro que se o contribuinte se omitir a prestar alguma informação para a autoridade tributária, a mesma terá que proceder com o lançamento de ofício, correlacionando o tributo devido.

6.5.6.2. Contribuintes

O art. 42 do Código Tributário Nacional relata que "o contribuinte do imposto é qualquer das partes na operação tributada, como dispuser a lei". O art. 121 do CTN prediz que "o sujeito passivo da obrigação principal é a pessoa obrigada ao pagamento de tributo ou penalidade pecuniária".

Obs.: O sujeito passivo da obrigação principal é o contribuinte, quando tenha relação pessoal e direta com a situação que constitua o respectivo fato gerador. Normalmente, as leis municipais têm o dever de definir quais serão os contribuintes abrangidos pelo fato gerador do imposto. Em especial, os casos de isenção e imunidade também são de autonomia do legislativo municipal, para a concessão ou não destes benefícios.

6.5.7. Obrigações acessórias

6.5.7.1. Documento de Arrecadação Municipal — DAM[48]

O Documento de Arrecadação Municipal — DAM será usado para recolhimento do imposto e deverá conter:

I — a descrição e o endereço do imóvel;

II — o número da inscrição imobiliária municipal;

III — o valor da avaliação ou reavaliação;

IV — a alíquota aplicada;

V — o valor do imposto;

VI — as datas de emissão e vencimento;

VII — a identificação da repartição fiscal;

VIII — a identificação do sujeito passivo.

O responsável pelo recolhimento por meio de DAM será indicado em seu texto, e deverá mantê-lo sob sua guarda junto ao comprovante de pagamento autenticado, durante todo o tempo que estiver obrigado a demonstrar o pagamento. Sempre que possível será utilizado um único DAM para o recolhimento de receitas de mesma

---

(48) Cf. Decreto n. 4.818/00.

natureza e classificação contábil, somadas aos acréscimos legais incidentes, o que corresponderá a um só pagamento. Os escrivães e tabeliães transcreverão:

I — No instrumento de transmissão de bens imóveis ou de direitos a ele relativos:

a — O inteiro teor da guia de pagamento do ITBI, em cota única ou parcelada.

b — O número e data de emissão da Certidão Negativa de Débito — CND, relativa aos tributos municipais;

II — Na lavratura do instrumento público de transmissão imunes ou isentas:

a — A data de emissão do Certificado de Reconhecimento de Imunidade;

b — A data de emissão da Certidão de Isenção;

c — O setor e agente responsável pela emissão do Certificado ou Certidão referidos nos incisos *a* e *b*;

d — A data de validade do Certificado ou Certidão;

e — O dispositivo legal concessivo da isenção;

f — O número e data de emissão da Certidão Negativa de Débito — CND, relativa aos tributos municipais.

Na lavratura de carta de arrematação, adjudicação, remição e certidão declaratória de usucapião, bem como nos instrumentos públicos de transmissão de imóveis e de direitos a ele relativos:

a — O documento comprobatório de pagamento do ITBI;

b — O número e data de emissão da Certidão Negativa de Débito — CND, relativa aos tributos municipais.

6.6. IPI — Imposto sobre Produtos Industrializados

6.6.1. Conceito

O Imposto sobre Produtos Industrializados incide sobre produtos industrializados e tem competência originária da União. O produto industrializado é o resultante de qualquer operação definida neste Regulamento como industrialização, mesmo incompleta, parcial ou intermediária. Também pode se caracterizar industrialização, como qualquer operação que modifique a natureza, o funcionamento, o acabamento, a apresentação ou a finalidade do produto, ou o aperfeiçoe para consumo, tal como:[49]

I — a que, exercida sobre matérias-primas ou produtos intermediários, importe na obtenção de espécie nova (transformação);

II — a que importe em modificar, aperfeiçoar ou, de qualquer forma, alterar o funcionamento, a utilização, o acabamento ou a aparência do produto (beneficiamento);

---

(49) Cf. art. 3º, parágrafo único, da Lei n. 4.502, de 1964 e art. 46, parágrafo único da Lei n. 5.172, de 25 de outubro de 1966.

III — a que consista na reunião de produtos, peças ou partes e de que resulte um novo produto ou unidade autônoma, ainda que sob a mesma classificação fiscal (montagem);

IV — a que importe em alterar a apresentação do produto, pela colocação da embalagem, ainda que em substituição da original, salvo quando a embalagem colocada se destine apenas ao transporte da mercadoria (acondicionamento ou reacondicionamento);

V — a que, exercida sobre produto usado ou parte remanescente de produto deteriorado ou inutilizado, renove ou restaure o produto para utilização (renovação ou recondicionamento).

São irrelevantes, para caracterizar a operação como industrialização, o processo utilizado para obtenção do produto e a localização e condições das instalações ou equipamentos empregados. Não se considera industrialização:[50]

I — o preparo de produtos alimentares, não acondicionados em embalagem de apresentação:

a) na residência do preparador ou em restaurantes, bares, sorveterias, confeitarias, padarias, quitandas e semelhantes, desde que os produtos se destinem a venda direta a consumidor;

b) em cozinhas industriais, quando destinados a venda direta a corporações, empresas e outras entidades, para consumo de seus funcionários, empregados ou dirigentes;

II — o preparo de refrigerantes, à base de extrato concentrado, por meio de máquinas, automáticas ou não, em restaurantes, bares e estabelecimentos similares, para venda direta a consumidor;

III — a confecção ou preparo de produto de artesanato, definido no art. 7º;

IV — a confecção de vestuário, por encomenda direta do consumidor ou usuário, em oficina ou na residência do confeccionador;

V — o preparo de produto, por encomenda direta do consumidor ou usuário, na residência do preparador ou em oficina, desde que, em qualquer caso, seja preponderante o trabalho profissional;

VI — a manipulação em farmácia, para venda direta a consumidor, de medicamentos oficinais e magistrais, mediante receita médica;

VII — a moagem de café torrado, realizada por comerciante varejista como atividade acessória;

VIII — a operação efetuada fora do estabelecimento industrial, consistente na reunião de produtos, peças ou partes e de que resulte:

a) edificação (casas, edifícios, pontes, hangares, galpões e semelhantes, e suas coberturas);

b) instalação de oleodutos, usinas hidrelétricas, torres de refrigeração, estações e centrais telefônicas ou outros sistemas de telecomunicação e telefonia, estações, usinas e redes de distribuição de energia elétrica e semelhantes; ou

c) fixação de unidades ou complexos industriais ao solo;

---

(50) Cf. art. 5º do Decreto n. 4.544/02.

IX — a montagem de óculos, mediante receita médica;

X — o acondicionamento de produtos classificados nos Capítulos 16 a 22 da TIPI, adquiridos de terceiros, em embalagens confeccionadas sob a forma de cestas de natal e semelhantes;

XI — o conserto, a restauração e o recondicionamento de produtos usados, nos casos em que se destinem ao uso da própria empresa executora ou quando essas operações sejam executadas por encomenda de terceiros não estabelecidos com o comércio de tais produtos, bem assim o preparo, pelo consertador, restaurador ou recondicionador, de partes ou peças empregadas exclusiva e especificamente naquelas operações;

XII — o reparo de produtos com defeito de fabricação, inclusive mediante substituição de partes e peças, quando a operação for executada gratuitamente, ainda que por concessionários ou representantes, em virtude de garantia dada pelo fabricante;

XIII — a restauração de sacos usados, executada por processo rudimentar, ainda que com emprego de máquinas de costura;

XIV — a mistura de tintas entre si, ou com concentrados de pigmentos, sob encomenda do consumidor ou usuário, realizada em estabelecimento varejista, efetuada por máquina automática ou manual, desde que fabricante e varejista não sejam empresas interdependentes, controladora, controlada ou coligadas;

6.6.2. Fato gerador

Os arts. 34, 35 e 36 do Decreto n. 4.544/02 prediz que o fato gerador do imposto é:

a) o desembaraço aduaneiro de produto de procedência estrangeira; ou

b) a saída de produto do estabelecimento industrial, ou equiparado a industrial.

É obrigatório que se considere ocorrido o fato gerador, quando:

I — na entrega ao comprador, quanto aos produtos vendidos por intermédio de ambulantes;

II — na saída de armazém-geral ou outro depositário do estabelecimento industrial ou equiparado a industrial depositante, quanto aos produtos entregues diretamente a outro estabelecimento;

III — na saída da repartição que promoveu o desembaraço aduaneiro, quanto aos produtos que, por ordem do importador, forem remetidos diretamente a terceiros;

IV — na saída do estabelecimento industrial diretamente para estabelecimento da mesma firma ou de terceiro, por ordem do encomendante, quanto aos produtos mandados industrializar por encomenda;

V — na saída de bens de produção dos associados para as suas cooperativas, equiparadas, por opção, a estabelecimento industrial;

VI — no quarto dia da data da emissão da respectiva nota fiscal, quanto aos produtos que até o dia anterior não tiverem deixado o estabelecimento do contribuinte;

VII — no momento em que ficar concluída a operação industrial, quando a industrialização se der no próprio local de consumo ou de utilização do produto, fora do estabelecimento industrial;

> **Obs.:** "Na hipótese do inciso VII, considera-se concluída a operação industrial e ocorrido o fato gerador na data da entrega do produto ao adquirente ou na data em que se iniciar o seu consumo ou a sua utilização, se anterior à formalização da entrega".

VIII — no início do consumo ou da utilização do papel destinado à impressão de livros, jornais e periódicos, em finalidade diferente da que lhe é prevista na imunidade de que trata o inciso I do art. 18, ou na saída do fabricante, do importador ou de seus estabelecimentos distribuidores, para pessoas que não sejam empresas jornalísticas ou editoras;

IX — na aquisição ou, se a venda tiver sido feita antes de concluída a operação industrial, na conclusão desta, quanto aos produtos que, antes de sair do estabelecimento que os tenha industrializado por encomenda, sejam por este adquiridos;

X — na data da emissão da nota fiscal pelo estabelecimento industrial, quando da ocorrência de qualquer das hipóteses enumeradas no inciso VII do art. 25;

XI — no momento da sua venda, quanto aos produtos objeto de operação de venda que forem consumidos ou utilizados dentro do estabelecimento industrial;

XII — na saída simbólica de álcool das usinas produtoras para as suas cooperativas, equiparadas, por opção, a estabelecimento industrial;

XIII — na data do vencimento do prazo de permanência da mercadoria no recinto alfandegado, antes de aplicada a pena de perdimento, quando as mercadorias importadas forem consideradas abandonadas pelo decurso do referido prazo.

> **Obs:** "Na hipótese de venda, exposição à venda, ou consumo no Território Nacional, de produtos destinados ao exterior, ou na hipótese de descumprimento das condições estabelecidas para a isenção ou a suspensão do imposto, considerar-se-á ocorrido o fato gerador na data da saída dos produtos do estabelecimento industrial ou equiparado a industrial (Lei n. 9.532, de 1997, art. 37, inciso II)".

O art. 37 do Decreto n. 4.544/02 revela que não constituem fato gerador:

I — o desembaraço aduaneiro de produto nacional que retorne ao Brasil, nos seguintes casos:

a) quando enviado em consignação para o exterior e não vendido nos prazos autorizados;

b) por defeito técnico que exija sua devolução, para reparo ou substituição;

c) em virtude de modificações na sistemática de importação do País importador;

d) por motivo de guerra ou calamidade pública; e

e) por quaisquer outros fatores alheios à vontade do exportador;

II — as saídas de produtos subsequentes à primeira:

a) nos casos de locação ou arrendamento, salvo se o produto tiver sido submetido a nova industrialização;

b) quando se tratar de bens do ativo permanente, industrializados ou importados pelo próprio estabelecimento industrial ou equiparado a industrial, destinados à execução de serviços pela própria firma remetente;

III — a saída de produtos incorporados ao ativo permanente, após cinco anos de sua incorporação, pelo estabelecimento industrial, ou equiparado a industrial, que os tenha industrializado ou importado; ou

IV — a saída de produtos por motivo de mudança de endereço do estabelecimento.

6.6.3. Base de cálculo

No caso do IPI, o art. 51 do CTN define expressamente quem é o contribuinte:

O Contribuinte do imposto é:

I — o importador ou quem a lei a ele equiparar;

II — o industrial ou quem a lei a ele equiparar;

III — o comerciante de produtos sujeitos ao imposto, que os forneça aos contribuintes definidos no inciso anterior;

IV — o arrematante de produtos apreendidos ou abandonados, levados a leilão.

Obs.: Para os efeitos deste imposto, considera-se contribuinte autônomo qualquer estabelecimento de importador, industrial, comerciante ou arrematante.

O imposto incide sobre produtos industrializados, nacionais e estrangeiros, obedecidas as especificações constantes da Tabela de Incidência do Imposto sobre Produtos Industrializados — TIPI.[51] O campo de incidência do imposto abrange todos os produtos com alíquota, ainda que zero, relacionados na TIPI, observadas as disposições contidas nas respectivas notas complementares, excluídos aqueles a que corresponde a notação "NT" (não tributado) (Lei n. 10.451, de 10 de maio de 2002, art. 6º). O imposto será calculado mediante aplicação das alíquotas, constantes da TIPI, sobre o valor tributável dos produtos (Lei n. 4.502, de 1964, art. 13).

6.6.4. Sujeito passivo

O sujeito passivo da obrigação tributária principal é a pessoa obrigada ao pagamento do imposto ou penalidade pecuniária, e diz-se (Lei n. 5.172, de 1966, art. 121):

I — contribuinte, quando tenha relação pessoal e direta com a situação que constitua o respectivo fato gerador; e

---

(51) Cf. art. 1º da Lei n. 4.502, de 30 de novembro de 1964, e Decreto-lei n. 34, de 18 de novembro de 1966.

II — responsável, quando, sem revestir a condição de contribuinte, sua obrigação decorra de expressa disposição de lei.

Obs: Sujeito passivo da obrigação tributária acessória é a pessoa obrigada às prestações que constituam o seu objeto (Lei n. 5.172, de 1966, art. 122). As convenções particulares, relativas à responsabilidade pelo pagamento do imposto, não podem ser opostas à Fazenda Pública, para modificar a definição do sujeito passivo das obrigações correspondentes (Lei n. 5.172, de 1966, art. 123).

6.6.4.1. Lançamento por homologação

O lançamento é o procedimento destinado à constituição do crédito tributário, que se opera de ofício, ou por homologação mediante atos de iniciativa do sujeito passivo da obrigação tributária, com o pagamento antecipado do imposto e a devida comunicação à repartição da SRF, observando-se que tais atos (Lei n. 4.502, de 1964, arts. 19 e 20, e Lei n. 5.172, de 1966, arts. 142, 144 e 150):

I — compreendem a descrição da operação que lhe dá origem, a identificação do sujeito passivo, a descrição e classificação do produto, o cálculo do imposto, com a declaração do seu valor e, sendo o caso, a penalidade prevista;

II — reportam-se à data da ocorrência do fato gerador da obrigação e regem-se pela lei então vigente, ainda que posteriormente modificada ou revogada.

O IPI será lançado por homologação. Os atos de iniciativa do sujeito passivo, de que trata o art. 122, serão efetuados, sob a sua exclusiva responsabilidade (Lei n. 4.502, de 1964, art. 20):

I — quanto ao momento:

a) no registro da declaração da importação no Sistema Integrado de Comércio Exterior — SISCOMEX, quando do despacho aduaneiro de importação;

b) na saída do produto do estabelecimento industrial ou equiparado a industrial;

c) na saída do produto de armazém-geral ou outro depositário, diretamente para outro estabelecimento, quando vendido pelo próprio depositante;

d) na entrega ao comprador, quanto aos produtos vendidos por intermédio de ambulantes;

e) na saída da repartição onde ocorreu o desembaraço, quanto aos produtos que, por ordem do importador, forem remetidos diretamente a terceiros;

f) no momento em que ficar concluída a operação industrial, quando a industrialização se der no próprio local de consumo ou de utilização, fora do estabelecimento industrial;

g) no início do consumo ou da utilização do papel destinado à impressão de livros, jornais e periódicos, em finalidade diferente da que lhe é prevista na imunidade de que trata o inciso I do art. 18, ou na saída do fabricante, do importador, ou de seus estabelecimentos distribuidores, para pessoas que não sejam empresas jornalísticas ou editoras;

h) na aquisição ou, se a venda tiver sido feita antes de concluída a operação industrial, na conclusão desta, quanto aos produtos que, antes de sair do estabelecimento que os tenha industrializado por encomenda, sejam por este adquiridos;

i) no depósito para fins comerciais, na venda ou na exposição à venda, quanto aos produtos trazidos do exterior e desembaraçados com a qualificação de bagagem, com isenção ou com pagamento de tributos;

j) na venda, efetuada em feiras de amostras e promoções semelhantes, do produto que tenha sido remetido pelo estabelecimento industrial, ou equiparado a industrial, com suspensão do imposto;

l) na transferência simbólica da produção de álcool das usinas produtoras às suas cooperativas, equiparadas, por opção, a estabelecimento industrial;

m) no reajustamento do preço do produto, em virtude do acréscimo de valor decorrente de contrato escrito;

n) na apuração, pelo usuário, de diferença no estoque dos selos de controle fornecidos para aplicação em seus produtos;

o) na apuração, pelo contribuinte, de falta no seu estoque de produtos;

p) na apuração, pelo contribuinte, de diferença de preços de produtos saídos do seu estabelecimento;

q) na apuração, pelo contribuinte, de diferença do imposto em virtude do aumento da alíquota, ocorrido após emissão da primeira nota fiscal;

r) quando desatendidas as condições da imunidade, da isenção ou da suspensão do imposto;

s) na venda do produto que for consumido ou utilizado dentro do estabelecimento industrial;

t) na saída de bens de produção dos associados para as suas cooperativas, equiparadas, por opção, a estabelecimento industrial;

u) na ocorrência dos demais casos não especificados neste artigo, em que couber a exigência do imposto;

II — quanto ao documento:

a) no registro da declaração da importação no Siscomex, quando se tratar de desembaraço aduaneiro de produto de procedência estrangeira;

b) no documento de arrecadação, para outras operações, realizadas por firmas ou pessoas não sujeitas habitualmente ao pagamento do imposto;

c) na nota fiscal, quanto aos demais casos.

6.6.4.2. *Contribuintes*

O art. 24 do Decreto n. 4.544/02 revela que são obrigados ao pagamento do imposto como contribuinte:

I — o importador, em relação ao fato gerador decorrente do desembaraço aduaneiro de produto de procedência estrangeira;

II — o industrial, em relação ao fato gerador decorrente da saída de produto que industrializar em seu estabelecimento, bem assim quanto aos demais fatos geradores decorrentes de atos que praticar;

III — o estabelecimento equiparado a industrial, quanto ao fato gerador relativo aos produtos que dele saírem, bem assim quanto aos demais fatos geradores decorrentes de atos que praticar;

IV — os que consumirem ou utilizarem em outra finalidade, ou remeterem a pessoas que não sejam empresas jornalísticas ou editoras, o papel destinado à impressão de livros, jornais e periódicos, quando alcançado pela imunidade prevista no inciso I do art. 18.

Obs.: Considera-se contribuinte autônomo qualquer estabelecimento de importador, industrial ou comerciante, em relação a cada fato gerador que decorra de ato que praticar (Lei n. 5.172, de 1966, art. 51, parágrafo único). A capacidade jurídica para ser sujeito passivo da obrigação tributária decorre exclusivamente do fato de se encontrar a pessoa nas condições previstas em lei, neste Regulamento ou nos atos administrativos de caráter normativo destinados a completá-lo, como dando lugar à referida obrigação (Lei n. 4.502, de 1964, art. 40). A não cumulatividade do imposto é efetivada pelo sistema de crédito, atribuído ao contribuinte, do imposto relativo a produtos entrados no seu estabelecimento, para ser abatido do que for devido pelos produtos dele saídos, num mesmo período, conforme estabelecido neste Capítulo (Lei n. 5.172, de 1966, art. 49).

6.6.4.3. *Responsabilidade comum*

Art. 25 do Decreto n. 4.544/02 revela que:

São obrigados ao pagamento do imposto como responsáveis:

I — o transportador, em relação aos produtos tributados que transportar, desacompanhados da documentação comprobatória de sua procedência;

II — o possuidor ou detentor, em relação aos produtos tributados que possuir ou mantiver para fins de venda ou industrialização, nas mesmas condições do inciso I;

III — o estabelecimento adquirente de produtos usados cuja origem não possa ser provada, pela falta de marcação, se exigível, de documento fiscal próprio ou do documento a que se refere o art. 310;

IV — o proprietário, o possuidor, o transportador ou qualquer outro detentor de produtos nacionais, do Capítulo 22 e do código 2402.20.00 da TIPI, saídos do estabelecimento industrial com imunidade ou suspensão do imposto, para exportação, encontrados no País em situação diversa, salvo se em trânsito, quando:

a) destinados a uso ou consumo de bordo em embarcações ou aeronaves de tráfego internacional, com pagamento em moeda conversível;

b) destinados a Lojas Francas, em operação de venda direta, nos termos e condições estabelecidos pelo art. 15 do Decreto-lei n. 1.455, de 7 de abril de 1976;

c) adquiridos por empresa comercial exportadora, com o fim específico de exportação, e remetidos diretamente do estabelecimento industrial para embarque de exportação ou para recintos alfandegados, por conta e ordem da adquirente;

d) remetidos a recintos alfandegados ou a outros locais onde se processe o despacho aduaneiro de exportação;

V — os estabelecimentos que possuírem produtos tributados ou isentos, sujeitos a serem rotulados ou marcados, ou, ainda, ao selo de controle, quando não estiverem rotulados, marcados ou selados;

VI — os que desatenderem as normas e requisitos a que estiver condicionada a imunidade, a isenção ou a suspensão do imposto;

VII — a empresa comercial exportadora, em relação ao imposto que deixou de ser pago, na saída do estabelecimento industrial, referente aos produtos por ela adquiridos com o fim específico de exportação, nas hipóteses em que:

a) tenha transcorrido cento e oitenta dias da data da emissão da nota fiscal de venda pelo estabelecimento industrial, não houver sido efetivada a exportação;

b) os produtos forem revendidos no mercado interno;

c) ocorrer a destruição, o furto ou roubo dos produtos;

VIII — a pessoa física ou jurídica que não seja empresa jornalística ou editora, em cuja posse for encontrado o papel, destinado à impressão de livros, jornais e periódicos;

IX — o estabelecimento comercial atacadista de produtos sujeitos ao regime de que trata a Lei n. 7.798, de 1989, que possuir ou mantiver produtos desacompanhados da documentação comprobatória de sua procedência, ou que deles der saída.

6.6.4.4. Responsabilidade de substituição tributária

O art. 26 do Decreto n. 4.544/02 revela que "é ainda responsável, por substituição, o industrial ou equiparado a industrial, mediante requerimento, em relação às operações anteriores, concomitantes ou posteriores às saídas que promover, nas hipóteses e condições estabelecidas pela SRF". O contribuinte substituto é o responsável, por substituição tributária do IPI.

"É considerado substituto, o industrial, mediante requerimento, em relação às operações anteriores, concomitantes ou posteriores às saídas que promover, nas hipóteses e condições estabelecidas pela Secretaria da Receita Federal" (Lei n. 4.502, de 1964, art. 35, inciso II, alínea *c*, e Lei n. 9.430, de 1996, art. 31).

O contribuinte substituído é aquele que deixa de recolher o IPI, em função da existência do contribuinte substituto responsável por substituição tributária do IPI. Entretanto, o contribuinte substituído é solidariamente responsável pelo pagamento do imposto em relação ao qual estiver sendo substituído, no caso de inadimplência do contribuinte substituto (art. 4º, inciso IV da IN n. 260).

Trata-se de solicitação de autorização formulada por empresas contribuintes do IPI para utilizar-se do instituto da Substituição Tributária, visando a racionalização e simplificação das operações realizadas pelo requerente, sem prejuízo das garantias dos interesses da Fazenda Pública (art. 3º da IN SRF n. 260, de 18.12.02). O ato concessivo de regime especial de substituição tributária deverá conter, no mínimo:

I — a identificação completa dos estabelecimentos que estejam abrangidos pelo regime especial;

II — as condições gerais e especiais de observância obrigatória pelos contribuintes substituto e substituído;

III — as operações em relação às quais haverá substituição tributária;

IV — o documentário fiscal a ser utilizado nas operações, se diferente do previsto na legislação.

O titular de firma individual, o dirigente da sociedade, sócio-gerente, o representante legal ou procurador legalmente habilitado pode requerer este tipo de regime tributário. Aprovado o pedido, será celebrado Termo de Acordo entre a autoridade concedente e o contribuinte substituto, cujo extrato será publicado na Seção 3 do Diário Oficial da União — DOU, identificando os estabelecimentos dos contribuintes substituto e substituído abrangidos pelo regime. Nos pedidos do regime, as informações apresentadas pelo contribuinte substituto são de inteira responsabilidade deste, não ocorrendo, por ocasião do deferimento pela autoridade administrativa, a convalidação daquelas informações, principalmente quanto à classificação fiscal e a alíquota do IPI referentes aos produtos objeto do regime.

O regime poderá ser concedido quando os produtos remetidos pelo contribuinte substituído ao contribuinte substituto forem aplicados por este, na industrialização de produtos imunes, isentos ou sujeitos à alíquota zero do imposto. Entretanto, isso não se aplica quanto às saídas de produtos não tributados (NT) promovidas pelo contribuinte substituto. Em relação aos produtos intermediários recebidos com suspensão do IPI pelo contribuinte substituto, o regime aplica-se somente aos casos em que, sem o regime, esse contribuinte podia aproveitar o crédito do imposto relativo àquelas aquisições, de conformidade com a legislação do IPI.

Compete aos Superintendentes Regionais da Receita Federal a concessão, a alteração, o cancelamento e a cassação de regime especial de substituição tributária do IPI. A concessão do regime especial aplicável a qualquer segmento industrial dependerá da verificação prévia da regularidade fiscal (SRF, PFN e INSS) do contribuinte substituto e do substituído. Os atos referentes aos despachos de indeferimento não serão publicados no Diário Oficial da União — DOU, devendo ser dada ciência ao interessado, nos termos dos incisos I e II do art. 23 do Decreto n. 70.235, de 6 de março de 1972.

Obs.: O regime poderá, a qualquer tempo, ser alterado de ofício ou a pedido, ou ser cancelado a pedido. A alteração poderá ser pleiteada pelo contribuinte substituto e seguirá os trâmites do pedido original e o cancelamento poderá ser pleiteado pelo contribuinte substituto ou substituído.

6.6.4.5. Responsabilidade solidária

Art. 27 do Decreto n. 4.544/02 revela que são solidariamente responsáveis:

I — o contribuinte substituído, pelo pagamento do imposto em relação ao qual estiver sendo substituído, no caso de inadimplência do contribuinte substituto;

II — o adquirente ou cessionário de mercadoria importada beneficiada com isenção ou redução do imposto pelo pagamento do imposto e acréscimos legais;

III — o adquirente de mercadoria de procedência estrangeira, no caso de im-portação realizada por sua conta e ordem, por intermédio de pessoa jurídica importadora, pelo pagamento do imposto e acréscimos legais;

IV — o estabelecimento industrial de produtos classificados no código 2402.20.00 da TIPI, com a empresa comercial exportadora, na hipótese de operação de venda com o fim específico de exportação, pelo pagamento dos impostos, contribuições e respectivos acréscimos legais, devidos em decorrência da não efetivação da exportação;

V — o encomendante de produtos sujeitos ao regime de que trata a Lei n. 7.798, de 1989, com o estabelecimento industrial executor da encomenda, pelo cumpri-mento da obrigação principal e acréscimos legais.

Art. 28 do Decreto n. 4.544/02 ainda ensina que são solidariamente responsáveis com o sujeito passivo, no período de sua administração, gestão ou representação, os acionistas controladores, e os diretores, gerentes ou representantes de pessoas jurídicas de direito privado, pelos créditos tributários decorrentes do não recolhimento do imposto no prazo legal.

6.6.5. Classificação dos produtos

Os produtos estão distribuídos na TIPI por Seções, Capítulos, subcapítulos, posições, subposições, itens e subitens.[52] Far-se-á a classificação de conformidade com as Regras Gerais para Interpretação (RGI), Regras Gerais Complementares (RGC) e Notas Complementares (NC), todas da Nomenclatura Comum do Mercosul (NCM), integrantes do seu texto (Decreto-lei n. 1.154, de 1º de março de 1971, art. 3º).

As Notas Explicativas do Sistema Harmonizado de Designação e de Codificação de Mercadorias — NESH, do Conselho de Cooperação Aduaneira na versão luso--brasileira, efetuada pelo Grupo Binacional Brasil/Portugal, e suas alterações aprovadas pela Secretaria da Receita Federal, constituem elementos subsidiários de caráter fundamental para a correta interpretação do conteúdo das posições e subposições, bem assim das Notas de Seção, Capítulo, posições e de subposições da Nomenclatura do Sistema Harmonizado.[53]

---

(52) Cf. art. 10 da Lei n. 4.502, de 1964.
(53) Cf. art. 3º do Decreto-lei n. 1.154/71.

6.7. ICMS — Imposto sobre a Circulação de Mercadorias e Serviços

6.7.1. Conceito

O art. 1º da Lei Complementar n. 87/96 afirma que compete aos Estados e ao Distrito Federal instituir o imposto sobre operações relativas à circulação de mercadorias e sobre prestações de serviços de transporte interestadual e intermunicipal e de comunicação, ainda que as operações e as prestações se iniciem no exterior.

O art. 2º da Lei Complementar n. 87/96 prediz que o imposto incide sobre:

I — operações relativas à circulação de mercadorias, inclusive o fornecimento de alimentação e bebidas em bares, restaurantes e estabelecimentos similares;

II — prestações de serviços de transporte interestadual e intermunicipal, por qualquer via, de pessoas, bens, mercadorias ou valores;

III — prestações onerosas de serviços de comunicação, por qualquer meio, inclusive a geração, a emissão, a recepção, a transmissão, a retransmissão, a repetição e a ampliação de comunicação de qualquer natureza;

IV — fornecimento de mercadorias com prestação de serviços não compreendidos na competência tributária dos Municípios;

V — fornecimento de mercadorias com prestação de serviços sujeitos ao imposto sobre serviços, de competência dos Municípios, quando a lei complementar aplicável expressamente o sujeitar à incidência do imposto estadual;

VI — sobre a entrada de mercadoria ou bem importados do exterior, por pessoa física ou jurídica, ainda que não seja contribuinte habitual do imposto, qualquer que seja a sua finalidade;

VII — sobre o serviço prestado no exterior ou cuja prestação se tenha iniciado no exterior;

VIII — sobre a entrada, no território do Estado destinatário, de petróleo, inclusive lubrificantes e combustíveis líquidos e gasosos dele derivados, e de energia elétrica, quando não destinados à comercialização ou à industrialização, decorrentes de operações interestaduais, cabendo o imposto ao Estado onde estiver localizado o adquirente.

O art. 3º da Lei Complementar n. 87/96 adverte que o ICMS não incide sobre:

I — operações com livros, jornais, periódicos e o papel destinado a sua impressão;

II — operações e prestações que destinem ao exterior mercadorias, inclusive produtos primários e produtos industrializados semielaborados, ou serviços;

III — operações interestaduais relativas a energia elétrica e petróleo, inclusive lubrificantes e combustíveis líquidos e gasosos dele derivados, quando destinados à industrialização ou à comercialização;

IV — operações com ouro, quando definido em lei como ativo financeiro ou instrumento cambial;

V — operações relativas a mercadorias que tenham sido ou que se destinem a ser utilizadas na prestação, pelo próprio autor da saída, de serviço de qualquer natureza definido em lei complementar como sujeito ao imposto sobre serviços, de competência dos Municípios, ressalvadas as hipóteses previstas na mesma lei complementar;

VI — operações de qualquer natureza de que decorra a transferência de propriedade de estabelecimento industrial, comercial ou de outra espécie;

VII — operações decorrentes de alienação fiduciária em garantia, inclusive a operação efetuada pelo credor em decorrência do inadimplemento do devedor;

VIII — operações de arrendamento mercantil, não compreendida a venda do bem arrendado ao arrendatário;

IX — operações de qualquer natureza de que decorra a transferência de bens móveis salvados de sinistro para companhias seguradoras.

Abaixo seguem duas jurisprudências do STJ que serve como referência, para o aprendizado do leitor:

ICMS. COMPENSAÇÃO.

A compensação de ICMS só é permitida se existir lei estadual que a autorize. Não se lhe aplica o art. 66 da Lei n. 8.383/91. Esse dispositivo tem sua área de atuação restrita aos tributos federais a que ele se dirige, conforme expressa sua redação. A referida lei não tem natureza complementar, ela só se aplica aos tributos federais. Outrossim, o art. 170 do CTN, conforme expressamente exige, só admite compensação quando existir lei ordinária a regulamentá-la em cada esfera dos entes federativos. A Turma, prosseguindo o julgamento, por maioria, negou provimento ao agravo. AgRg no REsp 320.415-RJ, Rel. originário Min. Milton Luiz Pereira, Rel. para acórdão Min. José Delgado, julgado em 6.2.2003.

ICMS. ÔNIBUS. AQUISIÇÃO EM OUTRO ESTADO.

Trata-se de empresa prestadora de serviço de transporte coletivo que adquiriu ônibus em outro Estado, cujo ICMS é menos oneroso, e a diferença de alíquota lhe está sendo exigida pela Fazenda Pública do DF. A Turma proveu o recurso da empresa, reconhecendo que houve violação ao art. 8º, § 1º, DL n. 406/68, pois a complementação do ICMS só seria exigível se o adquirente não fosse o consumidor final do ônibus, mas comerciante da mercadoria. Outrossim a responsabilidade de gerente ou diretor de empresa comercial pelo não pagamento de tributo depende de prova a cargo da Fazenda. REsp 303.139-DF, Rel. Min. Eliana Calmon, julgado em 5.4.2001.

6.7.2. Fato gerador

A caracterização do fato gerador independe da natureza jurídica da operação que o constitua. O art. 12 da Lei Complementar n. 87/96 admite que deve ser considerado ocorrido o fato gerador do ICMS, no momento:

I — da saída de mercadoria de estabelecimento de contribuinte, ainda que para outro estabelecimento do mesmo titular;

II — do fornecimento de alimentação, bebidas e outras mercadorias por qualquer estabelecimento;

III — da transmissão a terceiro de mercadoria depositada em armazém geral ou em depósito fechado, no Estado do transmitente;

IV — da transmissão de propriedade de mercadoria, ou de título que a represente, quando a mercadoria não tiver transitado pelo estabelecimento transmitente;

V — do início da prestação de serviços de transporte interestadual e intermunicipal, de qualquer natureza;

VI — do ato final do transporte iniciado no exterior;

VII — das prestações onerosas de serviços de comunicação, feita por qualquer meio, inclusive a geração, a emissão, a recepção, a transmissão, a retransmissão, a repetição e a ampliação de comunicação de qualquer natureza;

> **Obs.**: Na hipótese do inciso VII, quando o serviço for prestado mediante paga-mento em ficha, cartão ou assemelhados, considera-se ocorrido o fato gerador do imposto quando do fornecimento desses instrumentos ao usuário.

VIII — do fornecimento de mercadoria com prestação de serviços:

a) não compreendidos na competência tributária dos Municípios;

b) compreendidos na competência tributária dos Municípios e com indicação expressa de incidência do imposto de competência estadual, como definido na lei complementar aplicável;

IX — do desembaraço aduaneiro de mercadorias ou bens importados do exterior;

> **Obs.**: Na hipótese do inciso IX, após o desembaraço aduaneiro, a entrega, pelo depositário, de mercadoria ou bem importados do exterior deverá ser autorizada pelo órgão responsável pelo seu desembaraço, que somente se fará mediante a exibição do comprovante de pagamento do imposto incidente no ato do despacho aduaneiro, salvo disposição em contrário.

X — do recebimento, pelo destinatário, de serviço prestado no exterior;

XI — da aquisição em licitação pública de mercadorias ou bens importados do exterior e apreendidos ou abandonados;

XII — da entrada no território do Estado de lubrificantes e combustíveis líquidos e gasosos derivados de petróleo e energia elétrica oriundos de outro Estado, quando não destinados à comercialização ou à industrialização;

XIII — da utilização, por contribuinte, de serviço cuja prestação se tenha iniciado em outro Estado e não esteja vinculada a operação ou prestação subsequente.

O art. 11 da Lei Complementar n. 87/96 assegura que o local da operação ou da prestação, para os efeitos da cobrança do imposto e definição do estabelecimento responsável, é:

I — tratando-se de mercadoria ou bem:

a) o do estabelecimento onde se encontre, no momento da ocorrência do fato gerador;

b) onde se encontre, quando em situação irregular pela falta de documentação fiscal ou quando acompanhado de documentação inidônea, como dispuser a legislação tributária;

c) o do estabelecimento que transfira a propriedade, ou o título que a represente, de mercadoria por ele adquirida no País e que por ele não tenha transitado;

d) importado do exterior, o do estabelecimento onde ocorrer a entrada física;

e) importado do exterior, o do domicílio do adquirente, quando não estabelecido;

f) aquele onde seja realizada a licitação, no caso de arrematação de mercadoria ou bem importados do exterior e apreendidos ou abandonados;

g) o do Estado onde estiver localizado o adquirente, inclusive consumidor final, nas operações interestaduais com energia elétrica e petróleo, lubrificantes e combustíveis dele derivados, quando não destinados à industrialização ou à comercialização;

h) o do Estado de onde o ouro tenha sido extraído, quando não considerado como ativo financeiro ou instrumento cambial;

i) o de desembarque do produto, na hipótese de captura de peixes, crustáceos e moluscos;

II — tratando-se de prestação de serviço de transporte:

a) onde tenha início a prestação;

b) onde se encontre o transportador, quando em situação irregular pela falta de documentação fiscal ou quando acompanhada de documentação inidônea, como dispuser a legislação tributária;

c) o do estabelecimento destinatário do serviço.

III — tratando-se de prestação onerosa de serviço de comunicação:

a) o da prestação do serviço de radiodifusão sonora e de som e imagem, assim entendido o da geração, emissão, transmissão e retransmissão, repetição, ampliação e recepção;

b) o do estabelecimento da concessionária ou da permissionária que forneça ficha, cartão, ou assemelhados com que o serviço é pago;

c) o do estabelecimento destinatário do serviço, na hipótese e para os efeitos do inciso XIII do art. 12;

d) o do estabelecimento ou domicílio do tomador do serviço, quando prestado por meio de satélite;

e) onde seja cobrado o serviço, nos demais casos;

IV — tratando-se de serviços prestados ou iniciados no exterior, o do estabelecimento ou do domicílio do destinatário.

6.7.3. Base de cálculo

O art. 13 da Lei Complementar n. 87/96 adverte que a base de cálculo do ICMS é:

I — na saída de mercadoria prevista nos incisos I, III e IV do art. 12 da Lei Complementar n. 87/96, o valor da operação;

II — na hipótese do inciso II do art. 12 da Lei Complementar n. 87/96, o valor da operação, compreendendo mercadoria e serviço;

III — na prestação de serviço de transporte interestadual e intermunicipal e de comunicação, o preço do serviço;

IV — no fornecimento de que trata o inciso VIII do art. 12 da Lei Complementar n. 87/96;

    a) o valor da operação, na hipótese da alínea *a*;

    b) o preço corrente da mercadoria fornecida ou empregada;

V — na hipótese do inciso IX do art. 12 da Lei Complementar n. 87/96, a soma das seguintes parcelas:

    a) o valor da mercadoria ou bem constante dos documentos de importação, observado o disposto no art. 14;

    b) Imposto de Importação;

    c) imposto sobre produtos industrializados;

    d) imposto sobre operações de câmbio;

    e) quaisquer outros impostos, taxas, contribuições e despesas aduaneiras;

VI — na hipótese do inciso X do art. 12 da Lei Complementar n. 87/96, o valor da prestação do serviço, acrescido, se for o caso, de todos os encargos relacionados com a sua utilização;

VII — no caso do inciso XI do art. 12, o valor da operação acrescido do valor dos impostos de importação e sobre produtos industrializados e de todas as despesas cobradas ou debitadas ao adquirente;

VIII — na hipótese do inciso XII do art. 12, o valor da operação de que decorrer a entrada;

IX — na hipótese do inciso XIII do art. 12, o valor da prestação no Estado de origem.

Integra a base de cálculo do imposto, inclusive na hipótese do inciso V descrito acima:[54]

    I — o montante do próprio imposto, constituindo o respectivo destaque mera indicação para fins de controle;

    II — o valor correspondente a:

        a) seguros, juros e demais importâncias pagas, recebidas ou debitadas, bem como descontos concedidos sob condição;

        b) frete, caso o transporte seja efetuado pelo próprio remetente ou por sua conta e ordem e seja cobrado em separado.

Não integra a base de cálculo do imposto o montante do Imposto sobre Produtos Industrializados, quando a operação, realizada entre contribuintes e relativa a produto destinado à industrialização ou à comercialização, configurar fato gerador de ambos os impostos. Na saída de mercadoria para estabelecimento localizado em outro Estado, pertencente ao mesmo titular, a base de cálculo do imposto é:

    I — o valor correspondente à entrada mais recente da mercadoria;

---

(54) Cf. Lei Complementar n. 114, de 16.12.2002.

II — o custo da mercadoria produzida, assim entendida a soma do custo da matéria-prima, material secundário, mão de obra e acondicionamento;

III — tratando-se de mercadorias não industrializadas, o seu preço corrente no mercado atacadista do estabelecimento remetente.

Na falta do valor a que se referem os incisos I e VIII do art. 13 da Lei Complementar n. 87/96 a base de cálculo do imposto é:

I — o preço corrente da mercadoria, ou de seu similar, no mercado atacadista do local da operação ou, na sua falta, no mercado atacadista regional, caso o remetente seja produtor, extrator ou gerador, inclusive de energia;

II — o preço FOB estabelecimento industrial à vista, caso o remetente seja industrial; também será adotado o preço efetivamente cobrado pelo estabelecimento remetente na operação mais recente;

III — o preço FOB estabelecimento comercial à vista, na venda a outros comerciantes ou industriais, caso o remetente seja comerciante. Caso o remetente não tenha efetuado venda de mercadoria, o preço corrente da mercadoria ou de seu similar no mercado atacadista do local da operação ou, na falta deste, no mercado atacadista regional. É válido mencionar que se o estabelecimento remetente não efetuar vendas a outros comerciantes ou industriais ou, em qualquer caso, se não houver mercadoria similar, a base de cálculo será equivalente a setenta e cinco por cento do preço de venda corrente no varejo.

Segue abaixo uma jurisprudência interessante sobre ao preço FOB:

CLÁUSULA FOB. INCLUSÃO. FRETE. ICMS.

A cláusula FOB (*Free on board*), em que o vendedor coloca a mercadoria à disposição do comprador em suas dependências, não exonera o vendedor da responsabilidade tributária perante o Fisco. De acordo com o art. 123 do CTN, as convenções entre particulares que transferem a responsabilidade pelo pagamento do tributo não podem ser opostas à Fazenda Pública. Assim, o valor do frete integra a base de cálculo do ICMS quando o negócio é realizado com cláusula FOB. Quanto aos honorários advocatícios, o Superior Tribunal de Justiça só os revê quando irrisórios ou exorbitantes. Precedentes citados: REsp 37.033-SP, DJ 31.8.1998; REsp 777.730-RS, DJ 31.5.2007; e REsp 612.038-PE, DJ 26.2.2007. REsp 886.695-MG, Rel. Min. Humberto Martins, julgado em 6.12.2007.

O art. 17 da Lei Complementar n. 87/96 adverte que, quando o valor do frete, cobrado por estabelecimento pertencente ao mesmo titular da mercadoria ou por outro estabelecimento de empresa que com aquele mantenha relação de interdependência, exceder os níveis normais de preços em vigor, no mercado local, para serviço semelhante, constantes de tabelas elaboradas pelos órgãos competentes, o valor excedente será havido como parte do preço da mercadoria.

O art. 19 da Lei Complementar n. 87/96 adverte que: "o imposto é não cumulativo, compensando-se o que for devido em cada operação relativa à circulação de mercadorias ou prestação de serviços de transporte interestadual e intermunicipal e de comunicação com o montante cobrado nas anteriores pelo mesmo ou por outro

Estado". O art. 20 da mesma lei aduz que para a compensação a que se refere o artigo anterior, é assegurado ao sujeito passivo o direito de creditar-se do imposto anteriormente cobrado em operações de que tenha resultado a entrada de mercadoria, real ou simbólica, no estabelecimento, inclusive a destinada ao seu uso ou consumo ou ao ativo permanente, ou o recebimento de serviços de transporte interestadual e intermunicipal ou de comunicação.

O art. 24 da Lei Complementar n. 87/96 revela que "a legislação tributária estadual disporá sobre o período de apuração do imposto. As obrigações consideram-se vencidas na data em que termina o período de apuração e são liquidadas por compensação ou mediante pagamento em dinheiro":

I — as obrigações consideram-se liquidadas por compensação até o montante dos créditos escriturados no mesmo período mais o saldo credor de período ou períodos anteriores, se for o caso;

II — se o montante dos débitos do período superar o dos créditos, a diferença será liquidada dentro do prazo fixado pelo Estado;

III — se o montante dos créditos superar os dos débitos, a diferença será transportada para o período seguinte.

Segue abaixo uma jurisprudência do STJ sobre o tema:

ICMS. BASE. CÁLCULO. VENDA. ENTREGA FUTURA.

Discute-se sobre a validade do Dec. Estadual n. 34.104/91 (contestado em face do art. 2º, I, do DL n. 406/68), que deu nova redação ao art. 116 do RICMS, determinando a atualização da base de cálculo do ICMS incidente sobre vendas à ordem ou para entrega futura, com base no valor vigente da mercadoria na data da efetiva saída do estabelecimento. Há precedente do STF no sentido de que "a consideração do tributo a partir do valor do negócio jurídico, atualizado na data da saída da mercadoria do estabelecimento, além de alimentar a nefasta cultura inflacionária, discrepa da ordem natural das coisas, resultando em indevido acréscimo ao total da operação, porque não querido pelas partes, e em violência ao princípio da não cumulatividade. O figurino constitucional do tributo impõe, como base de cálculo, o montante da operação relativa à circulação da mercadoria, à quantia recebida pelo vendedor". Com esse entendimento, a Turma, ao prosseguir o julgamento, deu parcial provimento ao recurso do contribuinte. Precedente citado do STF: RE 210.876-RS, DJ 8.11.2002. REsp 652.504-RS, Rel. Min. Luiz Fux, julgado em 21.2.2006.

6.7.4. Sujeito passivo

6.7.4.1. Lançamento por homologação

O lançamento é o procedimento destinado à constituição do crédito tributário, que se opera de ofício, ou por homologação mediante atos de iniciativa do sujeito passivo da obrigação tributária, com o pagamento antecipado do imposto e a devida comunicação à repartição da SRF, observando-se que tais atos (Lei n. 4.502, de 1964, arts. 19 e 20, e Lei n. 5.172, de 1966, arts. 142, 144 e 150):

I — compreendem a descrição da operação que lhe dá origem, a identificação do sujeito passivo, a descrição e classificação do produto, o cálculo do imposto, com a declaração do seu valor e, sendo o caso, a penalidade prevista;

II — reportam-se à data da ocorrência do fato gerador da obrigação e regem-se pela lei então vigente, ainda que posteriormente modificada ou revogada.

O ICMS será lançado por homologação, visto que o sujeito passivo é obrigado por lei, a calcular o valor do imposto devido e antecipar o pagamento do mesmo, mesmo sem aprovação da autoridade tributária. Porém, depois de feito o lançamento, a autoridade tributária pode, se for o caso, corrigir o procedimento realizado pelo contabilista, desde que esteja errado, é claro. Então serão lançados de ofício as diferenças ocorridas no cálculo do imposto. Somente depois, de corrigido o erro, a autoridade tributária deverá homologar tal lançamento.

O Princípio da Proporcionalidade é uma técnica de incidência em que a alíquota é fixa e a base de cálculo variável. Segundo *Eduardo de Moraes Sabbag*[55]: "a técnica em estudo se dá nos impostos chamados reais, cujos fatos geradores ocorrem sobre elementos econômicos do bem (propriedade do bem, circulação de bem etc.), desprezando-se qualquer consideração relativa à situação pessoal do contribuinte. O STF já se pronunciou afirmando que o Princípio da Capacidade Contributiva é prestigiado, no caso dos impostos ditos reais, pela mera técnica da proporcionalidade. Eles serão progressivos somente no caso de expressa previsão no texto constitucional."

Vejamos o quadro a seguir para entender melhor os princípios da proporcionalidade, do qual o ICMS está incluso:

EXEMPLO PRÁTICO — Proporcionalidade		
Base de Cálculo 1	Alíquota	R$
R$ 100,00	10%	10,00
Base de Cálculo 2	Alíquota	R$
R$ 1000,00	10%	100,00

6.7.4.2. Contribuintes

O art. 4º da Lei Complementar n. 87/96 revela que "o Contribuinte é qualquer pessoa, física ou jurídica, que realize, com habitualidade ou em volume que caracterize

---

(55) SABBAG, Eduardo de Moraes. *Elementos do direito tributário*. 9. ed. rev. e ampl. São Paulo: Premier Máxima, 2008. p. 25.

intuito comercial, operações de circulação de mercadoria ou prestações de serviços de transporte interestadual e intermunicipal e de comunicação, ainda que as operações e as prestações se iniciem no exterior".

É também contribuinte a pessoa física ou jurídica que, mesmo sem habitualidade ou intuito comercial:

I — importe mercadorias ou bens do exterior, qualquer que seja a sua finalidade;

II — seja destinatária de serviço prestado no exterior ou cuja prestação se tenha iniciado no exterior;

III — adquira em licitação mercadorias ou bens apreendidos ou abandonados;

IV — adquira lubrificantes e combustíveis líquidos e gasosos derivados de petróleo e energia elétrica oriundos de outro Estado, quando não destinados à comercia-lização ou à industrialização.

6.7.4.3. Responsabilidade comum

O art. 6º da Lei Complementar n. 87/96 em seu § 1º, anuncia que a responsabilidade poderá ser atribuída em relação ao imposto incidente sobre uma ou mais operações ou prestações, sejam antecedentes, concomitantes ou subsequentes, inclusive ao valor decorrente da diferença entre alíquotas interna e interestadual nas operações e prestações que destinem bens e serviços a consumidor final localizado em outro Estado, que seja contribuinte do imposto. A atribuição de responsabilidade dar-se-á em relação a mercadorias, bens ou serviços previstos em lei de cada Estado.

6.7.4.4. Responsabilidade de substituição tributária

O art. 5º da LC n. 87/96 relata que a Lei poderá atribuir a terceiros a responsabilidade pelo pagamento do imposto e acréscimos devidos pelo contribuinte ou responsável, quando os atos ou omissões daqueles concorrerem para o não recolhimento do tributo. A Lei estadual poderá atribuir a contribuinte do imposto ou a depositário a qualquer título a responsabilidade pelo seu pagamento, hipótese em que assumirá a condição de substituto tributário.

É considerado substituto, a pessoa jurídica que mediante requerimento, em relação às operações anteriores, concomitantes ou posteriores às saídas que promover, nas hipóteses e condições estabelecidas pela Secretaria da Receita Federal. O contribuinte substituído é aquele que deixa de recolher o ICMS, em função da existência do contribuinte substituto responsável por substituição tributária do ICMS. Entretanto, o contribuinte substituído é solidariamente responsável pelo pagamento do imposto em relação ao qual estiver sendo substituído, no caso de inadimplência do contribuinte substituto.

O regime especial de substituição tributária será solicitado por empresas contribuintes do ICMS, visando a racionalização e simplificação das operações realizadas pelo requerente, sem prejuízo das garantias dos interesses da Fazenda Pública. O ato concessivo de regime especial de substituição tributária deverá conter, no mínimo:

I — a identificação completa dos estabelecimentos que estejam abrangidos pelo regime especial;

II — as condições gerais e especiais de observância obrigatória pelos contribuintes substituto e substituído;

III — as operações em relação às quais haverá substituição tributária;

IV — o documentário fiscal a ser utilizado nas operações, se diferente do previsto na legislação.

Seguem abaixo duas jurisprudências do STJ importante sobre o tema:

COMPETÊNCIA INTERNA. ICMS. SUBSTITUTO TRIBUTÁRIO.

Insurge-se, no REsp, contra a condenação de a recorrente, na qualidade de substituta tributária, devolver o que cobrou a mais da recorrida a título do ICMS apurado na comercialização de gasolina, além de pagar indenização por lucros cessantes. Daí que se cuida de obrigação relativa ao cumprimento de um contrato firmado entre sociedades empresárias e não de repetição de indébito tributário. Assim, ao considerar-se que a competência das Seções neste Superior Tribunal é firmada em razão da *res in judicio deducta*, conclui-se que compete à Segunda Seção do STJ processar e julgar o REsp (art. 9º, § 2º, II, do RISTJ). CC 87.898-MT, Rel. Min. Eliana Calmon, julgado em 1º.10.2008.

ICMS. SUBSTITUIÇÃO TRIBUTÁRIA "PARA FRENTE".

A controvérsia consubstancia-se na pretensão da recorrida de que o Estado proceda à restituição, sob a forma de compensação de créditos, da diferença entre o que pagou a maior a título de ICMS antecipado, por compra de veículos automotores, e o valor pelo qual, de fato, comercializou as referidas mercadorias. O Tribunal *a quo*, invocando a orientação jurisprudencial deste Superior Tribunal, julgou procedente a ação mandamental e assegurou à recorrida o direito à restituição dos valores pagos a título de ICMS proveniente da venda de veículos por preço inferior ao de tabela. O Min. Relator esclareceu que tal orientação admitia que o contribuinte do ICMS sujeito ao regime de substituição tributária "para frente" compensasse, em sua escrita fiscal, os valores pagos a maior, nas hipóteses em que a base de cálculo tivesse sido inferior à anteriormente arbitrada. Entretanto o STF, no julgamento da ADI n. 1.851-AL, interpretando o art. 150, § 7º, da CF/88, definiu que a compensação do ICMS somente é possível nos casos de não realização do fato gerador. Assim, o Min. Relator reviu a anterior compreensão acerca da matéria para fins de adotar a nova diretriz estatuída pelo STF, até porque a norma legal apontada como violada no presente caso, o art. 10 da LC n. 87/96, tem o mesmo teor do preceito contido no art. 150, § 7º, da CF/88. Precedentes citados: AgRg no Ag 455.386-SP, DJ 4.8.2003; REsp 469.506-PB, DJ 28.4.2003; REsp 245.694-MG, DJ 11.9.2000; REsp 436.019-SP, DJ 10.3.2003; e RMS 13.915-MG, DJ 24.6.2002. REsp 552.123-GO, Rel. Min. João Otávio de Noronha, julgado em 3.5.2007.

O titular de firma individual, o dirigente da sociedade, sócio-gerente, o representante legal ou procurador legalmente habilitado pode requerer este tipo de regime tributário. Aprovado o pedido, será celebrado Termo de Acordo entre a autoridade concedente e o contribuinte substituto, cujo extrato será publicado no Diário Oficial do Estado — DOE, identificando os estabelecimentos dos contribuintes substituto e substituído abrangidos pelo regime. Nos pedidos do regime, as informações apresentadas pelo contribuinte substituto são de inteira responsabilidade deste, não ocorrendo, por ocasião do deferimento pela autoridade administrativa, a convalidação daquelas informações, principalmente quanto à classificação fiscal e a alíquota do ICMS referentes aos produtos objeto do regime.

Compete aos Superintendentes Regionais da Receita Estadual a concessão, a alteração, o cancelamento e a cassação de regime especial de substituição tributária do ICMS. O regime poderá, a qualquer tempo, ser alterado de ofício ou a pedido, ou ser cancelado a pedido. A alteração poderá ser pleiteada pelo contribuinte substituto e seguirá os trâmites do pedido original e o cancelamento poderá ser pleiteado pelo contribuinte substituto ou substituído. A adoção do regime de substituição tributária em operações interestaduais dependerá de acordo específico celebrado pelos Estados interessados.

Art. 8º da Lei Complementar n. 87/96 confere que a base de cálculo, para fins de substituição tributária, será:

I — em relação às operações ou prestações antecedentes ou concomitantes, o valor da operação ou prestação praticado pelo contribuinte substituído;

II — em relação às operações ou prestações subsequentes, obtida pelo somatório das parcelas seguintes:

a) o valor da operação ou prestação própria realizada pelo substituto tributário ou pelo substituído intermediário;

b) o montante dos valores de seguro, de frete e de outros encargos cobrados ou transferíveis aos adquirentes ou tomadores de serviço;

c) a margem de valor agregado, inclusive lucro, relativa às operações ou prestações subsequentes.

Na hipótese de responsabilidade tributária em relação às operações ou prestações antecedentes, o imposto devido pelas referidas operações ou prestações será pago pelo responsável, quando:

I — da entrada ou recebimento da mercadoria, do bem ou do serviço;

II — da saída subsequente por ele promovida, ainda que isenta ou não tributada;

Obs.: O imposto a ser pago por substituição tributária, na hipótese do inciso II, corresponderá à diferença entre o valor resultante da aplicação da alíquota prevista para as operações ou prestações internas do Estado de destino sobre a respectiva base de cálculo e o valor do imposto devido pela operação ou prestação própria do substituto. Nas operações interestaduais com as mercadorias de que tratam os incisos I e II do parágrafo anterior, que tenham como destinatário consumidor final, o imposto incidente na operação será devido ao Estado onde estiver localizado o adquirente e será pago pelo remetente.

III — ocorrer qualquer saída ou evento que impossibilite a ocorrência do fato determinante do pagamento do imposto.

Tratando-se de mercadoria ou serviço cujo preço final a consumidor, único ou máximo, seja fixado por órgão público competente, a base de cálculo do imposto, para fins de substituição tributária, é o referido preço por ele estabelecido. Existindo preço final a consumidor sugerido pelo fabricante ou importador, poderá a lei estabelecer como base de cálculo este preço.

O art. 10 da Lei Complementar n. 87/96 relata que é assegurado ao contribuinte substituído o direito à restituição do valor do imposto pago por força da substituição tributária, correspondente ao fato gerador presumido que não se realizar. Depois, de formulado o pedido de restituição e não havendo deliberação no prazo de noventa dias, o contribuinte substituído poderá se creditar, em sua escrita fiscal, do valor objeto do pedido, devidamente atualizado segundo os mesmos critérios aplicáveis ao tributo.

O art. 7º da Lei Complementar n. 87/96 revela que para efeito de exigência do imposto por substituição tributária, inclui-se, também, como fato gerador do imposto, a entrada de mercadoria ou bem no estabelecimento do adquirente ou em outro por ele indicado.

6.7.5. Imunidade do ICMS

Art. 18 do Decreto n. 4.544/02 revela que são imunes da incidência do imposto:

I — os livros, jornais, periódicos e o papel destinado à sua impressão;

II — os produtos industrializados destinados ao exterior;

III — o ouro, quando definido em lei como ativo financeiro ou instrumento cambial;

IV — a energia elétrica, derivados de petróleo, combustíveis e minerais do País.

A SRF poderá estabelecer normas e requisitos especiais a serem observados pelas firmas ou estabelecimentos que realizarem operações com o papel referido no inciso I. Na hipótese do inciso II, a destinação do produto ao exterior será comprovada com a sua saída do País. Para fins do disposto no inciso IV, entende-se como derivados do petróleo os produtos decorrentes da transformação do petróleo, por meio de conjunto de processos genericamente denominado refino ou refinação, classificados quimicamente como hidrocarbonetos.

> **Obs.**: Se a imunidade estiver condicionada à destinação do produto, e a este for dado destino diverso, ficará o responsável pelo fato sujeito ao pagamento do imposto e da penalidade cabível, como se a imunidade não existisse (Lei n. 4.502, de 1964, art. 9º, § 1º, e Lei n. 9.532, de 1997, art. 37, inciso II).

O art. 20 do Decreto n. 4.544/02 assevera que cessará a imunidade do papel destinado à impressão de livros, jornais e periódicos quando este for consumido ou utilizado em finalidade diversa da prevista no inciso I do art. 18, ou encontrado em poder de pessoa que não seja fabricante, importador, ou seus estabelecimentos distribuidores, bem assim que não sejam empresas jornalísticas ou editoras (Lei n. 9.532, de 1997, art. 40).

Segundo o art. 155 § 2º, X, alínea *a*, o ICMS não incidirá:

a) sobre operações que destinem mercadorias para o exterior, nem sobre serviços prestados a destinatários no exterior, assegurada a manutenção e o aproveitamento do montante do imposto cobrado nas operações e prestações anteriores.

b) sobre operações que destinem a outros Estados petróleo, inclusive lubrificantes, combustíveis líquidos e gasosos dele derivados, e energia elétrica;

c) sobre o ouro, nas hipóteses definidas no art. 153, § 5º da CF;

d) nas prestações de serviço de comunicação nas modalidades de radiodifusão sonora e de sons e imagens de recepção livre e gratuita.

Segue abaixo uma jurisprudência interessante sobre a Imunidade do ICMS:

ICMS. IMUNIDADE. ENTIDADE. ASSISTÊNCIA SOCIAL.

A entidade de assistência social que produz e comercializa produtos hortifrutícolas não é imune à incidência do ICMS, uma vez que o ônus do referido imposto repercute no consumidor daqueles produtos, pois se encontra embutido no preço do bem adquirido. Precedentes citados do STF: RE 15.096-SP, DJ 7.12.1990; e RE 164.162-SP, DJ 13.9.1996. RMS 7.943-MG, Rel. Min. Laurita Vaz, julgado em 3.10.2002.

6.7.6. Isenção do ICMS

Segundo o art. 1º da Lei Complementar n. 24/75, "as isenções do imposto sobre operações relativas à circulação de mercadorias serão concedidas ou revogadas nos termos de convênios celebrados e ratificados pelos Estados e pelo Distrito Federal, segundo esta Lei". O disposto neste artigo também se aplica:

I — à redução da base de cálculo;

II — à devolução total ou parcial, direta ou indireta, condicionada ou não, do tributo, ao contribuinte, a responsável ou a terceiros;

III — à concessão de créditos presumidos;

IV — à quaisquer outros incentivos ou favores fiscais ou financeiro-fiscais, concedidos com base no imposto de circulação de mercadorias, dos quais resulte redução ou eliminação, direta ou indireta, do respectivo ônus;

V — às prorrogações e às extensões das isenções vigentes nesta data.

Obs.: Os convênios a que alude o art. 1º, serão celebrados em reuniões para as quais tenham sido convocados representantes de todos os Estados e do Distrito Federal, sob a presidência de representantes do Governo Federal.

A concessão de benefícios dependerá sempre de decisão unânime dos Estados representados; a sua revogação total ou parcial dependerá de aprovação de quatro quintos, pelo menos, dos representantes presentes. Dentro do prazo de 15 (quinze) dias contados da publicação dos convênios no Diário Oficial da União, e independentemente de qualquer outra comunicação, o Poder Executivo de cada Unidade da Federação publicará decreto ratificando ou não os convênios celebrados, considerando-se ratificação tácita dos convênios a falta de manifestação no prazo assinalado acima.

Seguem abaixo algumas jurisprudências do STJ sobre o tema:

VENDA. VEÍCULOS NOVOS. ISENÇÃO FISCAL PARCIAL.

O objeto da segurança foi o Convênio n. 50/99, regulamentado à época pelo Dec. n. 2.872/01, que estabelecia a redução da alíquota para a aquisição de veículos novos. A questão é saber se a redução da base de cálculo concedida pelo Estado equivale a uma isenção fiscal parcial. A Min. Relatora esclareceu que, a partir do julgamento do RE 174.478-SP pelo Supremo Tribunal Federal, firmou-se o entendimento de que a redução de base de cálculo de tributo equivale à isenção fiscal parcial, tendo aplicação, pois, a regra do art. 155, § 2º, II, *b*, da CF/88, que determina a anulação do crédito relativo às operações anteriores quando se tratar de isenção. Portanto, legítima a exigência de renúncia à utilização de créditos fiscais relativos às operações realizadas nos termos do Convênio n. 50/99. Nesse ponto, a Min. Relatora ressalvou seu ponto de vista (REsp 466.832-RS). Viola o princípio da não cumulatividade (art. 19 da LC n. 87/96 e art. 155, § 2º, I, da CF/88) o Dec. n. 2.872/01, ao exigir a renúncia ao aproveitamento de qualquer crédito fiscal e efetuar qualquer transferência de crédito a outro estabelecimento, inclusive ao substituto tributário, independentemente do evento que lhe deu origem, além de extrapolar os ditames do citado convênio (cláusula 2ª, § 2º, segundo a qual a renúncia ao crédito fiscal dizia respeito tão somente às operações acobertadas pelo benefício). Diante disso, a Turma deu parcial provimento ao recurso para conceder, em parte, a segurança, ou seja: afastar a exigência do art. 52, § 1º, I, *d*, das Disposições Transitórias do Regulamento do ICMS (com a redação dada pelo Dec. n. 2.872/01) quanto às operações não realizadas com base no Convênio n. 50/99. RMS 26.497-MT, Rel. Min. Eliana Calmon, julgado em 18.9.2008.

SÚMULA N. 350-STJ

O ICMS não incide sobre o serviço de habilitação de telefone celular. Rel. Min. Luiz Fux, em 11.6.2008.

SÚMULA N. 334-STJ

O ICMS não incide no serviço dos provedores de acesso à *Internet*.

ICMS. CARTÕES DE CRÉDITO. CLIENTES PREFERENCIAIS. JUROS.

Não incide no cálculo do ICMS os encargos financeiros relativos ao financiamento do preço nas compras feitas por meio de cartão de crédito emitido pela própria empresa vendedora. Precedentes citados: REsp 130.017-SP, DJ 30.11.1998; REsp 144.752-SP, DJ 17.11.1997; e REsp 108.813-SP, DJ 9.11.1998. REsp 87.914-ES, Rel. Min. Peçanha Martins, julgado em 6.5.1999.

6.7.7. Obrigações acessórias

6.7.7.1. Documentos básicos

Os arts. 320 e 321 do Decreto n. 4.544/02 revelam que os estabelecimentos emitirão os seguintes documentos, conforme a natureza de suas atividades:

I — Nota Fiscal, modelos 1 ou 1-A;

II — Documento de Arrecadação;

III — Declaração do Imposto; e

IV — Documento de Prestação de Informações Adicionais de interesse da administração tributária.

Os documentos mencionados no art. 320 serão preenchidos manual, mecanicamente ou por processamento eletrônico de dados, desde que obedecidas as legislações específicas, ficando vedado o preenchimento manual para os documentos mencionados nos incisos III e IV. Os livros, os documentos que servirem de base à sua escrituração e demais elementos compreendidos no documentário fiscal serão escriturados ou emitidos em ordem cronológica, sem rasuras ou emendas, e conservados no próprio estabelecimento para exibição aos agentes do Fisco, até que cesse o direito de constituir o crédito tributário (Lei n. 4.502, de 1964, arts. 57, § 1º, e 58).

Nos casos de apuração de créditos para dedução do imposto lançado de ofício, em auto de infração, serão considerados, também, como escriturados, os créditos a que o contribuinte comprovadamente tiver direito e que forem alegados até a impugnação. No caso de produto adquirido mediante venda à ordem ou para entrega futura, o crédito somente poderá ser escriturado na efetiva entrada do mesmo no estabelecimento industrial, ou equiparado a industrial, à vista da nota fiscal que o acompanhar.

Os créditos do imposto escriturados pelos estabelecimentos industriais, ou equiparados a industrial, serão utilizados mediante dedução do imposto devido pelas saídas de produtos dos mesmos estabelecimentos (Constituição, art. 153, § 3º, inciso II, e Lei n. 5.172, de 1966, art. 49). Quando, do confronto dos débitos e créditos, num período de apuração do imposto, resultar saldo credor, será este transferido para o período seguinte.

O art. 333 do Decreto n. 4.544/02 estabelece que a Nota Fiscal, modelos 1 ou 1-A, será emitida:

I — na saída de produto tributado, mesmo que isento ou de alíquota zero, ou quando imune, do estabelecimento industrial, ou equiparado a industrial, ou ainda de estabelecimento comercial atacadista;

II — na saída de produto, ainda que não tributado, de qualquer estabelecimento, mesmo que este não seja industrial, ou equiparado a industrial, para industria-lização, por encomenda, de novo produto tributado, mesmo que isento ou de alíquota zero, ou quando imune;

III — na saída, de estabelecimento industrial, de MP, PI e ME, adquiridos de terceiros;

IV — na saída, em restituição, do produto consertado, restaurado ou recondicionado, nos casos previstos no inciso XI do art. 5º;

V — na saída de produtos de depósitos fechados, armazéns-gerais, feiras de amostras e promoções semelhantes, ou de outro local que não seja o do estabele-cimento emitente da nota, nos casos previstos neste Regulamento, inclusive nos de mudança de destinatário;

VI — na saída de produto cuja unidade não possa ser transportada de uma só vez, quando o imposto incida sobre o todo;

VII — nas vendas à ordem ou para entrega futura do produto, quando houver, desde logo, cobrança do imposto;

VIII — na saída de produtos dos associados para as suas cooperativas, equiparadas, por opção, a estabelecimento industrial;

IX — na complementação do imposto sobre produtos fabricados, ou importados, remetidos pelo próprio fabricante, ou importador, ou outro estabelecimento equiparado a industrial, a estabelecimento varejista não contribuinte, da mesma firma, e aí vendido por preço superior ao que serviu à fixação do valor tributável;

X — no reajustamento de preço em virtude de contrato escrito de que decorra acréscimo do valor do produto;

XI — no destaque do imposto, quando verificada pelo usuário diferença no estoque do selo de controle;

XII — no destaque que deixou de ser efetuado na época própria, ou que foi efetuado com erro de cálculo ou de classificação, ou, ainda, com diferença de preço ou de quantidade;

XIII — nos demais casos em que houver destaque do imposto e para os quais não esteja prevista a emissão de outro documento;

XIV — nas transferências de crédito do imposto, se admitidas;

XV — na entrada, real ou simbólica, de produtos, nos momentos definidos no art. 361; e

XVI — na transferência simbólica, obrigada ao destaque do imposto, da produção de álcool das usinas produtoras para as suas cooperativas, equiparadas a estabelecimento industrial.

O art. 339 do Decreto n. 4.544/02 estabelece que a Nota Fiscal, modelos 1 ou 1-A, conterá:

I — no quadro "Emitente":

   a) o nome ou razão social;

   b) o endereço;

   c) o bairro ou distrito;

   d) o Município;

   e) a Unidade Federada;

f) o telefone e/ou fax;

g) o Código de Endereçamento Postal (CEP);

h) o número de inscrição no CNPJ;

i) a natureza da operação de que decorrer a saída ou a entrada, tais como venda, compra, transferência, devolução, importação, consignação, remessa (para fins de demonstração, de industrialização ou outra);

j) o Código Fiscal de Operações e Prestações — CFOP;

l) o número de Inscrição Estadual do substituto tributário na Unidade Federada em favor da qual é retido o imposto, quando for o caso;

m) o número de Inscrição Estadual;

n) a denominação "Nota Fiscal";

o) a indicação da operação, se de entrada ou de saída;

p) o número de ordem da nota fiscal e, imediatamente abaixo, a expressão Série, acompanhada do número correspondente;

q) o número e destinação da via da nota fiscal;

r) a data-limite para emissão da nota fiscal ou a indicação "00.00.00", quando o Estado não fizer uso da prerrogativa prevista no § 4º do art. 329 do Decreto n. 4.544/02;

s) a data de emissão da nota fiscal;

t) a data da efetiva saída ou entrada da mercadoria no estabelecimento; e

u) a hora da efetiva saída da mercadoria do estabelecimento;

II — no quadro "Destinatário/Remetente":

a) o nome ou razão social;

b) o número de inscrição no CNPJ ou no CPF do Ministério da Fazenda;

c) o endereço;

d) o bairro ou distrito;

e) o CEP;

f) o Município;

g) o telefone e/ou fax;

h) a Unidade Federada; e

i) o número de Inscrição Estadual;

III — no quadro "Fatura", se adotado pelo emitente, as indicações previstas na legislação pertinente;

IV — no quadro "Dados do Produto":

a) o código adotado pelo estabelecimento para identificação do produto;

b) a descrição dos produtos, compreendendo: nome, marca, tipo, modelo, série, espécie, qualidade e demais elementos que permitam sua perfeita identificação;

c) a classificação fiscal dos produtos por posição, subposição, item e subitem da TIPI (oito dígitos);

d) o Código de Situação Tributária — CST;

e) a unidade de medida utilizada para a quantificação dos produtos;

f) a quantidade dos produtos;

g) o valor unitário dos produtos;

h) o valor total dos produtos;

i) a alíquota do ICMS;

j) a alíquota do IPI; e

l) o valor do IPI, sendo permitido um único cálculo do imposto pelo valor total, se os produtos forem de um mesmo código de classificação fiscal;

V — no quadro "Cálculo do Imposto":

a) a base de cálculo total do ICMS;

b) o valor do ICMS incidente na operação;

c) a base de cálculo aplicada para a determinação do valor do ICMS retido por substituição tributária, quando for o caso;

d) o valor do ICMS retido por substituição tributária, quando for o caso;

e) o valor total dos produtos;

f) o valor do frete;

g) o valor do seguro;

h) o valor de outras despesas acessórias;

i) o valor total do IPI; e

j) o valor total da nota;

VI — no quadro "Transportador/Volumes Transportados":

a) o nome ou razão social do transportador e a expressão "Autônomo", se for o caso;

b) a condição de pagamento do frete: se por conta do emitente ou do destinatário;

c) a placa do veículo, no caso de transporte rodoviário, ou outro elemento identificativo, nos demais casos;

d) a Unidade Federada de registro do veículo;

e) o número de inscrição do transportador no CNPJ ou no CPF do Ministério da Fazenda;

f) o endereço do transportador;

g) o Município do transportador;

h) a Unidade Federada do domicílio do transportador;

i) o número de Inscrição Estadual do transportador, quando for o caso;

j) a quantidade de volumes transportados;

l) a espécie dos volumes transportados;

m) a marca dos volumes transportados;

n) a numeração dos volumes transportados;

o) o peso bruto dos volumes transportados; e

p) o peso líquido dos volumes transportados;

VII — no quadro "Dados Adicionais":

a) no campo "Informações Complementares" — o valor tributável, quando diferente do valor da operação, e o preço de venda no varejo ou no atacado quando a ele estiver subordinado o cálculo do imposto; indicações exigidas neste Regulamento como: imunidade, isenção, suspensão, redução de base de cálculo; outros dados de interesse do emitente, tais como número do pedido, vendedor, emissor da nota fiscal, local de entrega, quando diverso do endereço do destinatário nas hipóteses previstas na legislação, propaganda etc.;

b) no campo "Reservado ao Fisco" — indicações estabelecidas pelo Fisco do Estado do emitente;

c) o número de controle do formulário, no caso de nota fiscal emitida por processamento eletrônico de dados.

VII — a indicação da alínea *c*, no quadro "Dados do Produto", do inciso IV do art. 339 é obrigatória apenas para os contribuintes, e a das alíneas j e l, do mesmo inciso, é vedada àqueles que não sejam obrigados ao destaque do imposto;

IX — em substituição à aposição dos códigos da TIPI, no campo "Classificação Fiscal", poderá ser indicado outro código, desde que, no campo "Informações Complementares" do quadro "Dados Adicionais" ou no verso da nota fiscal seja impressa, por meio indelével, tabela com a respectiva decodificação.

Importante relatar no rodapé ou na lateral direita da nota fiscal: o nome, o endereço e os números de inscrição, Estadual e no CNPJ, do impressor da nota; a data e a quantidade da impressão; o número de ordem da primeira e da última nota impressa e respectiva série, quando for o caso; e o número da Autorização para Impressão de Documentos Fiscais — AIDF. No comprovante de entrega dos produtos, que deverá integrar apenas a primeira via da nota fiscal, na forma de canhoto destacável:

a) a declaração de recebimento dos produtos;

b) a data do recebimento dos produtos;

c) a identificação e assinatura do recebedor dos produtos;

d) a expressão "Nota Fiscal"; e

e) o número de ordem da nota fiscal;

A nota fiscal dirá, conforme ocorra, cada um dos seguintes casos:

I — "Isento do ICMS", nos casos de isenção do tributo, seguida da declaração do dispositivo legal ou regulamentar que autoriza a concessão;

II — "Isento do ICMS — Produzido na Zona Franca de Manaus", para os produtos industrializados na ZFM, que se destinem a seu consumo interno, ou a comercialização em qualquer ponto do território nacional;

III — "Saído com Suspensão do ICMS", nos casos de suspensão do tributo, declarado, do mesmo modo, o dispositivo legal ou regulamentar concessivo;

IV — "Saído com Suspensão do ICMS — Zona Franca de Manaus — Exportação para o Exterior", quanto aos produtos remetidos à ZFM para dali serem exportados para o exterior;

V — "No Gozo de Imunidade Tributária", declarado o dispositivo constitucional ou regulamentar, quando o produto estiver alcançado por imunidade constitucional;

VI — "Produto Estrangeiro de Importação Direta" ou "Produto Estrangeiro Adquirido no Mercado Interno", conforme se trate de produto importado diretamente ou adquirido no mercado interno;

VII — "O produto sairá de ...., sito na Rua ...., n. ...., na Cidade de ....", quando não for entregue diretamente pelo estabelecimento emitente da nota fiscal, mas por ordem deste;

VIII — "Sem Valor para Acompanhar o Produto", seguida esta declaração da circunstância de se tratar de mercadoria para entrega simbólica ou cuja unidade não possa ser transportada de uma só vez, e, ainda, quando o produto indus-trializado, antes de sair do estabelecimento industrial, for por este adquirido; ou

IX — "Nota Emitida Exclusivamente para Uso Interno", nos casos de diferença apurada no estoque do selo de controle, de nota fiscal emitida para o movimento global diário nas hipóteses do art. 334 e ainda de saldo devedor do imposto, no retorno de produtos entregues a ambulantes.

6.7.7.2. *Livros fiscais*

A emissão por sistema eletrônico de processamento de dados dos documentos fiscais previstos no Convênio s/n., de 15 de dezembro de 1970, que instituiu o Sistema Nacional Integrado de Informações Econômico-Fiscais — Sinief, e no Convênio Sinief n. 6, de 21 de fevereiro de 1989, bem como a escrituração dos livros fiscais, a seguir enumerados, far-se-ão de acordo com as disposições deste Convênio:

I — Registro de Entradas;

II — Registro de Saídas;

III — Registro de Controle da Produção e do Estoque;

IV — Registro de Inventário; e

V — Registro de Apuração do ICMS;

VI — Livro de Movimentação de Combustíveis — LMC.

O contribuinte de que trata a cláusula primeira estará obrigado a manter, pelo prazo previsto na legislação da unidade federada a que estiver vinculado, as informações atinentes ao registro fiscal dos documentos recebidos ou emitidos por qualquer meio, referentes à totalidade das operações de entrada e de saída e das aquisições e prestações realizadas no exercício de apuração:

I — por totais de documento fiscal e por item de mercadoria (classificação fiscal), quando se tratar de:

a) Nota Fiscal, modelos 1 e 1-A;

b) Nota Fiscal Eletrônica, modelo 55;

c) a critério de cada unidade da Federação, a Nota Fiscal do Produtor, modelo 4, e o cupom fiscal;

II — por totais de documento fiscal, quando se tratar de:

a) Nota Fiscal/Conta de Energia Elétrica, modelo 6;

b) Nota Fiscal de Serviços de Transporte, modelo 7;

c) Conhecimento de Transporte Rodoviário de Cargas, modelo 8;

d) Conhecimento de Transporte Aquaviário de Cargas, modelo 9;

e) Conhecimento Aéreo, modelo 10;

f) Conhecimento de Transporte Ferroviário de Cargas, modelo 11;

g) Nota Fiscal de Serviço de Comunicação, modelo 21;

h) Nota Fiscal de Serviço de Telecomunicações, modelo 22;

i) Nota Fiscal de Serviço de Transporte Ferroviário, modelo 27.

III — por total diário, por equipamento, quando se tratar de Cupom Fiscal ECF, PDV e de Máquina Registradora, nas saídas;

IV — por total diário, por espécie de documento fiscal, nos demais casos.

Obs.: Fica facultado às unidades da Federação estender o arquivamento das informações em meio magnético em nível de item (classificação fiscal) para o Cupom Fiscal emitido por ECF, dados do Livro Registro de Inventário ou outros documentos fiscais. O registro fiscal por item de mercadoria de que trata o inciso I fica dispensado quando o estabelecimento utilizar sistema eletrônico de processamento de dados somente para a escrituração de livro fiscal.

Fica obrigado às disposições deste Convênio o contribuinte que:

a) emitir documento fiscal e/ou escriturar livro fiscal em equipamento que utilize ou tenha condições de utilizar arquivo magnético ou equivalente;

b) utilizar equipamento Emissor de Cupom Fiscal (ECF), que tenha condições de gerar arquivo magnético, por si ou quando conectado a outro computador, em relação às obrigações previstas na cláusula quinta;

c) não possuindo sistema eletrônico de processamento de dados próprio, utilize serviços de terceiros com essa finalidade.

A Emissão de Nota Fiscal de Venda a Consumidor, na forma deste Convênio, fica condicionada ao uso de equipamento de impressão que atenda ao Convênio

n. 156, de 7 de dezembro de 1994, observado o disposto em sua cláusula quadragésima sexta, homologado pela Comissão Técnica Permanente do ICMS — Cotepe/ICMS, nos termos do Convênio ICMS n. 47/93.

Segue abaixo uma jurisprudência do STJ que serve como referência, para o aprendizado do leitor:

ICMS. INIDONEIDADE DAS NOTAS FISCAIS.

Trata-se de recurso contra acórdão que indeferiu compensação do ICMS, por ter sido comprovado que as operações mercantis anteriores foram representadas por documentos fiscais falsos ou inidôneos. A Turma deu provimento ao recurso por entender que as operações realizadas com empresa posteriormente declarada inidônea pelo Fisco devem ser consideradas válidas, não se podendo penalizar a empresa adquirente que agiu de boa-fé. REsp 176.270-MG, Rel. Min. Eliana Calmon, julgado em 27.3.2001.

Também será permitida a utilização de formulários em branco, desde que, em cada um deles, os títulos previstos nos modelos sejam impressos por sistema eletrônico de processamento de dados. Obedecida a independência de cada livro, os formulários serão numerados por sistema eletrônico de processamento de dados, em ordem numérica consecutiva de 000.001 a 999.999, reiniciada a numeração quando atingido este limite. Os formulários referentes a cada livro fiscal deverão, segundo a legislação de cada Unidade Federada, ser encadernados por exercício de apuração, em grupos de até quinhentas (500) folhas.

A Lista de Códigos de Emitentes e a Tabela de Códigos de Mercadorias deverão ser encadernadas por exercício, juntamente com cada livro fiscal, contendo apenas os códigos neles utilizados, com observações relativas às alterações, se houver, e respectivas datas de ocorrência.

O Ministro de Estado da Fazenda e os Secretários de Fazenda, Finanças ou Tributação dos Estados e do Distrito Federal, na 78ª Reunião Ordinária do Conselho Nacional de Política Fazendária, realizada em Brasília, DF, no dia 28 de junho de 1995, tendo em vista o disposto no art. 199 do Código Tributário Nacional (Lei n. 5.172, de 25 de outubro de 1966), resolvem celebrar que o uso, alteração do uso ou desistência do uso do sistema eletrônico de processamento de dados para emissão de documentos fiscais e/ou escrituração de livros fiscais, serão autorizados pelo Fisco da Unidade da Federação a que estiver vinculado o estabelecimento interessado, em requerimento preenchido em formulário próprio, em 3 (três) vias, contendo as seguintes informações:

I — motivo de preenchimento;

II — identificação e endereço do contribuinte;

III — documentos e livros objeto do requerimento;

IV — unidade de processamento de dados;

V — configuração dos equipamentos;

VI — identificação e assinatura do declarante.

6.8. ISS — Imposto Sobre Serviços

6.8.1. Conceito

O Imposto Sobre Serviços — ISS é um imposto municipal previsto na CF/88 em seu art. 156, inciso IV, também conhecido como Imposto Sobre Serviços de Qualquer Natureza — ISSQN. O art. 156 da CF avisa que compete aos municípios instituir impostos sobre serviços de qualquer natureza, não compreendidos no ICMS, definidos em lei complementar.

O art. 3º da Lei Complementar n. 116/03 revela que o serviço considera-se prestado e o imposto devido no local do estabelecimento prestador ou, na falta do estabelecimento, no local do domicílio do prestador, exceto nas hipóteses previstas nos incisos I a XXII, quando o imposto será devido no local:

I — do estabelecimento do tomador ou intermediário do serviço ou, na falta de estabelecimento, onde ele estiver domiciliado, na hipótese do § 1º do art. 1º desta Lei Complementar;

II — da instalação dos andaimes, palcos, coberturas e outras estruturas, no caso dos serviços descritos no subitem 3.05 da lista anexa;

III — da execução da obra, no caso dos serviços descritos no subitem 7.02 e 7.19 da lista anexa;

IV — da demolição, no caso dos serviços descritos no subitem 7.04 da lista anexa;

V — das edificações em geral, estradas, pontes, portos e congêneres, no caso dos serviços descritos no subitem 7.05 da lista anexa;

VI — da execução da varrição, coleta, remoção, incineração, tratamento, reciclagem, separação e destinação final de lixo, rejeitos e outros resíduos quaisquer, no caso dos serviços descritos no subitem 7.09 da lista anexa;

VII — da execução da limpeza, manutenção e conservação de vias e logradouros públicos, imóveis, chaminés, piscinas, parques, jardins e congêneres, no caso dos serviços descritos no subitem 7.10 da lista anexa;

VIII — da execução da decoração e jardinagem, do corte e poda de árvores, no caso dos serviços descritos no subitem 7.11 da lista anexa;

IX — do controle e tratamento do efluente de qualquer natureza e de agentes físicos, químicos e biológicos, no caso dos serviços descritos no subitem 7.12 da lista anexa;

X — (vetado);

XI — (vetado);

XII — do florestamento, reflorestamento, semeadura, adubação e congêneres, no caso dos serviços descritos no subitem 7.16 da lista anexa;

XIII — da execução dos serviços de escoramento, contenção de encostas e congêneres, no caso dos serviços descritos no subitem 7.17 da lista anexa;

XIV — da limpeza e dragagem, no caso dos serviços descritos no subitem 7.18 da lista anexa;

XV — onde o bem estiver guardado ou estacionado, no caso dos serviços descritos no subitem 11.01 da lista anexa;

XVI — dos bens ou do domicílio das pessoas vigiados, segurados ou monitorados, no caso dos serviços descritos no subitem 11.02 da lista anexa;

XVII — do armazenamento, depósito, carga, descarga, arrumação e guarda do bem, no caso dos serviços descritos no subitem 11.04 da lista anexa;

XVIII — da execução dos serviços de diversão, lazer, entretenimento e congêneres, no caso dos serviços descritos nos subitens do item 12, exceto o 12.13, da lista anexa;

XIX — do Município onde está sendo executado o transporte, no caso dos serviços descritos pelo subitem 16.01 da lista anexa;

XX — do estabelecimento do tomador da mão de obra ou, na falta de estabelecimento, onde ele estiver domiciliado, no caso dos serviços descritos pelo subitem 17.05 da lista anexa;

XXI — da feira, exposição, congresso ou congênere a que se referir o planejamento, organização e administração, no caso dos serviços descritos pelo subitem 17.10 da lista anexa;

XXII — do porto, aeroporto, ferroporto, terminal rodoviário, ferroviário ou metroviário, no caso dos serviços descritos pelo item 20 da lista anexa.

O art. 4º da Lei Complementar n. 116/03 ensina que é considerado estabelecimento prestador o local onde o contribuinte desenvolva a atividade de prestar serviços, de modo permanente ou temporário, e que configure unidade econômica ou profissional, sendo irrelevantes para caracterizá-lo as denominações de sede, filial, agência, posto de atendimento, sucursal, escritório de representação ou contato ou quaisquer outras que venham a ser utilizadas.

6.8.2. Fato gerador

O art. 1º da Lei Complementar n. 116/03 revela que o Imposto Sobre Serviços de Qualquer Natureza, de competência dos Municípios e do Distrito Federal, tem como fato gerador a prestação de serviços constantes da lista anexa, ainda que esses não se constituam como atividade preponderante do prestador.

Como foi dito acima, o fato gerador do imposto ocorre na prestação dos serviços especificados na lista de serviços (constante no item 6.3.3 deste capítulo), por empresas ou profissionais de nível superior, médio ou equiparado, de forma autônoma ou por associação de profissionais de uma mesma área. Para a ocorrência do fato gerador é indiferente que a empresa esteja regularmente constituída.

O imposto incide também sobre o serviço proveniente do exterior do País ou cuja prestação se tenha iniciado no exterior do País. O imposto de que trata esta Lei Complementar incide ainda sobre os serviços prestados mediante a utilização de bens e serviços públicos explorados economicamente mediante autorização, permissão ou concessão, com o pagamento de tarifa, preço ou pedágio pelo usuário final do serviço. A incidência do imposto não depende da denominação dada ao serviço prestado. Seguem abaixo duas jurisprudências interessantes sobre o tema:

SÚMULA N. 274

A Primeira Seção, em 12 de fevereiro de 2003, aprovou o seguinte verbete de Súmula: O ISS incide sobre o valor dos serviços de assistência médica, incluindo-se neles as refeições, os medicamentos e as diárias hospitalares.

ISS. PROPAGANDA EM LISTA TELEFÔNICA.

À unanimidade, a Turma decidiu que compete ao Município o poder-dever de efetuar a cobrança do ISS sobre os anúncios publicitários inseridos em lista telefônica. REsp 175.552-ES, Rel. Min. Demócrito Reinaldo, julgado em 11.12.1998.

6.8.3. Base de cálculo

O art. 7º da Lei Complementar n. 116/03 ensina que a base de cálculo do imposto é o preço do serviço. É bem simples esta regra, visto que a base para se efetuar qualquer cálculo tributário deve respeitar a lógica quantificadora do imposto. O art. 8º da Lei Complementar n. 116/03 adverte que a alíquota máxima do Imposto Sobre Serviços de Qualquer Natureza é de 5% (cinco por cento). Os serviços que irão incidir a alíquota de ISS, estão listados logo abaixo:

1 — Serviços de informática e congêneres.

1.01 — Análise e desenvolvimento de sistemas.

1.02 — Programação.

1.03 — Processamento de dados e congêneres.

1.04 — Elaboração de programas de computadores, inclusive de jogos eletrônicos.

1.05 — Licenciamento ou cessão de direito de uso de programas de computação.

1.06 — Assessoria e consultoria em informática.

1.07 — Suporte técnico em informática, inclusive instalação, configuração e manutenção de programas de computação e bancos de dados.

1.08 — Planejamento, confecção, manutenção e atualização de páginas eletrônicas.

2 — Serviços de pesquisas e desenvolvimento de qualquer natureza.

2.01 — Serviços de pesquisas e desenvolvimento de qualquer natureza.

3 — Serviços prestados mediante locação, cessão de direito de uso e congêneres.

3.01 — (vetado).

3.02 — Cessão de direito de uso de marcas e de sinais de propaganda.

3.03 — Exploração de salões de festas, centro de convenções, escritórios virtuais, *stands*, quadras esportivas, estádios, ginásios, auditórios, casas de espetáculos, parques de diversões, canchas e congêneres, para realização de eventos ou negócios de qualquer natureza.

3.04 — Locação, sublocação, arrendamento, direito de passagem ou permissão de uso, compartilhado ou não, de ferrovia, rodovia, postes, cabos, dutos e condutos de qualquer natureza.

3.05 — Cessão de andaimes, palcos, coberturas e outras estruturas de uso temporário.

4 — Serviços de saúde, assistência médica e congêneres.

4.01 — Medicina e biomedicina.

4.02 — Análises clínicas, patologia, eletricidade médica, radioterapia, quimioterapia, ultrassonografia, ressonância magnética, radiologia, tomografia e congêneres.

4.03 — Hospitais, clínicas, laboratórios, sanatórios, manicômios, casas de saúde, prontos-socorros, ambulatórios e congêneres.

4.04 — Instrumentação cirúrgica.

4.05 — Acupuntura.

4.06 — Enfermagem, inclusive serviços auxiliares.

4.07 — Serviços farmacêuticos.

4.08 — Terapia ocupacional, fisioterapia e fonoaudiologia.

4.09 — Terapias de qualquer espécie destinadas ao tratamento físico, orgânico e mental.

4.10 — Nutrição.

4.11 — Obstetrícia.

4.12 — Odontologia.

4.13 — Ortóptica.

4.14 — Próteses sob encomenda.

4.15 — Psicanálise.

4.16 — Psicologia.

4.17 — Casas de repouso e de recuperação, creches, asilos e congêneres.

4.18 — Inseminação artificial, fertilização *in vitro* e congêneres.

4.19 — Bancos de sangue, leite, pele, olhos, óvulos, sêmen e congêneres.

4.20 — Coleta de sangue, leite, tecidos, sêmen, órgãos e materiais biológicos de qualquer espécie.

4.21 — Unidade de atendimento, assistência ou tratamento móvel e congêneres.

4.22 — Planos de medicina de grupo ou individual e convênios para prestação de assistência médica, hospitalar, odontológica e congêneres.

4.23 — Outros planos de saúde que se cumpram através de serviços de terceiros contratados, credenciados, cooperados ou apenas pagos pelo operador do plano mediante indicação do beneficiário.

5 — Serviços de medicina e assistência veterinária e congêneres.

5.01 — Medicina veterinária e zootecnia.

5.02 — Hospitais, clínicas, ambulatórios, prontos-socorros e congêneres, na área veterinária.

5.03 — Laboratórios de análise na área veterinária.

5.04 — Inseminação artificial, fertilização *in vitro* e congêneres.

5.05 — Bancos de sangue e de órgãos e congêneres.

5.06 — Coleta de sangue, leite, tecidos, sêmen, órgãos e materiais biológicos de qualquer espécie.

5.07 — Unidade de atendimento, assistência ou tratamento móvel e congêneres.

5.08 — Guarda, tratamento, amestramento, embelezamento, alojamento e congêneres.

5.09 — Planos de atendimento e assistência médico-veterinária.

6 — Serviços de cuidados pessoais, estética, atividades físicas e congêneres.

6.01 — Barbearia, cabeleireiros, manicuros, pedicuros e congêneres.

6.02 — Esteticistas, tratamento de pele, depilação e congêneres.

6.03 — Banhos, duchas, sauna, massagens e congêneres.

6.04 — Ginástica, dança, esportes, natação, artes marciais e demais atividades físicas.

6.05 — Centros de emagrecimento, *spa* e congêneres.

7 — Serviços relativos a engenharia, arquitetura, geologia, urbanismo, construção civil, manutenção, limpeza, meio ambiente, saneamento e congêneres.

7.01 — Engenharia, agronomia, agrimensura, arquitetura, geologia, urbanismo, paisagismo e congêneres.

7.02 — Execução, por administração, empreitada ou subempreitada, de obras de construção civil, hidráulica ou elétrica e de outras obras semelhantes, inclusive sondagem, perfuração de poços, escavação, drenagem e irrigação, terraplanagem, pavimentação, concretagem e a instalação e montagem de produtos, peças e equipamentos (exceto o fornecimento de mercadorias produzidas pelo prestador de serviços fora do local da prestação dos serviços, que fica sujeito ao ICMS).

7.03 — Elaboração de planos diretores, estudos de viabilidade, estudos organizacionais e outros, relacionados com obras e serviços de engenharia; elaboração de anteprojetos, projetos básicos e projetos executivos para trabalhos de engenharia.

7.04 — Demolição.

7.05 — Reparação, conservação e reforma de edifícios, estradas, pontes, portos e congêneres (exceto o fornecimento de mercadorias produzidas pelo prestador dos serviços, fora do local da prestação dos serviços, que fica sujeito ao ICMS).

7.06 — Colocação e instalação de tapetes, carpetes, assoalhos, cortinas, revestimentos de parede, vidros, divisórias, placas de gesso e congêneres, com material fornecido pelo tomador do serviço.

7.07 — Recuperação, raspagem, polimento e lustração de pisos e congêneres.

7.08 — Calafetação.

7.09 — Varrição, coleta, remoção, incineração, tratamento, reciclagem, separação e destinação final de lixo, rejeitos e outros resíduos quaisquer.

7.10 — Limpeza, manutenção e conservação de vias e logradouros públicos, imóveis, chaminés, piscinas, parques, jardins e congêneres.

7.11 — Decoração e jardinagem, inclusive corte e poda de árvores.

7.12 — Controle e tratamento de efluentes de qualquer natureza e de agentes físicos, químicos e biológicos.

7.13 — Dedetização, desinfecção, desinsetização, imunização, higienização, desratização, pulverização e congêneres.

7.14 — (vetado)

7.15 — (vetado)

7.16 — Florestamento, reflorestamento, semeadura, adubação e congêneres.

7.17 — Escoramento, contenção de encostas e serviços congêneres.

7.18 — Limpeza e dragagem de rios, portos, canais, baías, lagos, lagoas, represas, açudes e congêneres.

7.19 — Acompanhamento e fiscalização da execução de obras de engenharia, arquitetura e urbanismo.

7.20 — Aerofotogrametria (inclusive interpretação), cartografia, mapeamento, levantamentos topográficos, batimétricos, geográficos, geodésicos, geológicos, geofísicos e congêneres.

7.21 — Pesquisa, perfuração, cimentação, mergulho, perfilagem, concretação, testemunhagem, pescaria, estimulação e outros serviços relacionados com a exploração e explotação de petróleo, gás natural e de outros recursos minerais.

7.22 — Nucleação e bombardeamento de nuvens e congêneres.

8 — Serviços de educação, ensino, orientação pedagógica e educacional, instrução, treinamento e avaliação pessoal de qualquer grau ou natureza.

8.01 — Ensino regular pré-escolar, fundamental, médio e superior.

8.02 — Instrução, treinamento, orientação pedagógica e educacional, avaliação de conhecimentos de qualquer natureza.

9 — Serviços relativos a hospedagem, turismo, viagens e congêneres.

9.01 — Hospedagem de qualquer natureza em hotéis, *apart-service* condominiais, *flat*, apart-hotéis, hotéis residência, *residence-service*, *suite-service*, hotelaria marítima, motéis, pensões e congêneres; ocupação por temporada com fornecimento de serviço (o valor da alimentação e gorjeta, quando incluído no preço da diária, fica sujeito ao Imposto Sobre Serviços).

9.02 — Agenciamento, organização, promoção, intermediação e execução de programas de turismo, passeios, viagens, excursões, hospedagens e congêneres.

9.03 — Guias de turismo.

10 — Serviços de intermediação e congêneres.

10.01 — Agenciamento, corretagem ou intermediação de câmbio, de seguros, de cartões de crédito, de planos de saúde e de planos de previdência privada.

10.02 — Agenciamento, corretagem ou intermediação de títulos em geral, valores mobiliários e contratos quaisquer.

10.03 — Agenciamento, corretagem ou intermediação de direitos de propriedade industrial, artística ou literária.

10.04 — Agenciamento, corretagem ou intermediação de contratos de arrendamento mercantil (*leasing*), de franquia (*franchising*) e de faturização (*factoring*).

10.05 — Agenciamento, corretagem ou intermediação de bens móveis ou imóveis, não abrangidos em outros itens ou subitens, inclusive aqueles realizados no âmbito de Bolsas de Mercadorias e Futuros, por quaisquer meios.

10.06 — Agenciamento marítimo.

10.07 — Agenciamento de notícias.

10.08 — Agenciamento de publicidade e propaganda, inclusive o agenciamento de veiculação por quaisquer meios.

10.09 — Representação de qualquer natureza, inclusive comercial.

10.10 — Distribuição de bens de terceiros.

11 — Serviços de guarda, estacionamento, armazenamento, vigilância e congêneres.

11.01 — Guarda e estacionamento de veículos terrestres automotores, de aeronaves e de embarcações.

11.02 — Vigilância, segurança ou monitoramento de bens e pessoas.

11.03 — Escolta, inclusive de veículos e cargas.

11.04 — Armazenamento, depósito, carga, descarga, arrumação e guarda de bens de qualquer espécie.

12 — Serviços de diversões, lazer, entretenimento e congêneres.

12.01 — Espetáculos teatrais.

12.02 — Exibições cinematográficas.

12.03 — Espetáculos circenses.

12.04 — Programas de auditório.

12.05 — Parques de diversões, centros de lazer e congêneres.

12.06 — Boates, *taxi-dancing* e congêneres.

12.07 — *Shows*, *ballet*, danças, desfiles, bailes, óperas, concertos, recitais, festivais e congêneres.

12.08 — Feiras, exposições, congressos e congêneres.

12.09 — Bilhares, boliches e diversões eletrônicas ou não.

12.10 — Corridas e competições de animais.

12.11 — Competições esportivas ou de destreza física ou intelectual, com ou sem a participação do espectador.

12.12 — Execução de música.

12.13 — Produção, mediante ou sem encomenda prévia, de eventos, espetáculos, entrevistas, *shows, ballet*, danças, desfiles, bailes, teatros, óperas, concertos, recitais, festivais e congêneres.

12.14 — Fornecimento de música para ambientes fechados ou não, mediante transmissão por qualquer processo.

12.15 — Desfiles de blocos carnavalescos ou folclóricos, trios elétricos e congêneres.

12.16 — Exibição de filmes, entrevistas, musicais, espetáculos, *shows*, concertos, desfiles, óperas, competições esportivas, de destreza intelectual ou congêneres.

12.17 — Recreação e animação, inclusive em festas e eventos de qualquer natureza.

13 — Serviços relativos a fonografia, fotografia, cinematografia e reprografia.

13.01 — (vetado)

13.02 — Fonografia ou gravação de sons, inclusive trucagem, dublagem, mixagem e congêneres.

13.03 — Fotografia e cinematografia, inclusive revelação, ampliação, cópia, reprodução, trucagem e congêneres.

13.04 — Reprografia, microfilmagem e digitalização.

13.05 — Composição gráfica, fotocomposição, clicheria, zincografia, litografia, fotolitografia.

14 — Serviços relativos a bens de terceiros.

14.01 — Lubrificação, limpeza, lustração, revisão, carga e recarga, conserto, restauração, blindagem, manutenção e conservação de máquinas, veículos, aparelhos, equipamentos, motores, elevadores ou de qualquer objeto (exceto peças e partes empregadas, que ficam sujeitas ao ICMS).

14.02 — Assistência técnica.

14.03 — Recondicionamento de motores (exceto peças e partes empregadas, que ficam sujeitas ao ICMS).

14.04 — Recauchutagem ou regeneração de pneus.

14.05 — Restauração, recondicionamento, acondicionamento, pintura, beneficiamento, lavagem, secagem, tingimento, galvanoplastia, anodização, corte, recorte, polimento, plastificação e congêneres, de objetos quaisquer.

14.06 — Instalação e montagem de aparelhos, máquinas e equipamentos, inclusive montagem industrial, prestados ao usuário final, exclusivamente com material por ele fornecido.

14.07 — Colocação de molduras e congêneres.

14.08 — Encadernação, gravação e douração de livros, revistas e congêneres.

14.09 — Alfaiataria e costura, quando o material for fornecido pelo usuário final, exceto aviamento.

14.10 — Tinturaria e lavanderia.

14.11 — Tapeçaria e reforma de estofamentos em geral.

14.12 — Funilaria e lanternagem.

14.13 — Carpintaria e serralheria.

15 — Serviços relacionados ao setor bancário ou financeiro, inclusive aqueles prestados por instituições financeiras autorizadas a funcionar pela União ou por quem de direito.

15.01 — Administração de fundos quaisquer, de consórcio, de cartão de crédito ou débito e congêneres, de carteira de clientes, de cheques pré-datados e congêneres.

15.02 — Abertura de contas em geral, inclusive conta-corrente, conta de investimentos e aplicação e caderneta de poupança, no País e no exterior, bem como a manutenção das referidas contas ativas e inativas.

15.03 — Locação e manutenção de cofres particulares, de terminais eletrônicos, de terminais de atendimento e de bens e equipamentos em geral.

15.04 — Fornecimento ou emissão de atestados em geral, inclusive atestado de idoneidade, atestado de capacidade financeira e congêneres.

15.05 — Cadastro, elaboração de ficha cadastral, renovação cadastral e congêneres, inclusão ou exclusão no Cadastro de Emitentes de Cheques sem Fundos — CCF ou em quaisquer outros bancos cadastrais.

15.06 — Emissão, reemissão e fornecimento de avisos, comprovantes e documentos em geral; abono de firmas; coleta e entrega de documentos, bens e valores; comunicação com outra agência ou com a administração central; licenciamento eletrônico de veículos; transferência de veículos; agenciamento fiduciário ou depositário; devolução de bens em custódia.

15.07 — Acesso, movimentação, atendimento e consulta a contas em geral, por qualquer meio ou processo, inclusive por telefone, fac-símile, *internet* e telex, acesso a terminais de atendimento, inclusive vinte e quatro horas; acesso a outro banco e a rede compar-tilhada; fornecimento de saldo, extrato e demais informações relativas a contas em geral, por qualquer meio ou processo.

15.08 — Emissão, reemissão, alteração, cessão, substituição, cancelamento e registro de contrato de crédito; estudo, análise e avaliação de operações de crédito; emissão, concessão, alteração ou contratação de aval, fiança, anuência e congêneres; serviços relativos a abertura de crédito, para quaisquer fins.

15.09 — Arrendamento mercantil (*leasing*) de quaisquer bens, inclusive cessão de direitos e obrigações, substituição de garantia, alteração, cancelamento e registro de contrato, e demais serviços relacionados ao arrendamento mercantil (*leasing*).

15.10 — Serviços relacionados a cobranças, recebimentos ou pagamentos em geral, de títulos quaisquer, de contas ou carnês, de câmbio, de tributos e por conta de terceiros, inclusive os efetuados por meio eletrônico, automático ou por máquinas de atendimento; fornecimento de posição de cobrança, recebimento ou pagamento; emissão de carnês, fichas de compensação, impressos e documentos em geral.

15.11 — Devolução de títulos, protesto de títulos, sustação de protesto, manutenção de títulos, reapresentação de títulos, e demais serviços a eles relacionados.

15.12 — Custódia em geral, inclusive de títulos e valores mobiliários.

15.13 — Serviços relacionados a operações de câmbio em geral, edição, alteração, prorrogação, cancelamento e baixa de contrato de câmbio; emissão de registro de exportação ou de crédito; cobrança ou depósito no exterior; emissão, fornecimento e cancelamento de cheques de viagem; fornecimento, transferência, cancelamento e demais serviços relativos a carta de crédito de importação, exportação e garantias recebidas; envio e recebimento de mensagens em geral relacionadas a operações de câmbio.

15.14 — Fornecimento, emissão, reemissão, renovação e manutenção de cartão magnético, cartão de crédito, cartão de débito, cartão salário e congêneres.

15.15 — Compensação de cheques e títulos quaisquer; serviços relacionados a depósito, inclusive depósito identificado, a saque de contas quaisquer, por qualquer meio ou processo, inclusive em terminais eletrônicos e de atendimento.

15.16 — Emissão, reemissão, liquidação, alteração, cancelamento e baixa de ordens de pagamento, ordens de crédito e similares, por qualquer meio ou processo; serviços relacionados à transferência de valores, dados, fundos, pagamentos e similares, inclusive entre contas em geral.

15.17 — Emissão, fornecimento, devolução, sustação, cancelamento e oposição de cheques quaisquer, avulso ou por talão.

15.18 — Serviços relacionados a crédito imobiliário, avaliação e vistoria de imóvel ou obra, análise técnica e jurídica, emissão, reemissão, alteração, transferência e renegociação de contrato, emissão e reemissão do termo de quitação e demais serviços relacionados a crédito imobiliário.

16 — Serviços de transporte de natureza municipal.

16.01 — Serviços de transporte de natureza municipal.

17 — Serviços de apoio técnico, administrativo, jurídico, contábil, comercial e congêneres.

17.01 — Assessoria ou consultoria de qualquer natureza, não contida em outros itens desta lista; análise, exame, pesquisa, coleta, compilação e fornecimento de dados e informações de qualquer natureza, inclusive cadastro e similares.

17.02 — Datilografia, digitação, estenografia, expediente, secretaria em geral, resposta audível, redação, edição, interpretação, revisão, tradução, apoio e infraestrutura administrativa e congêneres.

17.03 — Planejamento, coordenação, programação ou organização técnica, financeira ou administrativa.

17.04 — Recrutamento, agenciamento, seleção e colocação de mão de obra.

17.05 — Fornecimento de mão de obra, mesmo em caráter temporário, inclusive de empregados ou trabalhadores, avulsos ou temporários, contratados pelo prestador de serviço.

17.06 — Propaganda e publicidade, inclusive promoção de vendas, planejamento de campanhas ou sistemas de publicidade, elaboração de desenhos, textos e demais materiais publicitários.

17.07 — (vetado)

17.08 — Franquia (*franchising*).

17.09 — Perícias, laudos, exames técnicos e análises técnicas.

17.10 — Planejamento, organização e administração de feiras, exposições, congressos e congêneres.

17.11 — Organização de festas e recepções; bufê (exceto o fornecimento de alimentação e bebidas, que fica sujeito ao ICMS).

17.12 — Administração em geral, inclusive de bens e negócios de terceiros.

17.13 — Leilão e congêneres.

17.14 — Advocacia.

17.15 — Arbitragem de qualquer espécie, inclusive jurídica.

17.16 — Auditoria.

17.17 — Análise de Organização e Métodos.

17.18 — Atuária e cálculos técnicos de qualquer natureza.

17.19 — Contabilidade, inclusive serviços técnicos e auxiliares.

17.20 — Consultoria e assessoria econômica ou financeira.

17.21 — Estatística.

17.22 — Cobrança em geral.

17.23 — Assessoria, análise, avaliação, atendimento, consulta, cadastro, seleção, gerenciamento de informações, administração de contas a receber ou a pagar e em geral, relacionados a operações de faturização (*factoring*).

17.24 — Apresentação de palestras, conferências, seminários e congêneres.

18 — Serviços de regulação de sinistros vinculados a contratos de seguros; inspeção e avaliação de riscos para cobertura de contratos de seguros; prevenção e gerência de riscos seguráveis e congêneres.

18.01 — Serviços de regulação de sinistros vinculados a contratos de seguros; inspeção e avaliação de riscos para cobertura de contratos de seguros; prevenção e gerência de riscos seguráveis e congêneres.

19 — Serviços de distribuição e venda de bilhetes e demais produtos de loteria, bingos, cartões, pules ou cupons de apostas, sorteios, prêmios, inclusive os decorrentes de títulos de capitalização e congêneres.

19.01 — Serviços de distribuição e venda de bilhetes e demais produtos de loteria, bingos, cartões, pules ou cupons de apostas, sorteios, prêmios, inclusive os decorrentes de títulos de capitalização e congêneres.

20 — Serviços portuários, aeroportuários, ferroportuários, de terminais rodoviários, ferroviários e metroviários.

20.01 — Serviços portuários, ferroportuários, utilização de porto, movimentação de passageiros, reboque de embarcações, rebocador escoteiro, atracação, desatracação, serviços de praticagem, capatazia, armazenagem de qualquer natureza, serviços acessórios, movimentação de mercadorias, serviços de apoio marítimo, de movimentação ao largo, serviços de armadores, estiva, conferência, logística e congêneres.

20.02 — Serviços aeroportuários, utilização de aeroporto, movimentação de passageiros, armazenagem de qualquer natureza, capatazia, movimentação de aeronaves, serviços de apoio aeroportuários, serviços acessórios, movimentação de mercadorias, logística e congêneres.

20.03 — Serviços de terminais rodoviários, ferroviários, metroviários, movimentação de passageiros, mercadorias, inclusive suas operações, logística e congêneres.

21 — Serviços de registros públicos, cartorários e notariais.

21.01 — Serviços de registros públicos, cartorários e notariais.

22 — Serviços de exploração de rodovia.

22.01 — Serviços de exploração de rodovia mediante cobrança de preço ou pedágio dos usuários, envolvendo execução de serviços de conservação, manutenção, melhoramentos para adequação de capacidade e segurança de trânsito, operação, monitoração, assistência aos usuários e outros serviços definidos em contratos, atos de concessão ou de permissão ou em normas oficiais.

23 — Serviços de programação e comunicação visual, desenho industrial e congêneres.

23.01 — Serviços de programação e comunicação visual, desenho industrial e congêneres.

24 — Serviços de chaveiros, confecção de carimbos, placas, sinalização visual, *banners*, adesivos e congêneres.

24.01 — Serviços de chaveiros, confecção de carimbos, placas, sinalização visual, *banners*, adesivos e congêneres.

25 — Serviços funerários.

25.01 — Funerais, inclusive fornecimento de caixão, urna ou esquifes; aluguel de capela; transporte do corpo cadavérico; fornecimento de flores, coroas e outros paramentos; desembaraço de certidão de óbito; fornecimento de véu, essa e outros adornos; embalsamento, embelezamento, conservação ou restauração de cadáveres.

25.02 — Cremação de corpos e partes de corpos cadavéricos.

25.03 — Planos ou convênio funerários.

25.04 — Manutenção e conservação de jazigos e cemitérios.

26 — Serviços de coleta, remessa ou entrega de correspondências, documentos, objetos, bens ou valores, inclusive pelos correios e suas agências franqueadas; *courrier* e congêneres.

26.01 — Serviços de coleta, remessa ou entrega de correspondências, documentos, objetos, bens ou valores, inclusive pelos correios e suas agências franqueadas; *courrier* e congêneres.

27 — Serviços de assistência social.

27.01 — Serviços de assistência social.

28 — Serviços de avaliação de bens e serviços de qualquer natureza.

28.01 — Serviços de avaliação de bens e serviços de qualquer natureza.

29 — Serviços de biblioteconomia.

29.01 — Serviços de biblioteconomia.

30 — Serviços de biologia, biotecnologia e química.

30.01 — Serviços de biologia, biotecnologia e química.

31 — Serviços técnicos em edificações, eletrônica, eletrotécnica, mecânica, telecomunicações e congêneres.

31.01 — Serviços técnicos em edificações, eletrônica, eletrotécnica, mecânica, telecomunicações e congêneres.

32 — Serviços de desenhos técnicos.

32.01 — Serviços de desenhos técnicos.

33 — Serviços de desembaraço aduaneiro, comissários, despachantes e congêneres.

33.01 — Serviços de desembaraço aduaneiro, comissários, despachantes e congêneres.

34 — Serviços de investigações particulares, detetives e congêneres.

34.01 — Serviços de investigações particulares, detetives e congêneres.

35 — Serviços de reportagem, assessoria de imprensa, jornalismo e relações públicas.

35.01 — Serviços de reportagem, assessoria de imprensa, jornalismo e relações públicas.

36 — Serviços de meteorologia.

36.01 — Serviços de meteorologia.

37 — Serviços de artistas, atletas, modelos e manequins.

37.01 — Serviços de artistas, atletas, modelos e manequins.

38 — Serviços de museologia.

38.01 — Serviços de museologia.

39 — Serviços de ourivesaria e lapidação.

39.01 — Serviços de ourivesaria e lapidação (quando o material for fornecido pelo tomador do serviço).

40 — Serviços relativos a obras de arte sob encomenda.

40.01 — Obras de arte sob encomenda.

No caso dos serviços a que se refere o subitem 3.04 da lista anexa, considera-se ocorrido o fato gerador e devido o imposto em cada Município em cujo território haja extensão de ferrovia, rodovia, postes, cabos, dutos e condutos de qualquer natureza, objetos de locação, sublocação, arrendamento, direito de passagem ou permissão de uso, compartilhado ou não.

No caso dos serviços a que se refere o subitem 22.01 da lista anexa, considera-se ocorrido o fato gerador e devido o imposto em cada Município em cujo território haja extensão de rodovia explorada. Considera-se ocorrido o fato gerador do imposto no local do estabelecimento prestador nos serviços executados em águas marítimas, excetuados os serviços descritos no subitem 20.01. Quando os serviços descritos pelo subitem 3.04 da lista anexa forem prestados no território de mais de um Município, a base de cálculo será proporcional, conforme o caso, à extensão da ferrovia, rodovia, dutos e condutos de qualquer natureza, cabos de qualquer natureza, ou ao número de postes, existentes em cada Município. Seguem abaixo algumas jurisprudências interessantes sobre o referido tema:

SERVIÇO. RADIOCHAMADA. LOCAÇÃO. *PAGERS*.

Cinge-se a questão em saber se, na prestação de serviços de radiochamadas mediante a locação de *pagers* e a utilização de serviços de secretariado, deve incidir o ICMS sobre a totalidade do valor desses serviços ou, ao contrário, deve incidir o ISS sobre os serviços de secretaria e sobre a locação. O estado-membro pretende que ocorra apenas a incidência do ICMS sobre a totalidade das operações, enquanto o município, que a tributação dê-se sobre a locação dos equipamentos e sobre os serviços de secretaria. Diante disso, a Turma reiterou o entendimento de que a lei só contempla a incidência do ICMS sobre os serviços de comunicação *stricto sensu*, não sendo possível, pela tipicidade fechada do direito tributário, estender-se a outros serviços meramente acessórios ou preparatórios àqueles e, tampouco, aos não essenciais à prestação do serviço, como é o caso da locação de aparelhos (*pagers*) e do serviço de secretariado. Assim, independente de figurar no item 29 da lista de serviços anexa ao DL n. 406/68, com a redação dada pela LC n. 56/87, o serviço de secretaria, por ser atividade-meio à prestação dos serviços de radiochamada, não deve sofrer a incidência do ISS. Ressalte-se que os REsps visam apenas alterar a destinação da tributação na espécie dos autos e o estado teve reconhecido o direito ao ICMS sobre as demais operações, com exceção da locação dos *pagers*. Não é possível, no caso, a aplicação da jurisprudência do STF sob pena de piorar, também, o direito já reconhecido ao município. Por fim, não se pode, na hipótese, aplicar o princípio da preponderância, a fim de tributar todas as operações apenas pelo ICMS, pois tal princípio pressupõe a sobreposição de atividades ou a existência de atividades mistas, o que não é o caso. Isso posto, negou-se provimento a ambos os recursos. Precedentes citados: REsp 1.022.257-RS, DJ 17.3.2008; REsp 796.177-MG, DJ 8.2.2008; REsp 617.107-SP, DJ 29.8.2005; REsp 612.490-MA, DJ 4.8.2008; e REsp 883.254-MG, DJ 28.2.2008. REsp 848.490-RJ, Rel. Min. Eliana Calmon, julgado em 16.9.2008.

ISS. BASE DE CÁLCULO. AGÊNCIA. TRABALHO TEMPORÁRIO.

A Seção, ao prosseguir o julgamento, reconheceu que a locação de mão de obra temporária configura uma atividade de agenciamento, cuja receita é apenas a comissão. Sendo assim, a base de cálculo do ISS das sociedades dedicadas a essa atividade tão somente deve incidir sobre a comissão paga pelo agenciamento dos trabalhadores temporários. Precedente citado: REsp 411.580-SP, DJ 16.12.2002. EREsp 613.709-PR, Rel. Min. José Delgado, julgados em 14.11.2007.

BASE DE CÁLCULO. DESCONTO. VALOR DO SERVIÇO PRESTADO.

O tribunal de origem entendeu que o preço do serviço é o valor efetivamente recebido por quem o presta, não podendo ser incluídos na base de cálculo os descontos concedidos aos clientes, pois estaria sendo cobrado tributo sobre valor irreal, não recebido pelo contribuinte. Aqui houve, por vontade ou liberalidade da empresa prestadora, abatimento no preço do serviço, com emissão de nota fiscal onde constava o desconto, cujos valores foram glosados pela fiscalização, que decidiu lavrar auto de infração ao entendimento de que a base de cálculo do serviço é o seu valor integral, silenciando o legislador quanto a deduções permitidas, de tal sorte que se deve considerar o preço bruto. Segundo o art. 9º do DL n. 406/68, a base de cálculo do ISS é o valor do serviço prestado, entendendo-se como tal o correspondente ao que foi recebido pelo prestador. Se o abatimento no preço do serviço fica subordinado a uma condição a cargo do tomador do serviço, tal desconto deve-se agregar à base de cálculo. Diferentemente, se o desconto não é condicionado, não há base econômica imponível para fazer incidir o ISS sobre valor não recebido pelo prestador. REsp 622.807-BA, Rel. Min. Eliana Calmon, julgado em 8.6.2004.

ISS. *OUTDOORS*. TRIBUTO INDIRETO.

O ISS pode ser classificado como imposto indireto ou não. Na hipótese da incidência sobre serviços de publicidade em *outdoors*, trata-se de tributo indireto porque recolhido sobre as receitas oriundas de cada encomenda. Assim, o valor do serviço é repassado ao tomador, contribuinte de fato, incidindo a presunção do art. 166 do CTN e a Súm. n. 546-STF. Com esse entendimento, a Turma, prosseguindo o julgamento, negou provimento ao recurso. REsp 426.179-SP, Rel. Min. Eliana Calmon, julgado em 11.5.2004.

6.8.4. Imunidade do ISS

O art. 2º da Lei Complementar n. 116/03 revela que são imunes da incidência do imposto:

I — as exportações de serviços para o exterior do País;

II — a prestação de serviços em relação de emprego, dos trabalhadores avulsos, dos diretores e membros de conselho consultivo ou de conselho fiscal de sociedades e fundações, bem como dos sócios-gerentes e dos gerentes-delegados;

III — o valor intermediado no mercado de títulos e valores mobiliários, o valor dos depósitos bancários, o principal, juros e acréscimos moratórios relativos a operações de crédito realizadas por instituições financeiras.

> **Obs.:** Não se enquadram no disposto no inciso I os serviços desenvolvidos no Brasil, cujo resultado aqui se verifique, ainda que o pagamento seja feito por residente no exterior. Seguem abaixo algumas jurisprudências interessantes sobre o tema:

ICMS. ISS. SERVIÇOS. PROVEDOR. *INTERNET*.

A Turma, por unanimidade, entendeu que o serviço prestado pelos provedores de acesso à *internet* não estão sujeitos à incidência de ICMS (Súmula n. 334-STJ) e, por maioria, que tais serviços também não estão sujeitos à incidência de ISS, pois não há previsão no DL n. 406/68, com suas alterações posteriores, que não os incluiu na lista anexa, nem na LC n. 116/03. Precedentes citados: EREsp 456.650-PR, DJ 20.3.2006; REsp 711.299-RS, DJ 11.3.2005; e REsp 745.534-RS, DJ 27.3.2006. REsp 674.188-PR, Rel. Min. Denise Arruda, julgado em 25.3.2008.

ISS. FRANQUIA.

Não incide ISS sobre os serviços prestados em razão do contrato de franquia, pois não há que se falar em preeminência, tão somente, da cessão de marca ou da prestação de serviço. O contrato complexo e autônomo de franquia não se qualifica como contrato de locação de bens móveis. Precedentes citados: REsp 189.225-RJ, DJ 3.6.2002; AgRg no Ag 436.886-MG, DJ 28.10.2002; e REsp 221.577-MG, DJ 3.4.2000. REsp 403.799-MG, Rel. Min. Franciulli Netto, julgado em 19.2.2004.

COLETA DE LIXO. REMOÇÃO. NÃO INCIDÊNCIA DO ISS.

A Turma, prosseguindo o julgamento, entendeu que não incide o ISS sobre a coleta de lixo efetuada por empresa concessionária, por tratar-se de uma atividade específica em que o transporte é simplesmente uma parte de um todo na coleta e recolhimento do lixo, atividade não incluída na lista de serviços do Dec.-Lei n. 406/69. REsp 89.074-SP, Rel. Min. Hélio Mosimann, julgado em 13.4.1999. (Ver Informativo n. 6)

IMUNIDADE TRIBUTÁRIA E ENTIDADE BENEFICENTE.

A Turma, resolvendo questão de ordem, referendou liminar concedida pelo Min. Gilmar Mendes que, em ação cautelar da qual relator, concedera efeito suspensivo a recurso extraordinário interposto por entidade hospitalar contra acórdão proferido pelo Tribunal de Justiça do Estado do Rio Grande do Sul. O acórdão impugnado, ao afastar a imunidade prevista no art. 150, VI, c, da CF, reformara sentença declaratória da inexigibilidade de IPTU sobre os imóveis da autora, bem como de ISS sobre serviços por ela prestados nos moldes estabelecidos no seu estatuto social. Inicialmente, consideraram-se presentes os requisitos configuradores da atribuição de efeito suspensivo ao recurso extraordinário, já em processamento nesta Corte. Entendeu-se que a circunstância de a requerente ter jus à classificação de entidade assistencial no plano federal, inclusive quanto às contribuições sociais, indicaria, em princípio, a plausibilidade jurídica da tese de sua imunidade em relação ao IPTU e ao ISS. Ademais, salientou-se que o STF possui entendimento consolidado no sentido de que as entidades de assistência social sem fins lucrativos gozam de imunidade dos aludidos impostos, nos termos do art. 150, VI, c, da CF ("Art. 150. Sem prejuízo de outras garantias asseguradas ao contribuinte, é vedado à União, aos Estados, ao Distrito Federal e aos Municípios:... VI — instituir impostos sobre: ... c) patrimônio, renda ou serviços ... das instituições de educação e de assistência social, sem fins lucrativos, atendidos os requisitos da lei"). Precedentes citados: RE 325822/SP (DJU de 14.5.2004) e AI 481586 AgR/MG (DJU de 24.2.2006). AC 1864 QO/RS, rel. Min. Gilmar Mendes, 26.2.2008. (AC-1864)

6.8.5. Isenção do ISS

Cada cidade poderá por meio de sua lei orgânica definir qual será a isenção concedida aos contribuintes pelo imposto do ISS. Por exemplo, na cidade de São Paulo, de acordo com a Lei n. 14.864/08, em seu art. 1º, ficam isentos do pagamento do Imposto sobre Serviços de Qualquer Natureza — ISSQN, a partir de 1º de janeiro de 2009, os profissionais liberais e autônomos, que tenham inscrição como pessoa física no Cadastro de Contribuintes Mobiliários — CCM, quando prestarem os serviços descritos na lista do *caput* do art. 1º da Lei n. 13.701, de 24 de dezembro de 2003, com as alterações posteriores, não se aplicando o benefício às cooperativas e sociedades uniprofissionais. Seguem abaixo uma jurisprudência importante sobre o tema:

ECAD. ISS. ISENÇÃO.

A Turma negou provimento ao recurso ao entendimento de que o Ecad, como associação civil sem fins lucrativos, que não se enquadra como empresa, nem explora qualquer atividade econômica, é isenta do ISS tal como previsto no art. 8º do DL n. 406/68. REsp 623.367-RJ, Rel. Min. João Otávio de Noronha, julgado em 15.6.2004.

6.8.6. Sujeito passivo

6.8.6.1. Lançamento por homologação

O lançamento é o procedimento destinado à constituição do crédito tributário, que se opera de ofício, ou por homologação mediante atos de iniciativa do sujeito passivo da obrigação tributária, com o pagamento antecipado do imposto e a devida comunicação à repartição da SRF, observando-se que tais atos (Lei n. 4.502, de 1964, arts. 19 e 20, e Lei n. 5.172, de 1966, arts. 142, 144 e 150):

I — compreendem a descrição da operação que lhe dá origem, a identificação do sujeito passivo, a descrição e classificação do produto, o cálculo do imposto, com a declaração do seu valor e, sendo o caso, a penalidade prevista;

II — reportam-se à data da ocorrência do fato gerador da obrigação e regem-se pela lei então vigente, ainda que posteriormente modificada ou revogada.

O ISS será lançado por homologação, visto que o sujeito passivo é obrigado por lei, a calcular o valor do imposto devido e antecipar o pagamento do mesmo, mesmo sem aprovação da autoridade tributária. Porém, depois de feito o lançamento, a autoridade tributária pode, se for o caso, corrigir o procedimento realizado pelo contabilista, desde que esteja errado, é claro. Então serão lançados de ofício as diferenças ocorridas no cálculo do imposto. Somente depois, de corrigido o erro, a autoridade tributária deverá homologar tal lançamento.

6.8.6.2. Contribuintes

O art. 5º da Lei Complementar n. 116/03 ensina que o contribuinte é o prestador do serviço. A lista pela qual se pode saber, quais são os serviços onde ocorre tributação de ISS, conta no item 6.3.3 deste capítulo.

6.8.6.3. Responsabilidade de substituição tributária

O art. 6º da Lei Complementar n. 116/03 revela que os Municípios e o Distrito Federal, mediante lei, poderão atribuir de modo expresso a responsabilidade pelo crédito tributário à terceira pessoa, vinculada ao fato gerador da respectiva obrigação, excluindo a responsabilidade do contribuinte ou atribuindo-a a este em caráter supletivo do cumprimento total ou parcial da referida obrigação, inclusive no que se refere à multa e aos acréscimos legais. Os responsáveis a que se refere este artigo estão obrigados ao recolhimento integral do imposto devido, multa e acréscimos legais, independentemente de ter sido efetuada sua retenção na fonte. Sem prejuízo do disposto até agora, são responsáveis:

I — o tomador ou intermediário de serviço proveniente do exterior do País ou cuja prestação se tenha iniciado no exterior do País;

II — a pessoa jurídica, ainda que imune ou isenta, tomadora ou intermediária dos serviços descritos nos subitens 3.05, 7.02, 7.04, 7.05, 7.09, 7.10, 7.12, 7.14, 7.15, 7.16, 7.17, 7.19, 11.02, 17.05 e 17.10 da lista anexa (item 6.3.3 deste capítulo).

6.8.7. Obrigações acessórias

O sujeito passivo, ainda que imune, isento ou submetido a regime diferenciado para o pagamento do imposto, fica obrigado:[56]

I — a requerer a sua inscrição nos Cadastros Municipais;

II — a manter e utilizar em cada um dos seus estabelecimentos os livros contábeis, diário e razão, e os livros fiscais estabelecidos neste Regulamento;

III — a emitir nota fiscal, cupom fiscal emitido por equipamento Emissor de Cupom Fiscal — ECF, fatura, cartão, bilhete ou qualquer outro tipo de ingresso, por ocasião da prestação dos serviços;

IV — a entregar declarações e guias, referentes a informações fiscais sobre os serviços prestados e/ou tomados, segundo as normas deste Regulamento e demais atos do Secretário de Finanças;

V — a comunicar à Fazenda Municipal, qualquer alteração capaz de gerar, modificar ou extinguir obrigação tributária;

VI — a emitir recibo de retenção de ISSQN por ocasião do recebimento do serviço sujeito à retenção do imposto;

VII — a conservar e apresentar ao Fisco Municipal, quando solicitado, qualquer documento que, de algum modo, refira-se a operações ou situações que constituam fato gerador da obrigação tributária ou que sirva como comprovante da veracidade dos dados consignados em livros fiscais e contábeis, declarações, guias e documentos fiscais;

VIII — a prestar, sempre que solicitadas pelas autoridades competentes, informações e esclarecimentos que, a juízo do Fisco Municipal, refiram-se a fato gerador da obrigação tributária.

---

(56) Cf. art. 80 Regulamento do ISS de Fortaleza, que sofreu adaptação para fins didáticos.

6.9. IR — Imposto de Renda

6.9.1. Conceito

Segundo o art. 153, inciso III, da Constituição Federal compete à União instituir impostos sobre renda e proventos de qualquer natureza. O chamado Imposto de Renda é um tributo de competência da União, que tem a finalidade de arrecadar dinheiro para os cofres do governo. O mecanismo mais utilizado para fazer esta arrecadação é a instituição de alíquotas que irão incidir sobre a renda da pessoa (seja ela jurídica ou física). Sendo assim, este tipo de tributo tem um caráter meramente fiscal, e por isso, se encontra situado numa linha limítrofe, que perpassa desde a retirada de dinheiro honestamente e chega até a injustiça do confisco, da renda da população em geral.

6.9.2. Fato gerador

O art. 43 do Código Tributário Nacional adverte que o Imposto de Renda é tributo, de competência da União, sobre a renda e proventos de qualquer natureza tem como fato gerador a aquisição da disponibilidade econômica ou jurídica:

I — de renda, assim entendido o produto do capital, do trabalho ou da combinação de ambos;

II — de proventos de qualquer natureza, assim entendidos os acréscimos patrimoniais não compreendidos no inciso anterior.

§ 1º A incidência do imposto independe da denominação da receita ou do rendimento, da localização, condição jurídica ou nacionalidade da fonte, da origem e da forma de percepção. (Parágrafo incluído pela LCP n. 104, de 10.1.2001).

§ 2º Na hipótese de receita ou de rendimento oriundos do exterior, a lei estabelecerá as condições e o momento em que se dará sua disponibilidade, para fins de incidência do imposto. (Parágrafo incluído pela LCP n. 104, de 10.1.2001).

6.9.3. Base de cálculo

A base de cálculo do imposto é o montante, real, arbitrado ou presumido, da renda ou dos proventos tributáveis. O art. 220 do RIR/99 dispõe que, o imposto será determinado com base no lucro real, presumido ou arbitrado, por períodos de apuração trimestrais, encerrados nos dias 31 de março, 30 de junho, 30 de setembro e 31 de dezembro de cada ano-calendário. Ainda, consta o sistema do Simples Nacional, que também será tratado neste capítulo.

A expressão Lucro Real significa o próprio lucro tributável, para fins da legislação do Imposto de Renda, distinto do lucro líquido apurado contabilmente. De acordo com o art. 247 do RIR/99, lucro real é o lucro líquido do período de apuração ajustado pelas adições, exclusões ou compensações prescritas ou autorizadas pela legislação fiscal. A determinação do lucro real será precedida da apuração do lucro líquido de cada período de apuração com observância das leis comerciais.

O lucro presumido é uma forma de tributação simplificada para determinação da base de cálculo do Imposto de Renda e da CSLL das pessoas jurídicas que não estiverem obrigadas, no ano-calendário, à apuração do lucro real. É importante salientar que imposto de renda, com base no lucro presumido, será pago trimestralmente.

O arbitramento de lucro é uma forma de apuração da base de cálculo do imposto de renda utilizada pela autoridade tributária ou pelo contribuinte. É aplicável pela autoridade tributária quando a pessoa jurídica deixar de cumprir as obrigações acessórias relativas à determinação do lucro real ou presumido, conforme o caso. Quando conhecida a receita bruta, e, desde que ocorrida qualquer das hipóteses de arbitramento previstas na legislação fiscal, o contribuinte poderá efetuar o pagamento do imposto de renda correspondente com base nas regras do lucro arbitrado.

O Lucro Arbitrado, na opinião de *Fabretti*[57]: "é uma faculdade do fisco (autoridade tributária), prevista para os casos em que a pessoa jurídica não mantém escrituração contábil prevista em lei, ou seja, o fisco determina como será apurado o Imposto de Renda". Seguem abaixo algumas jurisprudências sobre o tema:

IR. CONVENÇÃO TRABALHISTA.

A Turma reiterou que os direitos trabalhistas remuneratórios resultantes de convenções coletivas, por meio de acordo trabalhista na constância do contrato de trabalho, a título de indenização decorrente da extinção de benefícios como licença-prêmio e salário-família que os converteu em pecúnia não têm natureza indenizatória, sujeitando-se à incidência do imposto de renda, mormente por tratar-se de acréscimo patrimonial (art. 43 do CTN e art. 39 do RIR, aprovado pelo Dec. n. 3.000/99). Precedente citado: REsp 669.012-CE, DJ 27.6.2005. REsp 911.015-RJ, Rel. Min. Teori Albino Zavascki, julgado em 7.10.2008.

IMPOSTO DE RENDA. INCORPORAÇÃO. BENS. SÓCIOS.

Incide imposto de renda sobre o negócio jurídico que resulta na incorporação de bens de sócios para aumentar o capital da pessoa jurídica. Precedentes citados: REsp 41.314-RS, DJ 13.5.2002; REsp 260.499-RS, DJ 13.12.2004; e REsp 142.853-SC, DJ 17.11.1997. REsp 1.027.799-CE, Rel. Min. José Delgado, julgado em 3.6.2008.

HERANÇA. ISENÇÃO. IR.

Cinge-se a controvérsia à legitimidade, ou não, da aplicação do art. 23 da Lei n. 9.532/97 para fins de incidência do imposto de renda sobre o ganho de capital decorrente da transferência de bens e direitos por herança no caso de a data de abertura da sucessão ter ocorrido em 9 de fevereiro de 1997. Destacou-se que, apesar de a citada lei só haver sido publicada em dezembro de 1997, a IN-SRF n. 53/98 pretende fazê-la incidir também sobre as transmissões causa mortis anteriores a 1º de janeiro de 1998, data de sua vigência. Ressalta a Min. Relatora que o fato gerador do imposto em questão aconteceu no momento da abertura da sucessão, que é o momento do falecimento. Estabelecido o fato gerador, a lei aplicável é a do momento da transmissão causa mortis do bem, que era a Lei n. 7.713/88,

---

(57) FABRETTI, Láudio Camargo. *Contabilidade tributária*. 9. ed. São Paulo: Atlas, 2005.

a qual, no art. 22, III, isentava do imposto de renda o ganho de capital daí decorrente. Pelo princípio da irretroatividade da lei tributária, não se poderia aplicar à espécie a Lei n. 9.532/97, que revogou a isenção então existente e instituiu novo tributo. Por outro lado, o art. 1.572 do CC/16, que encontra correspondência no art. 1.784 do CC/02, afirma que a herança transmite-se desde logo aos herdeiros legítimos e testamentários no tempo do falecimento do autor da herança. Assim, a sentença de partilha tem caráter meramente declaratório. Por isso, pouco importa se o inventário foi concluído ou não no tempo da vigência da Lei n. 9.532/97. Com esses fundamentos, a Turma negou provimento ao recurso da Fazenda Nacional. REsp 805.806-RJ, Rel. Min. Denise Arruda, julgado em 13.11.2007.

IR. ATIVIDADES HOSPITALARES. INTERNAÇÃO.

Para fins de base de cálculo do imposto de renda, aplica-se restritivamente o art. 15, § 1º, III, *a*, da Lei n. 9.249/95 aos próprios hospitais, incluindo-se, além desses, apenas os estabelecimentos que dispõem de estrutura material e de pessoal que prestam serviços de internação. Precedente citado: REsp 786.569-RS, DJ 30.10.2006. REsp 922.795-RS, Rel. Min. Castro Meira, julgado em 12.6.2007.

FALSIDADE IDEOLÓGICA. RETIFICAÇÃO. IR.

Trata-se de denúncia fundada no art. 299 do CP (falsidade ideológica), aduzindo que a denunciada teria prestado declaração falsa em retificadora de imposto de renda entregue à Receita Federal (DIRPF de 1997 a 2000) a fim de comprovar rendimentos não declarados anteriormente e, assim, dar lastro à transação imobiliária, a qual participou também seu pai e irmão. Em princípio, a investigação teve como objetivo apurar crime contra a ordem tributária, mas restou afastada essa hipótese, diante do fato de as declarações retificadoras de imposto de renda não terem efeito de suprimir ou reduzir tributos, então o MPF apontou o crime de falsidade ideológica. Isso posto, para o Min. Relator as notícias trazidas nos autos, uma vez que tipicamente não dizem respeito à supressão ou redução de tributo, tal a sua exposição pela denúncia, são notícias referentes a fato penalmente irrelevante, em termos de falsidade ideológica, por lhe faltar, em suma, o dolo específico. Outrossim, note-se que não há, nos autos, quem sofreu o prejuízo, nem foi exposto pelo denunciante, assim a falsidade, só por si, é penalmente irrelevante. O fato narrado, portanto, não constitui o crime previsto no art. 299 do CP. Com esse entendimento, a Turma concedeu a ordem, a fim de reformar o acórdão recorrido e rejeitar a denúncia, a teor do art. 43, I, do CPP. HC 57.739-SP, Rel. Min. Nilson Naves, julgado em 13.3.2007.

IR. FÉRIAS. ANTIGUIDADE. PRÊMIO APOSENTADORIA E JUBILEU.

A jurisprudência do STJ é pacífica no sentido de incidir Imposto de Renda sobre as verbas recebidas a título de indenização especial quando da rescisão do contrato de trabalho, tais como as férias antiguidade, o prêmio aposentadoria e o prêmio jubileu. REsp 731.840-RS, Rel. Min. João Otávio de Noronha, julgado em 1º.3.2007.

6.9.4. Sujeito passivo

6.9.4.1. Lançamento por homologação

O lançamento é o procedimento destinado à constituição do crédito tributário, que se opera de ofício, ou por homologação mediante atos de iniciativa do sujeito passivo da obrigação tributária, com o pagamento antecipado do imposto e a devida comunicação à repartição da SRF, observando-se que tais atos (Lei n. 4.502, de 1964, arts. 19 e 20, e Lei n. 5.172, de 1966, arts. 142, 144 e 150):

> I — compreendem a descrição da operação que lhe dá origem, a identificação do sujeito passivo, a descrição e classificação do produto, o cálculo do imposto, com a declaração do seu valor e, sendo o caso, a penalidade prevista;
>
> II — reportam-se à data da ocorrência do fato gerador da obrigação e regem-se pela lei então vigente, ainda que posteriormente modificada ou revogada.

O Imposto de Renda será lançado por homologação, visto que o sujeito passivo é obrigado por lei, a calcular o valor do imposto devido e antecipar o pagamento do mesmo, mesmo sem aprovação da autoridade tributária. Porém, depois de feito o lançamento, a autoridade tributária pode, se for o caso, corrigir o procedimento realizado pelo contabilista, desde que esteja errado, é claro. Então serão lançadas de ofício as diferenças ocorridas no cálculo do imposto. Somente depois, de corrigido o erro, a autoridade tributária deverá homologar tal lançamento. A declaração de Imposto de Renda será formulada pelo sujeito passivo do imposto de renda. Vale salientar que esta declaração será feita para cumprir uma mera formalidade acessória, da qual o fisco pede que o contribuinte faça. Sendo assim, não pode ser considerado um lançamento por declaração, pois, na essência é apenas uma obrigação acessória, que o contribuinte presta ao fisco.

6.9.4.2. Contribuintes

O art. 45 do Código Tributário Nacional relata que o contribuinte do imposto é o titular da disponibilidade do Imposto de Renda, sem prejuízo de atribuir a lei essa condição ao possuidor, a qualquer título, dos bens produtores de renda ou dos proventos tributáveis.

Importante ressaltar a mudança de alíquota ocorrida em 2009 que implantou uma nova tabela do Imposto de Renda da Pessoa Física (IRPF). Além de elevar em 4,5% as faixas salariais sobre as quais o tributo incide, o governo criou duas alíquotas intermediárias que reduziram a quantia retida na fonte. O novo regime faz parte das medidas anunciadas pelo governo no mês passado para liberar dinheiro a fim de estimular o consumo e a economia.

Pelo regime antigo, o IR previsto para 2009 seria cobrado da seguinte maneira: a parcela do salário até R$ 1.434,59 ficaria isenta do imposto retido na fonte, a faixa entre R$ 1.434,60 e R$ 2.866,70 pagaria 15% e a parte da renda mensal acima de R$ 2.866,70 seria tributada em 27,5%. Os valores levam em conta o reajuste de 4,5% nas faixas salariais, que já estava previsto.

Com as mudanças, a Receita Federal manteve o reajuste nas faixas sobre as quais o imposto incide, mas criou dois novos intervalos com alíquotas intermediárias.

A parcela entre R$ 1.434,60 e R$ 2.866,70 foi desmembrada e passou a pagar 7,5%, na faixa entre R$ 1.434,60 e R$ 2.150,00. Para a parte do salário de R$ 2.150,01 e R$ 2.866,70, a tributação continuará em 15%.

A faixa acima de R$ 2.866,00 também foi dividida. A parcela de R$ 2.866,71 a R$ 3.582,00 pagará 22,5% de Imposto de Renda. A maior alíquota, de 27,5%, incidirá apenas a parte do rendimento superior a R$ 3.582,00.

Confira abaixo como ficarão as novas alíquotas do Imposto de Renda:

Tabela com as novas alíquotas, válida para 2009

Faixa de rendimento	Alíquota	Dedução
Até R$ 1.434,00	0% (isento)	—
De R$ 1.434,00 a R$ 2.150,00	7,5%	R$ 107,55
De R$ 2.150,00 a R$ 2.866,00	15%	R$ 268,80
De R$ 2.866,00 a R$ 3.582,00	22,5%	R$ 483,75
Acima de R$ 3.582,00	27,5%	R$ 662,85

Capítulo 7

Administração Tributária e Processo Administrativo

7.1. Elementos da administração tributária[1]

A administração tributária constitui-se num conjunto de ações e atividades, integradas e complementares entre si, que visam garantir o cumprimento pela sociedade da legislação tributária e do comércio exterior e que se materializam numa presença fiscal ampla e atuante, quer seja no âmbito da facilitação do cumprimento das obrigações tributárias, quer seja na construção e manutenção de uma forte percepção de risco sobre os contribuintes faltosos. Essas ações e atividades se sustentam na normatização da legislação tributária e do comércio exterior e num conjunto integrado de sistemas de informação, alimentados por informações cadastrais e econômico-fiscais, fornecidas ao fisco pelos próprios contribuintes ou por terceiros mediante a apresentação de diversas modalidades de declarações.

Assim, todas as ações que compõem o Programa Administração Tributária (e também o Programa Administração Aduaneira) representam um fluxo único de trabalho, voltado para a obtenção de dois resultados ou produtos finais básicos: a arrecadação aos cofres da União de tributos e contribuições e o controle fiscal e aduaneiro do comércio exterior. Nesse sentido, não cabe distinguir uma ou outra ação do programa como de maior relevância para a consecução dos seus objetivos ou para explicar o desempenho favorável de seus indicadores — os quais derivam de todo o conjunto de ações e atividades desenvolvidos pela Secretaria da Receita Federal.

Nesse contexto, a missão da fiscalização de tributos internos e aduaneiros é a de elevar a percepção de risco do contribuinte faltoso, aumentando, dessa maneira, o nível de cumprimento voluntário de suas obrigações tributárias e, por consequência, promovendo o incremento da arrecadação.

A fiscalização, portanto, busca, sobretudo, resultados indiretos — que se realizam com a elevação do patamar de cumprimento voluntário das obrigações tributárias. Por outro lado, a percepção de risco resulta de uma gama variada de fatores, que atuam de forma complementar, dando efetividade ao poder impositivo do fisco. Assim, uma eficiente ação fiscalizadora se complementa e se torna efetiva com ações ágeis e tempestivas de cobrança administrativa ou judicial, com sistemas de informação de qualidade, com recursos humanos e tecnológicos de excelência, com um ágil tratamento do contencioso administrativo-fiscal etc.

---

[1] Para mais informações acessar: <http://www.abrasil.gov.br/avalppa/site/content/av_prog/02/02/prog0202.htm>.

A Portaria MF n. 259, de 2001, aprovou uma nova estrutura organizacional para a SRF, a qual estabelece um melhor fluxo de decisão e de gestão, centrado na estrutura administrativa, o que deverá favorecer a gestão do programa/ações de responsabilidade da Secretaria da Receita Federal.

Cabe ressaltar que a Lei n. 9.532, de 1997, determina que os gastos efetuados com os conselhos de contribuintes deverão ser realizados por meio de recursos do Fundaf. No entanto, tem-se que as ações "Apreciação e Julgamento Administrativo de Litígios Fiscais" e "Sistemas Informatizados dos Conselhos de Contribuintes" vêm sendo financiadas com recursos ordinários do Tesouro e constam da unidade orçamentária da administração direta do Ministério da Fazenda. Entende-se, portanto, que essas ações devem ser transferidas para o orçamento do Fundaf, a fim de que seja cumprida a determinação legal.

O governo federal criou o programa de Modernização da Administração Tributária que destina-se à modernização da administração tributária e à melhoria da qualidade do gasto público dentro de uma perspectiva de desenvolvimento local sustentado, visando proporcionar aos municípios brasileiros possibilidades de atuar na obtenção de mais recursos estáveis e não inflacionários e na melhoria da qualidade e redução do custo praticado na prestação de serviços nas áreas de administração geral, assistência à criança e jovens, saúde, educação e de geração de oportunidades de trabalho e renda, mediante as seguintes ações:

- Fortalecimento das capacidades gerencial, normativa, operacional e tecnológica da administração tributária e da gestão pública dos serviços sociais básicos e demais ações de natureza fiscal ou racionalizadoras do uso de recursos públicos disponíveis nos governos locais;

- desenvolvimento e aperfeiçoamento de sistemas de informação, serviços e processos voltados ao cumprimento das atribuições e competências municipais estabelecidas no âmbito do Estatuto da Criança e do Adolescente — ECA e da Lei de Diretrizes e Bases da Educação — LDB;

- acompanhamento das obrigações tributárias, maximização do uso de recursos ociosos/subutilizados e eliminação de perdas, melhoria da qualidade e da oferta desses serviços a um menor custo, registro, controle e gerenciamento da execução do gasto público;

- cooperação permanente das Unidades da Federação entre si, com órgãos da Administração Federal e com a Sociedade Civil para atuação conjunta, intercâmbio de experiências, informações, cadastros e formação de redes sociais que racionalizem, melhorem e ampliem o atendimento e reduzam o custo unitário da prestação dos serviços;

- modernização da administração pública voltada para iniciativas de desenvolvimento local que promovam capacitação e articulação do tecido produtivo e geração de trabalho e renda.

7.2. Princípios da administração tributária

7.2.1. Princípio da eficiência arrecadatória

De acordo com este princípio, a Administração Tributária deve se pautar por elementos estruturais e normas positivas que impliquem a geração da maior receita tributária possível. Assim, por muitas vezes o Fisco concede descontos nos tributos se forem pagos em parcela única (Ex.: IPTU) para que aumente a arrecadação e diminua a inadimplência.

7.2.2. Princípio da fiscalização social

O princípio acima aludido retrata a importância da aplicação correta do tributo em obras que beneficiem a sociedade. Neste sentido, a população deverá fiscalizar se o orçamento público está sendo gasto de forma equânime e consonante com os princípios da razoabilidade e proporcionalidade. Por exemplo, não tem sentido um município pequeno gastar R$ 300.000,00 (trezentos mil reais) num telão para a Câmara de Vereadores se as prioridades básicas (ex.: creche etc.) não estão resolvidas.

7.2.3. Princípio da administração favorável ao contribuinte

De acordo com o princípio acima a Administração Pública deve pautar-se na facilitação da relação jurídica tributária (fisco x contribuinte). Assim, o fisco deve permitir que o contribuinte utilize de todas as formas possíveis no direito para extinguir o crédito tributário. Por exemplo, se a administração pública tem débito com o contribuinte por um serviço prestado, este pode utilizar da compensação para se ver livre da quantia requerida pelo fisco, se ambos os créditos se compensarem pela natureza e pelo valor.

7.2.4. Princípio da administração tributária ética

No trato com o contribuinte a Administração deve prezar pela ética e pelo bom-senso. Assim, não pode fazer uma bitributação ou tributar o contribuinte com efeito de confisco. Também não pode aplicar multas desarrazoadas para punir um adversário político. Desta feita, deve ficar claro que a Administração Pública somente deverá proceder com boa-fé e nos ditames da ética.

7.2.5. Princípio da tributação mínima

O princípio acima é um corolário lógico do princípio da cidadania e pode ser conceituado como o dever do fisco de tributar o contribuinte apenas excepcionalmente, isto é, o tributo é uma exceção na fase arrecadatória do Estado. Assim, as empresas estatais (Banco do Brasil, Caixa Econômica Federal, Petrobras etc.) e as parcerias público-privadas devem ser a fonte principal de sustento do Poder Público Federal, o qual deverá repassar e distribuir aos Estados e Municípios as parcelas devidas a cada ente federado. Assim, o Estado deve buscar outras formas de se manter para que o contribuinte não precise ser onerado tão robustamente como ocorre hoje.

7.3. Características da administração tributária

A legislação tributária, regulará, em caráter geral, ou especificamente em função da natureza do tributo de que se tratar, a competência e os poderes das autoridades administrativas em matéria de fiscalização da sua aplicação. Para os efeitos da legislação tributária, não têm aplicação quaisquer disposições legais excludentes ou limitativas do direito de examinar mercadorias, livros, arquivos, documentos, papéis e efeitos comerciais ou fiscais, dos comerciantes industriais ou produtores, ou da obrigação destes de exibi-los. Note que, os livros obrigatórios de escrituração comercial e fiscal e os comprovantes dos lançamentos neles efetuados serão conservados até que ocorra a prescrição dos créditos tributários decorrentes das operações a que se refiram.

A autoridade administrativa que proceder ou presidir a quaisquer diligências de fiscalização lavrará os termos necessários para que se documente o início do procedimento, na forma da legislação aplicável, que fixará prazo máximo para a conclusão daquelas. Os termos serão lavrados, sempre que possível, em um dos livros fiscais exibidos; quando lavrados em separado deles se entregará, à pessoa sujeita à fiscalização, cópia autenticada pela autoridade administrativa competente.

Importante consignar que, mediante intimação escrita, são obrigados a prestar à autoridade administrativa todas as informações de que disponham com relação aos bens, negócios ou atividades de terceiros:

1º) os tabeliães, escrivães e demais serventuários de ofício;

2º) os bancos, casas bancárias, Caixas Econômicas e demais instituições financeiras;

3º) as empresas de administração de bens;

4º) os corretores, leiloeiros e despachantes oficiais;

5º) os inventariantes;

6º) os síndicos, comissários e liquidatários;

7º) quaisquer outras entidades ou pessoas que a lei designe, em razão de seu cargo, ofício, função, ministério, atividade ou profissão.

Importante registrar que é proibida a divulgação, por parte da Fazenda Pública ou de seus servidores, de informação obtida em razão do ofício sobre a situação econômica ou financeira do sujeito passivo ou de terceiros e sobre a natureza e o estado de seus negócios ou atividades. Entretanto, excepcionalmente poderão ser requisitadas informações: a) de autoridade judiciária no interesse da justiça; b) de autoridade administrativa no interesse da Administração Pública, desde que seja comprovada a instauração regular de processo administrativo, no órgão ou na entidade respectiva, com o objetivo de investigar o sujeito passivo a que se refere a informação, por prática de infração administrativa.

O intercâmbio de informação sigilosa, no âmbito da Administração Pública, será realizado mediante processo regularmente instaurado, e a entrega será feita pessoalmente à autoridade solicitante, por meio de recibo que formalize a transferência e assegure a preservação do sigilo. Registra-se que é permitida a divulgação de informações relativas a:

a) representações fiscais para fins penais;

b) inscrições na Dívida Ativa da Fazenda Pública;

c) parcelamento ou moratória.

A Fazenda Pública da União e as dos Estados, do Distrito Federal e dos Municípios prestarão assistência mútua para a fiscalização dos tributos respectivos e permuta de informações, na forma estabelecida, em caráter geral ou específico, por lei ou convênio. Ressalta-se que, a Fazenda Pública da União, na forma estabelecida em tratados, acordos ou convênios, poderá permutar informações com Estados estrangeiros no interesse da arrecadação e da fiscalização de tributos.

As autoridades administrativas federais poderão requisitar o auxílio da força pública federal, estadual ou municipal, e reciprocamente, quando vítimas de embaraço ou desacato no exercício de suas funções, ou quando necessário à efetivação dê medida prevista na legislação tributária, ainda que não se configure fato definido em lei como crime ou contravenção.

7.4. Dívida ativa e certidões negativas

A dívida ativa tributária é aquela regularmente inscrita na repartição administrativa competente, depois de esgotado o prazo fixado, para pagamento, pela lei ou por decisão final proferida em processo regular. Ressalta-se que, o termo de inscrição da dívida ativa, autenticado pela autoridade competente, indicará obrigatoriamente:

a) o nome do devedor e, sendo caso, o dos corresponsáveis, bem como, sempre que possível, o domicílio ou a residência de um e de outros;

b) a quantia devida e a maneira de calcular os juros de mora acrescidos;

c) a origem e natureza do crédito, mencionada especificamente a disposição da lei em que seja fundado;

d) a data em que foi inscrita;

e) o número do processo administrativo de que se originar o crédito;

f) a certidão conterá, a indicação do livro e da folha da inscrição. Destaca-se que a omissão de quaisquer dos requisitos previstos, ou o erro a eles relativo, são causas de nulidade da inscrição e do processo de cobrança dela decorrente. Entretanto, a nulidade poderá ser sanada até a decisão de primeira instância, mediante substituição da certidão nula, devolvido ao sujeito passivo, acusado ou interessado o prazo para defesa, que somente poderá versar sobre a parte modificada. A dívida regularmente inscrita goza da presunção de certeza e liquidez e tem o efeito de prova pré-constituída.

A lei poderá exigir que a prova da quitação de determinado tributo, quando exigível, seja feita por certidão negativa, expedida à vista de requerimento do interessado, que contenha todas as informações necessárias à identificação de sua pessoa, domicílio fiscal e ramo de negócio ou atividade e indique o período a que se refere o pedido. Registra-se que a certidão negativa será sempre expedida nos termos em que tenha sido requerida e será fornecida dentro de 10 dias da data da entrada do requerimento na repartição. Note que, tem efeito de certidão negativa a certidão de que conste a existência de créditos não vencidos, em curso de cobrança executiva em que tenha sido efetivada a penhora, ou cuja exigibilidade esteja suspensa.

Importante consignar que, será dispensada a prova de quitação de tributos, ou o seu suprimento, quando se tratar de prática de ato indispensável para evitar a caducidade de direito, respondendo, porém, todos os participantes no ato pelo tributo porventura devido, juros de mora e penalidades cabíveis, exceto as relativas a infrações cuja responsabilidade seja pessoal ao infrator.

Destaca-se que, a certidão negativa expedida com dolo ou fraude, que contenha erro contra a Fazenda Pública, responsabiliza pessoalmente o funcionário que a expedir, pelo crédito tributário e juros de mora acrescidos.

Interessante anotar que, os prazos fixados nesta Lei ou legislação tributária serão contínuos, excluindo-se na sua contagem o dia de início e incluindo-se o de vencimento. Ressalta-se que, os prazos só se iniciam ou vencem em dia de expediente normal na repartição em que corra o processo ou deva ser praticado o ato. De acordo com a Súmula n. 310 do STF: "quando a intimação tiver lugar na sexta-feira, ou a publicação com efeito de intimação for feita nesse dia, o prazo judicial terá início na segunda-feira imediata, salvo se não houver expediente, caso em que começará no primeiro dia útil que se seguir".

7.5. Processo administrativo federal

7.5.1. Considerações iniciais

O processo administrativo no âmbito federal está disciplinado pela Lei n. 9.784/99 que define no seu art. 1º: "Esta lei estabelece normas básicas sobre o processo administrativo no âmbito da Administração Federal, direta e indireta, visando, em especial, à proteção dos direitos dos administrados e ao melhor cumprimento dos fins da administração". Uma colocação a ser feita, analisando o art. 69 da referida Lei é que, esta lei, aplica-se apenas subsidiariamente, aos processos administrativos específicos, que serão regulados por lei própria, como por exemplo, no caso da Lei n. 8.112/90 que regula o Processo Administrativo Disciplinar, ou ainda, do Processo Administrativo de Consulta federal, disciplinado pelo mesmo decreto e pela Lei n. 9.430/96.

A aplicação da Lei está descrito no § 1º do art. 1º da Lei n. 9.784/99 que assinala ser da Administração federal Direta e Indireta, além dos órgãos dos Poderes Legislativo e Judiciário da União, quando estes estiverem desempenhando funções administrativas. Iremos, a seguir, tratar dos princípios gerais que informam o processo administrativo.

7.5.2. Princípios gerais dos processos administrativos

Antes de tratar, com propriedade, sobre o processo administrativo iremos expor alguns princípios elaborados pela *Maria Sylvia Zanella Di Pietro*, que revela alguns princípios que fazem parte do processo administrativo, tais como: princípio da oficialidade, da obediência à forma, da gratuidade, da atipicidade, da pluralidade de instâncias, da participação popular e economia processual. Vamos analisar cada um deles.

7.5.2.1. Princípio da oficialidade

O princípio da oficialidade tem como objetivo agir de ofício e movimentar o processo administrativo requerendo diligências, investigando fatos de que toma conhecimento no curso do processo, solicitando pareceres, laudos, informações, revendo os próprios atos. Neste sentido, temos a Súmula n. 473 do STF que assinala: "A administração pode anular seus próprios atos, quando eivados de vícios que os tornam ilegais, porque deles não se originam direitos; ou revogá-los, por motivo de conveniência ou oportunidade, respeitados os direitos adquiridos, e ressalvada, em todos os casos, a apreciação judicial". O art. 63, § 2º da Lei consagra esse entendimento ao estabelecer que o não conhecimento do recurso não impede a Administração de rever de ofício o ato ilegal, desde que não ocorrida a preclusão administrativa.

Vale ressaltar que, o princípio da oficialidade tem previsão dos arts. 2º, XII e 29 da Lei n. 9.784/99 que consigna a impulsão de ofício, do processo administrativo, sem prejuízo da atuação dos interessados, como também que, as atividades de instrução destinadas a averiguar e comprovar os dados necessários à tomada de decisão realizam-se de ofício ou mediante impulsão do órgão responsável pelo processo, sem prejuízo do direito dos interessados de propor atuações probatórias.

7.5.2.2. Princípio da obediência mitigada à forma (informalismo)

No processo judicial temos uma propriedade processual rígida que dificulta certos preciosismos e certas comprovações fáticas sem obedecer regras inexoráveis que determinam e informam o processo. Contudo, no processo administrativo se a busca a verdade material (a busca do que realmente aconteceu) e, por conseguinte, deve-se ter uma preocupação com a forma do processo que não limite o conhecimento da verdade. Neste ponto, o processo administrativo é categoricamente informal, e, por isso, não está sujeto a formalidades rígidas. O princípio do informalismo tem amparo legal no art. 2º, VIII e IX da Lei n. 9.784/99, que exige, nos processos administrativos, a observância das formalidades essenciais à garantia dos direitos dos administrados e a adoção de forma simples, suficientes para propiciar adequado grau de certeza, segurança e respeito aos direitos dos administrados. Também é sabido que o art. 22 da mesma lei assevera que os atos do processo administrativo não dependem de forma determinada senão quando a lei expressamente a exigir.

7.5.2.3. Princípio da gratuidade

O princípio da gratuidade é decorrência lógica da cidadania, e, proíbe a cobrança de despesas processuais, ressalvadas as previstas em lei. Os atos processuais devem ser gratuitos no procedimento administrativo como forma de facilitar o acesso à jurisdição administrativa. Segundo *Maria Sylvia Di Pietro*[2]: "Sendo a Administração Pública uma das partes do processo administrativo, não se justifica a mesma onerosidade que existe no processo judicial".

7.5.2.4. Princípio da atipicidade

Este princípio revela o caráter discricionário na aplicação das sanções administrativas e punições. Por isso, conceitos como "falta grave" "ineficiência do serviço" são eivados de abstração e sua concretude depende da visão do superior hierárquico. Neste sentido, a tipificação dos casos que devem ser punidos não é feita em lei, como regra, mas como exceção. Desta forma, é perfeitamente viável que a administração faça uma interpretação a seu critério de conceitos jurídicos indefinidos (Ex.: falta grave) para aplicar uma punição. Entretanto, esta interpretação deve ser pautada pelos princípios da razoabilidade e da proporcionalidade.

7.5.2.5. Princípio da pluralidade de instâncias

Este princípio celebra a possibilidade de revisão das decisões judiciais por instância superior, e por conseguinte, privilegia o acesso à justiça e o direito à ampla defesa. As Súmulas ns. 346 e 473 consignam este poder de autotutela conferido à adminsitração pública pela jurisprudência do Supremo Tribunal Federal. Sustenta com sapiência a professora *Maria Sylvia Zanella Di Pietro* que, em relação ao princípio da pluralidade de instâncias, existem algumas diferenças no que se relaciona ao processo

---

(2) *Op. cit.*, p. 596.

civil: 1) possibilidade de alegar em instância superior o que não foi arguido de início; 2) reexaminar matéria de fato; 3) produzir novas provas.

Ora, o que se busca é a verdade material e, por isso, a Administração possibilita todos os meios possíveis para que o processo tenha seu deslinde de forma bastante transparente e alcançando a veracidade dos fatos.

7.5.2.6. Princípio da participação popular

Este princípio abarca como decorrência lógica a aplicação da cidadania no Estado Democrático de Direito onde deve ser aplicada a participação da população nas decisões políticas e administrativas do país. Como exemplo, podemos citar os fóruns realizados em Uberlândia (MG) e Vila Velha (ES) sobre o orçamento participativo da população que analisa as prioridades que devem ser tomadas na condução da gestão pública. Vamos elencar alguns modelos de participação popular descritos em nossa Constituição:

a) colaboração da comunidade na proteção do patrimônio cultural (art. 216, § 1º);

b) gestão democrática do ensino público (art. 206, II);

c) participação da sociedade nas iniciativas de seguridade social (art. 194)

d) direito à informação (art. 5º, XXXIII)

e) ação popular (art. 5º, LXXIII)

f) mandado de injunção (art. 5º, LXXI);

g) direito de denunciar irregularidades nos Tribunais de Contas (art. 74, § 2º);

h) participação dos trabalhadores e empregadores nos colegiados dos órgãos públicos em que seus interesses profissionais ou previdenciários sejam objeto de discussão e deliberação (art. 10).

7.5.2.7. Princípio da economia processual

O processo administrativo é o instrumento que concretiza o direito do indivíduo ou da Administração de ver analisada nas vias administrativas a questão de fato que gerou a querela processual. Este princípio está em consonância do princípio da informalidade, pois assegura um mínimo de formalidades para atingir um resultado processual mais célere e construtivo. Como exemplo citamos que o art. 169, § 1º da Lei n. 8.112/90 que assinala "o julgamento fora do prazo legal não implica nulidade de processo".

Prosseguindo o nosso estudo temos ainda dois princípios: Legalidade objetiva e Verdade material que são elencados por *Hely Lopes Meirelles* e que merecem ser analisados a seguir:

7.5.2.8. Princípio da legalidade objetiva

A legalidade objetiva pode ser conceituada como a obrigatoriedade de serem tipificadas em Lei as condutas a serem adotadas pelo administrador. Quer dizer, no campo do direito administrativo só pode fazer aquilo que estiver anteriormente consignado em Lei.

7.5.2.9. Verdade material

O princípio da verdade material importa reconhecer que o processo administrativo não pode ser um fim em si mesmo, mas uma tentativa concreta de verificação dos fatos que ocasionaram a instauração do processo na via administrativa. Desta feita, caso uma decisão, seja favorável, em primeira instância, ao contribuinte, poderá ocorrer que, na segunda instância seja reformada a decisão prejudicando-o, tendo como fundamento, o aparecimento de uma nova prova que confirma o fato como materialmente diverso do alegado na inicial.

7.5.3. Etapas do processo administrativo

7.5.3.1. Legitimação ativa

O processo administrativo, como já afirmado, está inserto num ambiente de peculiaridades como a informalidade e a busca da verdade material. Vamos iniciar o estudo relacionando o art. 9º da Lei n. 9.784/99 que assinala os legitimados no processo administrativo:

a) pessoas físicas ou jurídicas que o iniciem como titulares de direitos ou interesses individuais ou no exercício do direito de representação;

b) aqueles que, sem terem iniciado o processo, têm direitos ou interesses que possam ser afetados pela decisão a ser adotada;

c) as organizações e associações representativas, no tocante a direitos e interesses coletivos;

d) as pessoas ou as associações legalmente constituídas quanto a direitos ou interesses difusos.

7.5.3.2. Início do processo administrativo

Já vimos a legitimação ativa no processo administrativo; contudo, uma pergunta se faz necessária: Como se inicia o processo administrativo?

A resposta a esta pergunta encontramos nos arts. 5º e 6º da Lei n. 9.784/99 que assegura que o processo administrativo se inicia de ofício pela Administração ou a requerimento do interessado. Neste caso, salvo nos casos em que for admitida a solicitação oral, o requerimento deve conter os seguintes dados: 1) órgão ou autoridade administrativa a que se dirige; 2) identificação do interessado ou de quem o represente; 3) domicílio do requerente ou local para recebimento de comunicações; 4) formulação do pedido, com exposição dos fatos e de seus fundamentos; 5) data e assinatura do requerente ou de seu representante. Note: os atos do processo administrativo devem ser produzidos por escrito, em vernáculo, com a data e o local de sua realização e a assinatura da autoridade responsável. (Ver art. 22)

A próxima fase a ser analisada é a relativa à competência que pode ser caracterizada como irrenunciável e ser exercida pelos órgãos administrativos a que foi atribuída como própria, salvo os casos de delegação e avocação legalmente admitidas. Na avocação, o órgão superior chama para si a o exercício da competência que originalmente era atribuída a um órgão hierarquicamente inferior. Já na delegação será transferidos poderes a outro órgão (delegado), o qual responderá pelos atos cometidos nesta atividade. No art. 13 da Lei n. 9.784/99 são enumeradas as matérias indelegáveis: 1) a edição de atos de caráter normativo; 2) a decisão de recursos adminsitrativos; 3) as matérias de competência exclusiva do órgão ou entidade.

7.5.3.3. Impedimento e suspeição

A grande indagação que deve ser feita é a seguinte: Todas as pessoas podem atuar no processo administrativo?

Para responder a esta pergunta temos que nos remeter a dois institutos específicos: impedimento e suspeição. No caso do impedimento temos a resposta no art. 18 da Lei n. 9.874/99 que assinala ser impedido de atuar em processo administrativo o servidor ou autoridade que: 1) tenha interesse direto ou indireto na matéria; 2) tenha participado ou venha a participar como perito, testemunha ou representante, ou se tais situações ocorrem quanto ao cônjuge, companheiro ou parente e afins até o terceiro grau; 3) esteja litigando judicial ou administrativamente com o interessado ou respectivo cônjuge ou companheiro. Já com relação à suspeição temos como parâmetro o art. 20 que estabelece que pode ser arguida a suspeição de autoridade ou servidor que tenha amizade íntima ou inimizade notória com algum dos interessados ou com os respectivos cônjuges, companheiros, parentes e afins até terceiro grau. A afinidade, conforme *Jarbas Ferreira Pires*[3], citando *Estevão de Almeida* "é o nexo entre pessoas unidas realmente pelo mesmo sangue ou pelo do consorte, ou apenas artificialmente por uma ficção de consanguinidade".

Nas lições de *Frederico Koehler*[4]: "no impedimento há presunção absoluta (*juris et de jure*) de parcialidade do juiz, enquanto na suspeição há apenas presunção relativa (*juris tantum*). A imparcialidade do juiz é um do pressupostos processuais subjetivos

---

(3) PIRES, Jarbas Ferreira. *Das relações de parentesco*. 2. ed. Rio de Janeiro: Forense, 1994. p. 5.
(4) KOEHLER, Frederico. *Um estudo sobre os aspectos polêmicos das exceções processuais* (arts. 304 a 314 do CPC). Disponível em: <http://jus2.uol.com.br/doutrina/texto.asp?id=4106> Acesso em: 29 maio 2008.

do processo. As causas de impedimento e suspeição são elencadas respectivamente nos arts. 134 e 135 do CPC. O impedimento é arguível a qualquer tempo, não precluindo (constitui até fundamento para rescisória — art. 485, II, do CPC), pois é matéria de ordem pública".

Devemos nos atentar para o fato de que a autoridade ou servidor que incorrer em impedimento deve comunicar o fato à autoridade competente, abstendo-se de atuar, isto é, no caso de impedimento existe uma obrigação de comunicar o fato à autoridade competente. O parágrafo único do art. 19 consigna que: "a omissão do dever de comunicar o impedimento constitui falta grave, para efeitos disciplinares". Já no caso da suspeição é facultativa a comunicação, mas deve partir da parte interessada. De acordo com o art. 20: "Pode ser arguida a suspeição de autoridade ou servidor que tenha amizade íntima ou inimizade notória com algum dos interessados ou com os respectivos cônjuges, companheiros, parentes e afins até o terceiro grau".

7.5.3.4. Intimação

O órgão competente perante o qual tramita o processo administrativo determinará a intimação do interessado para ciência de decisão ou a efetivação de diligências. A intimação observará a antecedência mínima de três dias úteis quanto à data de comparecimento. Devem ser objeto de intimação os atos do processo que resultem para o interessado em imposição de deveres, ônus, sanções ou restrição ao exercício de direitos e atividades e os atos de outra natureza, de seu interesse. A intimação pode ser efetuada por ciência no processo, por via postal com aviso de recebimento, por telegrama ou outro meio que assegure a certeza da ciência do interessado.

No caso de interessados indeterminados, desconhecidos ou com domicílio indefinido, a intimação deve ser efetuada por meio de publicação oficial. Note: As intimações serão nulas quando feitas sem observância das prescrições legais; mas o comparecimento do administrado supre sua falta ou irregularidade. Vale ressaltar que, o desatendimento da intimação não importa o reconhecimento da verdade dos fatos, nem a renúncia a direito pelo administrado.

7.5.3.5. Instrução

As atividades de instrução destinadas a averiguar e comprovar os dados necessários à tomada de decisão realizam-se de ofício ou mediante impulsão do órgão responsável pelo processo, sem prejuízo do direito dos interessados de propor atuações probatórias. O órgão competente para a instrução fará constar dos autos os dados necessários à decisão do processo.

Cumpre ressaltar que os atos de instrução que exijam a atuação dos interessados devem realizar-se do modo menos oneroso para estes. São inadmissíveis no processo administrativo as provas obtidas por meios ilícitos. Quando a matéria do processo envolver assunto de interesse geral, o órgão competente poderá, mediante despacho motivado, abrir período de consulta pública para manifestação de terceiros, antes da decisão do pedido, se não houver prejuízo para a parte interessada. Note: A abertura da consulta pública será objeto de divulgação pelos meios oficiais, a fim de que pessoas físicas ou jurídicas possam examinar os autos, fixando-se prazo para oferecimento de alegações escritas.

O comparecimento à consulta pública não confere, por si, a condição de interessado do processo; mas confere o direito de obter da Administração resposta fundamentada, que poderá ser comum a todas as alegações substancialmente iguais. Antes da tomada de decisão, a juízo da autoridade, diante da relevância da questão, poderá ser realizada audiência pública para debates sobre a matéria do processo. Os resultados da consulta e audiência pública e de outros meios de participação de administrados deverão ser apresentados com a indicação do procedimento adotado.

Segundo dicção do art. 33 da Lei n. 9.874/99: Os órgãos e entidades administrativas, em matéria relevante, poderão estabelecer outros meios de participação de administrados, diretamente ou por meio de organizações e associações legalmente reconhecidas. Quando necessária à instrução do processo, a audiência de outros órgãos ou entidades administrativas poderá ser realizada em reunião conjunta, com a participação de titulares ou representantes dos órgãos competentes, lavrando-se a respectiva ata, a ser juntada aos autos.

Em relação aos fatos que tenha alegado cabe ao interessado a prova, sem prejuízo do dever atribuído ao órgão competente para a instrução e do disposto no art. 37 desta Lei. Quando o interessado declarar que fatos e dados estão registrados em documentos existentes na própria Administração responsável pelo processo ou em outro órgão administrativo, o órgão competente para a instrução proverá, de ofício, à obtenção dos documentos ou das respectivas cópias.

O interessado poderá, na fase instrutória e antes da tomada da decisão, juntar documentos e pareceres, requerer diligências e perícias, bem como aduzir alegações referentes à matéria objeto do processo. Os elementos probatórios deverão ser considerados na motivação do relatório e da decisão. Note: Somente poderão ser recusadas, mediante decisão fundamentada, as provas propostas pelos interessados quando sejam ilícitas, impertinentes, desnecessárias ou protelatórias. Quando for necessária a prestação de informações ou a apresentação de provas pelos interessados ou terceiros, serão expedidas intimações para esse fim, mencionando-se data, prazo, forma e condições de atendimento; contudo, se não atendida a intimação, poderá o órgão competente, se entender relevante a matéria, suprir de ofício a omissão, não se eximindo de proferir a decisão.

Quando dados, atuações ou documentos solicitados ao interessado forem necessários à apreciação de pedido formulado, o não atendimento no prazo fixado pela Administração para a respectiva apresentação implicará arquivamento do processo. Os interessados serão intimados de prova ou diligência ordenada, com antecedência mínima de três dias úteis, mencionando-se data, hora e local de realização.

Quando deva ser obrigatoriamente ouvido um órgão consultivo, o parecer deverá ser emitido no prazo máximo de quinze dias, salvo norma especial ou comprovada necessidade de maior prazo. Se um parecer obrigatório e vinculante deixar de ser emitido no prazo fixado, o processo não terá seguimento até a respectiva apresentação, responsabilizando-se quem der causa ao atraso. Porém, se um parecer obrigatório e não vinculante deixar de ser emitido no prazo fixado, o processo poderá ter prosseguimento e ser decidido com sua dispensa, sem prejuízo da responsabilidade de quem se omitiu no atendimento.

Importante asseverar que, quando por disposição de ato normativo, devam ser previamente obtidos laudos técnicos de órgãos administrativos e estes não cumprirem o encargo no prazo assinalado, o órgão responsável pela instrução deverá solicitar laudo técnico de outro órgão dotado de qualificação e capacidade técnica equivalentes. Encerrada a instrução, o interessado terá o direito de manifestar-se no prazo máximo de dez dias, salvo se outro prazo for legalmente fixado.

Finalizando este item teceremos algumas considerações retiradas da análise da Lei n. 9.874/99, mais especificamente, dos arts. 45 a 48. Vejamos:

a) em caso de risco iminente, a Administração Pública poderá motivadamente adotar providências acauteladoras sem a prévia manifestação do interessado;

b) os interessados têm direito à vista do processo e a obter certidões ou cópias reprográficas dos dados e documentos que o integram, ressalvados os dados e documentos de terceiros protegidos por sigilo ou pelo direito à privacidade, à honra e à imagem;

c) o órgão de instrução que não for competente para emitir a decisão final elaborará relatório indicando o pedido inicial, o conteúdo das fases do procedimento e formulará proposta de decisão, objetivamente justificada, encaminhando o processo à autoridade competente.

7.5.3.6. Motivação

No caso da Lei n. 9.874/99, que trata do processo administrativo no âmbito federal, a motivação dos atos administrativos se faz necessária quando: 1) neguem, limitem ou afetem direitos ou interesses; 2) imponham ou agravem deveres, encargos ou sanções; 3) decidam processos administrativos de concurso ou seleção pública; 4) dispensem ou declarem a inexigibilidade de processo licitatório; 5) decidam recursos administrativos; 6) decorram de reexame de ofício; 7) deixem de aplicar jurisprudência firmada sobre a questão ou discrepem de pareceres, laudos, propostas e relatórios oficiais; 8) importem anulação, revogação, suspensão ou convalidação de ato administrativo.

Importante enaltecer que a motivação deve ser explícita, clara e congruente, podendo consistir em declaração de concordância com fundamentos de anteriores pareceres, informações, decisões ou propostas, que, neste caso, serão parte integrante do ato. Note: a motivação das decisões de órgãos colegiados e comissões ou de decisões orais constará da respectiva ata ou de termo escrito. A motivação das decisões de órgãos colegiados e comissões ou de decisões orais constará da respectiva ata ou de termo escrito. Vale colacionar também o § 2º do art. 50: "na solução de vários assuntos da mesma natureza, pode ser utilizado meio mecânico que reproduza os fundamentos das decisões, desde que não prejudique direito ou garantia dos interessados".

7.5.3.7. Desistência

O interessado poderá, mediante manifestação escrita, desistir total ou parcialmente do pedido formulado ou, ainda, renunciar a direitos disponíveis e havendo vários interessados, a desistência ou renúncia atinge somente quem a tenha formulado. Lembre: a desistência ou renúncia do interessado, conforme o caso, não prejudica o prosseguimento do processo, se a Administração considerar que o interesse público assim o exige. O art. 52 da referida Lei declara que: o órgão competente poderá declarar extinto o processo quando exaurida sua finalidade ou o objeto da decisão se tornar impossível, inútil ou prejudicado por fato superveniente.

7.5.3.8. Prazos

Os prazos começam a correr a partir da data da cientificação oficial, excluindo-se da contagem o dia do começo e incluindo-se o do vencimento. Note que a Lei n. 9.874/99 assina que é considerado prorrogado o prazo até o primeiro dia útil seguinte se o vencimento cair em dia em que não houver expediente ou este for encerrado antes da hora normal e que os prazos expressos em dias contam-se de modo contínuo. Importante asseverar que, salvo motivo de força maior, devidamente comprovado, os prazos processuais não se suspendem.

Para fazer a contagem dos prazos, é necessário que sejam fixados em meses ou anos; contam-se de data a data. Se no mês do vencimento não houver o dia equivalente àquele do início do prazo, tem-se como termo o último dia do mês.

7.5.3.9. Do recurso administrativo e revisão

O recuso administrativo é forma de exercício do duplo grau de jurisdição e, por conseguinte, das decisões administrativas cabe recurso, em face de razões de legalidade e de mérito. As etapas são as seguintes:

1º) O recurso será dirigido à autoridade que proferiu a decisão, a qual, se não a reconsiderar no prazo de cinco dias, encaminhá-lo-a à autoridade superior. O recurso administrativo tramitará no máximo por três instâncias administrativas, salvo disposição legal diversa. Tendo em vista o princípio da gratuidade a interposição de recurso administrativo independe de caução, salvo exigência legal. Note: se o recorrente alegar que a decisão administrativa contraria enunciado da súmula vinculante, caberá à autoridade prolatora da decisão impugnada, se não a reconsiderar, explicitar, antes de encaminhar o recurso à autoridade superior, as razões da aplicabilidade ou inaplicabilidade da súmula, conforme o caso. Acolhida pelo Supremo Tribunal Federal a reclamação fundada em violação de enunciado da súmula vinculante, dar-se-á ciência à autoridade prolatora e ao órgão competente para o julgamento do recurso, que deverão adequar as futuras decisões administrativas em casos semelhantes, sob pena de responsabilização pessoal nas esferas cível, administrativa e penal. Esta afirmação foi consignada pela Lei n. 11.417/06.

O art. 58 da Lei n. 9.874/99 assevera a legitimidade de interposição do recurso administrativo: a) os titulares de direitos e interesses que forem parte no processo; b) aqueles cujos direitos ou interesses forem indiretamente afetados pela decisão recorrida; c) as organizações e associações representativas, no tocante a direitos e interesses coletivos; d) os cidadãos ou associações, quanto a direitos ou interesses difusos. Note: é de 10 dias o prazo para interposição de recurso administrativo, contado a partir da ciência ou divulgação oficial da decisão recorrida, salvo disposição em contrário. Entretanto, é de 30 dias o prazo máximo para decidir recurso administrativo, podendo ser prorrogado por mais 30 dias caso seja motivada o prolongamento da decisão. O órgão competente para decidir o recurso poderá confirmar, modificar, anular ou revogar, total ou parcialmente, a decisão recorrida, se a matéria for de sua competência.

2º) O recurso interpõe-se por meio de requerimento no qual o recorrente deverá expor os fundamentos do pedido de reexame, podendo juntar os documentos que julgar convenientes. Salvo disposição legal em contrário, o recurso não tem efeito suspensivo; contudo, havendo justo receio de prejuízo de difícil ou incerta reparação decorrente da execução, a autoridade recorrida ou a imediatamente superior poderá, de ofício ou a pedido, dar efeito suspensivo ao recurso.

3º) Interposto o recurso, o órgão competente para dele conhecer deverá intimar os demais interessados para que, no prazo de cinco dias úteis, apresentem alegações. Note: O recurso não será conhecido quando interposto: 1) fora do prazo; 2) perante órgão incompetente; 3) por quem não seja legitimado; 4) após exaurida a esfera administrativa. Note: O não conhecimento do recurso não impede a Administração de rever de ofício o ato ilegal, desde que não ocorrida preclusão administrativa. Caso o recurso não seja conhecido e ocorrer gravame à situação do recorrente, este deverá ser cientificado para que formule suas alegações antes da decisão.

Por fim, destacamos que, os processos administrativos de que resultem sanções poderão ser revistos, a qualquer tempo, a pedido ou de ofício, quando surgirem fatos novos ou circunstâncias relevantes suscetíveis de justificar a inadequação da sanção aplicada. Note: da revisão do processo não poderá resultar agravamento da sanção.

Capítulo 8

Processo Tributário I — Procedimentos Tributários

8.1. Processo administrativo tributário

O processo administrativo tributário obedece a duas fases distintas: fase não litigiosa e fase litigiosa. Vejamos cada uma das fases e seus apontamentos correspondentes.

1. FASE NÃO LITIGIOSA (Ver Decreto n. 70.235/72)

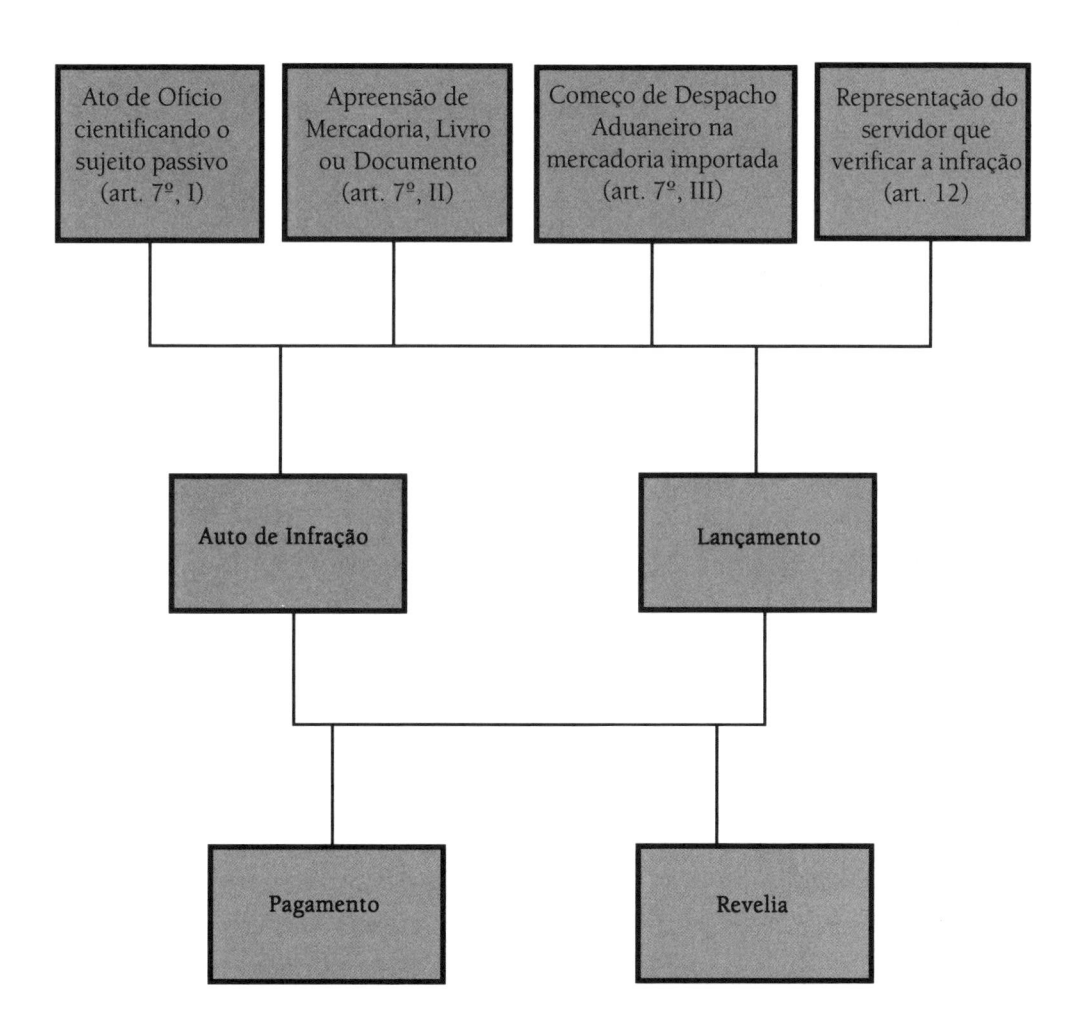

```
┌─────────────────┐  ┌─────────────────┐  ┌─────────────────┐  ┌─────────────────┐
│ Ato de Ofício   │  │ Apreensão de    │  │ Começo de       │  │ Representação   │
│ cientificando o │  │ Mercadoria,     │  │ Despacho        │  │ do servidor que │
│ sujeito passivo │  │ Livro ou        │  │ Aduaneiro na    │  │ verificar a     │
│                 │  │ Documento       │  │ mercadoria      │  │ infração        │
│ (art. 7º, I)    │  │ (art. 7º, II)   │  │ importada       │  │ (art. 12)       │
│                 │  │                 │  │ (art. 7º, III)  │  │                 │
└─────────────────┘  └─────────────────┘  └─────────────────┘  └─────────────────┘

         ┌──────────────────┐              ┌──────────────────┐
         │ Auto de Infração │              │    Lançamento    │
         └──────────────────┘              └──────────────────┘

         ┌──────────────────┐              ┌──────────────────┐
         │    Pagamento     │              │      Revelia     │
         └──────────────────┘              └──────────────────┘
```

No processo administrativo, a autoridade local fará realizar, no prazo de 30 dias, os atos processuais que deverão ser praticados em sua jurisdição, por solicitação de outra autoridade preparadora ou julgadora. Neste caso, o servidor executará os atos processuais no prazo de 8 dias.

De acordo com o quadro acima, percebemos que o procedimento fiscal tem início com:

> a) o primeiro ato de ofício, escrito, praticado por servidor competente, cientificado o sujeito passivo da obrigação tributária ou seu preposto;
>
> b) a apreensão de mercadorias, documentos ou livros;
>
> c) o começo de despacho aduaneiro de mercadoria importada;
>
> d) quando o servidor verificar a ocorrência de infração à legislação tributária federal e não for competente para formalizar a exigência, comunicará o fato, em representação circunstanciada, a seu chefe imediato, que adotará as providências necessárias.

O início do procedimento exclui a espontaneidade do sujeito passivo em relação aos atos anteriores e, independentemente de intimação a dos demais envolvidos nas infrações verificadas.

Os termos decorrentes de atividade fiscalizadora serão lavrados, sempre que possível, em livro fiscal, extraindo-se cópia para anexação ao processo; quando não lavrados em livro, entregar-se-á cópia autenticada à pessoa sob fiscalização. Note que, a exigência do crédito tributário e a aplicação de penalidade isolada serão formalizados em autos de infração ou notificações de lançamento, distintos para cada tributo ou penalidade, os quais deverão estar instruídos com todos os termos, depoimentos, laudos e demais elementos de prova indispensáveis à comprovação do ilícito.

Importante consignar que de acordo com a Medida Provisória n. 449 de 2008, os autos de infração e as notificações de lançamento de que trata o *caput*, formalizados em decorrência de fiscalização relacionada a regime especial unificado de arrecadação de tributos, poderão conter lançamento único para todos os tributos por eles abrangidos.

Tem-se como certo que o auto de infração será lavrado por servidor competente, no local da verificação da falta, e conterá obrigatoriamente:

> a) a qualificação do autuado;
>
> b) o local, a data e a hora da lavratura;
>
> c) a descrição do fato;
>
> d) a disposição legal infringida e a penalidade aplicável;
>
> e) a determinação da exigência e a intimação para cumpri-la ou impugná-la no prazo de trinta dias;

f) a assinatura do autuante e a indicação de seu cargo ou função e o número de matrícula.

A notificação de lançamento será expedida pelo órgão que administra o tributo e conterá obrigatoriamente: I — a qualificação do notificado; II — o valor do crédito tributário e o prazo para recolhimento ou impugnação; III — a disposição legal infringida, se for o caso; IV — a assinatura do chefe do órgão expedidor ou de outro servidor autorizado e a indicação de seu cargo ou função e o número de matrícula. Ressalta-se que não necessita de assinatura a notificação de lançamento emitida por processo eletrônico. A autoridade preparadora determinará que seja informado, no processo, se o infrator é reincidente, conforme definição da lei específica, se essa circunstância não tiver sido declarada na formalização da exigência.

Os processos remetidos para apreciação da autoridade julgadora de primeira instância deverão ser qualificados e identificados, tendo prioridade no julgamento aqueles em que estiverem presentes as circunstâncias de crime contra a ordem tributária ou de elevado valor, este definido em ato do Ministro de Estado da Fazenda. A decisão conterá relatório resumido do processo, fundamentos legais, conclusão e ordem de intimação, devendo referir-se, expressamente, a todos os autos de infração e notificações de lançamento objeto do processo, bem como às razões de defesa suscitadas pelo impugnante contra todas as exigências. As inexatidões materiais em razão de lapso manifesto e os erros de escrita ou de cálculos existentes na decisão poderão ser corrigidos de ofício ou a requerimento do sujeito passivo. Destaca-se que da decisão caberá recurso voluntário, total ou parcial, com efeito suspensivo, dentro dos trinta dias seguintes à ciência da decisão. No caso de provimento a recurso de ofício, o prazo para interposição de recurso voluntário começará a fluir da ciência, pelo sujeito passivo, da decisão proferida no julgamento do recurso de ofício.

Note que, a impugnação da exigência instaura a fase litigiosa do procedimento. Vejamos a seguir o quadro explicativo:

2. FASE LITIGIOSA — Primeira Instância (Ver Decreto n. 70.235/72)

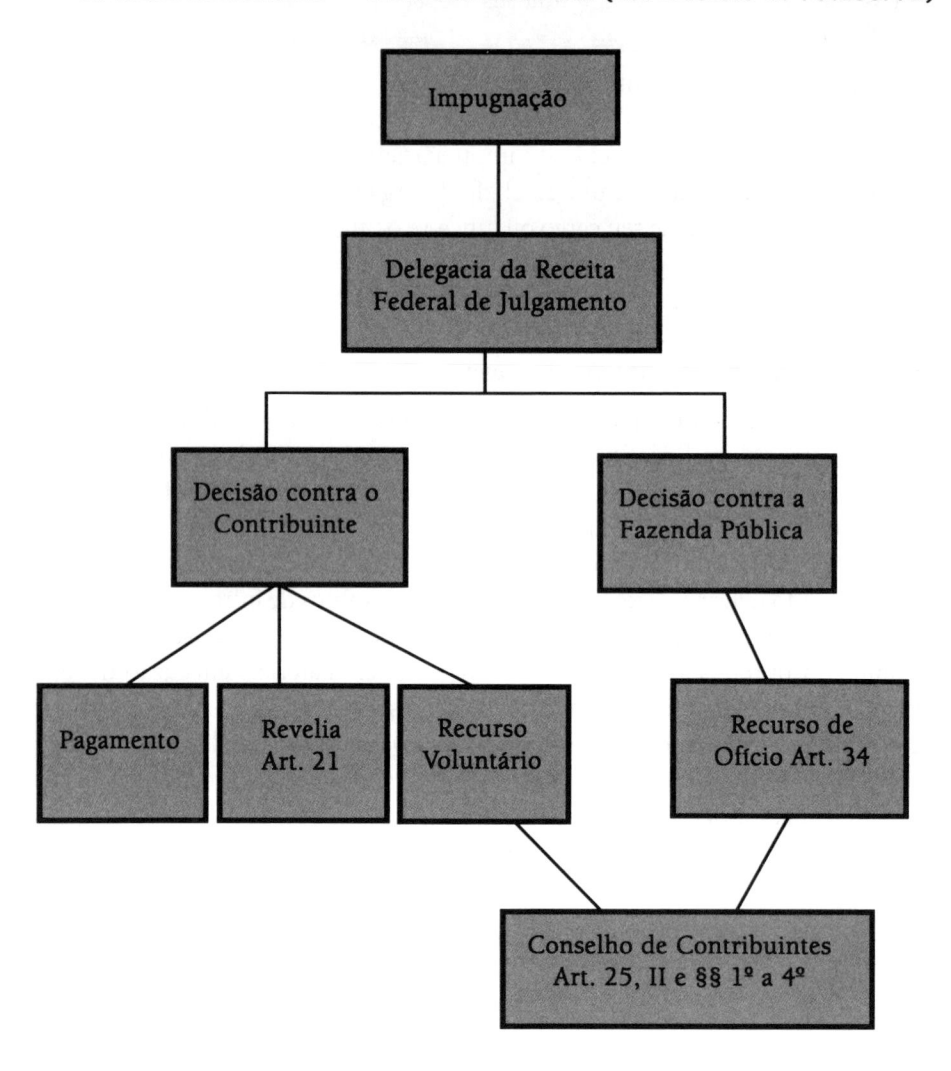

```
                    ┌─────────────┐
                    │ Impugnação  │
                    └──────┬──────┘
                           │
                ┌──────────┴──────────┐
                │ Delegacia da Receita│
                │ Federal de Julgamento│
                └──────────┬──────────┘
                           │
              ┌────────────┴────────────┐
      ┌───────┴────────┐        ┌───────┴────────┐
      │ Decisão contra o│        │ Decisão contra a│
      │  Contribuinte  │        │ Fazenda Pública │
      └───────┬────────┘        └───────┬────────┘
              │                         │
     ┌────────┼────────┐                │
  Pagamento Revelia  Recurso         Recurso de
            Art. 21  Voluntário      Ofício Art. 34
                         │                │
                         └────────┬───────┘
                          ┌───────┴────────┐
                          │ Conselho de Contribuintes│
                          │  Art. 25, II e §§ 1º a 4º│
                          └────────────────┘
```

No processo administrativo fiscal, será considerada não impugnada a matéria que não tenha sido expressamente contestada pelo impugnante. A autoridade julgadora de primeira instância determinará, de ofício ou a requerimento do impugnante, a realização de diligências ou perícias, quando entendê-las necessárias, indeferindo as que considerar prescindíveis ou impraticáveis. Neste sentido, deferido o pedido de perícia, ou determinada de ofício, sua realização, a autoridade designará servidor para, como perito da União, a ela proceder e intimará o perito do sujeito passivo a realizar o exame requerido, cabendo a ambos apresentar os respectivos laudos em prazo que será fixado segundo o grau de complexidade dos trabalhos a serem executados.

No âmbito da Secretaria da Receita Federal, a designação de servidor para proceder aos exames relativos a diligências ou perícias recairá sobre Auditor-Fiscal do Tesouro Nacional. Ressalta-se que, não sendo cumprida nem impugnada a exigência, a autoridade preparadora declarará a revelia, permanecendo o processo no órgão preparador, pelo prazo de 30 dias, para cobrança amigável.

No caso de impugnação parcial, não cumprida a exigência relativa à parte não litigiosa do crédito, o órgão preparador, antes da remessa dos autos a julgamento, providenciará a formação de autos apartados para a imediata cobrança da parte não contestada, consignando essa circunstância no processo original. Esgotado o prazo de cobrança amigável sem que tenha sido pago o crédito tributário, o órgão preparador declarará o sujeito passivo devedor remisso e encaminhará o processo à autoridade competente para promover a cobrança executiva. O preparo do processo caberá exclusivamente à autoridade local do órgão encarregado da administração do tributo.

Conforme percebemos na tabela demonstrativa acima, o julgamento de processos sobre a aplicação da legislação referente a tributos administrados pela Secretaria da Receita Federal do Brasil compete:

a) em primeira instância, às Delegacias da Receita Federal de Julgamento, órgãos de deliberação interna e natureza colegiada da Secretaria da Receita Federal;

b) aos Delegados da Receita Federal, titulares de Delegacias especializadas nas atividades concernentes a julgamento de processos, quanto aos tributos e contribuições administrados pela Secretaria da Receita Federal;

c) às autoridades mencionadas na legislação de cada um dos demais tributos ou, na falta dessa indicação, aos chefes da projeção regional ou local da entidade que administra o tributo, conforme for por ela estabelecido;

d) em segunda instância, ao Conselho Administrativo de Recursos Fiscais, órgão colegiado, paritário, integrante da estrutura do Ministério da Fazenda, com atribuição de julgar recursos de ofício e voluntários de decisão de primeira instância, bem como recursos de natureza especial.

A autoridade de primeira instância recorrerá de ofício sempre que a decisão:

I — exonerar o sujeito passivo do pagamento de tributo ou de multa de valor originário, não corrigido monetariamente, superior a vinte vezes o maior salário mínimo vigente no País;

II — exonerar o sujeito passivo do pagamento de tributo e encargos de multa de valor total (lançamento principal e decorrentes) a ser fixado em ato do Ministro de Estado da Fazenda;

III — deixar de aplicar pena de perda de mercadorias ou outros bens cominada à infração denunciada na formalização da exigência.

Registra-se que, o recurso, mesmo perempto (fora do prazo), será encaminhado ao órgão de segunda instância, que julgará a perempção. Inexoravelmente, a decisão de primeira instância não cabe pedido de reconsideração. Vejamos o quadro explicativo da segunda instância e da instância especial do processo administrativo:

3. FASE LITIGIOSA — Segunda Instância e Instância Especial (Ver Decreto n. 70.235/72)

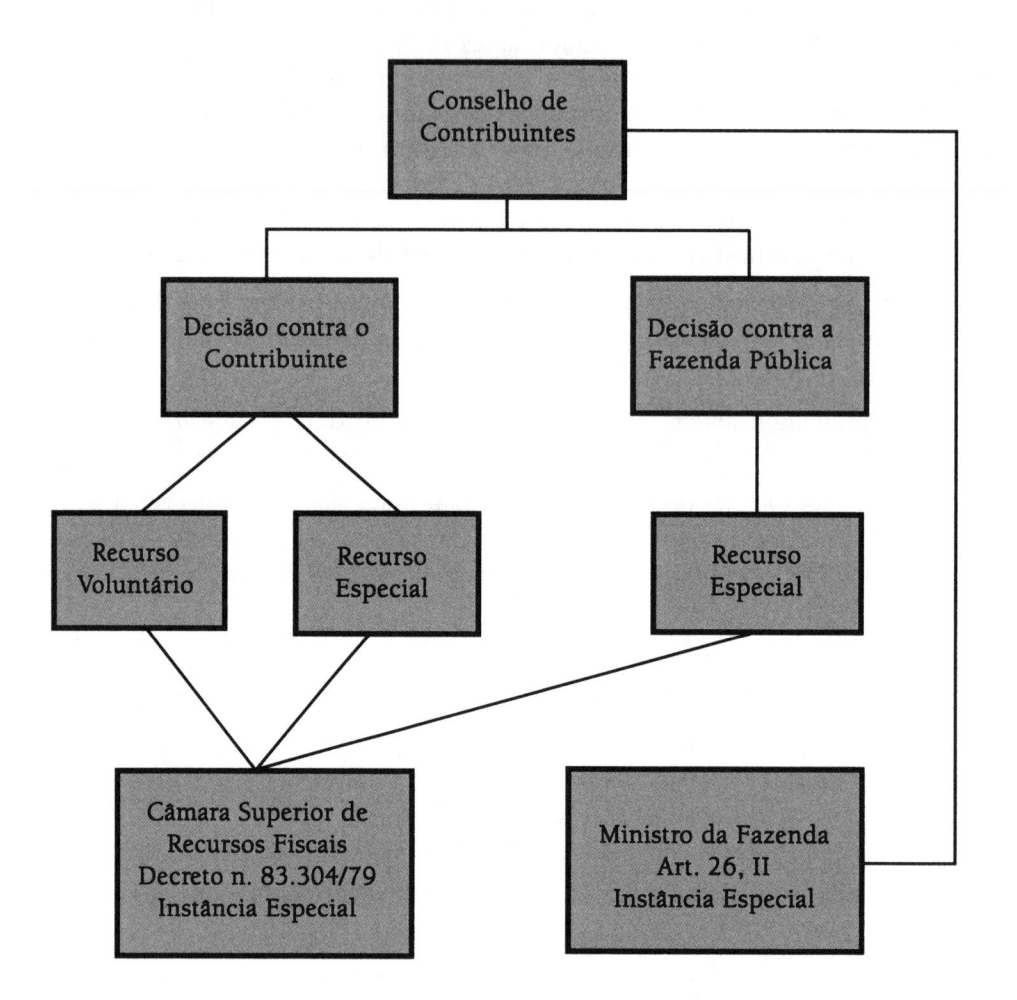

```
                    Conselho de
                    Contribuintes
                   /            \
        Decisão contra o      Decisão contra a
          Contribuinte         Fazenda Pública
          /        \                  |
    Recurso      Recurso          Recurso
   Voluntário   Especial          Especial
          \        |                  
       Câmara Superior de        Ministro da Fazenda
       Recursos Fiscais          Art. 26, II
       Decreto n. 83.304/79      Instância Especial
       Instância Especial
```

O Conselho Administrativo de Recursos Fiscais será constituído por seções e pela Câmara Superior de Recursos Fiscais. As seções serão especializadas por matéria e constituídas por câmaras. Já a Câmara Superior de Recursos Fiscais será constituída por turmas, compostas pelos Presidentes e Vice-Presidentes das câmaras. O Ministro de Estado da Fazenda poderá criar, nas seções, turmas especiais, de caráter temporário, com competência para julgamento de processos que envolvam valores reduzidos ou matéria recorrente ou de baixa complexidade, que poderão funcionar nas cidades onde estão localizadas as Superintendências Regionais da Receita Federal do Brasil.

Na composição das câmaras, das suas turmas e das turmas especiais, será respeitada a paridade entre representantes da Fazenda Nacional e representantes dos contribuintes.

As turmas da Câmara Superior de Recursos Fiscais serão constituídas pelo Presidente do Conselho Administrativo de Recursos Fiscais, pelo Vice-Presidente, pelos Presidentes e pelos Vice-Presidentes das câmaras. A presidência das turmas da Câmara Superior de Recursos Fiscais será exercida pelo Presidente do Conselho Administrativo de Recursos Fiscais e a Vice-Presidência, por conselheiro representante dos contribuintes.

Os cargos de Presidente das Turmas da Câmara Superior de Recursos Fiscais, das câmaras, das suas turmas e das turmas especiais serão ocupados por conselheiros representantes da Fazenda Nacional, que, em caso de empate, terão o voto de qualidade, e os cargos de Vice-Presidente, por representantes dos contribuintes. Os conselheiros serão designados pelo Ministro de Estado da Fazenda que poderá decidir sobre a perda do mandato, para os conselheiros que incorrerem em falta grave, definida no regimento interno.

A Câmara Superior de Recursos Fiscais poderá, nos termos do regimento interno, após reiteradas decisões sobre determinada matéria e com a prévia manifestação da Secretaria da Receita Federal do Brasil e da Procuradoria-Geral da Fazenda Nacional, editar enunciado de súmula que, mediante aprovação de dois terços dos seus membros e do Ministro de Estado da Fazenda, terá efeito vinculante em relação aos demais órgãos da administração tributária federal, a partir de sua publicação na imprensa oficial. Também poderá rever ou cancelar súmula, de ofício ou mediante proposta apresentada pelo Procurador-Geral da Fazenda Nacional ou pelo Secretário da Receita Federal do Brasil. (Incluído pela Medida Provisória n. 449, de 2008)

8.2. *Súmulas do Conselho de Contribuintes*

O Primeiro, o Segundo e o Terceiro Conselhos de Contribuintes, órgãos colegiados judicantes integrantes da estrutura do Ministério da Fazenda têm por finalidade julgar recursos de ofício e voluntário de decisão de primeira instância sobre a aplicação da legislação referente a tributos administrados pela Secretaria da Receita Federal do Brasil, observadas suas competências e dentro dos limites de sua alçada. As súmulas do Conselho de Contribuintes são fontes secundárias do direito tributário e por isso vamos consigná-las a seguir:

Súmulas do 1º Conselho de Contribuintes:

Súmula 1º CC n. 1: Importa renúncia às instâncias administrativas a propositura pelo sujeito passivo de ação judicial por qualquer modalidade processual, antes ou depois do lançamento de ofício, com o mesmo objeto do processo administrativo, sendo cabível apenas a apreciação, pelo órgão de julgamento administrativo, de matéria distinta da constante do processo judicial.

Súmula 1º CC n. 2: O Primeiro Conselho de Contribuintes não é competente para se pronunciar sobre a inconstitucionalidade de lei tributária.

Súmula 1º CC n. 3: Para a determinação da base de cálculo do Imposto de Renda das Pessoas Jurídicas e da Contribuição Social sobre o Lucro, a partir do ano-calendário de 1995, o lucro líquido ajustado poderá ser reduzido em, no máximo, trinta por cento, tanto em razão da compensação de prejuízo, como em razão da compensação da base de cálculo negativa.

Súmula 1º CC n. 4: A partir de 1º de abril de 1995, os juros moratórios incidentes sobre débitos tributários administrados pela Secretaria da Receita Federal são devidos, no período de inadimplência, à taxa referencial do Sistema Especial de Liquidação e Custódia — SELIC para títulos federais.

Súmula 1º CC n. 5: São devidos juros de mora sobre o crédito tributário não integralmente pago no vencimento, ainda que suspensa sua exigibilidade, salvo quando existir depósito no montante integral.

Súmula 1º CC n. 6: É legítima a lavratura de auto de infração no local em que foi constatada a infração, ainda que fora do estabelecimento do contribuinte.

Súmula 1º CC n. 7: A ausência da indicação da data e da hora de lavratura do auto de infração não invalida o lançamento de ofício quando suprida pela data da ciência.

Súmula 1º CC n. 8: O Auditor Fiscal da Receita Federal é competente para proceder ao exame da escrita fiscal da pessoa jurídica, não lhe sendo exigida a habilitação profissional de contador.

Súmula 1º CC n. 9: É válida a ciência da notificação por via postal realizada no domicílio fiscal eleito pelo contribuinte, confirmada com a assinatura do recebedor da correspondência, ainda que este não seja o representante legal do destinatário.

Súmula 1º CC n. 10: O prazo decadencial para constituição do crédito tributário relativo ao lucro inflacionário diferido é contado do período de apuração de sua efetiva realização ou do período em que, em face da legislação, deveria ter sido realizado, ainda que em percentuais mínimos.

Súmula 1º CC n. 11: Não se aplica a prescrição intercorrente no processo administrativo fiscal.

Súmula 1º CC n. 12: Constatada a omissão de rendimentos sujeitos à incidência do imposto de renda na declaração de ajuste anual, é legítima a constituição do crédito tributário na pessoa física do beneficiário, ainda que a fonte pagadora não tenha procedido à respectiva retenção.

Súmula 1º CC n. 13: Menor pobre que o sujeito passivo crie e eduque pode ser considerado dependente na Declaração do Imposto de Renda da Pessoa Física, desde que o declarante detenha a guarda judicial.

Súmula 1º CC n. 14: A simples apuração de omissão de receita ou de rendimentos, por si só, não autoriza a qualificação da multa de ofício, sendo necessária a comprovação do evidente intuito de fraude do sujeito passivo.

Súmula 1º CC n. 15: A base de cálculo do PIS, prevista no art. 6º da Lei Complementar n. 7, de 1970, é o faturamento do sexto mês anterior.

Obs.: As Súmulas 1º CC ns. 1 a 15 foram publicadas no DOU, Seção 1, dos dias 26, 27 e 28.6.2006, vigorando a partir de 28.7.2006.

Súmulas do 2º Conselho de Contribuintes:

Súmula n. 1: Importa renúncia às instâncias administrativas a propositura pelo sujeito passivo de ação judicial por qualquer modalidade processual, antes ou depois do lançamento de ofício, com o mesmo objeto do processo administrativo.

Súmula n. 2: O Segundo Conselho de Contribuintes não é competente para se pronunciar sobre a inconstitucionalidade de legislação tributária.

Súmula n. 3: É cabível a cobrança de juros de mora sobre os débitos para com a União decorrentes de tributos e contribuições administrados pela Secretaria da Receita Federal do Brasil com base na taxa referencial do Sistema Especial de Liquidação e Custódia — Selic para títulos federais.

Súmula n. 4: É legítima a lavratura de auto de infração no local em que constatada a infração, ainda que fora do estabelecimento do contribuinte.

Súmula n. 5: O Auditor Fiscal da Receita Federal do Brasil é competente para proceder ao exame da escrita fiscal da pessoa jurídica, não lhe sendo exigida a habilitação profissional de contador.

Súmula n. 6: É válida a ciência da notificação por via postal realizada no domicílio fiscal eleito pelo contribuinte, confirmada com a assinatura do recebedor da correspondência, ainda que este não seja o representante legal do destinatário.

Súmula n. 7: Não se aplica a prescrição intercorrente no processo administrativo fiscal.

Súmula n. 8: O direito ao aproveitamento dos créditos de IPI decorrentes da aquisição de matérias-primas, produtos intermediários e material de embalagem utilizados na fabricação de produtos cuja saída seja com isenção ou alíquota zero, nos termos do art. 11 da Lei n. 9.779, de 1999, alcança, exclusivamente, os insumos recebidos pelo estabelecimento contribuinte a partir de 1º de janeiro de 1999.

Súmula n. 9: Não cabe a exigência de multa de ofício nos lançamentos efetuados para prevenir a decadência, quando a exigibilidade estiver suspensa na forma dos incisos IV ou V do art. 151 do CTN e a suspensão do débito tenha ocorrido antes do início de qualquer procedimento de ofício a ele relativo.

Súmula n. 10: A aquisição de matérias-primas, produtos intermediários e material de embalagem tributados à alíquota zero não gera crédito de IPI.

Súmula n. 11: A base de cálculo do PIS, prevista no art. 6º da Lei Complementar n. 7, de 1970, é o faturamento do sexto mês anterior, sem correção monetária.

Súmula n. 12: Não integram a base de cálculo do crédito presumido da Lei n. 9.363, de 1996, as aquisições de combustíveis e energia elétrica uma vez que não são consumidos em contato direto com o produto, não se enquadrando nos conceitos de matéria-prima ou produto intermediário.

Súmula n. 13: Não há direito aos créditos de IPI em relação às aquisições de insumos aplicados na fabricação de produtos classificados na TIPI como NT.

Súmulas do 3º Conselho de Contribuintes:

Súmula 3º CC n. 1: É nula, por vício formal, a notificação de lançamento que não contenha a identificação da autoridade que a expediu.

Súmula 3º CC n. 2: É nulo o ato declaratório de exclusão do Simples que se limite a consignar a existência de pendências perante a Dívida Ativa da União ou do INSS, sem a indicação dos débitos inscritos cuja exigibilidade não esteja suspensa.

Súmula 3º CC n. 3: A autoridade administrativa pode rever o Valor da Terra Nua mínimo (VTNm) que vier a ser questionado pelo contribuinte do imposto sobre a propriedade territorial rural (ITR) relativo aos exercícios de 1994 a 1996, mediante a apresentação de laudo técnico de avaliação do imóvel, emitido por entidade de reconhecida capacidade técnica ou por profissional devidamente habilitado, que se reporte à época do fato gerador e demonstre, de forma inequívoca, a legitimidade da alteração pretendida, inclusive com a indicação das fontes pesquisadas.

Súmula 3º CC n. 4: A partir de 1º de abril de 1995 é legítima a aplicação/utilização da taxa Selic no cálculo dos juros moratórios incidentes sobre débitos tributários administrados pela Secretaria da Receita Federal.

Súmula 3º CC n. 5: Importa renúncia às instâncias administrativas a propositura, pelo sujeito passivo, de ação judicial por qualquer modalidade processual, antes ou depois do lançamento, com o mesmo objeto do processo administrativo, sendo cabível apenas a apreciação de matéria distinta da constante do processo judicial.

Súmula 3º CC n. 6: Não compete à Secretaria da Receita Federal promover a restituição de obrigações da Eletrobrás nem sua compensação com débitos tributários.

Súmula 3º CC n. 7: São devidos juros de mora sobre o crédito tributário não integralmente pago no vencimento, ainda que suspensa sua exigibilidade, salvo quando existir depósito no montante integral.

Obs.: As Súmulas 3º CC ns. 1 a 7 foram publicadas no DOU, Seção 1, dos dias 11, 12 e 13.12.2006, vigorando a partir de 12.1.2007.

8.3. Impossibilidade de concomitância do processo administrativo e judicial

Ao ingressar com o processo judicial tributário, o contribuinte está renunciando automaticamente à via administrativa. Esta previsão está consignada no art. 38 da Lei n. 6.830/80 que estabelece, "a discussão judicial da Dívida Ativa da Fazenda Pública só é admissível em execução, na forma desta Lei, salvo as hipóteses de mandado de segurança, ação de repetição do indébito ou ação anulatória do ato declarativo da dívida, esta precedida do depósito preparatório do valor do débito, monetariamente corrigido e acrescido dos juros e multa de mora e demais encargos".

Importante ressaltar que a propositura, pelo contribuinte, da ação prevista neste artigo importa em renúncia ao poder de recorrer na esfera administrativa e desistência do recurso acaso interposto. Note que, o art. 126, § 3º da Lei n. 8.213/91 estabelece uma premissa no mesmo sentido, "A propositura, pelo beneficiário ou contribuinte, de ação que tenha por objeto idêntico pedido sobre o qual versa o processo administrativo importa em renúncia ao direito de recorrer na esfera administrativa e desistência do recurso interposto". Ressalta-se, na ADI-DF, o STF indeferiu o pedido de liminar para suspender o art. 126, § 3º da Lei n. 8.213/91.

8.4. Controle de constitucionalidade pelo tribunal administrativo

O controle de constitucionalidade pelo tribunal administrativo é proibido, pois, o STF e os órgãos jurisdicionais são os agentes responsáveis pela consonância das normas tributárias com a Constituição. Vejamos o voto do Conselheiro Antônio de Freitas Dutra, Acórdão CSRF/01-02.127, Proc. 13656.000209/90-40, sessão de 17.3.97 (RJ/IOB 1/14006):

> Este Conselho de Contribuintes, como órgão integrante do Poder Executivo, tem decidido, reiteradamente, pela ampla maioria de seus membros, no sentido de que lhe falta competência para aquilatar da inconstitucionalidade das leis em vigor. Não é outro o entendimento do festejado jurista BARBOSA, Ruy. In: *Da interpretação e da aplicação das leis tributárias* (1965, p. 35, citando Tito Rezende): 'É princípio assente, e com muito sólido fundamento lógico, o de que os órgãos administrativos em geral não podem negar aplicação a uma lei ou um decreto, por que lhes pareça inconstitucional. A presunção natural é que o Legislativo, ao estudar o projeto de lei, ou o Executivo, antes de baixar o Decreto, tenham examinado a questão da constitucionalidade e chegado à conclusão de não haver choque coma Constituição: só o Poder Judiciário é que não está adstrito a essa presunção e pode examinar novamente aquela questão."

8.5. Processo judicial tributário

O processo tributário é o meio de concretização do direito material tributário, por intermédio do Poder Judiciário. Ressalta-se que, no Brasil não existe um Código de processo tributário e, por conseguinte suas regras se encontram insertas nas legislações esparsas e no próprio Código Tributário Nacional.

Rubens Approbato Machado[1] afirma que: "não há um direito processual tributário próprio nem um Código de Processo Tributário. Há um direito processual aplicável às relações tributárias. O direito tributário está tutelado por ações previstas no Código de Processo Civil e na legislação processual esparsa, especialmente na Lei n. 6.830, de 22 de novembro de 1980".

Hugo de Brito Machado[2] decreta que, "como não temos leis processuais específicas para a solução dos conflitos entre o fisco e o contribuinte, o processo judicial tributário regula-se pelo Código de Processo Civil, salvo no que diz respeito à execução fiscal e à cautelar fiscal".

James Marins anota que "ainda não existe entre o direito tributário material, formal ou processual, especialmente entre o direito tributário material, o direito processual civil, a necessária harmonização entre seus conceitos, pela qual tanto lutou o professor *Rubens Gomes de Sousa*, desde os anteprojetos que escrevia para a disciplina codificada do direito tributário no nosso país"[3].

Uma das questões que devem ser desvendadas no processo tributário se referem à interpretação do art. 38 da Lei n. 6.830/80 que trata da impossibilidade da apreciação dos embargos à execução fiscal, sem a penhora de bens que bastem para garantir a execução.

Kiyoshi Harada[4] faz uma importante ressalva sobre esta temática:

> é oportuno registrar o procedimento equivocado consistente na penhora do faturamento bruto da empresa executada, com a invocação da excepcionalidade, sempre que inexistir outros bens passíveis de constrição. Às vezes o percentual tolerado chega a ser de 30% do faturamento. É bastante preocupante essa praxe que já vem encontrando respaldo nas decisões de segunda instância (...). A penhora de percentual do faturamento bruto da empresa executada equivale à penhora do próprio estabelecimento empresarial (...). Permitir a penhora pura e simples de até 30% do faturamento bruto mensal, até atingir o montante do débito sob execução, como têm admitido algumas decisões singulares, configura ilegalidade que poderá inviabilizar o cumprimento das obrigações líquidas e certas da empresa executada (...). Em suma, poderá importar no decreto de quebra da empresa, fora dos limites da lei de regência da matéria.

---

(1) MACHADO, Rubens Approbato. Processo tributário — administrativo e judicial. In: *Curso de direito tributário*. 8. ed. São Paulo: Saraiva, 2001. p. 810.
(2) MACHADO, Hugo de Brito. *Curso de direito tributário*. 26. ed. São Paulo: Malheiros, 2005. p. 455.
(3) *Idem*, p. 45.
(4) HARADA, Kiyoshi. *Direito financeiro e tributário*. 13. ed. São Paulo: Atlas, 2004. p. 548.

Para *Approbato Machado*[5] "essa exigência da Lei de Execução Fiscal há de ser entendida nos seus estritos termos, pois há um preceito maior, de ordem constitucional, em nível de (*sic*) direito individual, que estabelece que "a lei não excluirá da apreciação do Poder Judiciário lesão ou ameaça a direito" (art. 5º, XXXV, da Constituição Federal).[6]

Cairon Rodrigues dos Santos[7] decreta que, "a canhestra redação do dispositivo legal acima leva a um sem-número de interpretações e de mal-entendimentos. *Prima facie* pode-se notar claramente que a inviabilização da ação anulatória sem o depósito preparatório, preconizada no dispositivo, é evidentemente contrária ao princípio soberano da apreciação judicial, insculpido no art. 5º, inciso XXXV, da nossa Carta Magna".

Approbato Machado[8] assevera que:

A exigência da Lei de Execução Fiscal só tem um sentido: se o autor da ação não efetuar o depósito da Dívida Ativa exigida, a anulatória intentada não inibirá a Fazenda Pública de promover a execução fiscal. Se houver o depósito integral do valor reclamado, a Fazenda Pública ficará impedida de promover a execução fiscal, até porque, como emana do art. 151, II, do CTN, com esse depósito, a exigibilidade do crédito tributário fica suspensa.

No mesmo sentido *Albuquerque*, utilizando da opinião de *Aliomar Baleeiro*:[9] "na opinião do renomado *Aliomar Baleeiro*, não são cabíveis juros de mora se o depósito for efetuado, por determinação do juiz, em repartição arrecadadora do sujeito passivo ou no Banco oficial encarregado, uma vez que a importância já estava na disponibilidade do Estado, sujeito ativo, quando depositada na data do vencimento, ou antes deste, ou até no dia imediato ao vencimento, na hipótese do recurso ter ocorrido no último dia".

A Lei n. 4.348/64 estabelece a eficácia da medida liminar pelo prazo de 90 dias, prorrogáveis por mais 30 dias, no caso específico e concreto de acúmulos de serviços judiciais. Já a Lei n. 8.073/90 estabelece as causas de suspensão e interrupção da medida cautelar.

Approbato Machado[10] acrescenta que:

é inconcebível essa limitação. Ou existem as razões que determinaram a suspensão liminar do ato impugnado ou elas não existem. Se há fundamento relevante e se, sem a concessão da liminar, o deferimento posterior redundar na

---

(5) *Op. cit.*, p. 821.
(6) *Idem*, p. 821 e 822.
(7) SANTOS, Cairon Ribeiros dos. *Direito tributário*. Goiânia: Jurídica, 1997. p. 214 e 215.
(8) MACHADO, Rubens Approbato. Processo tributário — administrativo e judicial. In: *Curso de direito tributário*. 8. ed. São Paulo: Saraiva, 2001. p. 810.
(9) *Op. cit.*, p. 128.
(10) *Op. cit.*, p. 816.

ineficácia da medida, não há razão para a liminar ficar sujeita a um prazo de validade, condicionada à maior ou menor celeridade no andamento dos trabalhos forenses. Ao impetrante não pode ser carregado o ônus da morosidade dos trabalhos judiciários. O impetrante, no mandado de segurança, ao ingressar em juízo com a petição e os documentos necessários, já deu ao processo judicial o andamento que lhe competia. Os demais atos e prazos processuais devem ser cumpridos independente da participação do impetrante. Se houver atraso na prática de tais atos, não se deve penalizar aquele que a ele não deu causa. Se o juiz, ao receber o pedido, se convencer da necessidade de conceder a liminar, não é justo que, por atraso nos serviços forenses, a lei lhe retire a capacidade de convencimento, fazendo cessar os efeitos da liminar.

Importante consignar que a Lei n. 8.397/92 amplia o prazo de resposta de 5 dias para 15 dias. *Approbato Machado* ensina que:

A Lei n. 8.397 traz, na verdade, como única novidade, a ampliação do prazo de resposta, que passa de 5 para 15 dias. No mais é ela, totalmente, despicienda, já que os mesmos objetivos sempre puderem ser alcançados, não só pelas disposições do CTN, como, especificamente, do CPC. A Lei n. 8.437 procura assemelhar a cautelar ao mandado de segurança, já que lhe dá o tratamento de uma ação mandamental, resultando, por óbvio, na modificação na natureza jurídica do processo cautelar. É, assim, duplamente desnecessária. Na verdade, essa lei tem por objetivo restringir o uso das medidas cautelares, limitando e até negando a concessão de liminares. Essa limitação ao direito de isonomia, conferindo à pessoa jurídica de direito público privilégios que a torna desigual perante as demais pessoas, cria limites ao ingresso em juízo, negando a garantia constitucional do inciso XXXV do art. 5º da Carta Magna.[11]

De acordo com *Hugo de Brito Machado,* o pedido de cautelar "é procedimento inútil, que nada acrescenta como garantia do Tesouro Público. A não ser que se pretenda o deferimento da medida cautelar sem que exista crédito devidamente constituído, o que seria absurdo".[12]

Para *Ribeiro dos Santos*, citando *Eduardo Marcial Ferreira Jardim*, percebe-se:

num súbito de vista, que a aludida ação representa mais uma trapalhada governamental, dentre incontáveis outras, diga-se de passo, máxime porque agride frontalmente inúmeros direitos e garantias, a exemplo do direito de propriedade, da ampla defesa, do devido processo legal e da segurança.[13]

Rubens Approbato Machado[14] assevera que:

vem se tornando usual essa determinação por parte dos juízes, condicionando a concessão da liminar à caução do valor da obrigação que fundamenta os fatos. Já

---

(11) *Op. cit.,* p. 828.
(12) *Op. cit.,* p. 462.
(13) *Idem,* p. 210.
(14) *Op. cit.,* p. 817 e 818.

foi dito, por diversas vezes, que o mandado de segurança é, inquestionavelmente, uma ação, mas que tem seu nascedouro na Constituição Federal, encartada no Capítulo dos Direitos e Garantias Fundamentais. É por meio dessa garantia constitucional que se assegura o cumprimento dos direitos fundamentais. Por essas razões não pode ter ela âmbito ou interpretação restritos. Fundado nessas premissas, se presentes estiverem o *fumus boni iuris* e o *periculum in mora*, a liminar deve, necessariamente, ser concedida, sob pena de tornar ineficaz a medida quando de sua concessão definitiva. Desse modo, não pode o juiz restringir o direito à liminar quando presentes todos os pressupostos, condicionando a sua concessão à caução. É absolutamente injurídica a aplicação analógica dos arts. 799, 804 e 805 do Código de Processo Civil, aplicáveis às medidas cautelares, ao processo do mandado de segurança. A caução nas medidas cautelares se justifica para o ressarcimento integral dos danos que o requerido possa vir a sofrer. No caso do mandado de segurança, o que está em discussão é a violação, pela autoridade pública, de um direito líquido e certo do indivíduo. Se esse direito estiver embasado em fatos incontestáveis e transparentes, e se o perigo da demora for manifesto, a liminar será concedida para resguardar esse direito violado, independentemente de caução, já que não há que falar em "ressarcimento de danos" à autoridade pública de cujo ato se origina a postulação da garantia constitucional.[15]

Hugo de Brito Machado encerra discussão dizendo: "O processo de conhecimento, em matéria tributária, é sempre de iniciativa do contribuinte, porque a decisão, no processo administrativo, é sempre do fisco, inexistindo, assim, razão para que este provoque o controle judicial da legalidade de tais decisões".[16]

Por fim, podemos destacar que, o processo judicial tributário tem como foco obter do contribuinte o devido pagamento do tributo. Entretanto, este pagamento não pode ter um efeito confiscatório, sendo assim, se o montante da dívida for equivalente ao valor do bem, deverá ser diminuído até que chegue a um valor não confiscatório. Por exemplo, se a dívida do contribuinte relativa ao IPTU é de R$ 100.000,00 (cem mil reais) e o imóvel custa R$ 70.000,00 (setenta mil reais) o contribuinte poderá pedir um novo cálculo do tributo para que diminua consideravelmente o valor e retire toda confiscalidade a ele inerente.

---

(15) *Op. cit.*, p. 817 e 818.
(16) *Op. cit.*, p. 455.

Capítulo 9

Processo Tributário II — Ações Tributárias

9.1. A Fazenda Pública em juízo

9.1.1. Considerações iniciais

A Fazenda Pública tem um tratamento especial e prerrogativas inerentes à sua natureza publicista. Pode ser conceituada como a face fiscal estatal (administração direta e indireta) que está responsável pela arrecadação e fiscalização do tributo

Uma das questões que deve ser destacada logo ao início é relativa à possibilidade de concessão de tutela antecipada contra a Fazenda Pública. A resposta é positiva tendo em vista a Ação Direta de Constitucionalidade n. 4 na qual o STF declara a constitucionalidade da concessão da tutela antecipada contra a Fazenda Pública desde que consonante com a Lei n. 9.494/97. Vejamos a seguir a jurisprudência do STJ que já declarava esta situação:

> ADMINISTRATIVO E PROCESSUAL CIVIL. ANTECIPAÇÃO DE TUTELA CONTRA A FAZENDA PÚBLICA. POSSIBILIDADE. HIPÓTESE NÃO PREVISTA NO ART. 1º DA LEI N. 9.494/97. ANTECIPAÇÃO DE TUTELA ART. 273 DO CÓDIGO DE PROCESSO CIVIL. REEXAME DA MATÉRIA FÁTICA. IMPOSSIBILIDADE. 1. A jurisprudência desta Corte se consolidou no sentido da possibilidade de concessão de antecipação de tutela contra a Fazenda Pública, nos casos não vedados pelo art. 1º da Lei n. 9.494/97. Assim, não versando os autos sobre reclassificação, equiparação, aumento ou extensão de vantagens pecuniárias de servidor público ou concessão de pagamento de vencimentos, a antecipação de tutela deve ser deferida. 2. É oportuno salientar que, por analogia, incide na espécie o entendimento da Súmula n. 729 da Suprema Corte, que permite a execução provisória contra a Fazenda Pública na hipótese de benefícios previdenciários. 3. Tendo a Corte de origem constatado, diante do contexto probatório dos autos, a presença dos requisitos autorizadores da concessão da tutela antecipada, a análise da suposta ofensa ao art. 273 do Estatuto Processual esbarraria no óbice contido na Súmula n. 7 desta Corte. 4. Não existindo qualquer fundamento apto a afastar as razões consideradas no julgado ora agravado, deve ser a decisão mantida por seus próprios fundamentos. 5. Agravo regimental desprovido. (Superior Tribunal de Justiça STJ, AgRg-Ag 802.016, Proc. 2006/0151016-0, PE, Quinta Turma, Relª Min. Laurita Hilário Vaz, Julg. 21.11.2006, DJU 5.2.2007, p. 350)

Luiz Guilherme Marinoni[1] explora bem o tema ao afirmar que:

> Dizer que não há direito à tutela antecipatória contra a Fazenda Pública em caso de 'fundado receio de dano' é o mesmo que dizer que o direito do cidadão pode

---

[1] MARINONI, Luiz Guilherme. *A antecipação da tutela.* 4. ed. São Paulo: Malheiros, 1998. p. 211.

ser lesado quando a Fazenda Pública for ré (...) Por outro lado, não admitir a tutela antecipatória fundada em abuso de direito de defesa contra a Fazenda Pública significa aceitar que a Fazenda Pública pode abusar do seu direito de defesa e que o autor da demanda contra ela é obrigado a suportar, além da conta, o tempo de demora do processo.

O Superior Tribunal de Justiça tem admitido a aplicação de *astreinte* como meio coercitivo para impor o cumprimento de medida antecipatória de obrigação de fazer ou entregar coisa, nos termos dos arts. 461 e 461-A do CPC. *In verbis*:

> PROCESSUAL CIVIL. OFENSA AO ART. 535. INOCORRÊNCIA. TUTELA ANTECIPADA. MEIOS DE COERÇÃO AO DEVEDOR (CPC, ARTS. 273, § 3º E 461, § 5º). FORNECIMENTO DE MEDICAMENTOS PELO ESTADO. BLOQUEIO DE VERBAS PÚBLICAS. CONFLITO ENTRE A URGÊNCIA NA AQUISIÇÃO DO MEDICAMENTO E O SISTEMA DE PAGAMENTO DAS CONDENAÇÕES JUDICIAIS PELA FAZENDA. PREVALÊNCIA DA ESSENCIALIDADE DO DIREITO À SAÚDE SOBRE OS INTERESSES FINANCEIROS DO ESTADO. 1. Não viola o art. 535 do CPC, nem importa em negativa de prestação jurisdicional o acórdão que adota fundamentação suficiente para decidir de modo integral a controvérsia posta. 2. É cabível, inclusive contra a Fazenda Pública, a aplicação de multa diária (*astreintes*) como meio coercitivo para impor o cumprimento de medida antecipatória ou de sentença definitiva de obrigação de fazer ou entregar coisa, nos termos dos arts. 461 e 461-A do CPC. Precedentes. 3. Em se tratando da Fazenda Pública, qualquer obrigação de pagar quantia, ainda que decorrente da conversão de obrigação de fazer ou de entregar coisa, está sujeita a rito próprio (CPC, art. 730 do CPC e CF, art. 100 da CF), que não prevê, salvo excepcionalmente (*v. g.,* desrespeito à ordem de pagamento dos precatórios judiciários), a possibilidade de execução direta por expropriação mediante sequestro de dinheiro ou de qualquer outro bem público, que são impenhoráveis. 4. Todavia, em situações de inconciliável conflito entre o direito fundamental à saúde e o regime de impenhorabilidade dos bens públicos, prevalece o primeiro sobre o segundo. Sendo urgente e impostergável a aquisição do medicamento, sob pena de grave comprometimento da saúde do demandante, não se pode ter por ilegítima, ante a omissão do agente estatal responsável, a determinação judicial do bloqueio de verbas públicas como meio de efetivação do direito prevalente. 5. Recurso Especial parcialmente provido. (Superior Tribunal de Justiça STJ, REsp 840.912, Proc. 2006/0080862-0, RS, Primeira Turma, Rel. Min. Teori Albino Zavascki, Julg. 15.2.2007, DJU 23.4.2007, p. 236)

Os entendimentos acima estão abarcados pelos direitos fundamentais constantes na Constituição, como, por exemplo, o direito de ação (art. 5º, XXXV, CF) e a garantia de tutela jurisdicional mais adequada (art. 5º, LXXVIII, CF).

9.1.2. Privilégios e garantias da Fazenda Pública

A Fazenda Pública tem muitos privilégios em relação ao contribuinte numa pretensa ação judicial. Denominamos estes privilégios de prerrogativas, pois fazem parte da estrutura publicista da Fazenda Pública. O primeiro privilégio que podemos apontar é o duplo grau de jurisdição. De acordo com o art. 475 do CPC, "está sujeita ao duplo grau de jurisdição, não produzindo efeito senão depois de confirmada pelo tribunal, a sentença: I — proferida contra a União, o Estado, o Distrito Federal, o Município, e as respectivas autarquias e fundações de direito público; II — que julgar procedentes, no todo ou em parte, os embargos à execução de dívida ativa da Fazenda Pública. Neste caso, o juiz ordenará a remessa dos autos ao tribunal, haja ou não apelação; não o fazendo, deverá o presidente do tribunal avocá-los. Não se aplica esta regra sempre que a condenação, ou o direito controvertido, for de valor certo não excedente a 60 salários-mínimos, bem como no caso de procedência dos embargos do devedor na execução de dívida ativa do mesmo valor. Também não se aplica este regramento quando a sentença estiver fundada em jurisprudência do plenário do Supremo Tribunal Federal ou em súmula deste Tribunal ou do tribunal superior competente.

Importante consignar que o art. 12 da Lei n. 2.180-35/01 anota, "não estão sujeitas ao duplo grau de jurisdição obrigatório as sentenças proferidas contra a União, suas autarquias e fundações públicas, quando a respeito da controvérsia o Advogado--Geral da União ou outro órgão administrativo competente houver editado súmula ou instrução normativa determinando a não interposição de recurso voluntário". Note que a Súmula n. 423 do STF esclarece que: "não transita em julgado a sentença que houver omitido o recurso *ex officio*, que se considera interposto *ex lege*".

Outra prerrogativa está relacionada ao prazo para o recurso da Fazenda Pública que será em quádruplo para contestar e em dobro para recorrer. Vejamos jurisprudência do STJ sobre o tema:

> Trata-se de ação ordinária contra município com o objetivo de indenização por prejuízos causados por enchente. Isso posto, é cediço que a **Fazenda Pública** contará em quádruplo o prazo para contestar quando for parte e poderá impugnar, nesse prazo, o valor atribuído à causa pelo autor (art. 188 c/c art. 261 do CPC). Na espécie, a sentença de primeiro grau afirma que o valor da causa foi elevado por impugnação do município em incidente próprio e o agravo de instrumento insurge-se contra essa decisão que elevou o valor da causa. O valor primitivo da causa era uma fração do *quantum* postulado a título de ressarcimento contra a **Fazenda**. Logo, o valor da causa não poderia ser inferior ao pedido de indenização. Ressalta o Min. Relator que o agravante foi alcançado por sua própria conduta, e a escolha pela via judiciária exige de quem postula a necessária responsabilidade na dedução dos pedidos. Diante do exposto, a Turma negou provimento ao agravo regimental. (AgRg no REsp n. 946.499-SP, Rel. Min. Humberto Martins, julgado em 18.10.2007).

Outra prerrogativa é a obrigatoriedade de intimação pessoal da Fazenda Pública que está consignada nos arts. 35 a 38 da Lei Complementar n. 73/93. Também merece destaque o art. 21 da Lei n. 11.033/04 que deu nova redação ao art. 20 da Lei n. 10.522/02 e consigna que, "Serão arquivados, sem baixa na distribuição, mediante requerimento do Procurador da Fazenda Nacional, os autos das execuções fiscais de débitos inscritos como Dívida Ativa da União pela Procuradoria-Geral da Fazenda Nacional ou por ela cobrados, de valor consolidado igual ou inferior a R$ 10.000,00 (dez mil reais). Também, serão extintas, mediante requerimento do Procurador da Fazenda Nacional, as execuções que versem exclusivamente sobre honorários devidos à Fazenda Nacional de valor igual ou inferior a R$ 1.000,00 (mil reais)".

No mesmo sentido, consignamos que, a Lei n. 9.494/97 traz um importante verbete, "estão dispensadas de depósito prévio, para interposição de recurso, as pessoas jurídicas de direito público federais, estaduais, distritais e municipais". A Lei n. 9.028/95 acrescenta no art. 24-A que:

> Art. 24-A. A União, suas autarquias e fundações, são isentas de custas e emolumentos e demais taxas judiciárias, bem como de depósito prévio e multa em ação rescisória, em quaisquer foros e instâncias. (Incluído pela Medida Provisória n. 2.180-35, de 2001)
>
> Parágrafo único. Aplica-se o disposto neste artigo a todos os processos administrativos e judiciais em que for parte o Fundo de Garantia do Tempo de Serviço — FGTS, seja no polo ativo ou passivo, extensiva a isenção à pessoa jurídica que o representar em Juízo ou fora dele. (Incluído pela Medida Provisória n. 2.180-35, de 2001)
>
> Art. 4º São isentos de pagamento de custas:
>
> I — a União, os Estados, os Municípios, os Territórios Federais, o Distrito Federal e as respectivas autarquias e fundações;
>
> II — os que provarem insuficiência de recursos e os beneficiários da assistência judiciária gratuita;
>
> III — o Ministério Público;
>
> IV — os autores nas ações populares, nas ações civis públicas e nas ações coletivas de que trata o Código de Defesa do Consumidor, ressalvada a hipótese de litigância de má-fé.
>
> Parágrafo único. A isenção prevista neste artigo não alcança as entidades fiscalizadoras do exercício profissional, nem exime as pessoas jurídicas referidas no inciso I da obrigação de reembolsar as despesas judiciais feitas pela parte vencedora.

Como percebemos a Fazenda Pública é isenta de custas judiciais. Entretanto, de acordo com a Súmula n. 232 do STJ a Fazenda Pública fica sujeita à exigência do depósito prévio dos honorários do perito. Registra-se que, o art. 1º, *d*, da Lei n. 9.494/97 prescreve que, não serão devidos honorários advocatícios pela Fazenda Pública nas execuções não embargadas.

Outra prerrogativa está prevista no art. 24 da Lei n. 10.522/02 que assevera, "as pessoas jurídicas de direito público são dispensadas de autenticidade as cópias reprográficas de quaisquer documentos que apresentem em juízo". Interessante notar que para o contribuinte existe uma regra similar no art. 365 do CPC que consigna: "fazem a mesma prova que os originais: IV — as cópias reprográficas de peças do próprio processo judicial declaradas autênticas pelo próprio advogado sob sua responsabilidade pessoal, se não lhes for impugnada sua autenticidade".

Vejamos as jurisprudências sobre a temática da Fazenda Pública:

O art. 39 da Lei n. 6.830/80 isenta a Fazenda Pública do pagamento da prática dos atos processuais, e não das despesas para a remuneração de terceiras pessoas que são acionadas pelos serventuários da Justiça. Nesse conceito de despesa, também devem ser incluídas as cópias reprográficas requeridas pela Fazenda Pública ao cartório de registro de títulos e documentos e civil de pessoas jurídicas, referentes aos atos constitutivos da sociedade empresarial executada. Precedentes citados do STF: RE 108. 845-SP, DJ 25.11.1988; do STJ: REsp 366.005-RS, DJ 10.3.2003; REsp 253.203-SC, DJ 9.4.2002; RMS 10.349-RS, DJ 20.11.2000; REsp 109.580-PR, DJ 16.6.1997; AgRg no REsp 984.286-SP, DJ 19.12.2007, e REsp 126.669-PR, DJ 15.12.1997. REsp 1.073.026-SP, Rel. Min. Eliana Calmon, julgado em 14.10.2008.

São inaplicáveis à pessoa jurídica de direito privado em questão (ente de cooperação com natureza de serviço social autônomo) os benefícios processuais inerentes à Fazenda Pública, não se podendo alegar violação ao art. 730 do CPC (precatório judicial). Precedente citado do STF: AgRg no Ag 349.477-PR, DJ 28.2.2003. REsp 968.080-PR, Rel. Min. Napoleão Nunes Maia Filho, julgado em 14.10.2008.

O Tribunal *a quo,* nos autos de ação cautelar preparatória, entendeu que o prazo de sessenta dias, contados da data do trânsito em julgado na esfera administrativa, para a interposição da execução fiscal, importa, na prática, em deixar ao alvedrio da Administração Pública a duração do decreto de indisponibilidade concedido naquela cautelar. Assim, julgou parcialmente provido o recurso da Fazenda para estabelecer um prazo de seis meses para a conclusão do processo administrativo e o ajuizamento da correspondente execução fiscal. O prazo para a propositura da ação fiscal não se confunde com o lapso temporal para a conclusão do procedimento administrativo constitutivo do débito tributário. O art. 11 da Lei n. 8.397/92 é claro ao determinar que, em sede de medida cautelar fiscal preparatória, a Fazenda Pública dispõe do prazo de sessenta dias para a propositura da execução fiscal, a contar do trânsito em julgado da decisão no procedimento administrativo, o que somente ocorreria no caso dos autos após o exame de recurso administrativo na Câmara Superior de Recursos Fiscais. Outrossim, concluindo o aresto *a quo* acerca da extensão da indisponibilidade, não é lícito a este Tribunal sindicá--la à luz da Súm. n. 7-STJ. REsp 1.026.474-RS, Rel. Min. Francisco Falcão, julgado em 2.10.2008.

Cuida-se de agravos regimentais interpostos por empresas e pela Fazenda Nacional contra decisão monocrática do Min. Relator que conheceu, em parte, e deu parcial provimento ao recurso da empresa contribuinte, para reconhecer que o prazo recursal começa a fluir a partir da intimação pessoal do procurador. Esclareceu o Min. Relator que, quanto à aplicação de multa em embargos declaratórios opostos pela empresa recorrente, no caso particular, não há o necessário caráter protelatório a autorizar a manutenção da penalidade do art. 538, parágrafo único, do CPC, de modo que se afasta a penalidade aplicada pelo Tribunal de origem. A simples carga dos autos ao procurador da Fazenda, sem certificar o objeto da intimação, não configura a realização dessa nem pode substituí-la nos termos da lei. É assente, neste Superior Tribunal, que o prazo recursal inicia-se a partir da juntada aos autos do mandado de intimação pessoal da Fazenda Nacional. Diante disso, a Turma deu parcial provimento ao agravo da empresa para afastar a multa aplicada pelo Tribunal *a quo* e deu provimento ao agravo da Fazenda Nacional para reconhecer que o termo inicial do prazo recursal dá-se com a juntada aos autos do mandado de intimação pessoal. AgRg no REsp 653.830-RJ, Rel. Min. Humberto Martins, julgado em 18.9.2008.

Cuida-se de três recursos interpostos por uma companhia de transmissão de energia elétrica, por uma fundação ligada à companhia elétrica e pela Fazenda estadual contra acórdão do TJ. Na espécie, a associação dos aposentados da fundação ajuizou ação civil pública na qual pleiteou continuasse a cargo da fundação o processamento da folha de pagamento dos beneficiários das complementações de aposentadoria e pensão previstas na Lei Estadual n. 4.819/58, bem como fossem mantidas todas as condições atuais do plano de previdência complementar dos aposentados e pensionistas da companhia elétrica, admitidos até o dia 13.5.1974. Para o Min. Relator, todos os recursos são referentes às letras *a* e *c* do permissivo constitucional. No tocante aos dois primeiros recursos, que são da companhia de transmissão e da fundação, a Min. Maria Thereza de Assis Moura acompanha o voto do Min. Relator. A divergência é quanto à alínea *c*. O Min. Relator negava provimento a todos os recursos, entendendo que a relação, no caso, é de natureza trabalhista, e não estatutária. Para a Min. Maria Thereza de Assis Moura, no entanto, a matéria é da competência da Justiça comum estadual, por não envolver qualquer discussão decorrente de contrato de trabalho. Assim, a Turma, ao prosseguir o julgamento, negou provimento aos recursos especiais da companhia de transmissão e da fundação e, por maioria, deu provimento ao recurso da Fazenda estadual, para firmar a competência da Justiça comum estadual para julgar o feito, determinando o retorno dos autos ao Tribunal de origem para que prossiga no julgamento da apelação. Precedentes citados do STF: AgRg no RE 470.169-RS, DJ 5.5.2006; AgRg no AI 536.870-RS, DJ 24.2.2006; RE 526.615--RS, DJ 1º.2.2008; AgRg no AI 441.426-RS, DJ 14.9.2007; AgRg no AI 609.650-RJ, DJ 10.8.2007; do STJ: CC 54.396-SP, DJ 20.9.2005; AgRg no REsp 737.884-BA, DJ 30.10.2006; EDcl no REsp 512.632-SP, DJ 5.2.2007; AgRg no Ag 783.075-RS, DJ 23.4.2007; e AgRg no Ag 788.928-RS, DJ 12.3.2007. REsp 961.407-SP, Rel. originário Min. Paulo Gallotti, Rel. para acórdão Min. Maria Thereza de Assis Moura, julgado em 19.8.2008.

O termo inicial do prazo para o oferecimento dos embargos à arrematação é o dia em que se faz perfeita e irretratável a adjudicação pela Fazenda Pública, ou seja, após os 30 dias de que trata o art. 24, II, *b*, da Lei n. 6.830/80, e não a partir da assinatura do auto de arrematação do art. 694 do CPC, que é a regra geral. No caso dos autos, o auto de arrematação foi lavrado em 30.5.2000; a Fazenda estadual teria até o dia 29.6.2000 para adjudicar o bem e, somente a partir do dia 30.6.2000, teria início o prazo de dez dias para oferecimento dos embargos à arrematação, como fez a recorrente, portanto tempestivos os embargos. Ressalta a Min. Relatora que o prazo de 10 dias estabelecido pelo art. 738 c/c art. 746 do CPC vigorou até o advento da Lei n. 11.382/06, que alterou a redação do art. 746, reduzindo-o para cinco dias. Com esses fundamentos, a Turma deu provimento ao recurso da recorrente. REsp 872.722-SP, Rel. Min. Eliana Calmon, julgado em 3.6.2008.

Registra-se que, os pagamentos devidos pela Fazenda Federal, Estadual ou Municipal, em virtude de sentença judiciária, serão feitos exclusivamente na ordem cronológica de apresentação dos precatórios e à conta dos créditos respectivos, proibida a designação de casos ou de pessoas nas dotações orçamentárias e nos créditos adicionais abertos para este fim. Excepciona-se, neste caso, os débitos de natureza alimentícia, ou seja, aqueles decorrentes de salários, vencimentos, proventos, pensões e suas complementações, benefícios previdenciários e indenizações por morte ou invalidez, fundadas na responsabilidade civil, em virtude de sentença transitada em julgado.

Importante consignar que, é obrigatória a inclusão, no orçamento das entidades de direito público, de verba necessária ao pagamento de seus débitos oriundos de sentenças transitadas em julgado, constantes de precatórios judiciários, apresentados até 1º de julho, fazendo-se o pagamento até o final do exercício seguinte, quando terão seus valores atualizados monetariamente.

As dotações orçamentárias e os créditos abertos serão consignados diretamente ao Poder Judiciário, cabendo ao Presidente do Tribunal que proferir a decisão exequenda determinar o pagamento segundo as possibilidades do depósito, e autorizar, a requerimento do credor, e exclusivamente para o caso de preterimento de seu direito de precedência, o sequestro da quantia necessária à satisfação do débito. Note que, relativamente à expedição de precatórios, não se aplica aos pagamentos de obrigações definidas em lei como de pequeno valor que a Fazenda Federal, Estadual, Distrital ou Municipal deva fazer em virtude de sentença judicial transitada em julgado.

Importante salientar que, não cabe recurso de ofício das decisões prolatadas, pela autoridade fiscal da jurisdição do sujeito passivo, em processos relativos à restituição de impostos e contribuições administrados pela Secretaria da Receita Federal e a ressarcimento de créditos do Imposto sobre Produtos Industrializados. Por fim registra-se outra peculiaridade trazida pela Lei n. 10.522/02 no art. 35 ao afirmar que, "As certidões expedidas pelos órgãos da administração fiscal e tributária poderão ser emitidas pela internet (rede mundial de computadores) com as seguintes características: I — serão válidas independentemente de assinatura ou chancela de servidor dos órgãos emissores; II — serão instituídas pelo órgão emissor mediante ato específico publicado no Diário Oficial da União onde conste o modelo do documento".

9.1.3. Suspensão de segurança

A suspensão de segurança é um requerimento da Fazenda Pública para o Presidente do Tribunal para que possa ser suspendida a execução de liminar ou sentença por causar grave lesão à ordem, à saúde, à segurança e à economia públicas. Os legitimados para instaurar o incidente de suspensão de segurança são a Fazenda Pública e o Ministério Público. O art. 4º da Lei n. 8.437/92 destaca que:

> Art. 4º Compete ao presidente do tribunal, ao qual couber o conhecimento do respectivo recurso, suspender, em despacho fundamentado, a execução da liminar nas ações movidas contra o Poder Público ou seus agentes, a requerimento do Ministério Público ou da pessoa jurídica de direito público interessada, em caso de manifesto interesse público ou de flagrante ilegitimidade, e para evitar grave lesão à ordem, à saúde, à segurança e à economia públicas.

Percebemos que, a suspensão de segurança tem cunho manifestamente político, pois a decisão do presidente do Tribunal pode ser muito subjetiva dependendo dos interesses envolvidos. Note que, caso o pedido de suspensão de segurança seja negado pelo Presidente do tribunal *a quo*, pode o Presidente do STJ julgar o feito. Vejamos jurisprudência sobre o tema:

A Corte Especial decidiu não ser cabível, na via excepcional da segurança, discutir questão de mérito de ação principal para fins de paralisar obras necessárias ao suprimento de serviços operacionais e administrativos de aeroporto, já que, das obras, depende a regularização do funcionamento aeroportuário. Ademais, o STJ é competente para julgar novo pedido de suspensão de segurança quando negado o primeiro pelo Tribunal *a quo*; não há que se falar em exaurimento da instância anterior, pois, no caso, não se condiciona à interposição ou julgamento de agravo interno na origem, incidindo a Lei n. 8.437/92. Precedente citado: AgRg na SLS 370-PE, DJ 13.8.2007. AgRg na SLS 755-GO, Rel. Min. Barros Monteiro, julgado em 5.12.2007.

Destaca-se que a Súmula n. 626 do STF declara que, "A suspensão da liminar em mandado de segurança, salvo determinação em contrário da decisão que deferir, vigorará até o trânsito em julgado da decisão definitiva de concessão de segurança ou, havendo recurso, até a sua manutenção pelo Supremo Tribunal Federal, desde que o objeto da liminar deferida coincida, total ou parcialmente, como da impetração." Vejamos algumas jurisprudências sobre a temática:

> Por dívida de quatorze milhões de reais com a companhia concessionária de água e esgoto, o município teve interrompido o fornecimento desses serviços em órgãos administrativos, inclusive a própria prefeitura. O município impetrou mandado de segurança com pedido de concessão de liminar e o juiz a deferiu, determinando o imediato restabelecimento dos serviços. A companhia, então, formulou pedido de suspensão de liminar perante a presidência do TJ, que a deferiu. Daí a presente suspensão de segurança formulada pelo município nos termos do art. 4º da Lei n. 8.437/92, art. 25 da Lei n. 8.038/90 e art. 271 do RISTJ, a qual foi concedida, tendo a companhia agravado dessa decisão. A Corte Especial, por maioria, deu provimento ao agravo regimental para restabelecer os efeitos da decisão proferida pelo Presidente do TJ. Destacou-se que, no caso, o corte desses serviços deverá atingir os responsáveis pelo inadimplemento com a concessionária de serviço público e, ainda, que não faria sentido admitir-se o fornecimento gratuito mesmo a um órgão público, porque ele também tem de cumprir suas obrigações. Ressalvou-se que se abre exceção apenas para a interrupção de fornecimento de água nos casos dos hospitais e das escolas públicas (atividades essenciais), a qual necessita de procedimentos como prévia notificação. AgRg na SS 1.764-PB, Rel. originário Min. Barros Monteiro, Rel. para acórdão Min. Ari Pargendler, julgado em 27.11.2008.

Mediante licitação, a autora tornou-se concessionária de porto público para o transporte de carga de terceiros. Após vultosos investimentos, viu-se tolhida do exercício pleno de suas atividades, pois porto particular, habilitado a operar sua própria carga e, só residualmente, a de terceiros, passou a embarcar apenas este último tipo de carga. Irresignada, moveu ação inibitória somada a pedido de indenização. Então, o juiz singular acolheu o pedido e concedeu a tutela inibitória antecipada. Sucede que a Agência Nacional de Transportes Aquaviários (Antaq) interveio como "assistente" no feito, isso já em grau recursal. Por sua vez, o TRF, em sede de cautelar, entendeu que a agência reguladora era, sim, litisconsorte necessária, sinalizando uma provável anulação *ab ovo* do processo. Cassou, também, aquela tutela antecipada, ainda sujeita à apelação, sem a anotação de que a Corte Especial do STJ, em suspensão de segurança, chancelou a manutenção da concessionária à frente do porto público. Diante disso, a Turma, ao prosseguir o julgamento, entendeu por maioria que, diante da teratologia e da necessária observância à cautela processual, há que se conceder a suspensividade àquela decisão somente quanto ao reposicionamento daquela agência como litisconsorte e, assim, impedir a nulificação do feito, até que se julgue o respectivo recurso especial ainda não interposto. Determinou, também, que o TRF, ao apreciar a apelação, afira os requisitos da concessão da tutela antecipada, considerando essa particularidade formal. Isso porque a jurisprudência deste Superior Tribunal não admite a qualidade de parte que foi conferida à agência quando se cuida de litígio entre as empresas do setor regulado em que se discutem, *incidenter tantum*, suas orientações. Precedentes citados: REsp 431.606-SP, DJ 30.9.2002; RMS 14.865-RJ, DJ 11.11.2002, e REsp 371-CE, DJ 4.6.1990. MC 9.275-AM, Rel. Min. Luiz Fux, julgado em 7.4.2005.

Discute-se, na ação originária, se os encargos estipulados pela Aneel nas Resoluções ns. 666/02, 790/02 e 152/03 consubstanciam ônus correspondentes aos serviços de transmissão/distribuição ou de fornecimento de energia elétrica, em especial, se os encargos da Tarifa de Uso dos Sistemas de Transmissão — Tust e Tarifa de Uso do Sistema de Distribuição — Tusd, cobrados da Cia. Siderúrgica Nacional — CSN e outra dizem respeito ao custo do transporte de energia elétrica. Essas empresas, agravantes, alegam que são consumidoras livres e, nessa condição, não adquirem energia da agravada, apenas se utilizam das linhas de transmissão e distribuição, pelo que, afirmam, estariam obrigadas apenas a ressarcir o "custo do transporte" envolvido, consoante determina o art. 15, § 6º, da Lei n. 9.074/95. A Corte Especial negou provimento ao agravo, por entender que não há como concluir que se discutiu, em incidente de suspensão de segurança, o mérito da controvérsia. Não coube ao min. presidente deste Superior Tribunal analisar se as agravantes estão ou não obrigadas ao pagamento dos encargos estipulados pela Aneel. Considerou, tão somente, os riscos que a manutenção da sentença traria à ordem e à economia públicas, deferindo a suspensão, notadamente, porque a decisão impugnada invadiu, indevidamente, a competência atribuída pela Lei n. 9.427/96, art. 3º, IV, à Aneel, para fixação dos critérios utilizados para cálculo do preço de transporte, de que trata a Lei n. 9.074/95, art. 15, § 6º, AgRg na SS 1.424-RJ, Rel. Min. Presidente Edson Vidigal, julgado em 1º.2.2005.

Vejamos a Lei n. 8.038/90 que diz, em seu art. 25, sobre a suspensão de segurança do STJ:

Art. 25 da Lei n. 8.038/90: Salvo quando a causa tiver por fundamento matéria constitucional, compete ao Presidente do Superior Tribunal de Justiça, a requerimento do Procurador-Geral da República ou da pessoa jurídica de Direito Público interessada, e para evitar grave lesão à ordem, à saúde, à segurança e à economia públicas, suspender, em despacho fundamentado, a execução de liminar ou de decisão concessiva de mandado de segurança, proferida, em única instância, pelos tribunais regionais federais ou pelos Tribunais dos Estados e do Distrito Federal.

A principal decorrência da suspensão é sustar os efeitos concretos da sentença ou liminar concedida. O recurso cabível em caso de deferimento ou indeferimento da suspensão é o agravo. Ressalta-se que, a suspensão de segurança é a medida cabível para suspender a decisão liminar ou definitiva deferida em mandado de segurança.

Na hipótese de liminar, essa ficará suspensa até que seja prolatada a decisão definitiva do juízo de primeiro grau. Já a decisão definitiva, fica suspensa até o julgamento do Recurso de Apelação. Nos dizeres do mestre *Marcelo Abelha*[(2)]:

> Se por qualquer motivo a liminar deixar de existir (revogada, cassada, modificada ou substituída), não haverá mais eficácia para ser suspensa. Nesse caso, o prazo de sustentação da suspensão concedida pelo presidente do tribunal competente teria durado até esse momento. Esticá-lo para além da existência da decisão cuja execução foi suspensa seria a um só tempo: aumentar os limites objetivos do pedido de suspensão de execução da liminar concedida (que não se limitaria à suspensão da liminar); seria entender que decisão interlocutória e sentença seriam pronunciamentos idênticos; seria permitir que a suspensão de liminar valesse para um ato e momento que ainda não teria ocorrido, e que, quando ocorresse, poderia revogar a liminar concedida.

O objeto imediato da suspensão de segurança, portanto, é a decisão ou liminar e, por isso, deixando de existir, perde o sentido a suspensão de segurança. Os legitimados para instaurar o incidente são: a pessoa jurídica de Direito Público, o MP e tem como fim suspender a decisão para atender ao interesse público.

9.2. Ação declaratória e anulatória

A ação declaratória está prevista no art. 4º do CPC que consigna, "o interesse do autor pode limitar-se à declaração: I — da existência ou da inexistência de relação jurídica. É admissível a ação declaratória, ainda que tenha ocorrido a violação a direito". A ação declaratória pode ser cumulada com a repetição do indébito, isto é, a devolução do valor que pagou indevidamente. Por exemplo, na jurisprudência a seguir, do STJ, tem um caso de uma ação declaratória cumulada com repetição de indébito com intuito de ser declarada a imunidade tributária da empresa. Vejamos:

> Trata-se de ação declaratória c/c repetição de indébito ajuizada por sociedades civis sem fins lucrativos que buscam o reconhecimento da imunidade tributária prevista no art. 150, VII, c, da CF/88 em relação à cobrança do ICMS incidente em suas contas de energia elétrica, de telefone e na aquisição de bens de ativo fixo. Para o Min. Relator, a questão de fundo é exclusivamente constitucional, não cabendo ser analisada em recurso especial. Só há pertinência de análise dos aspectos legais decididos no Tribunal *a quo* que também são alvo de irresignação do Estado-Membro recorrente. Isso posto, ressalta ainda o Min. Relator a doutrina que aponta confusão entre o conceito jurídico de contribuinte e o conceito econômico de contribuinte de fato que só prejudica a compreensão do direito. Explica que a caracterização do chamado contribuinte de fato, no campo do direito, na verdade, tem função didática, ou seja, apenas explica a sistemática da tributação indireta, não se prestando a conceder legitimidade *ad causam* para que o contribuinte de fato ingresse em juízo com vistas a discutir determinada relação jurídica

---

(2) RODRIGUES, Marcelo Abelha. *Suspensão de segurança*: sustação da eficácia de decisão judicial proferida contra o Poder Público. São Paulo: Revista dos Tribunais, 2000. p. 34-40.

da qual, na realidade, não faça parte. Os contribuintes do ICMS incidente sobre as operações com energia elétrica e sobre os serviços de comunicação são as respectivas concessionárias. Assim, arcando com o ônus financeiro do tributo na condição de consumidores, as associações autoras não possuem legitimidade para repetir a exação a respeito da qual não são obrigadas a recolher para os cofres do Fisco. Não se encontram, por isso, na condição de contribuintes nem de responsáveis tributários nos termos do art. 121 do CTN. Com esse entendimento, a Turma deu provimento ao recurso e extinguiu o feito sem resolução do mérito, por ilegitimidade ativa, nos termos do art. 267, VI, do CPC. Precedentes citados: RMS 23.571-RJ, DJ 21.11.2007; RMS 7.044-SP, DJ 3.6.2002; REsp 279.491-SP, DJ 10.2.2003; e RMS 6.932-SP, DJ 16.9.1996. REsp 983.814-MG, Rel. Min. Castro Meira, julgado em 4.12.2007.

A ação anulatória pode ser definida como a que visa anular o ato de constituição do crédito tributário, vez que este é irregular ou contém algum vício, ou ainda, já teve pagamento efetuado. Vejamos jurisprudência do STJ sobre o tema:

> Em sede de execução fiscal movida pela Fazenda Nacional em desfavor da empresa recorrente, o juiz indeferiu o pedido de suspensão do executivo fiscal e reconheceu como ineficaz a indicação à penhora de títulos da Eletrobrás. O Min. Relator esclareceu que o crédito tributário, por ser privilegiado, ostenta a presunção de sua veracidade e legitimidade (art. 204, CTN). A decorrência lógica da referida presunção é que o crédito tributário só pode ter sua exibilidade suspensa na ocorrência de uma das hipóteses estabelecidas no art. 151 do mesmo diploma legal. O ajuizamento de ação anulatória de débito fiscal desacompanhada de depósito no montante integral não tem o condão de suspender o curso de execução fiscal já proposta. Entendeu o Min. Relator que os títulos que consubstanciam obrigações da Eletrobrás revelam-se impróprios à garantia do processo de execução, visto que de liquidação duvidosa. No caso, a empresa executada pretendeu substituir a penhora não por debêntures, mas por títulos que consubstanciam obrigações ao portador emitidas pela Eletrobrás, pelo que não está a exequente obrigada a aceitá-los, visto se revelarem impróprios à garantia do processo de execução em razão de sua liquidação duvidosa. Precedentes citados: REsp 216.318-SP, DJ 7.11.2005; REsp 747.389-RS, DJ 19.9.2005; REsp 764.612-SP, DJ 12.9.2005; AgRg no Ag 606.886-SP, DJ 11.4.2005; REsp 677.741-RS, DJ 7.3.2005; REsp 969.099-RS, DJ 5.12.2007; AgRg no REsp 669.458-RS, DJ 16.5.2005; REsp 885.062-RS, DJ 29.3.2007; e REsp 776.538-RS, DJ 19.12.2005. REsp 842.903-RS, Rel. Min. Luiz Fux, julgado em 12.2.2008.

9.3. Mandado de segurança

9.3.1. Conceito

É uma ação constitucional colocada à disposição de pessoa detentora do direito liquido e certo atingido. Como pessoa entende a melhor doutrina ser a: física, jurídica e os órgãos despersonalizados com capacidade processual (massa falida, condomínio etc.). Foi prevista primeiramente pela Constituição de 1934. Já em 1988, foi estendida sua legitimação passando a existir outra modalidade de mandado de segurança, qual seja, o coletivo, que estudaremos posteriormente; por ora vamos nos ater ao mandado de segurança individual.

A sempre mencionada professora *Maria Sylvia Zanella Di Pietro*[3] conceitua o instituto do mandado de segurança de forma bem sintética e de fácil compreensão. Assim, colacionaremos na íntegra toda a maestria com que costuma tratar temas tão importantes quanto o ora comentado:

O mandado de segurança é a ação civil de rito sumaríssimo pela qual a pessoa pode provocar o controle jurisdicional quando sofrer lesão ou ameaça de lesão a direito líquido e certo, não amparado por *habeas corpus* nem *habeas data*, em decorrência de ato de autoridade, praticado com ilegalidade ou abuso de poder.

Como conceituar uma coisa é sempre uma tarefa que exige esforço mútuo, traremos a definição legal de mandado de segurança, dada pelo legislador constitucional no art. 5º, inciso LXIX:

Art. 5º, LXIX, da CF: "conceder-se-á mandado de segurança para proteger direito líquido e certo, não amparado por *habeas corpus* ou *habeas data*, quando o responsável pela ilegalidade ou abuso de poder for autoridade pública ou agente de pessoa jurídica no exercício de atribuições de Poder Público".

Satisfeitos com a conceituação trazida pela doutrina e pela lei, então avancemos no nosso estudo com a descrição constitucional do que seria mandado de segurança e suas mais precisas características:

a) Serve para proteger direito líquido e certo — É o direito definido como aquele em que não há necessidade de dilação probatória, ou seja, sua verossimilhança tem grau mínimo de incerteza e pode ser demonstrada objetivamente. O mandado de segurança não comporta instrução probatória, pois a prova é pré-constituída.

b) É um direito residual — Só será aplicado caso não sejam cabíveis o *habeas corpus* e o *habeas data*. A residualidade decorre da opção legislativa de conferir ao *habeas data* e ao *habeas corpus* uma preponderância material que satisfaça a defesa do direito à liberdade (*habeas corpus*) e do direito à informação pessoal (*habeas data*). Dessa forma, todas as outras matérias podem ser alvo do mandado de segurança, se obedecidos todos os requisitos. Preferimos chamar o mandado de segurança de direito residual especial, isto é, a residualidade só reside em duas matérias, quais sejam, direito à liberdade e direito à informação.

c) O ato da autoridade deve constituir ilegalidade ou abuso de poder — A ilegalidade se refere justamente ao ato vinculado e o abuso de poder configura o ato discricionário. Por isso, esse instrumento é tão importante, à medida que valora qualitativamente os atos administrativos para assim demonstrar sua ilegalidade ou abusividade em face de um direito individual líquido e certo.

d) No polo passivo devem estar o Poder Público ou pessoa jurídica no exercício do Poder Público — Como exemplo de Poder Público citamos o agente fiscalizador que, sem nenhum critério de razoabilidade, queria fechar um estabelecimento empresarial que tinha atividade lícita, regular e legal. Ora, nesse

---

(3) PIETRO, Maria Sylvia Zanella Di. *Direito administrativo*. São Paulo: Atlas, 1999. p. 612.

caso, o agente público fiscalizador é o *longa manus* do Estado (Poder Público), sendo cabível que o proprietário da empresa vá a juízo e utilize-se do mandado de segurança para fazer valer o seu direito líquido e certo de realizar a sua atividade lícita, regularizada e legal. Como exemplo de Pessoa Jurídica no exercício do Poder Público temos o diretor de uma escola que impede um aluno de assistir aula por se encontrar inadimplente. Por ser a educação uma função pública, qualquer ato abusivo e ilegal do agente particular detentor de tal função pública gera o cabimento do mandado de segurança.

9.3.2. Natureza jurídica

É ação constitucional cabível quando o direito líquido e certo ofendido por exercente de atribuições públicas não puder ser protegido por *habeas corpus* ou *habeas data*. Para complementar nosso estudo, mencionaremos a opinião do renomado *Alexandre de Moraes*[4], que trata da seguinte forma sobre o tema:

> Trata-se de uma ação constitucional civil, cujo objeto é a proteção de direito líquido e certo, lesado ou ameaçado de lesão, por ato ou omissão de Autoridade Pública ou agente de pessoa jurídica no exercício de atribuições do Poder Público.

Fica clara então a natureza de ação constitucional cuja comprovação não permite dilação no processo, mas deve se anteceder à constituição do mesmo.

9.3.3. Legitimidade ativa

O legitimado ativo é o que tem ferido o seu direito, cuja existência é certa e delimitada a sua extensão, e não pode ser defendido por *habeas corpus* e *habeas data*. Divide-se em:

a) Pessoa física;

b) Pessoa jurídica;

c) Órgãos despersonalizados (espólio, massa falida, condomínio etc.);

d) Agentes políticos (Ministério Público, Governadores etc.);

e) Todos que tiverem capacidade processual e que tenham direito (líquido e certo) afrontado diretamente (ex.: Mesas do Legislativo).

A seguir, relatamos o posicionamento do STF de restringir a legitimidade ativa só para os que tenham direito líquido e certo afrontado:

(...)

O mandado de segurança pressupõe a existência de direito próprio do impetrante. Somente pode socorrer-se dessa especialíssima ação o titular do direito, lesado ou ameaçado de

---

(4) MORAES, Alexandre de. *Direito constitucional*. São Paulo: Atlas, 2002. p. 164.

lesão, por ato ou omissão de autoridade. A ninguém é dado pleitear em nome próprio direito alheio, salvo quando autorizado por lei (art. 6º do CPC). Não obstante a gravidade das alegações, evidente é a ilegitimidade do postulante e a falta de interesse processual. Pedido não conhecido. 9. É de ressaltar que a impetrante pretende resguardar o direito de terceiros de não comparecerem à CPI e, assim, evitar que o deslinde da ação judicial, em que está em jogo área de sua propriedade, sofra influência externa aos autos. Ocorre, no entanto, que, embora haja interesse da empresa no que pleiteia, falta-lhe legitimidade, pois, como preleciona *Hely Lopes Meirelles*, "não há confundir interesse com direito subjetivo e, principalmente, com direito subjetivo líquido e certo, que é o único protegível por mandado de segurança".

(...)

Enfatizo que, em situação idêntica, esta Corte, ao apreciar o RE n. 107.679-SC, ALDYR PASSARINHO, assentou: "MANDADO DE SEGURANÇA. LEGITIMIDADE ATIVA. INEXISTÊNCIA. O mandado de segurança é medida judicial que só pode ser utilizada para defesa de direito próprio e direto do impetrante e não para defender direito potencial, e que apenas poderia eventualmente surgir se afastado aquele a quem o ato apontado como ilegal iria atingir" (RTJ 120/816). (MS 23805 MC/DF — 17.11.2000 — DISTRITO FEDERAL — MEDIDA CAUTELAR NO MANDADO DE SEGURANÇA, MIN. MAURÍCIO CORRÊA).

Conforme entendimento monocrático do STF, para ser legitimado ativo é necessário que o pretendente não tenha apenas interesse no deslinde do feito, mas que seja titular de direito subjetivo líquido e certo.

9.3.4. Legitimidade passiva

A própria dicção constitucional (art. 5º, LXIX, CF) traz o polo passivo na ação constitucional de mandado de segurança individual. Pode ser:

a) Autoridade Pública — É a que exerce legalmente um dos encargos inerentes às funções basilares da Administração Pública em qualquer dos poderes constituídos do Estado (executivo, legislativo ou judiciário). Configura como característica um liame laboral subjetivo com o Poder Público e anterior à ocorrência do fato. É pessoa jurídica de Direito Público que mantém a titularidade direta do serviço por ele prestado ou por seus agentes executados. O agente deve ter o domínio do fato para que possa fazer cessar a ilegalidade ou abusividade (ex.: Delegado de Polícia).

b) Agente de pessoa jurídica no exercício de atribuições do Poder Público — É o que não se enquadra na definição de agente público e por isso não integra o quadro da Administração Pública. São meros exercentes de uma função cuja titularidade é pública (ex.: Diretor de uma escola, pois a educação é função pública. É pessoa jurídica de direito privado com delegação de função do Poder Público).

A seguir, alguns julgados sobre a legitimidade passiva sob a ótica de nossos tribunais:

> Autoridade coatora não é exatamente aquela que tem competência para corrigir o ato, mas aquela que dispõe de uma forma eficaz de cumprir a prestação jurisdicional reclamada pelo impetrante (AMS 95.01.07451, DJ 2-24.6.95, p. 40.090 — Juiz Federal Tourinho Neto, TRF 1ª Região).

> A legitimidade é matéria que deve ser apreciada mesmo de ofício (267, VI e § 3º, do CPC). É legítima a autoridade que, executora do ato impugnado, teria meios e competência para cumprir a ordem determinada no *writ* (TRF da Segunda Região no julgamento da apelação em MS n. 021132/RJ REG. 97.02.44263-0, 3ª Turma, TRF 2ª Região).

Nos dois julgados, verificamos que a figuração da autoridade coatora no polo passivo está diretamente relacionada à competência por essa recebida para executar o ato reclamado pelo impetrante. Acompanhemos, agora, uma decisão recente, dos Ministros Eros Grau e Sepúlveda Pertence, do STF:

> O Presidente da República é parte legítima para figurar como autoridade coatora em mandado de segurança preventivo contra ato de nomeação de juiz para o Tribunal Regional do Trabalho, na qualidade de litisconsorte necessário com o Presidente do Tribunal (MS 24.575, Rel. Min. Eros Grau, DJ 4.3.05).

> Mandado de segurança: autoridade coatora: legitimação do Presidente da República para responder, em caráter preventivo, à impetração fundada na inconstitucionalidade da lista tríplice organizada pelo Tribunal para a promoção de juízes. Precedente (MS 21.632-8/DF, Pl. 12.5.93, Pertence, DJ 6.8.93). Composição de lista tríplice para preenchimento de vaga de Juiz do Tribunal Regional do Trabalho da 12ª Região/SC: incontroversa utilização de critérios objetivos, devidamente especificados, que demonstram a não equiparação entre os candidatos; ausência, ademais, de direito da impetrante de fazer prevalecer sua antiguidade, na composição da lista de merecimento, conforme a jurisprudência do Supremo Tribunal, que entende inconstitucional o critério de desempate postulado (*v*.*g*. ADIn 189, 9.10.91, Celso, RTJ 138/371; AO 70, 9.4.92, Pertence, RTJ 147/345). (MS 25.979-AgR, Rel. Min. Sepúlveda Pertence, DJ 18.8.06).

> Imprescindível, antes de avançarmos para o próximo tópico, compreendermos que até mesmo o Presidente da República pode ser sujeito passivo do Mandado de Segurança. D'outra sorte, os ministros do STF não podem ser sujeitos passivos de MS no exercício da sua função jurisdicional:

> (...) anoto que a jurisprudência do Supremo Tribunal Federal é pacífica em ter como inadmissível a impetração de mandado de segurança contra Ministro da Corte, no exercício da função jurisdicional. É como se vê, entre outros precedentes, do MS 23.715-AgR, Rel. Min. Celso de Mello e do MS 21.734-AgR, Rel. Min. Ilmar Galvão (MS 25.517, Rel. Min. Carlos Britto, DJ 16.9.05).

Obviamente, a Corte não iria contra si mesma e pacificou esse entendimento num viés protecionista que não coaduna com o princípio democrático da igualdade. Peço vênia para discordar da Suprema Corte, pois, em nosso entendimento, se o Presidente da República pode ser sujeito passivo de MS, com mais razão deveriam os Ministros do STF também sê-lo.

Se o Presidente da República é a autoridade máxima do País e representante maior do povo, não deveria estar ocupando o polo passivo do MS se o próprio STF não o faz. Como diz o velho ditado popular: "pimenta nos olhos dos outros é refresco". Então, deve ser revista a jurisprudência, para, assim, admitir a ilegitimidade do Presidente da República para figurar no polo passivo ou então admitir também a legitimidade dos ministros do STF para integrar o polo passivo do MS, fazendo jus ao princípio da igualdade e proporcionalidade.

9.3.5. Espécies

a) Mandado de Segurança Repressivo — É o que visa coibir e pôr fim ao constrangimento ilegal já efetivado. Sinaliza a doutrina que esse MS serve para fazer cessar a ilegalidade ou abuso de poder imposta ao indivíduo.

b) Mandado de Segurança Preventivo — É o que busca prevenir que atos tidos como ilegais ou abusivos possam se efetivar. Nesse sentido, segue abaixo uma decisão do TRF, 3ª Região, que traça com clareza a definição de mandado de segurança preventivo, *in verbis:*

> O mandado de segurança preventivo, junto com as cautelares, é o mais eficaz instrumento de distribuição de justiça, posto que prevenir é melhor que recompor. Nenhuma lesão é completamente reparada ou recomposta. É ilegal o provimento jurisdicional que extingue Mandado de Segurança Preventivo à míngua de ato coator, pois a decisão que poderia ser tomada dirigir-se-ia ao impedimento da efetivação de atos acoimados de ilegítimos, prestes a ocorrer. Caracterizado o *periculum in mora*, porquanto em não satisfazendo a imposição, a postulante se oferece como inadimplente, ficando sujeita às sanções daí decorrentes. Segurança concedida, para o fim de assegurar o regular procedimento do *writ* aforado em primeiro grau (TRF — 3ª R. — 3ª T. — AMS n. 139495 — Relª Juíza Anna Maria Pimentel — DJ 1º.7.98 — p. 467).

Tanto repressivo como preventivo, ambos obedecerão ao prazo de 120 dias para impetrar o mandado de segurança, contados da ciência do ato impugnado (art. 18 da Lei n. 1.533/51). Observemos agora o entendimento sumulado do STF sobre a matéria:

> Súmula n. 632 do STF: "É constitucional lei que fixa o prazo de decadência para a impetração de mandado de segurança".

Então, de acordo com a súmula, é válida a decadência por decurso do prazo previsto de 120 dias. Porém, isso não impede que posteriormente venha sustentar seu direito mediante outro meio cabível, pois só estará vedado fazê-lo novamente por intermédio do mandado de segurança.

9.3.6. Competência

Tem como referência a sua fixação estar ligada à autoridade coatora e sua sede funcional. É competente para julgar mandado de segurança o que estiver legalmente autorizado para tal tarefa.

O art. 102, inciso I, alínea *d* confere ao STF a competência para julgar mandado de segurança contra atos do Presidente da República, das Mesas da Câmara dos Deputados e do Senado Federal, do Tribunal de Contas da União, do Procurador-Geral da República e do próprio STF.

O art. 105, inciso I, alínea *b* dá competência ao STJ para julgar os mandados de segurança contra ato de Ministro de Estado, dos Comandantes da Marinha, do Exército, da Aeronáutica ou do próprio tribunal.

O art. 108, inciso I, alínea *c* dá competência ao TRF para julgar o mandado de segurança contra ato do próprio tribunal ou de juiz federal.

No art. 109, inciso VIII, é conferida competência residual para os juízes federais julgarem os atos de autoridade federal que não forem da competência originária do Tribunal Regional Federal.

Existem outros dispositivos legais que cuidam da competência para julgamento do MS[5]; mas, a título de concurso, nos focamos nos órgãos competentes acima enumerados. Vale a pena verificar a lei de organização judiciária e regimento interno do tribunal em que pretenda realizar concurso.

9.4. Mandado de segurança coletivo

9.4.1. Conceito

Foi uma das inovações trazidas pela Constituição de 1988 e tem como conceito ser uma forma de mandado de segurança com ampliação da legitimação ativa. Nas palavras de *Michel Temer*[6], os objetivos principais na criação do MS coletivo são: o fortalecimento das organizações sindicais e a pacificação das relações sociais pela solução que o judiciário dará a situações controvertidas que poderiam gerar milhares de litígios, criando, assim, uma desordem no ordenamento jurídico.

É ação constitucional residual (quando não cabe *habeas corpus* e *habeas data*) impetrada por uma coletividade para coibir o abuso ou ilegalidade no direito. O objeto do mandado de segurança coletivo são os direitos coletivos líquidos e certos e se dividem em:

---

(5) Interessante notar a sempre sábia decisão de Ellen Gracie: "O acerto ou desacerto da concessão de liminar em *mandado de segurança*, por traduzir ato jurisdicional, não pode ser examinado no âmbito do Legislativo, diante do princípio da separação de poderes. O próprio Regimento Interno do Senado não admite CPI sobre matéria pertinente às atribuições do Poder Judiciário (art. 146, II)" (HC 86.581, Rel. Min. Ellen Gracie, DJ 19.5.06).

(6) TEMER, Michel. *Elementos de direito constitucional.* 14. ed. rev. e ampl. São Paulo: Malheiros, 1998. p. 203.

a) Direitos difusos — São os transindividuais de natureza indivisível, de que sejam titulares pessoas indeterminadas e ligadas por circunstâncias de fato (art. 81, I, CDC). Ex.: consumidores de um refrigerante estragado ou então a população de um bairro que questiona judicialmente a emissão de poluentes por uma empresa de mineração.

b) Direitos coletivos *stricto sensu* — São os transindividuais de natureza indivisível, de que seja titular grupo, categoria ou classe de pessoas ligadas entre si ou com a parte contrária por uma relação jurídica base (art. 81, II, CDC). Ex.: pais de alunos de um colégio que ingressam coletivamente para impedir o aumento abusivo de 90% nas mensalidades.

c) Direitos individuais homogêneos — São os interesses individuais decorrentes de origem comum (art. 81, III, CDC). Ex.: pedido coletivo dos pais para impedir a devolução da mensalidade paga.

9.4.2. Legitimação ativa

O mandado de segurança coletivo tem como diferencial a sua legitimação ativa ampla, permitindo que um grupo organizado possa impetrar tal ação. A Constituição, no seu art. 5º, inciso LXX, define assim:

Art. 5º, LXX, da CF: o mandado de segurança coletivo pode ser impetrado por:

a) partido político com representação no Congresso Nacional;

b) organização sindical, entidade de classe ou associação, desde que estejam legalmente constituídas e em funcionamento há pelo menos um ano, em defesa dos interesses de seus membros associados.

Está previsto no art. 5º, inciso LXX, da CF. O mandado de segurança coletivo pode ser impetrado por:

1º) Partido Político com representação no Congresso Nacional — A representação no Congresso verifica-se quando o partido tiver, ao menos, um parlamentar no Senado ou Câmara. Essa legitimidade dos partidos políticos é entendida em sentido restrito pelo STJ[7], que limita a três requisitos concomitantes:

> a) deve ter como objeto a defesa de seus filiados (partidários);
> b) a matéria a ser tratada é uma questão política;
> c) necessita estar autorizado por lei ou pelo estatuto do partido.

---

(7) Em decisão do STJ: "Quando a Constituição autoriza um partido político a impetrar mandado de segurança coletivo, só pode ser no sentido de defender os seus filiados e em questões políticas, ainda assim quando autorizado por lei ou pelo estatuto. Impossibilidade de dar a um partido político legitimidade para vir a juízo defender 50 milhões de aposentados, que não são, em sua totalidade, filiados ao partido, e que não autorizam o mesmo a impetrar mandado de segurança em nome deles" (STJ — 1ª Seção — MS n. 197/DF, Rel. Min. Garcia Vieira, acórdão publicado em 20.8.90 — RSTJ 12/215).

Entendemos que o legislador ao consignar o mandado de segurança coletivo em texto constitucional pretendeu, além de ampliar a legitimação do MS, defender direitos coletivos líquidos e certos. Por isso, ousamos discordar com o STJ, que, a nosso ver, não poderia limitar a sua atuação apenas para os filiados partidários, pois ninguém pode ser obrigado a se filiar a partido político. O partido político tem como objetivo defender os interesses partidários, mas, mais do que isso, os direitos da sociedade de forma geral.

2º) Organização sindical, entidade de classe ou associação, desde que estejam legalmente constituídas há pelo menos um ano, em defesa dos interesses de seus membros associados — É hipótese legal de substituição processual (legitimação extraordinária), já que representa os interesses de seus associados. Apesar da redação constitucional não referir expressamente quem necessitará de 1 (um) ano de constituição para ser legitimada, o STF esposou o seguinte julgado:

> Tratando-se de mandado de segurança coletivo impetrado por sindicato, é indevida a exigência de um ano de constituição e funcionamento, porquanto esta restrição destina-se apenas às associações (RE 198.919, Rel. Min. Ilmar Galvão, DJ 24.9.99).

Percebe-se claramente que de forma restritiva o Supremo afirmou que a exigência de um ano de constituição se refere apenas à associação. Não damos crédito a tal entendimento, pois o art. 5º, LXX, *b*, da CF, refere-se à constituição há pelo menos 1 ano para a defesa dos interesses de seus membros associados. Quando se fala em membros associados, é fato inconteste que se refira propriamente à associação e entidade de classe (ver Súmula n. 629, STF), pois, se quisesse se referir ao sindicato, teria utilizado outra expressão (ex.: filiados, sindicalizados etc.). Segundo nosso ponto de vista, só o sindicato não necessita estar constituído a um ano.

Questão também tormentosa é sobre a necessidade de autorização do associado para a impetração do MS coletivo. Segundo a Súmula n. 629 do STF:

> Súmula n. 629 do STF: "A impetração de mandado de segurança coletivo por entidade de classe em favor dos associados independe da autorização destes".

Como vislumbramos acima, não há necessidade de autorização de filiado ou associado efetivar o MS coletivo; mas isso não retira a prescindibilidade de estar prevista tal autorização no estatuto social. Confira uma jurisprudência recente do STF sobre o tema:

> A legitimação das organizações sindicais, entidades de classe ou associações, para a segurança coletiva, é extraordinária, ocorrendo, em tal caso, substituição processual. CF, art. 5º, LXX. Não se exige, tratando-se de segurança coletiva, a autorização expressa aludida no inciso XXI do art. 5º da Constituição, que contempla hipótese de representação. O objeto do "mandado de segurança" coletivo será um direito dos associados, independentemente de guardar vínculo com os fins próprios da entidade impetrante do *writ*, exigindo-se, entretanto, que o direito esteja compreendido na titularidade dos associados e que exista ele em razão das atividades exercidas pelos associados, mas não

se exigindo que o direito seja peculiar, próprio, da classe (RE 193.382, Rel. Min. Carlos Velloso, DJ 20.9.96). No mesmo sentido: (RE 460.836, Rel. Min. Carlos Velloso, DJ 30.9.05).

Finalizamos o tema afirmando que o efeito da decisão do MS coletivo é *erga omnes* (vale para todos), por analogia à Ação Civil Pública (art. 16 da Lei n. 7.347/85[8]), à medida que ambas servem para defender interesses coletivos. Se o pedido for julgado improcedente por insuficiência de provas, qualquer legitimado poderá intentar outra ação com idêntico fundamento, mas deve para isso apresentar nova prova. O polo passivo do mandado de segurança coletivo é o mesmo do mandado de segurança individual, o que muda é apenas a legitimação ativa.

Súmulas sobre o Mandado de Segurança:

"O mandado de segurança não substitui a ação popular" (Súmula n. 101).

"Não cabe mandado de segurança contra lei em tese" (Súmula n. 266).

"Não cabe mandado de segurança contra ato judicial passível de recurso ou correição" (Súmula n. 267).

"Não cabe mandado de segurança contra decisão judicial com trânsito em julgado" (Súmula n. 268).

"O mandado de segurança não é substitutivo de ação de cobrança" (Súmula n. 269).

"Não cabe mandado de segurança para impugnar enquadramento da Lei n. 3.780, de 12.7.1960, que envolva exame de prova ou de situação funcional complexa" (Súmula n. 270).

"Concessão de mandado de segurança não produz efeitos patrimoniais em relação a período pretérito, os quais devem ser reclamados administrativamente ou pela via judicial própria" (Súmula n. 271).

"Praticado o ato por autoridade, no exercício de competência delegada, contra ela cabe o mandado de segurança ou a medida judicial" (Súmula n. 510).

"Controvérsia sobre matéria de direito não impede concessão de mandado de segurança" (Súmula n. 625).

"A entidade de classe tem legitimação para o mandado de segurança ainda quando a pretensão veiculada interesse apenas a uma parte da respectiva categoria" (Súmula n. 630).

"É constitucional lei que fixa prazo de decadência para impetração de mandado de segurança" (Súmula n. 632).

---

(8) Art. 16 da Lei n. 7.347/85: A sentença civil fará coisa julgada *erga omnes*, nos limites da competência territorial do órgão prolator exceto se o pedido for julgado improcedente por insuficiência de provas, hipótese em que qualquer legitimado poderá intentar outra ação com idêntico fundamento, valendo-se da nova prova.

9.5. Ação de repetição de indébito tributário

A ação de repetição de indébito tributário está prevista no art. 165 do CTN que destaca:

> Art. 165. O sujeito passivo tem direito, independentemente de prévio protesto, à restituição total ou parcial do tributo, seja qual for a modalidade do seu pagamento, ressalvado o disposto no § 4º do art. 162, nos seguintes casos:
>
> I — cobrança ou pagamento espontâneo de tributo indevido ou maior que o devido em face da legislação tributária aplicável, ou da natureza ou circunstâncias materiais do fato gerador efetivamente ocorrido;
>
> II — erro na edificação do sujeito passivo, na determinação da alíquota aplicável, no cálculo do montante do débito ou na elaboração ou conferência de qualquer documento relativo ao pagamento;
>
> III — reforma, anulação, revogação ou rescisão de decisão condenatória.

Ressalta que, para que a repetição de indébito ocorra é necessária a prova de que a pessoa assumiu o encargo tributário pessoalmente ou alguém o transferiu o encargo para ele. De acordo com o STJ, a natureza jurídica da repetição do indébito é de tributo (REsp n. 714.916, 21.11.2005). O STF já consignou na Súmula n. 546 que, "cabe restituição do tributo pago indevidamente, quando reconhecido por decisão, que o contribuinte *de jure* não recuperou do contribuinte de fato o *quantum* respectivo".

A restituição de tributos que comportem, por sua natureza, transferência do respectivo encargo financeiro somente será feita a quem prove haver assumido o referido encargo, ou, no caso de tê-lo transferido a terceiro, estar por este expressamente autorizado a recebê-la. Destaca-se que, a restituição total ou parcial do tributo dá lugar à restituição, na mesma proporção, dos juros de mora e das penalidades pecuniárias, exceto as referentes a infrações de caráter formal não prejudicadas pela causa da restituição. Note que, a restituição vence juros não capitalizáveis, a partir do trânsito em julgado da decisão definitiva que a determinar. O prazo para que o contribuinte possa pleitear a restituição extingue-se com o decurso do prazo de 5 anos. Vejamos algumas jurisprudências sobre o tema:

> A universidade recorrida, durante todo um semestre letivo, recebeu dos recorrentes, agora já formados, vinte quatro créditos de horas-aula a mais do que efetivamente ministrou. Vê-se não pairarem dúvidas quanto ao fornecimento inadequado do serviço, mas, mesmo assim, o TJ afastou a restituição do pagamento indevido ao fundamento de que os recorrentes já estariam conformados, visto que se formaram (art. 971 do CC/16). Esse argumento não prospera; sequer tacitamente os recorrentes conformaram--se, pois, antes mesmo da formatura, após o insucesso de pedido administrativo, ajuizaram a ação de repetição do indébito. Não há dúvidas de que a universidade tem a obrigação de restituir os valores cobrados e recebidos sem que fossem devidos (art. 964 do CC/16). Porém, o art. 42 do CDC (que prevê a dobra do reembolso) cuida especificamente da hipótese de cobrança de débitos, a impedir que o consumidor seja exposto ao ridículo ou submetido a constrangimento ou ameaça, o que, de todo, não é o caso dos autos. O

parágrafo único daquele artigo não pode ser destacado de seu *caput* ou mesmo da própria seção onde está localizado. Daí entender a doutrina aplicar, em semelhantes hipóteses, o Código Civil e não o CDC (art. 1.531 do CC/16, reproduzido com pequena alteração no art. 940 do CC/02), a afastar a dobra na repetição do indébito. REsp 893.648-SC, Rel. Min. Nancy Andrighi, julgado em 2.10.2008.

A Portaria n. 18 do Departamento Nacional de Águas e Energia Elétrica (DNAEE), de 29.1.1986, fixou tarifa de energia elétrica para consumidores residenciais. Veio, então, o Plano Cruzado (DLs ns. 2.283 e 2.284, ambos de 1986), que determinou um "congelamento" geral de preços, inclusive da citada tarifa. Porém, o DNAEE, mediante a expedição da Portaria n. 38, de 27.2.1986, majorou as tarifas referentes a todas as categorias de consumidores (residenciais, industriais, comerciais e rurais). Constatado o equívoco, editou a Portaria n. 45, de 4.3.1986 (seis dias após a de n. 38), que restabeleceu a tarifa antes cobrada dos consumidores residenciais, conforme os ditames da Portaria DNAEE n. 18/86, apenas lhe alterando o padrão monetário. Manteve aumento somente quanto à tarifa cobrada dos consumidores da classe industrial (20%). Vê-se, então, que o aumento previsto na Portaria DNAEE n. 38/86 sequer produziu efeitos, visto que não vigorou por prazo superior a trinta dias. Há que se considerar, tal como o fez o acórdão recorrido, o fato de que as faturas são mensais e não diárias, quanto mais se não há provas de que houve a prática desses reajustes naquele curto período. Daí que, em relação aos consumidores residenciais, não há que se falar em qualquer repetição de indébito. Com esse entendimento, a Seção reviu sua jurisprudência para negar provimento ao REsp do consumidor residencial. REsp 1.054.629-SC, Rel. Min. Eliana Calmon, julgado em 10.9.2008 (ver Informativo n. 364).

Enquanto se busca o creditamento referente a tributo indevidamente exigido nas operações de saída, o que se equipara à restituição, o contribuinte realiza a operação mercantil (por exemplo, a circulação de mercadoria), mas aplica indevidamente a legislação (por erro, ou como nos autos, pela conhecida hipótese referente à inconstitucionalidade de parcela do ICMS paulista), recolhendo indevidamente o ICMS, cujo ônus é repassado ao adquirente. Nessa situação, é indiscutível a aplicação do art. 166 do CTN no momento da repetição do indébito. Conforme a legislação, o contribuinte ainda pode, em vez de receber o crédito decorrente do indébito mediante precatório, optar por compensá-lo com débitos posteriores em sua escrita fiscal. Dessarte, nessa hipótese, a compensação ou o creditamento do indébito tem o mesmo efeito da simples restituição do montante indevidamente recolhido, a justificar a aplicação, sem distinção, do art. 166 do CTN. Em uma segunda situação de creditamento, o contribuinte aproveita, de forma extemporânea, créditos relativos à aquisição de mercadorias ou à correção de seus valores. É o caso do creditamento extemporâneo de ICMS relativo à aquisição de bens destinados ao ativo fixo, ou mesmo à correção monetária de créditos não aproveitados tempestivamente em razão de oposição do Fisco. Não contabilizar esses créditos, na época correta, apesar da autorização da legislação aplicável, não corresponde a um incorreto cálculo de ICMS incidente nas operações de saída, não há qualquer repasse de valores indevidos ao adquirente das mercadorias vendidas pelo contribuinte, isso dentro da sistemática da não cumulatividade. Assim, o creditamento a menor na escrita fiscal redunda num recolhimento a maior ao final do período de apuração, sem que haja relação direta com os valores cobrados pelo contribuinte ao realizar suas operações de saída. Visto que nessa hipótese não há repasse direto do indébito, dentro da sistemática da não cumulatividade, não há que se falar em aplicação do art. 166 do CTN. Precedentes citados: AgRg no EREsp 728.325-SP, DJe 26.5.2008; REsp 766.682-SP, DJe 30.5.2008; EDcl no AgRg no Ag 853.712-SP, DJe 25.6.2008; EREsp 710.240-SC, DJ 12.6.2006, e REsp 818.710-BA, DJ 10.4.2006. EREsp 938.367-SP, Rel. Min. Herman Benjamin, julgados em 10.9.2008.

Consumidores (recorridos) insurgiram-se contra a prática de a concessionária de serviços de telefonia fixa repassar-lhes o ônus referente ao PIS e Cofins, adicionando-o à tarifa legal no período em questão. Quanto a isso, vê-se, primeiramente, que a Agência Nacional de Telecomunicações (Anatel), apesar de expedir normas regulamentares sobre o tema, não tem legitimidade para integrar a demanda, visto que a declaração da ilegalidade da repercussão do PIS e da Cofins não afeta diretamente sua esfera jurídica (tal qual ocorre na questão atinente à assinatura básica). A inclusão desses tributos na fatura (conta telefônica) não tem o condão de modificar a sujeição passiva tributária: é a concessionária o contribuinte de direito (tal como ocorre no ICMS). Porém, é consabido que os fatos geradores e as bases de cálculo dos referidos tributos não guardam correspondência direta e imediata com a cobrança feita pela concessionária, não são devidos no momento da prestação dos serviços, nem têm como base de cálculo o valor de cada um deles. Essas prestações recebidas dos consumidores por força dos contratos ajuntam-se a outras receitas para compor o faturamento mensal da concessionária, esse, sim, a base de cálculo daquelas contribuições (art. 1º da Lei n. 10.637/02 e art. 1º da Lei n. 10.833/03). Anote-se que as razões do recurso especial não apontam nenhuma norma jurídica que autorize, de forma expressa e inequívoca, a cobrança adicional do PIS e da Cofins no período tarifário em questão. A alegação de que a tarifa homologada pela Anatel é "líquida" a excluir os impostos e contribuições sociais também não prospera, pois ela não poderia, em simples ato administrativo, alterar a sistemática de cálculo e a cobrança desses tributos, quanto mais se constatado que eles não incidem sobre cada operação individualizada, como já dito. Por último, vê-se que essa prática comercial de englobar o repasse desses tributos no valor da tarifa viola o art. 3º, IV, da LGT, enquanto consagrado o direito de o usuário ter a informação adequada: a concessionária sequer discrimina, na conta telefônica, esse adicional à tarifa legalmente estabelecida, o que impede o acesso do assinante à relevante informação de que está diretamente a suportar, sem previsão legal, o ônus financeiro do PIS e Cofins devidos pela prestadora. Essa prática, então, é abusiva (art. 39, *caput*, do CDC), a violar, de uma só vez, os microssistemas da legislação tributária, administrativa, de telecomunicações e de proteção ao consumidor. Por último, constata-se que não se está diante de repetição de indébito tributário a requerer a aplicação do art. 167 do CNT quanto aos juros de mora. Precedente citado: REsp 893.782-RS, DJ 3.4.2008. REsp 1.053.778-RS, Rel. Min. Herman Benjamin, julgado em 9.9.2008.

9.6. Ação de execução fiscal

9.6.1. Considerações iniciais

A ação de execução fiscal é a ação proposta pela Fazenda Pública para forçar o contribuinte a pagar o tributo devido. Ressalta-se que, a ação deve estar lastreada da respectiva certidão de dívida ativa. O art. 585 do CPC destaca que:

Art. 585. São títulos executivos extrajudiciais:

VI — a certidão de dívida ativa da Fazenda Pública da União, Estado, Distrito Federal, Território e Município, correspondente aos créditos inscritos na forma da lei.

§ 1º A propositura de qualquer ação relativa ao débito constante do título executivo não inibe o credor de promover-lhe a execução.

Importante consignar que, a dívida ativa tributária seria a proveniente de crédito dessa natureza, regularmente inscrita na repartição administrativa competente, depois de esgotado o prazo fixado, para pagamento, pela lei ou por decisão final proferida em processo regular.

O termo de inscrição da dívida ativa, autenticado pela autoridade competente, indicará obrigatoriamente: I — o nome do devedor e, sendo caso, o dos corresponsáveis, bem como, sempre que possível, o domicílio ou a residência de um e de outros; II — a quantia devida e a maneira de calcular os juros de mora acrescidos; III — a origem e natureza do crédito, mencionada especificamente a disposição da lei em que seja fundado; IV — a data em que foi inscrita; V — sendo caso, o número do processo administrativo de que se originar o crédito. Note que, a omissão de quaisquer dos requisitos previstos, ou o erro a eles relativo, são causas de nulidade da inscrição e do processo de cobrança dela decorrente, mas a nulidade poderá ser sanada até a decisão de primeira instância, mediante substituição da certidão nula, devolvido ao sujeito passivo, acusado ou interessado o prazo para defesa, que somente poderá versar sobre a parte modificada. Registra-se que, a dívida regularmente inscrita goza da presunção de certeza e liquidez e tem o efeito de prova pré-constituída.

A execução fiscal poderá ser promovida contra:

a) o devedor;

b) o fiador;

c) o espólio;

d) a massa;

e) o responsável, nos termos da lei, por dívidas, tributárias ou não, de pessoas físicas ou pessoas jurídicas de direito privado;

f) os sucessores a qualquer título.

Importante destacar que, a competência para processar e julgar a execução da Dívida Ativa da Fazenda Pública exclui a de qualquer outro Juízo, inclusive o da falência, da concordata, da liquidação, da insolvência ou do inventário.

9.6.2. Petição inicial e procedimentos na execução fiscal

Na petição inicial será indicado: a) o Juiz a quem é dirigida; b) o pedido; c) o requerimento para a citação. Também deverá ser instruída com a Certidão da Dívida

Ativa, que dela fará parte integrante, como se estivesse transcrita. Ressalta-se que, a petição inicial e a Certidão de Dívida Ativa poderão constituir um único documento, preparado inclusive por processo eletrônico. Registra-se que, a produção de provas pela Fazenda Pública independe de requerimento na petição inicial. Já o valor da causa será o da dívida constante da certidão, com os encargos legais.

Importante ressaltar que, o despacho do Juiz que deferir a inicial importa em ordem para:

I — citação;

II — penhora, se não for paga a dívida, nem garantida a execução, por meio de depósito ou fiança;

III — arresto, se o executado não tiver domicílio ou dele se ocultar;

IV — registro da penhora ou do arresto, independentemente do pagamento de custas ou outras despesas;

V — avaliação dos bens penhorados ou arrestados.

O executado será citado para, no prazo de 5 dias, pagar a dívida com os juros e multa de mora e encargos indicados na Certidão de Dívida Ativa, ou garantir a execução. Em garantia da execução, pelo valor da dívida, juros e multa de mora e encargos indicados na Certidão de Dívida Ativa, o executado poderá agir de 4 formas:

1º) efetuar depósito em dinheiro, à ordem do Juízo em estabelecimento oficial de crédito, que assegure atualização monetária;

2º) oferecer fiança bancária;

3º) nomear bens à penhora, observada a ordem do art. 11; ou

4º) indicar à penhora bens oferecidos por terceiros e aceitos pela Fazenda Pública.

Em relação ao ônus da sucumbência registra-se que o art. 26 da Lei de Execução Fiscal consigna que, "Se, antes da decisão de primeira instância, a inscrição de Dívida Ativa for, a qualquer título, cancelada, a execução fiscal será extinta, sem qualquer ônus para as partes".

A penhora ou arresto de bens obedecerá à seguinte ordem:

1º) dinheiro; 2º) título da dívida pública, bem como título de crédito, que tenham cotação em bolsa; 3º) pedras e metais preciosos; 4º) imóveis; 5º) navios e aeronaves; 6º) veículos; 7º) móveis ou semoventes; 8º) direitos e ações.

O Juiz suspenderá o curso da execução, enquanto não for localizado o devedor ou encontrados bens sobre os quais possa recair a penhora, e, nesses casos, não correrá o prazo de prescrição. Suspenso o curso da execução, será aberta vista dos autos ao representante judicial da Fazenda Pública. Decorrido o prazo máximo de 1 (um) ano, sem que seja localizado o devedor ou encontrados bens penhoráveis, o Juiz ordenará o arquivamento dos autos (prazo de prescrição decorrente). Encontrados que sejam, a qualquer tempo, o devedor ou os bens, serão desarquivados os autos para prosseguimento da execução. Registra-se que, se da decisão que ordenar o arquivamento tiver decorrido o prazo prescricional, o juiz, depois de ouvida a Fazenda Pública, poderá, de ofício, reconhecer a prescrição intercorrente e decretá-la de imediato.

Na execução fiscal, pode ser feita a penhora no rosto dos autos. Neste caso, a penhora é averbada pelo escrivão na capa do processo onde se lavrou a autuação com a finalidade de que se efetive os bens que foram adjudicados ao executado ou que a ele cabível no caso de vencer a pretensão judicial. Vejamos o art. 674 do CPC:

"O art. 674 do CPC acrescenta que, quando o direito estiver sendo pleiteado em juízo, averbar-se-á no rosto dos autos a penhora, que recair nele e na ação que lhe corresponder, a fim de se efetivar nos bens, que forem adjudicados ou vierem a caber ao devedor."

O executado poderá oferecer embargos à execução, no prazo de 30 dias, contados:

a) do depósito;

b) da juntada da prova da fiança bancária;

c) da intimação da penhora.

Não são admissíveis embargos do executado antes de garantida a execução. No prazo dos embargos, o executado deverá alegar toda matéria útil à defesa, requerer provas e juntar aos autos os documentos e rol de testemunhas, até três, ou, a critério do juiz, até o dobro desse limite.

Importante consignar que, não será admitida reconvenção, nem compensação, e as exceções, salvo as de suspeição, incompetência e impedimentos, serão arguidas como matéria preliminar e serão processadas e julgadas com os embargos.

Processamento: recebidos os embargos, o Juiz mandará intimar a Fazenda, para impugná-los no prazo de 30 (trinta) dias, designando, em seguida, audiência de instrução e julgamento. Não se realizará audiência, se os embargos versarem sobre matéria de direito, ou, sendo de direito e de fato, a prova for exclusivamente documental, caso em que o Juiz proferirá a sentença no prazo de 30 dias.

Caso não sejam oferecidos os embargos, a Fazenda Pública se manifestará sobre a garantia da execução. Não sendo embargada a execução ou sendo rejeitados os embargos, no caso de garantia prestada por terceiro, será este intimado, sob pena de contra ele prosseguir a execução nos próprios autos, para, no prazo de 15 dias:

a) remir o bem, se a garantia for real; ou

b) pagar o valor da dívida, juros e multa de mora e demais encargos, indicados na Certidão de Dívida Ativa pelos quais se obrigou se a garantia for fidejussória.

Ressalta-se que, na execução fiscal, qualquer intimação ao representante judicial da Fazenda Pública será feita pessoalmente. A intimação de que trata este artigo poderá ser feita mediante vista dos autos, com imediata remessa ao representante judicial da Fazenda Pública, pelo cartório ou secretaria.

As publicações farão sempre referência ao número do processo no respectivo Juízo e ao número da correspondente inscrição de Dívida Ativa, bem como ao nome das partes e de seus advogados, suficientes para a sua identificação. Note que, o Juiz, a requerimento das partes, poderá, por conveniência da unidade da garantia da execução, ordenar a reunião de processos contra o mesmo devedor.

Referências Bibliográficas

AMARO, Luciano. *Direito tributário brasileiro*. 14. ed. São Paulo: Saraiva, 2006.

ATALIBA, Geraldo. *Hipótese de incidência tributária*. 5. ed. 6. tiragem. São Paulo: Malheiros, 1997.

ÁVILA, Humberto. *Sistema constitucional tributário*. São Paulo: Saraiva, 2004.

ÁVILA, René Bergmann. *ICMS*: Lei Complementar n. 87/96, comentada e anotada. Porto Alegre: Síntese, 1996.

ÁVILA, René Izodi. *Imposto de renda pessoa jurídica* — o DL n. 1.598. Comentado e aplicado. 2. ed. Porto Alegre: Síntese.

BALEEIRO, Aliomar. *Direito tributário brasileiro*. 11. ed. atualizada por Misabel Abreu Machado Derzi. Rio de Janeiro: Forense, 1999.

BORGES, Humberto Bonavides. *Gerência de impostos*: IPI, ICMS e ISS. 2. ed. São Paulo: Atlas, 1998.

BORGES, José Souto Maior. *Lançamento tributário*. Rio de Janeiro: Forense, 1981.

CARRAZZA, Roque Antônio. *Curso de direito constitucional tributário*. 19. ed. São Paulo: Malheiros, 2003.

CARVALHO, Paulo de Barros. *Curso de direito tributário*. 17. ed. São Paulo: Saraiva, 2005.

CASSONE, Vittorio. *Direito tributário*: fundamentos constitucionais, análise de impostos, incentivos à exportação, doutrina, prática e jurisprudência. 13. ed. São Paulo: Atlas, 2001.

_____ . *Direito tributário*. 15. ed. São Paulo: Atlas, 2003.

_____ . *Processo tributário*. Teoria e prática. 8. ed. São Paulo: Atlas, 2007.

COÊLHO, Sacha Calmon Navarro. *Curso de direito tributário brasileiro*. 6. ed. Rio de Janeiro: Forense, 2001.

CRUZ, Flávio da et al. *Comentários à Lei n. 4.320*. São Paulo: Atlas, 2001.

_____ . *Lei de responsabilidade fiscal comentada*: Lei Complementar n. 101, de 4 de maio de 2000. 4. ed. São Paulo: Atlas, 2004.

DALVI, Luciano. *Direito constitucional esquematizado*. 2. ed. São Paulo: Conceito, 2008.

DELLAGNELO, José Aleixo; PANTZIER, Helge Detlev. *Direito tributário*: princípios e conceitos à luz da CF/88. Curitiba: Juruá, 2002.

FABRETTI, Láudio Camargo. *Contabilidade tributária*. 9. ed. São Paulo: Atlas, 2005.

HARADA, Kiyoshi. *Direito financeiro e tributário*. 16. ed. São Paulo: Atlas, 2007.

HIGUCHI, Hiromi; HIGUCHI, Fábio. *Imposto de renda das empresas*: interpretação e prática. 27. ed. São Paulo: Atlas, 2002.

JARDIM, Eduardo Marcial Ferreira. *Manual de direito financeiro e tributário*. 12. ed. São Paulo: Saraiva, 2005.

KOEHLER, Frederico. *Um estudo sobre os aspectos polêmicos das exceções processuais* (arts. 304 a 314 do CPC). Disponível em: <http://jus2.uol.com.br/doutrina/texto.asp?id=4106> Acesso em: 29 maio 2008.

LEAL, Antonio Luis da Câmara. *Da prescrição e da decadência*. 2. ed. Rio de Janeiro: Forense, 1959.

LEITE, Harrison Ferreire. Em prol da imunidade recíproca. *Revista Tributária e de Finanças Públicas*. São Paulo: Revista dos Tribunais, v. 60, p. 100-120, jan./fev. 2005.

MACHADO, Hugo de Brito. *Aspectos fundamentais do ICMS*. 5. ed. São Paulo: Dialética, 2006.

_____. *Curso de direito tributário*. 21. ed. São Paulo: Malheiros, 2004.

_____. Progressividade e seletividade no IPTU. In: PEIXOTO, Marcelo Magalhães et al. *IPTU — aspectos jurídicos relevantes*. São Paulo: Quartier Latin, 2002.

_____. Contribuições sociais — problemas jurídicos. In: ROCHA, Valdir de Oliveira (coord.). *Revista Dialética de Direito Tributário*, São Paulo, p. 112.

MACHADO, Rubens Approbato. Processo tributário — administrativo e judicial. In: *Curso de direito tributário*. 8. ed. São Paulo: Saraiva, 2001.

MAIA, Márcio Barbosa. Imunidade recíproca e ICMS. *Revista Consulex*, Brasília, n. 22, p. 36-38, out. 1998.

MANGIERI, Francisco Ramos. *ISS: teoria, prática e questões polêmicas. ISSQN — Imposto sobre Serviços de Qualquer Natureza*. São Paulo: Edipro, 2001.

MARCIAL, Eduardo; JARDIM, Ferreira. *Manual de direito financeiro e tributário*. São Paulo: Saraiva, 1999.

MARTINS, Sergio Pinto. *Manual de direito tributário*. 3. ed. São Paulo: Atlas, 2004.

MASCARENHA, Raimundo Clovis do Valle Cabral. *Tudo sobre o imposto sobre produtos industrializados*. 3. ed. Salvador: Aduaneiras, 2000.

MEIRA, Liziane Angelotti. *Regimes aduaneiros especiais*. São Paulo: Revistas dos Tribunais, 2002.

MEIRELLES, Hely Lopes. *Direito municipal brasileiro*. 15. ed. São Paulo: Revista dos Tribunais, 2007.

MELO, José Eduardo Soares de. *Aspectos teóricos e práticos do ISS*. São Paulo: Dialética, 2001.

_____. *ICMS: teoria e prática*. São Paulo: Dialética, 2002.

MEZZOMO, Marcelo Colombelli. *A interrupção da prescrição pela citação*: confronto entre o Novo Código Civil e o Código de Processo Civil. Disponível em: <http://jus2.uol.com.br/doutrina/texto.asp?id=4089> Acesso em: 21 set. 2006.

MOREIRA, Humberto et al. *ITR sem mentiras*: um comentário sobre a taxação de terras com informação assimétrica. Trabalho acadêmico. PUC-Rio.

PIRES, Antônio Cecílio M. *Direito administrativo*. Coleção Prática do Direito. Coordenação: Edílson Mougenot Bomfim. São Paulo: Saraiva, 2008.

ROSA JUNIOR, Luis Emygdio F. da. *Manual de direito financeiro e tributário*. Rio de Janeiro: Freitas Bastos, 1975.

_____. *Novo manual de direito financeiro e tributário*. 8. ed. Rio de Janeiro: Renovar. 1992.

SABBAG, Eduardo de Moraes. *Elementos do direito tributário*. 9. ed. rev. e ampl. São Paulo: Premier Máxima, 2008.

_____. *Direito tributário*. 9. ed. rev. e ampl. São Paulo: Premier Máxima, 2008.

SANTOS, Cairon Ribeiro dos. *Direito tributário*. Goiânia: Jurídica, 1997.

TEMER, Michel. *Elementos de direito constitucional*. 14. ed. rev. e ampl. São Paulo: Malheiros, 1998.

TORRES, Ricardo Lobo. *Curso de direito financeiro e tributário*. 10. ed. Rio de Janeiro: Renovar, 2003.

_____. As imunidades tributárias e os direitos humanos: problemas de legitimação. In: TÔRRES Heleno Taveira (coord.). *Tratado de direito constitucional tributário*. São Paulo: Saraiva, 2005.

VAZQUEZ, José Lopes. *Comércio exterior brasileiro*. São Paulo: Atlas, 2001.

XAVIER, Alberto. *Direito tributário internacional do Brasil*. 5. ed. Rio de Janeiro: Forense, 1997.

_____. A contagem dos prazos no lançamento por homologação. *Revista Dialética de Direito Tributário*, São Paulo, n. 27.